会计电算化理论与实验

吴红　严柳　主编

河北大学出版社
·保定·

出 版 人：刘相美
责任编辑：陈学志
装帧设计：王占梅
责任校对：陈浩苏
责任印制：常 凯

KUAIJI DIANSUANHUA LILUN YU SHIYAN

图书在版编目（CIP）数据

会计电算化理论与实验 / 吴红，严柳主编．-- 保定：河北大学出版社，2024．12．-- ISBN 978-7-5666-2526-7

Ⅰ．F232

中国国家版本馆CIP数据核字第2025JH6628号

出版发行：河北大学出版社
地址：河北省保定市七一东路2666号 邮编：071000
电话：0312-5073003 0312-5073029
网址：www.hbdxcbs.com
邮箱：hbdxcbs818@163.com
经 销：全国新华书店
印 刷：涿州市般润文化传播有限公司
幅面尺寸：170 mm × 240 mm
字 数：378 千字
印 张：23.75
版 次：2024 年 12 月第 1 版
印 次：2024 年 12 月第 1 次印刷
书 号：ISBN 978-7-5666-2526-7
定 价：68.00 元

前　　言

21 世纪是数字经济时代，信息化已渗透到人类社会生活的方方面面。在数字化转型背景下，随着现代计算机技术和信息技术的快速发展，会计领域正经历着前所未有的变革。会计电算化，将电子计算机为代表的信息化数据处理技术应用于会计核算和管理工作中，极大地提高了会计管理水平和效益，推动了会计工作的现代化进程。

基于用友新道 U8＋V15.0 版 ERP 管理系统，编者在总结 19 年会计教学经验和企业会计实践的基础上，以教育部颁发的普通高等教育会计课程教学大纲为标准，严格依据最新的《企业会计准则》，精心编写了这本《会计电算化理论与实验》，旨在为读者提供一个全面、系统、实用的学习平台，帮助他们深入理解会计电算化的基本原理、操作流程及应用实践。

目前，关于会计电算化或会计信息系统的教材版本众多，每种版本都具有其独特之处。本教材具备以下特点。

1. 注重理论与实践相结合，同时融入思政元素。以理论知识指导实践，以实际巩固提高理论知识。通过本教材的学习，读者将会计学原理的基础知识进一步巩固和消化，从而加深对企业财务会计核算流程和方法的理解，提高在计算机操作条件下会计业务的综合处理能力。特别是将经济业务的处理流程与企业的实际经营有机结合起来，有助于读者了解和掌握财经法规、制度，培养读者实事求是的科学态度和一丝不苟的工作作风，增强综合分析能力和操作技能。同时，全书每章融入课程思政元素，将思想政治教育融入专业知识的讲解中，培养读者的职业道德和社会责任感，同时加强他们的专业素养。

2. 与时俱进。本书是在为我国会计电算化的发展做出了重要贡献的用友新道科技有限公司大力支持下编写完成的，是以用友新道 U8＋V15.0 为实验平台，充分吸收了国内外会计信息化理论与实务的最新研究成果。

3. 图文并茂，采用分布式操作技巧。本教材借助一套完整的公司资料实验案例数据，运用用友 ERP-U8＋V15.0 财务管理软件，通过图文并茂、分布式操作的方式和技巧，深入讲解了电算化会计信息系统六大模块的实验内容。读者在学习完理论知识后，能够通过图文并茂、循序渐进、分布式操作的实验知识，获得直观的理解，并将会计电算化中的理论知识有效地融入实践。

4. 适用范围广泛。本教材不仅能满足财经管理类专业的教学需求，还适合作为财务人员及管理人员财务系统相关培训的学习资料；既适用于本科层次的教学，也可供高职高专会计电算化相关专业使用。

本教材共包括七章内容：第一章会计电算化概述，第二章系统管理与企业应用平台，第三章账务管理子系统，第四章会计报表子系统，第五章固定资产管理子系统，第六章应收款管理子系统，第七章薪资管理子系统。由汉口学院吴红编写第一章、第二章、第三章、第四章和第七章，执笔字数合约 24 万字；由汉口学院严柳编写第五章和第六章，执笔字数合约 11 万字。从第二章到第七章，每章后面配有实验资料，实验操作步骤对应到章节的理论知识板块去讲解，便于读者将理论与实践更好地融会贯通，并借助注意事项对实验中遇到的问题给予特别提示。

本教材在编写过程中，得到许多相关人士的帮助，在此提出特别感谢：

感谢汉口学院给予教学改革与建设经费的支持！

感谢本教材参考文献中所列学者前辈们提供的文献参阅指导！

感谢用友新道科技有限公司的大力支持！

囿于编者水平，加之时间仓促，书中难免有不妥和不足之处，敬请广大同行和读者提出宝贵意见，以便我们进一步完善和修改。

编者：吴　红

2024 年 12 月

目　　录

第一章　会计电算化概述

学习目标

1. 掌握会计电算化的基础概念。

2. 探究会计电算化的发展历程；深入理解会计电算化信息系统的实施方法以及会计信息化管理的策略。

3. 熟悉电算化会计信息系统的操作流程及其功能架构。

思政素养

1. 突出会计电算化在提升工作效率、推动经济发展方面的关键作用，培养学生的责任感与使命感。

2. 通过阐述电算化会计信息系统的构成及其功能，使学生认识到科技在会计领域的应用，激发学生的创新思维和科技强国的意识。

3. 回顾会计电算化的发展历史，使学生了解国家在信息化建设方面的努力与成就，从而增强民族自豪感。

4. 探讨在实施过程中遇到的挑战及相应的解决策略，培养学生面对困难时的坚韧精神和解决问题的能力。

第一节　会计电算化的相关概念

一、会计数据与会计信息

（一）数据与信息

数据是对客观事物属性的描述，它以符号形式反映事物的性质、形态、结构和特征，这些符号经过适当方式记录，便于识别。数据既包括以数量形式表达的定量属性值，也包括以文字形式表达的定性属性值。

信息是对客观世界中事物特征及其变化的映射，它源于数据的加工与处理，并对人们的决策行为产生深远影响。简而言之，信息是经过提炼后对决策过程具有实际价值的资料。尽管数据和信息在形式上都展现了客观事物的属性，但数据更多地关注于客观记录，而信息则着重于其与决策活动之间的紧密关联。

在实际应用中，数据与信息的界限往往模糊，它们之间存在相对关系。数据是未经组织的原始事实集合，而信息则以数据为原料，是经过加工和解释的有用数据，即数据加工的“产品”。在数据处理的每个阶段，信息往往又成为后续加工的数据。需要注意的是，未经加工的原始数据，无论数量多少，都不能称为信息。

（二）会计数据与会计信息

在会计领域，会计数据指的是从不同来源获取的原始会计资料，记录在会计单据、凭证、账簿和报表上。这些数据来源广泛，包括企业内部的生产经营活动和外部相关的经济活动。会计数据不仅数量庞大，而且随着企业活动的持续，不断产生并需要处理。根据会计业务处理的特点，会计数据具有连续性、系统性和周期性的特征。

会计信息是指通过会计特有的方法处理会计数据后产生的，满足会计管理和经济管理需求的经济信息。会计信息在经济管理中扮演着重要角色，其价值在于帮助进行资源配置决策，并协助组织实现其目标。因此，会计信息的基本要求是准确性和及时性。某些会计信息具有时效性和区域性，不准确或错误的信息可能导致企业决策失误，造成严重后果。

由此可见，会计数据与会计信息之间的关系也是相对的，两者之间并没有明确的界限。

（三）数据处理

数据处理是指为了特定目的，按照既定规则和方法对数据进行收集、加工，转化为有用信息的过程。数据处理方式多样，包括手工、机械和电子处理等。不同的处理方式在规模、效率、质量等方面各有不同，但基本工作环节大致相同，可以分为数据的收集与输入、数据存储、数据加工以及数据传送与输出四个阶段。

1. 数据的收集与输入

这一阶段主要包括数据的收集、记录和检验，目的是将分散在时间和空间上的数据集中起来以备使用。这是数据加工的基础，必须确保收集的数据既完整又准确。没有充分的数据收集，就无法保证信息输出的完整性。

2. 数据的存储

存储过程涉及原始数据、中间处理结果和最终处理结果的保存，以便于后续加工和查询。

3. 数据的加工

加工过程包括数据的分类、汇总、排序、检索、计算和更新等。这是数据处理的核心环节。

4. 数据的传送与输出

这一阶段包括将数据从一个系统（部门、地区）传送到另一个系统（部门、地区），以及系统内各子系统间的数据传送，或把最终结果交付给用户。这是数据处理的最终目的。

二、会计电算化与会计信息系统

（一）会计电算化

会计，以货币为主要计量单位，运用特定方法，对企事业单位的经济资源和活动进行全面、连续、系统、综合的核算与监督。基于此，会计还涉及对经济活动的预测、决策、控制和分析，是一种重要的经济管理活动。会计活动本质上是对数据和信息进行处理，形成有序的数据处理和信息生成流程。在历史长河中，会计数据处理长期依赖于算盘等手工工具，尽管这种手工方式适应性强，但会计人员劳动强度大，业务处理速度慢，工作效率不高。

随着社会经济的持续发展和科技的不断进步，会计理论体系逐渐完善，方法日益丰富。自 20 世纪初以来，市场需求的变化和生产经营的发展促使社会对会计信息的需求在数量、时效和质量上都有了显著提升。会计在经济管理中的重要性日益凸显，数据处理工作量激增，迫切需要改革传统的手工处理方式。

现代科学技术的发展催生了计算机，这一能够部分替代人脑工作的现代数据处理设备。自 1946 年世界上第一台电子计算机 ENIAC 问世以来，计算机技术飞速发展，并迅速在航空航天、工业、生物、医学、教育、经济等多个领域得到广泛应用。计算机自动、高速处理大量计算和数据的能力，使其成为处理大规模数据的经济管理工作的理想选择。1954 年，美国通用电气公司首次使用计算机计算员工薪资，开启了会计数据处理的新纪元，引发了技术变革，电算化会计应运而生。到了 20 世纪 60 年代中期，计算机硬件和软件性能的进一步提升，以及可操作性的增强，为计算机在会计领域的普及奠定了基础。特别是微型计算机的出现，以及数据库和计算机网络技术的快速发展，人们开始充分认识到电算化数据处理的优势。随着新技术和方法的不断涌现，专业会计软件不断更新，电算化会计的理论研究也在不断完善和成熟，电算化会计系统逐渐成形。

在我国，计算机应用于会计数据处理起步较晚。1979 年，长春第一汽车制造厂的大规模信息系统设计与实施，成为我国电算化会计发展的一个重要里程碑。1981 年 8 月，在财政部、原第一机械工业部、中国会计学会的支持下，中国人民大学与长春第一汽车制造厂联合举办了“财务、会计、成本应用电子计算机问题讨论会”，会上首次提出了“会计电算化”的概念，当时指的是“电子计算机在会计业务处理中的应用”，简称“会计电算化”。

会计电算化这一术语通常指使用电子计算机替代人工记账、算账、报账，以及部分替代人脑完成对会计信息的分析、预测、决策的过程。其目的在于提升企业财会管理水平和经济效益，实现会计工作的现代化。

（二）会计信息系统

系统是由一系列相互关联且相互作用的部分构成的有机整体，它旨在实现特定目标。它具备独立性、整体性、目标性、层次性和适应性等特征。系统的基本结构可以分为三个核心要素：系统本身、系统内部的子系统以及系统所处的外部环境。这三者相互依存：每个系统都有其独特的目标和功能，这是区分不同系统的关键；系统总是存在于特定的环境之中，并与之进行各种互动，受到环境变化的影响；研究系统与环境之间的相互作用是理解系统运作的重要方面，尤其在会计系统的研究中显得尤为重要。

信息系统是一个人造系统，由人员、硬件、软件和数据资源构成，其目的是确保信息的及时、准确收集、处理、存储、传递和提供，以实现组织活动的有效管理、调节和控制。例如，企业的会计处理流程就是一个处理资金运动的信息系统。

会计信息系统以货币作为主要计量单位，运用一套特定的方法，全面、连续、系统和综合地采集、记录、处理数据，进行会计核算和监督。它与数据处理的三种方式——人工、机械和计算机——相对应。随着现代社会信息量的激增和对信息依赖程度的提高，使用计算机作为数据处理工具取代人工处理会计信息已成为必然趋势。我们日常所说的会计信息系统，通常指的是基于计算机和网络的会计信息系统，它是企业管理信息系统的关键组成部分。这种系统面向价值信息，基于会计管理活动，利用现代信息处理技术，在计算机硬件和网络环境下，对会计信息进行输入、处理、转化和输出，以完成会计核算、监督、管理和辅助决策的任务。

会计信息系统提供的信息分为三个层次：以日常核算内容为主的会计核算信息层次，称为核算型会计信息系统；以提供经营和管理服务为主的管理信息层次，称为管理型会计信息系统；为单位重大决策服务的预测和决策信息层次，称为决策型会计信息系统。它主要包括账务子系统、报表子系统、工资子系统、固定资产子系统、应收款项子系统、应付款项子系统、采购管理子系统、销售管理子系统、库存管理子系统、存货核算子系统、资金管理子系统、成本核算子系统、财务分析子系统、决策支持子系统等。在组织中，会计信息系统为各级管理人员提供了管理和决策的依据，其首要目标是准确、及时、完整地记录和反映会计主体的经济活动情况，如资产的变动、负债的取得和清偿、营业收入和成本费用的发生等。

（三）两者名称的理解

“会计电算化”与“会计信息系统”名称上的不同，是源于会计界对会计信息化概念的不同理解。会计信息化是会计与信息技术的结合，是信息社会对企业财务信息管理提出的一个新要求，是企业会计顺应信息化浪潮所做出的必要举措。纵观 40 多年来中国会计信息化的发展，虽然信息系统的功能不断增强，应用也越来越普及，尤其是大、中型企业目前已程度不同地实现了会计信息化，应用了核算型会计软件，但从总体来看，中国会计信息化还处在发展过程中，存在着诸多亟待解决的问题。

“会计电算化”从名称上理解，它强调的是会计工作的电子化或计算机化处理，即利用计算机技术来替代传统的手工会计操作。“会计信息系统”从名称上理解，它更侧重会计信息的全面管理，是一个包含数据采集、处理、存储、报告等多个环节的系统，旨在为企业提供全面、准确、及时的会计信息支持。两者在技术层面、应用范围、系统目标以及技术手段与实现方式等方面存在显著差异，如表 1-1 所示。

表 1-1　会计电算化与会计信息系统的主要区别

主要区别	会计电算化	会计信息系统
技术层面	主要侧重于利用电子计算机代替人工完成记账、算账和报账等基本会计工作，它更多地是手工会计的模拟和延伸	是一个更为复杂和全面的系统，它利用现代信息技术收集、处理、存储和报告与会计和财务活动相关的数据，不仅限于替代手工操作，更注重数据的深度分析和利用
应用范围	主要服务于财务部门的核算与管理，属于部门级应用	是企业信息化的有机组成部分，它除了服务于财务部门外，还与其他业务流程（如销售、采购、生产等）紧密集成，提供全面的企业运营信息和决策支持，属于企业级应用
系统目标	主要目标是提高会计工作的效率和准确性，实现会计数据的规范化处理	更加注重会计产出的效率与价值增值，通过迅速收集和实时传递会计数据，以及对不同层级数据的深入处理，为管理层、投资者、债权人等提供精确、及时且相关的财务信息
技术实现	主要依赖于计算机硬件和软件技术，实现会计数据的自动化处理	利用更广泛的信息技术，如网络技术、数据库技术、数据挖掘和人工智能等，实现会计信息的全面数字化和网络化；能够从企业内外其他系统直接获取大量数据，并通过网络实现信息的实时共享和动态监控

会计电算化，简言之，指将现代电子技术和信息技术应用于会计实务，以电子计算机为核心。它代表了一种会计信息系统，即电算化会计信息系统或会计电算化系统。这个术语直接反映了其核心特征——利用电子计算机技术模拟和替代传统会计工作，其核心目的在于实现会计工作的自动化和电子化处理，从而提升工作效率和准确性。相比之下，会计信息系统这一术语更强调“信息系统”的概念，它涵盖了会计信息的全面管理，包括数据的收集、处理、存储、报告等关键环节，以及与其他业务系统的整合和信息共享，目的是为企业提供全面、准确、及时的财务信息，以支持决策过程。会计信息系统体现了会计电算化在信息技术不断进步的背景下所经历的深化和扩展。

三、电算化会计信息系统与企业管理系统

会计信息系统构成了企业管理信息系统的核心子系统。自计算机技术被引入会计领域以来，它最初主要承担了替代手工处理会计数据的任务，同时提供了财务会计信息以及与资金流动相关的管理信息，形成了一个独立的系统，主要服务于会计部门。然而，随着企业管理理念的持续演进和改进，这种与其他业务处理系统以及企业生产计划和管理相分离的会计信息系统，逐渐无法满足现代企业管理的需求。为了适应不同的管理理念和模式，人们设计了多种管理信息系统。其中，20 世纪 70 年代中期在国外制造业广泛采用的 MRPⅡ（制造资源计划）系统，以及 20 世纪 90 年代基于 MRPⅡ发展起来的 ERP（企业资源规划）系统，都是具有代表性的例子。这些管理信息系统不仅体现了企业管理的新理念和新模式，而且作为一套先进的计算机管理信息系统，它们源自企业管理实践，并在实践中得到应用。它们具备计划的一贯性、管理的系统性、数据共享性、动态应变性、模拟预见性以及物流与资金流的统一性等特征，因此易于被企业各级管理人员所采纳。在这样的系统中，传统会计与其他采购、生产、销售、技术管理等系统的界限已经模糊。它们在数据采集和业务处理方面相互融合，相互支持，形成了一个信息共享、有机结合的全面管理平台。这样的系统对于加强企业管理、提升企业经济效益具有显著作用。因此，在极短的时间内，它得到了人们的广泛认同和接受，并为众多企业带来了丰厚的回报。

第二节　电算化会计信息系统概述

一、电算化会计信息系统与传统手工会计信息系统的异同

电算化会计信息系统与传统的手工会计信息系统在遵循的会计规范、政策制度、信息处理流程以及系统基本功能方面保持一致。然而，两者在工作方式上存在显著差异，主要体现在以下四个方面。

（一）数据处理方式

手工会计信息系统的数据处理主要依赖于算盘或计算器，每次计算都需要重复操作，而信息的载体则是由纸张构成的单据、凭证、账簿和报表。纸质记录的信息转抄过程烦琐，这是手工会计记账工作量大的主要原因。尽管如此，纸介质记录的内容具有不可替代的证据性，这是会计工作中的一个显著优点。

电算化会计信息系统的数据处理工具则是电子计算机及其辅助设备，会计数据通过计算机集中化和自动化的方式进行处理，大大节省了时间和人力。为了适应计算机自动处理的需求，电算化会计系统必须对会计原始数据进行规范化和标准化处理（例如，对会计原始资料进行分类并逐一编码）。原始数据的输入是数据处理过程中速度最慢的环节，因此在数据输入时必须考虑到一次输入、多次利用的需求，以避免重复输入相同数据，从而提高电算化会计系统的工作效率。在数据处理过程中，除了数据输入和必要的操作控制外，系统在程序的统一调度下由计算机快速自动完成。所有会计数据以文件形式组织和存储于硬盘或 U 盘等磁性介质中，这些数据文件取代了手工系统中的凭证、账簿、报表及其他会计数据资料。

（二）数据处理流程

数据处理流程揭示了数据从生成、传递到处理、审核直至存档的完整路径。在手工会计信息系统中，数据处理的核心步骤包括：编制和审核会计凭证、登记账簿，以及编制会计报表。在这一系统内，数据处理涉及分

类、计算、过账和登记等环节，而会计信息的检索则需要翻阅各类凭证、账簿和报表，导致检索速度较慢。

电算化会计信息系统的数据处理流程与手工系统有共通之处，但其具体环节和内容展现了独特的特点。在电算化系统中，日常会计数据处理涉及人工采集、标准化处理后输入计算机；计算机随后集中自动处理数据；并根据用户需求自动输出会计信息，使得信息检索变得便捷和迅速。在计算机正常运行的情况下，除了数据输入阶段外，数据的计算和处理几乎不会出现错误。计算机处理数据的特点表明，记账凭证中的数据无需重复处理，而是统一记录于分类账中进行集中处理。因此，在电算化会计信息系统中，无需采用平行登记的方法，分类账也不必区分总分类账和明细分类账。这一改变消除了因手工操作限制而人为增加的许多重复环节，使得数据处理流程更加简洁和高效。

（三）人员构成和工作组织体制

在手工会计信息系统中，所有人员均为专业会计人员，其工作组织结构主要依据会计事务的不同性质来制定。通常，手工系统会划分为以下专业小组：材料组、工资组、资金组、成本组、固定资产组以及综合财务组。这些小组通过信息资料的传递和交换相互建立联系，并通过相互稽核和牵制机制确保系统的正常运行。

在电算化会计信息系统中，除了专业会计人员，计算机操作员和维护人员也是必不可少的，他们共同协作以确保系统的高效运行。所有参与系统的工作人员都应具备相应的会计和计算机知识。会计工作的组织结构通常基于数据的不同形态来制定，一般的人机系统可以划分为以下专业组别：①数据（信息）收集组，负责以原始凭证作为基础数据，处理各项会计业务，其主要职责是面向系统外部，类似于手工系统中的出纳工作；②凭证编码组，依据预先设定的编码原则或编码手册，对凭证或其他需要处理的数据文件进行编码；③数据处理组，涵盖数据输入、处理、输出等操作；④系统维护组，负责软硬件的维护工作，确保系统的稳定运行，满足业务需求。

（四）内部控制方式

电算化会计信息系统与传统手工会计信息系统的内部控制基本原则保

持一致，例如两者都要求明确的职责分工以及账目、资金和物资的分离管理。然而，在控制环节和方法上，两者存在差异。

在手工会计信息系统中，会计凭证的准确性通常通过审核摘要内容、数量、单价、金额和会计分录等关键项目来确保。账目的正确性则通过对比三套账册来验证。此外，通过确保账证相符、账账相符、账实相符等内部控制手段，来保障数据的准确性并防止漏洞。

而在电算化会计信息系统中，除了原始数据的收集、审核和编码由会计人员执行外，其余的技术处理工作则由计算机部门负责。显然，内部控制的方式部分由计算机技术所取代，实现了从人工控制向人机控制的转变。因此，控制方式必须结合组织管理控制与计算机程序控制。鉴于此，对电算化会计信息系统的控制要求更为严格，涉及的范围也更为广泛。根据国内外的研究资料分析，若不强化人机系统的内部控制，可能会导致比手工系统更严重的损害。

二、电算化会计信息系统的功能结构

一个高效的电算化会计信息系统通常由多个子系统（功能模块）构成。每个子系统负责处理特定的信息，而这些子系统通过信息交换相互协作、相互依赖，共同构成一个统一的系统。电算化会计信息系统的功能结构描述了系统包含哪些子系统，每个子系统执行哪些功能，以及子系统之间的相互作用。

随着市场需求的不断演进，电算化会计信息系统的功能结构也在逐步发展和完善。最初，计算机在会计领域的应用主要是为了规范会计核算流程和减轻会计人员的手工劳动负担。那时的电算化会计信息系统主要由账务处理、报表生成、工资核算和固定资产核算等子系统构成，其核心目的是解决会计核算问题，系统结构相对简单，功能也较为单一。

随着企业管理水平的提升，对会计信息系统的要求也随之提高，计算机在财务管理中的应用日益深入，目的是实现会计核算与财务管理的一体化。电算化会计信息系统逐渐发展成为集业务处理与会计核算于一体（账务业务一体化）的系统，它能够跨部门使用，实现企业各种经济活动信息的充分共享。这使得企业各部门能够及时获取到业务处理中最为关键的相关信息，消除了信息孤岛现象，从而实现了购销存业务与财务的一体化管理。这样的系统有效地控制了资金使用和财务风险，并提供了丰富的分析决策信息，因此深受用户喜爱。其功能结构主要由财务、购销存和管理分析三个核心部分构成：

财务部分（系统）主要包括账务处理（总账）、工资管理、固定资产管理、应付管理、应收管理、成本管理、资金管理等子系统。这些子系统以总账子系统为核心，为企业提供全面而详细的会计核算和财务管理解决方案。

购销存部分（系统）以库存核算和管理为核心，包括库存核算、库存管理、采购计划、采购管理和销售管理等子系统，通常也被称为企业供应链管理系统。

管理分析部分（企业决策系统）通常包括财务分析、利润分析、流动资金管理、销售预测、财务计划、领导查询和决策支持等子系统。目前，在我国大多数会计信息系统软件中，管理分析部分尚不够成熟，许多子系统仍在开发中。目前较为成熟的主要是财务分析和领导查询等子系统，而销售预测和一些基础的决策支持工作则主要依赖于报表系统或 Excel 等通用表处理软件提供的分析、统计和图表功能来实现。

电算化会计信息系统功能结构及相关子系统的关系如图 1-1 所示。

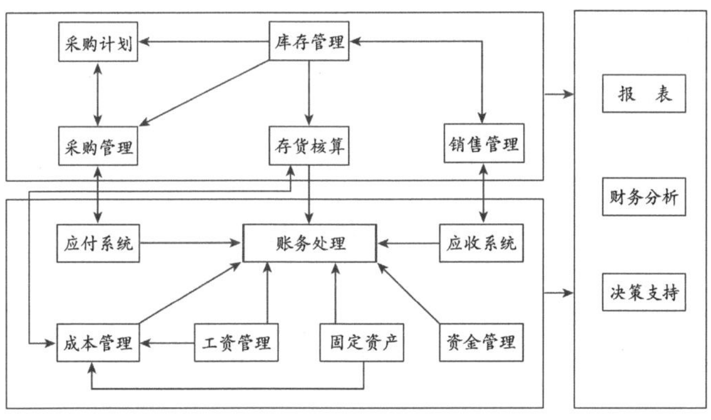

图 1-1　电算化会计信息系统功能结构与各子系统之间的关系

第三节　会计电算化的发展

一、国外会计电算化的发展

电子计算机于 1946 年在美国问世，并在 20 世纪 50 年代被一些工业发达国家引入会计领域。1954 年 10 月，美国通用电气公司首次利用计算机计算员工工资，这标志着会计处理技术的一次重大变革。会计电算化在国际上的发展历程大致可以划分为以下四个阶段。

（一）单项数据处理阶段（20 世纪 50 年代初至 60 年代中期）

这是会计电算化的起始阶段，电子计算机开始应用于会计领域，主要用于处理如工资计算、库存材料收发核算等单项会计核算业务。在这一阶段，会计电算化主要模仿手工会计核算流程，它旨在替代部分手工劳动，以提高工作效率。

（二）数据处理系统阶段（20 世纪 60 年代后期至 70 年代初期）

随着计算机技术的进步，电子计算机开始用于会计数据的综合处理，系统地提供经济分析和决策所需的会计信息。此阶段的会计电算化不仅涵盖了手工簿记系统的全部业务，还突破了传统手工方式的局限，更加注重数据的综合加工处理，并加强了内部管理功能。

（三）管理信息系统阶段（20 世纪 70 年代中期至今）

随着计算机技术的飞速发展，计算机网络的出现以及数据库管理系统的应用，形成了基于电子计算机的管理信息系统。企业管理中全面应用电子计算机，各个功能系统能够共享存储在计算机上的企业生产经营成果数据库。电算化会计信息系统成为管理信息系统的一部分，企业高层决策也依赖于计算机系统提供的信息，从而提升了工作效率和管理水平。

（四）高级发展阶段（近几十年）

随着计算机技术的持续发展，会计电算化系统不断升级和完善。国际会计师联合会等权威机构推动了会计电算化的普及和发展，会计软件产业成为计算机软件产业的一个重要分支。许多国家和地区建立了网络化的、以管理为核心的会计信息系统或企业管理信息系统，甚至构建了会计或企业管理决策支持系统和专家系统，进一步增强了会计电算化的智能化和决策支持能力。

二、我国会计电算化的发展

在我国，会计电算化经历了显著的发展，并已形成一定规模。回顾其发展历程，我们可以将其概括为四个阶段。

（一）初步探索阶段（20 世纪 70 年代末后期至 80 年代初期）

我国会计信息化的起点是会计电算化，以 1979 年财政部在长春第一汽车制造厂开展的会计电算化试点为标志。在这一时期，会计软件开发主要依赖于自行开发或定点开发，同时部分高校和研究机构与企业合作，开始进行会计电算化的研究。然而，由于当时计算机技术在我国尚未广泛普及，其在会计领域的应用范围有限，涉及的业务类型单一。此外，由于缺乏专业人才和硬件设施，以及会计软件开发需要计算机和会计知识的综合运用，难度较大，因此我国企事业单位的电算化主要集中在易于处理的会计核算和工资发放管理上。软件开发水平不高，重复开发问题较为突出。

（二）核算型发展阶段（20 世纪 80 年代中期至 90 年代中期）

1. 核算型发展的背景

在这一阶段，我国迎来了计算机应用的热潮，微型计算机在国民经济的各个领域得到广泛应用，计算机技术逐渐普及，并培养了大量计算机人才，包括会计电算化人才。同时，国内一些单位开始独立投资开发会计核算软件，积累了一定的早期经验，为我国会计电算化软件的专门开发奠定了基础。尽管如此，会计软件仍远不能满足市场需求，各单位独立开发软件投资大、周期长、普及率低，导致了低水平重复开发，造成了人力、物力和财力的巨大浪费。

早期会计电算化人才意识到这一问题，并根据国际发展趋势和国内实际情况，提出了会计电算化应走通用化道路的建议。1988 年，中国会计学会在吉林省举办了第一届会计电算化学术讨论会，主题为会计软件的通用化问题。在这一阶段，各地区财政部门及企业管理部门开始逐步组织和管理会计电算化工作，使会计电算化工作有序发展，并取得了显著进步。同时，也涌现出了一批专门从事会计信息化软件开发的公司。1989 年，财政部开始组织会计软件评审，并出台多项政策规范会计软件管理。此后，各地财政部门也纷纷开始组织会计软件评审，推动了会计软件向商品化发展。

2. 核算型发展的特点

这一阶段的电算化会计信息系统采用的是核算型会计软件，主要在财务部门使用，属于部门级会计信息系统。它通过计算机替代手工记账，实现了会计核算业务的计算机化处理。其主要模块包括账务处理、报表生成、工资核算、固定资产管理、材料核算等。这一时期的电算化会计信息系统主要表现出以下四个特点。

第一，由于技术和理念的限制，总体指导思想仍是以计算机为载体提供财务信息，仅实现了会计核算的基本职能，尚未形成能够提供管理信息和决策支持的系统。

第二，系统设计缺乏整体性和系统性，各个模块相对独立，无法很好地协调配合，存在数据重复录入、数据共享不足以及缺乏一致性控制机制的问题。

第三，企业会计信息化普及率不高，只有少数大型企业能够配备会计人员和系统维护人员使用专门会计软件。

第四，推出的首批商品化会计软件主要基于 DOS 环境下的开发工具和小型桌面数据库系统，软件主要运行在 DOS 操作系统上，并以单机应用为主。少数会计软件具备网络功能，网络体系结构为文件/服务器（F/S）结构。由于计算机技术本身尚不成熟，电算化会计信息系统的开发和维护成本较高。

（三）管理型发展阶段（20 世纪 90 年代后期至 21 世纪初期）

1. 管理型发展的体现

20 世纪 90 年代信息处理技术飞速发展，为软件开发人员提供了良好的软件开发工具，也使软件的广泛应用具备了技术前提和知识前提。这一阶段的电算化会计信息系统在功能上有了很大提高，总体上更加系统化、规范化，主要体现在以下五个方面。

第一，由核算型（过去单纯的记账、算账、报账）会计信息系统，发展为以管理为核心的面向企业生产经营全过程的管理型会计信息系统。

第二，由单纯的只对资金流管理，发展成为财务与购销存业务一体化管理。

第三，由单一的财务部门级的应用系统，发展成为跨越多个部门的企业级会计应用系统。企业级会计信息系统，是对企业资金流、物流和信息流的全面管理，是将总账、报表、应收、应付、工资、固定资产、采购计划、采购管理、库存管理、存货核算、销售管理、成本管理、财务分析、决策支持等各项功能（企业财务与业务的一体化）高度集成化的管理型会计信息系统，是与部门级会计信息系统相对而言的，其核心价值主要在于：实现供销存业务与财务一体化管理；有效控制工业企业生产成本及商业销售成本；有效控制企业财务运营风险；提供企业级的分析决策信息；等等。

第四，由单机型会计信息系统，发展为网络型会计信息系统。

第五，由孤立的几个财务模块，发展成为具有账务、财务分析、决策支持等各项功能高度集成化的通用会计信息系统。

2. 管理型发展的特点

与前阶段的会计信息系统相比，这一阶段的电算化会计信息系统有了明显的改善。主要表现在以下四方面。

第一，会计软件的功能体系向管理型发展，会计软件趋向于多元化，软件开发向多层次发展，满足不同规模用户、不同行业会计核算和管理的需要。

第二，会计软件以系统管理与系统设置功能为主导，将各个模块有机结合，形成了多层次多渠道的各种业务模式的协调统一。这一阶段的会计软件已不是独立的核算模块，而是将各个模块联系起来，可以实现信息共享，统一于企业管理。

第三，会计信息系统的各项业务划分更加合理，业务处理模块更加完善。比如，之前的往来管理功能模块被分为应收账款管理和应付账款管理，并成为相对独立的功能模块，使企业会计人员可以更好地对短期流动资金进行管理；材料管理模块被分为采购和库存管理两个模块，更加明确了职权划分和责任划分，并将销售等企业管理信息融入系统。企业级会计信息系统增加了决策支持模块，初步体现了会计信息系统的信息管理和决策支持的特点。

第四，会计软件主要使用 Windows 环境下的面向对象的开发工具（如 C++、VB 等），缩短了软件开发周期，而且运行在 Windows 操作系统上，它的友好界面使得软件更容易操作使用。数据库则采用了数据库服务器（如 Oracle、SQL Server 等），提高了系统的安全性和数据处理效率。网络体系结构上基本上采用了客户/服务器（C/S）结构，并逐步出现了三层 C/S 结构和 B/S 结构。

（四）向企业管理信息系统发展阶段（21 世纪初期至今）

在 20 世纪，国际企业管理信息系统的发展经历了多个重要阶段：60 年代的时段式 MRP、70 年代的闭环式 MRP、80 年代的 MRP II，以及 90 年代的 ERP。进入 20 世纪 90 年代末期，中国的财务软件公司开始向 ERP 等先进的企业管理系统领域拓展，这标志着中国会计信息化迈入了一个新的发展阶段。

值得注意的是，从企业应用的角度来看，并非所有制造业都必须采用企业管理信息系统。只有那些实现了规范化管理并且具有一定规模的企业，才需要考虑实施企业管理信息系统。例如，世界 500 强企业几乎都已采纳了企业管理信息系统。对于其他大多数企业而言，可以先从会计信息化开始，待到条件成熟时再逐步引入面向企业全面管理的企业管理信息系统。

三、会计电算化的发展趋势

会计电算化的未来发展趋势可概括为六点。

（一）智能化发展

随着人工智能和大数据技术的持续进步，会计电算化系统将实现更高水平的智能化。这些系统将能够自动处理更多业务流程，减少人工操作，从而提升工作效率和精确度。此外，智能化系统通过数据分析和预测功能，能够为企业提供更精确及时的财务信息，辅助管理层做出更明智的决策。

（二）云计算应用

云计算技术的普及为会计电算化带来了新的发展契机。企业能够通过云平台访问会计软件和存储会计数据，无需投资昂贵的硬件设备，从而降低运营成本。云计算还提升了系统的可扩展性和灵活性，便于企业根据实际业务需求进行调整。

（三）全面自动化

在不久的将来，会计电算化将更加侧重全面自动化。从数据录入到财务报表的生成，整个流程将由系统自动完成，显著提高会计工作的效率，减少人为错误，确保数据的准确性。

（四）数据安全与隐私保护

随着数据价值的日益增加，保护数据安全和隐私成为会计电算化发展的关键。企业将实施更严格的数据加密和访问控制措施，确保会计数据的安全性和完整性。同时，企业将加强风险预警和应对策略，以维护企业运营的稳定性。

（五）系统集成与协同

会计电算化系统将与企业的其他管理系统（如 ERP、CRM 等）实现更紧密的集成与协同。通过数据共享和业务协同，企业整体运营效率和管理水平将得到提升。这种集成化的会计电算化系统有助于企业实现精细化管理，增强市场竞争力，并成为企业信息化建设的核心部分。

（六）国际化接轨

随着经济全球化的深入，会计电算化系统将更加重视与国际会计准则和标准的对接。这将促进企业会计信息的国际共享和利用，增强企业在国际市场上的竞争力。同时，国际化接轨也将推动会计电算化系统的标准化和规范化发展。

综上所述，会计电算化的未来发展趋势将展现智能化、云计算化、全面自动化、数据安全与隐私保护、系统集成与协同以及国际化接轨等特征。这些趋势将促进会计电算化的进一步发展和完善，为企业提供更高效、准确、安全的财务管理服务。

第四节　电算化会计信息系统的实施与会计信息化管理

一、电算化会计信息系统的实施

（一）电算化会计信息系统实施的前提条件

会计电算化是一项复杂的系统工程，会计信息系统是一个人机系统。因此，企业在实施会计电算化之前，必须满足一系列先决条件，以确保会计电算化工作的顺利进行。

1. 企业的客观需要

指企业对会计电算化工作的迫切需求程度。企业对会计电算化的客观需要决定了其目标和任务，是开展会计电算化工作的基础。在开发电算化会计信息系统之前，企业已存在会计信息系统。是否需要开发新的电算化会计信息系统，取决于原系统是否能满足企业的需求。对于大多数企业而言，原有的手工会计信息系统已无法适应市场经济的新要求，迫切需要转向会计电算化。然而，对于一些业务量较小的小企业，手工系统仍能满足需求，因此没有必要强制实施电算化会计信息系统，以免造成资源浪费，对企业的经济效益也不会有显著提升。

2. 领导的重视

实施会计电算化几乎涉及企业的所有部门和人员，同时还需要管理机构及管理体制的相应调整。这需要企业领导出面组织和协调。没有领导的重视和支持，会计电算化实施过程中遇到的问题，如人员配置、资金问题、部门间的合作与协调、配套改革等，将难以解决。因此，在会计电算化工作中，企业财务部门负责人应领导该项工作，必要时还可吸收相关部门领导组成电算化领导小组，以领导整个企业的会计电算化工作。

3. 良好的管理基础工作，尤其是会计基础工作

管理基础主要指有一套全面、规范的管理制度和方法，以及完整的规

范化数据。会计基础工作主要指会计制度是否健全，核算规程是否规范，基础数据是否准确、完整。这是确保电算化工作顺利进行的重要保障。计算机处理会计业务必须基于事先设定的处理方法，因此要求会计数据输入、业务处理及有关制度必须规范化、标准化。没有良好的基础工作，电算化会计信息系统将难以处理无规律、不规范的会计数据，会计电算化工作的开展将面临重重困难。对于基础较差的企业，不应急于开展会计电算化工作，而应首先提高管理水平，规范会计、财务制度，改善基础工作，为会计电算化工作的开展积极创造条件。

4. 专业人员的合理配置

实施会计电算化将改变原手工会计信息系统的岗位分工与职能。单纯的财会人员已无法满足会计电算化后的工作需求，必须另外配置与电算化工作相关的专业人员，以负责会计电算化工作的管理、项目开发、系统运行和维护等。首先，需要配备一名会计电算化工作的管理人员，负责会计电算化工作的规划、项目开发、计划、组织和运行管理，这是确保会计电算化工作顺利进行的关键。其次，应配备硬件维护员，负责整个电算化系统硬件的维护和维修工作，考虑到有些企业电算化工作范围较小，硬件维护员可以是兼职的。再次，无论是自行开发还是购买软件，都需要配备既懂计算机又熟悉财会业务的专门人才，他们可以参与系统设计开发，又负责系统运行的一些维护工作，使电算化会计信息系统的一般维护工作能够由企业自己处理，确保会计电算化工作的顺利进行。

5. 资金保证

实施会计电算化工作需要专门人才，也需要软件及硬件设备，这些都需要一定的投资。为了确保会计电算化工作的顺利开展，所需经费必须有来源，并且数额必须得到控制和确定。会计电算化所需的费用分为初期投资费用和日常费用两种。初期投资费用包括购买硬件及系统软件所需费用、应用软件取得所需费用、基建费用、人员培训费用等。日常费用主要包括所需消耗品费用和日常维护费用。会计电算化所需费用根据电算化会计信息系统的建立方法和规模不同，数额也有所不同，甚至差异很大。因此，必须具体情况具体分析，确保所需经费有保障，同时避免浪费。

（二）电算化会计信息系统实施的目标

1. 提升财务会计工作效率

借助计算机技术的优势，将复杂的记账、结账、报账任务交由高速计算机处理，从而减轻财务会计人员的工作负担。同时，计算机的精确性和可靠性能够避免手工操作中可能出现的错误，有效提升财务会计工作的效率。

2. 推动会计职能的转型

在手工操作环境下，财务会计人员往往被繁重的核算工作所困扰，难以抽出时间精力去发挥会计在管理与决策中的作用。通过会计电算化，财务人员得以摆脱繁重的手工操作，从而有更多时间和精力参与到企业管理与决策中，助力提升企业的现代化管理水平和经济效益。

3. 确保会计信息的准确性和及时性

在手工操作条件下，大量会计信息的记录、加工和整理工作导致信息需求者无法及时获取所需信息，这不利于企业经营者掌握最新的经济活动情况和存在的问题。电算化后，大量信息可以被迅速记录、汇总、分析和传递，确保企业管理者能够准确、及时地获得会计信息。

4. 促进会计工作的规范化

会计电算化的实施为会计工作带来了新的内容，要求会计人员全面提升自身素质和更新知识结构。一方面，为了更好地参与企业管理，会计人员需要学习更多的经营管理知识；另一方面，必须掌握电子计算机的相关知识。良好的会计基础工作和规范的业务处理流程是实现会计电算化的基础，因此会计电算化也推动了会计工作的规范化。

5. 实现企业管理的现代化

企业管理信息电算化的目标和任务是运用现代化手段管理企业，以提高经济效益。因此，会计电算化不仅使会计工作本身现代化，其最终目标是推动整个企业管理的现代化，从而提升企业的经济效益。

（三）电算化会计信息系统实施的策略

实施电算化会计信息系统是一个长期、科学且有序的过程，它要求企业采取恰当的实施策略。

1. 本地化策略

企业必须根据自身的具体情况来实施会计信息系统，避免盲目模仿其他企业的模式，否则可能会产生相反的效果。

2. 分模块实施策略

对于规模庞大的会计应用软件，企业可以考虑分阶段、分模块进行上线。例如，可以先行实施账务和报表这两个核心子系统，随后在此基础上继续推进其他财务子系统的实施，最终实施供应链系统。

3. 并行策略

新系统上线后，应设置一段时间的并行期，建议至少为 3 个月。通过新旧系统的并行运行，可以验证新系统的数据准确性，逐步明确新系统的流程，并不断熟练操作，为新系统的安全稳定运行打下坚实基础。

4. 分阶段验收策略

会计信息系统的实施过程应被划分为若干阶段，并明确各阶段的目标成果。每个阶段结束后，应进行相应的验收工作，这是有效控制项目风险的关键措施。

上述四个策略是相辅相成的，企业在实施时可以同时采用多个策略，而不是孤立地使用它们。

（四）电算化会计信息系统实施步骤

1. 系统调研

通过系统调研，可以收集必要的信息，为实施运行阶段做好准备。这有助于进一步明确各阶段的任务和目标，为规范企业业务管理、软件标准化和规范化奠定坚实可靠的基础。

2. 建立相应的管理制度

电算化会计信息系统的实施应结合本单位的特点和内部管理需求，建立相应的管理制度。这包括会计信息化岗位责任制、操作管理制度、计算机硬软件和数据管理制度，以及信息化会计档案管理制度等会计信息化内部管理制度。

3. 人员培训

在企业会计软件实施过程中，需要对不同层次、不同工作性质、不同职务的人员进行针对性培训。对管理层进行管理思想和实施理念的培训；

对管理人员进行软件整体架构、处理流程、数据分析、管理监控的培训；对最终用户进行软件操作流程培训。这种培训应持续进行，而非仅限于短期内。

4. 数据准备

在系统初始化前，必须准备大量基础数据，为系统初始化做好准备。基础数据是系统运行的基础，应准确、全面、及时地准备各项基础数据，包括系统参数的选择、基础档案资料、各账户期初余额、存货期初余额、客户供应商期初余额、期初固定资产卡片等。

5. 系统初始化

将通用的商品化会计信息系统转换为适合企业专业的会计信息系统，同时确保企业新旧系统业务处理的连续性，必须经过系统初始化。电算化会计信息系统的初始化工作包括两个方面：建立整个会计信息系统数据环境及安全机制，包括建立账套、设置操作员及权限；以及各个子系统的初始化，包括系统参数设置、基础信息设置及期初数据的录入。

6. 系统试运行

电算化会计信息系统建立后，手工和计算机需并行运行一段时间。并行起始时间应选择在年初或季初等特殊会计时期，且并行阶段时间不应少于 3 个月（一般不超过 6 个月）。在并行阶段，通过对比两种方式下的数据，检查核算方法的正确性，检验会计科目体系的正确性和完整性，考察操作熟练程度，并纠正业务处理流程错误。并行期间的会计档案以手工方式为主，计算机的会计档案为辅。若计算机与手工核算结果不一致，需查明原因并纠正错误。并行期间还应适当安排实施进度，定期检查，及时总结。如实施效果不理想，应向软件公司或相关专家咨询，修订实施方案，及时解决问题，缩短并行时间。

7. 二次开发

通过试运行，发现存在的问题后，调整相关基础设置、流程设置，并完善相关功能。必要时，可聘请软件开发商或企业内部软件开发负责人进行二次开发，以进一步完善会计应用软件。

8. 系统应用效果的定期评价

对系统应用效果的定期评价是企业信息化会计信息系统实施中容易被

忽视的环节，但其重要性不容小觑。只有通过定期评价，才能了解新系统存在的问题及满足原定目标的程度。通过对比实际执行结果和预期目标的主要差异，企业才能采取必要的调整措施，尽可能延长系统使用寿命，并研究发展措施。

二、会计信息化管理

会计信息化管理涉及国家和企业等相关部门，旨在确保会计信息系统的正常和安全运作。这一过程包括从宏观和微观两个层面，通过制定相关法规和制度来实施一系列管理活动。在这些活动中，确保会计信息系统的稳定和安全运行是核心所在。同时，管理制度的完善与执行是会计工作的关键，它为会计信息系统的规范化和程序化运作奠定了坚实的基础。

（一）会计电算化的宏观管理

会计电算化的宏观管理涉及国家各级财政部门、业务主管部门、行业协会等对全国、本地区、本系统和本行业的会计电算化及其相关工作的领导和管理。其主要内容如下。

第一，制订会计电算化信息系统的发展规划，涵盖系统建设目标、总体结构设计以及安全性研究等方面。

第二，制定会计电算化信息系统的管理规章制度和专业标准。目前，财政部已经颁布了《会计电算化管理办法》《商品化会计核算软件评审规则》《会计核算软件基本功能规范》和《会计电算化工作规范》等多项规章制度。随着信息经济和大数据时代的到来，会计信息化事业也取得了显著进展。为了适应新的形势，国家相关部门需要迅速制定关于会计信息化信息安全以及未来发展方向的法规，以推动我国会计信息化事业的持续发展。

第三，评审和评定会计软件，意味着国家与相关部门共同管理会计软件市场，并鼓励和扶持电子技术及相关产品的研发。

第四，重视会计信息化人才的培养。人才是建立和推动会计电算化信息系统发展的关键因素，培养人才不仅是会计信息系统管理的需要，也是企业会计信息系统建设的必要条件。会计信息系统人才培训应被视为会计信息化宏观管理的一个重要组成部分。

第五，积极引导和推动网络会计信息安全等议题的研究工作。

（二）会计电算化的微观管理

会计电算化微观管理涉及对会计信息化单位内部的电算化会计信息系统进行全方位的管理，确保系统的安全性和正常运行。这一过程主要涵盖三个关键方面。

1. 以会计软件为核心，不断提升会计人员的电算化技能

会计电算化培训分为初级、中级和高级三个层次。大多数会计人员需要完成初级培训，以掌握计算机操作和会计核算软件的基础知识。一些会计人员应接受中级培训，以获得对计算机系统环境进行维护、会计软件参数设置以及对会计数据进行基础分析和应用的能力。而少数会计人员则需通过高级培训，以具备会计软件分析和设计的专业技能。

会计电算化培训有三种主要形式。

第一，财政部负责组织的初级、中级和高级会计电算化培训。初级培训侧重于电子计算机硬件和软件的基础知识，以及文字处理和报表处理的通用方法，还包括通用会计核算软件的使用。中级和高级培训则主要针对软硬件维护人员和数据分析人员。

第二，软件公司提供的会计软件培训。通常情况下，购买商品化会计软件的用户会接受软件公司的培训，目的是使操作人员能够独立使用会计软件。培训时长和内容可以根据需要灵活调整，重点在于会计软件的操作和使用。

第三，单位自行组织的会计电算化培训。有条件的大企业可采用这种方式，通过统一组织培训来解决会计软件实施过程中的关键问题，以及处理实施过程中出现的复杂问题和跨部门协作问题。这种培训方式能够针对性地结合电算化岗位职责，弥补前两种培训方式的不足。

2. 充分发挥电算化的自身优势替代手工记账

计算机内会计数据打印输出和保存是替代手工记账的重要工作，根据会计电算化的特点应注意以下问题。①采用计算机打印输出书面会计凭证、账簿、报表的，应当符合国家统一会计制度的要求，字迹清晰，作为会计档案保存，保存期限按《会计档案管理办法》的规定执行。②在当期所有记账凭证数据和明细分类账数据都存储在计算机内的情况下，总分类账可以从这些数据中产生，因此可以用“总分类账户本期发生额及余额对照表”

替代当期总分类账。③现金日记账和银行存款日记账的打印，可采用计算机打印输出的活页账页装订成册，要求每天登记并打印，每天业务较少，不能满页打印的，可按旬打印输出。一般账簿可以根据实际情况和工作需要按月或按年打印，发生业务多的账簿，可满页打印。④在保证凭证、账簿清晰的条件下，计算机打印输出的凭证、账簿中表格线可适当减少。⑤采用磁盘、光盘等介质存储会计数据，不再定期打印输出会计账簿，应征得主管部门、财政部门的同意，保存期限同打印输出的书面形式的会计账簿、报表。

3. 建立会计电算化内部管理制度

内部管理制度旨在确保资产的完整与安全，保障会计信息及其他数据的准确性和可靠性，确保国家相关政策、法规以及本单位的规章制度得到贯彻执行，从而提升经济效益。通过系统内部的分工合作，形成一系列具有控制功能的方法、措施和程序，构成了一种综合性的管理制度。该制度主要包括以下四个核心方面。

（1）确立和完善会计电算化岗位责任制

必须明确界定各个工作岗位的职责，确保每项任务都有人负责，每个人都有明确的职责，工作流程有明确的要求，并且有相应的检查机制。在会计电算化应用后，工作岗位可以分为基础会计岗位和会计电算化岗位。在确保会计数据安全的前提下，这两个岗位可以适当交叉设置，但岗位人员应保持相对稳定。

（2）构建会计电算化操作管理制度

该制度应详细规定操作人员对会计软件的操作职责和权限，严格管理操作密码，并由会计主管定期更换，以防止未经授权的操作。操作人员在离开机房前，必须执行退出会计软件的命令。会计主管应根据单位实际情况，保存必要的上机操作记录，包括操作人员、操作时间、操作内容和故障情况等。

（3）建立计算机硬件、软件和数据管理制度

该制度应涵盖以下内容：确保机房设备安全和计算机的正常运行是会计电算化工作的基础，因此需要定期对相关设备进行维护保养，并保持机房和设备的清洁，以预防意外事故；确保会计数据和软件的安全保密，防

止数据和软件被非法修改或删除，并对磁介质存储的数据进行双备份；完善计算机硬件和软件故障排除的管理措施，确保会计数据的完整性；建立必要的计算机病毒防治措施。

（4）制定电算化会计档案管理制度

会计档案管理应建立并执行会计档案的立卷、归档、保管、调阅和销毁等管理制度。会计软件的全套文档资料和程序应视同会计档案进行保管，保管期限直至该软件停止使用或经历重大更改后的五年为止。其内容主要包括以下五点。

第一，电算化会计档案不仅包括存储在计算机硬盘中的会计数据，还涵盖了其他磁性介质或光盘（如磁盘、光盘等）上的信息。此外，它也包含以书面形式（纸质介质存储）呈现的会计数据，例如记账凭证、会计账簿、会计报表等。在管理这些档案时，可以以一种形式为主，另一种形式为辅，或者两者并重，保存期限则应遵循《会计档案管理办法》的相关规定。

第二，电算化会计档案管理是会计基础工作中的关键环节，必须严格遵守财政部的相关规定，由会计主管人员负责执行。

第三，电算化会计档案管理应采取防磁、防火、防潮和防尘措施。对于重要的会计档案，应制作双份副本，并分别存放在两个不同的地点。

第四，采用磁性介质保存会计档案时，必须定期进行检查和复制，以防止数据因技术故障或其他原因而丢失。磁性介质损坏可能导致会计档案丢失。

第五，在互联网环境下，档案管理人员还需及时发布和更新会计信息。

第二章　系统管理与企业应用平台

学习目标

1. 明确系统管理模块的主要功能。

2. 重点掌握账套管理、账套库管理、角色管理、用户管理及权限管理的作用及其使用方法。

3. 本章的难点是账套管理中账套的建立、有关参数设置和操作员操作权限的确定。

思政素养

1. 强调系统管理在维护组织运行秩序、保障数据安全中的重要性，培养学生的责任感和安全意识。

2. 通过基础信息设置的学习，让学生认识到精确信息对企业管理的重要性，培养细致入微的工作态度。

第一节　系统管理概述

当前，我国商品化的会计软件主要集中在财务与业务一体化的网络财务软件领域。这类软件由多个独立功能的子系统构成，包括总账、UFO 报表、薪资管理、固定资产、应收应付、采购管理、销售管理、库存管理和存货核算等模块。这些子系统彼此相连，共享数据，共同推进网络财务软件在财务与业务一体化管理方面的实现。

为了确保各个子系统能够在一个统一的数据环境中运行，并提供必要的安全机制，有必要设立一个专门的功能模块——系统管理。该模块旨在实现一体化的管理应用模式。在财务业务一体化的应用模式下，系统管理和企业应用平台为U8的各个子系统提供了一个共用平台，用于统一管理整个系统的公共任务，例如设置基础信息和基本档案、管理企业账套、建立操作员、划分角色以及分配权限等。企业管理系统中任何产品的独立运行都必须依赖于这一基础。

一、系统管理的主要功能

系统管理模块的核心职能在于对各个子系统执行统一的操作管理和数据维护工作，涵盖账套管理、账套库管理、操作员及其权限的集中管理、系统数据及运行安全的管理等多个方面。

（一）账套管理

账套，顾名思义，是指一组相互关联的数据集合，通常代表一套完整的账目。在一般情况下，每个单位可以为其自身及每个独立核算的下属单位创建一个核算账套。这些账套数据彼此独立，互不干扰。以用友ERP-U8企业管理软件为例，用户最多可建立999个独立的账套，确保账套之间不存在任何关联性。

账套管理功能主要包括创建新账套、修改现有账套、以及账套数据的导入和导出等。导入和导出账套功能实际上是指账套数据的备份与恢复。虽然账套数据的备份和恢复不属于系统管理初始化的范畴，但鉴于其重要性，且操作在“系统管理”模块内完成，因此特别予以强调。进行账套数据备份和恢复时，用户需以“admin”身份登录。账套数据备份是指创建账套数据的副本，并将其存储在指定文件夹或U盘中，以便在账套数据遭受意外破坏时，能够利用备份数据将其恢复至最近的状态。

（二）账套库管理

账套库与账套是两个不同的概念。账套位于账套库的上层，由一个或多个账套库构成。每个账套对应一个经营实体或核算单位，而账套库则对应该经营实体特定年度区间内的业务数据。本章节将为雅筑房地产有限公司创建“002雅筑信息”账套，并计划于2024年1月投入使用。若在2025年初建立新的账套库，则“002雅筑信息”账套将包含两个账套库，即“002雅筑信息2024年”和“002雅筑信息2025年”。若选择连续使用，不建立新库，直接录入 2025 年数据，则“002 雅筑信息”账套中将只有一个账套库，名为“002 雅筑信息 2024—2025 年”。账套库管理涉及账套库的建立、引入、输出，以及初始化和清空账套库数据。

（三）操作员及其权限管理

为确保系统及数据的安全保密，满足岗位分工需求，防止越权操作，并进一步加强企业内部控制，系统管理提供了操作员及操作权限的集中管理功能。这意味着对账套操作员及功能权限实行统一管理，并设立统一的安全管理权限。账套的修改和功能启用由账主管负责，账套主管是由系统管理员“admin”在设置操作员及权限时指定的。

通过系统操作分工和权限管理，一方面可以防止无关人员进入系统，另一方面可以协调系统内各模块的操作，确保责任明确，流程顺畅。操作权限的集中管理包括设定系统用户、定义用户角色及设置用户权限等功能。操作员管理包括操作员的增加、修改、删除等功能；操作员权限的管理则包括权限的增加、修改、删除等功能。

（四）系统数据及运行安全的管理

对于企业而言，系统运行安全和数据存储安全至关重要。在使用财务软件系统时，系统管理提供了人工备份和自动备份两种数据存储安全方式；在系统运行安全方面，系统管理提供了监控系统运行、及时清除系统运行中的异常任务和单据锁定、自动记录运行情况并形成上机日志等功能。

本章节后续内容将以用友 ERP 管理软件新道 U8＋V15.0 为例，具体阐述系统管理模块的实验操作。

二、系统管理模块的启用

（一）系统管理模块启用的基本流程

系统管理模块的启用流程分为两种情形：首先，对于企业首次在第一年度采用电算化会计信息系统，其启用系统管理模块的基本操作流程如图 2-1 所示；其次，对于企业在随后的年度中启用系统管理模块的基本操作流程，其详细步骤如图 2-2 所示。

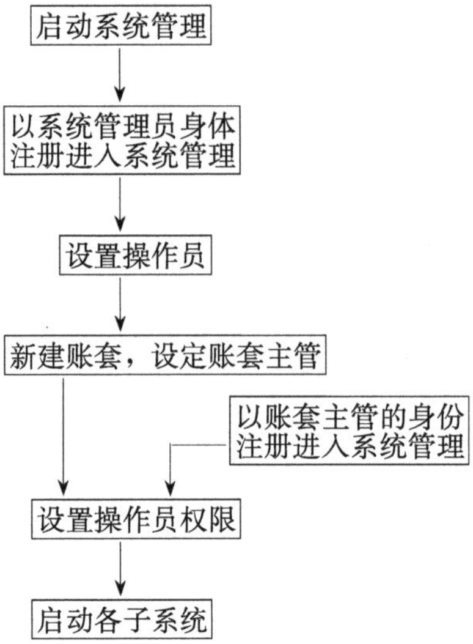

图 2-1　第一年启用操作流程图

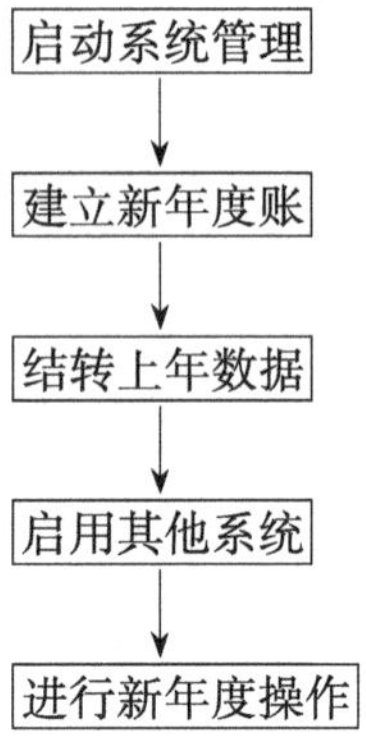

图 2-2　以后年度的操作流程图

（二）启用系统管理

系统通常提供两种身份以注册并进入系统管理：一是以系统管理员（admin）的身份；二是以账套主管的身份。系统管理员与账套主管在工作职责以及在 U8 系统中的权限方面存在差异。

1. 系统管理员与账套主管的职责

在企业架构中，系统管理员主要承担信息系统的安全职责，这涵盖了数据存储安全、系统使用安全以及系统运行安全。具体职责包括监控系统日常运行状况、进行网络及系统维护、预防安全风险、执行数据备份以及管理系统用户权限等。系统管理员的工作性质偏向技术层面，他们不参与企业的实际业务处理。

相对地，账套主管通常是企业内特定业务领域的负责人，例如财务主管。账套主管需根据企业的发展需求和业务现状，制定会计核算规则和 U8 各子系统的参数配置，并确保企业业务流程规范运作。在 U8 系统中，账套主管拥有最高的权限，能够操作所有子系统。

账套主管的指定必须由系统管理员完成，因此，首先需要以系统管理员的身份注册并管理系统。在创建账套并指定相应的账套主管后，方能以账套主管的身份进行系统管理，如图 2-1 所示。

2. 系统管理员与账套主管在 U8 系统中的权限

由于系统管理员与账套主管的工作性质不同，他们在 U8 系统中所拥有的权限也有所区别。两者权限的具体对比详见表 2-1。

表 2-1　系统管理员和账套主管权限对比

U8 中系统	功能细分	系统管理员	账套主管
系统管理	账套—建立、引入、输出	√	
	账套—修改		√
	账套库		√
	权限—角色、用户	√	
	权限—权限	√	√
	视图	√	√
企业应用平台	所有业务系统		√

特别需要指出的是，尽管系统管理员和账套主管都能为用户授权，他们在权限的范围上存在显著差异。系统管理员拥有为 U8 系统内所有账套的任何用户赋予任意级别权限的能力；相比之下，账套主管仅限于对其负责的账套内的用户进行权限分配，并且无权授予账套主管权限给其他用户。

3. 启动系统管理的实验操作步骤

执行【开始】→【所有程序】→【用友新道 U8＋】→【系统服务】→【系统管理】命令，或者鼠标双击电脑桌面【系统管理】快捷图标，启动系统管理，弹出【用友新道 U8［系统管理］】对话框。如图 2-3 所示。

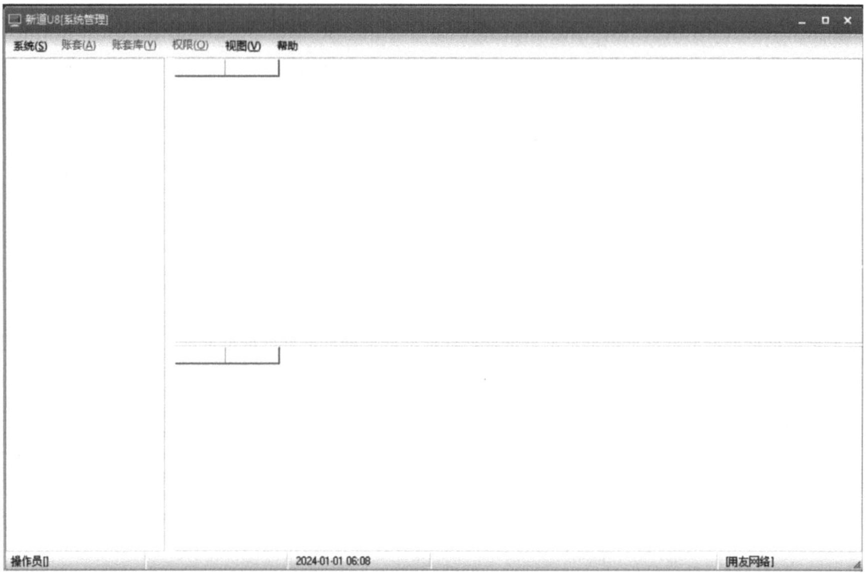

图 2-3　系统管理启动界面

（三）系统注册

在首次使用该系统软件时，由于尚未创建核算单位的账套，系统管理员 admin 需要登录进行设置。初始状态下，admin 的账户并未设置密码，即密码为空。为了确保系统的安全，建议及时更改系统管理员的密码。然而，在实际教学环境中，通常不建议设置系统管理员密码。这是因为如果忘记了设置的密码，将无法以系统管理员身份登录，进而影响系统的管理和使用。

以系统管理员的身份注册登录的具体实验操作步骤如下。

①在系统管理启动界面执行菜单栏【系统】→【注册】命令，打开【登录】系统管理对话框，如图 2-4 所示，进行系统注册。用友 U8 默认的系统管理员为 admin，不区分大小写字母；第一次运行时，系统管理员密码为空（可以修改），选择系统默认账套。

②单击【登录】按钮，以系统管理员身份进入系统管理，如图 2-5 所示。系统管理界面左下角操作员显示［admin］，系统管理界面菜单栏中显示为黑色的菜单项即为系统管理员所拥有的权限。

图 2-4　系统管理登录界面

图 2-5　系统管理界面

三、权限管理

为了确保系统的安全性和数据的保密性，系统通常配备了角色管理、用户管理以及权限管理等关键功能。这些功能的设置和管理权限仅限于系统管理员。

（一）角色管理

系统中引入了角色分工管理的理念，以进一步强化企业内部控制中的权限管理，从而提升控制的广度、深度和灵活性。角色是指在企业管理体系中承担特定职能的组织单位，它可以是实际存在的部门，也可以是由具有相同职能的人员组成的虚拟组织。例如，在日常工作中，会计和出纳就是两个典型的角色（他们可以是同一部门的成员，也可以属于不同的部门，但他们的工作职能是相同的）。角色一旦被定义，就可以为其分配相应的权限。当用户被分配到某个角色时，他们在系统内的所有账套中都将自动拥有该角色的权限，无需重复设置。设置角色的目的是为了简化操作员权限的控制，能够根据职能统一划分权限，便于授权。

（二）用户管理

用户指的是拥有登录系统权限，并能对应用程序进行操作的人员，通常被称为“操作员”，由系统管理员负责设置。每次用户登录系统时，都会进行身份合法性验证。登录后，用户只能操作那些被分配给他们的系统功能。如果操作员属于某个特定角色，他们将自动获得该角色的相应权限。当然，也可以为特定操作员独立分配权限，而不必让他们隶属于任何角色。这意味着一个角色可以关联多个用户，而一个用户也可以属于多个不同的角色。用户管理主要负责对核算账套用户的添加、移除和修改等维护工作。

1. 新增用户

在增加系统操作员时，必须确保操作员编号的唯一性；同时，操作员姓名通常会出现在他们处理的票据和凭证上，因此应记录其真实姓名，以便对其操作行为进行有效监督。

新增用户的实验步骤：打开用友新道 U8【系统管理】窗口，执行【权限】→【用户】命令，系统会弹出【用户管理】的界面，如图 2-6 所示；单击工具栏中的【增加】按钮，即可打开【操作员详细情况】对话框，如图 2-7 所示；在该对话框中可以设置新用户的相关信息，编号和姓名必须输入，其余项目为可选项，并选择其所属角色。

图 2-6　用户管理界面

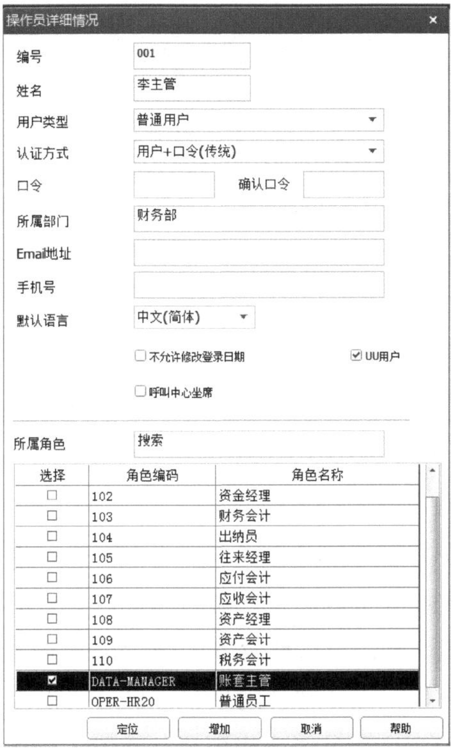

图 2-7　操作员详细情况界面

根据本章后面的实验资料，增加三名系统用户，设置所属角色，如图 2-8、2-9 所示。

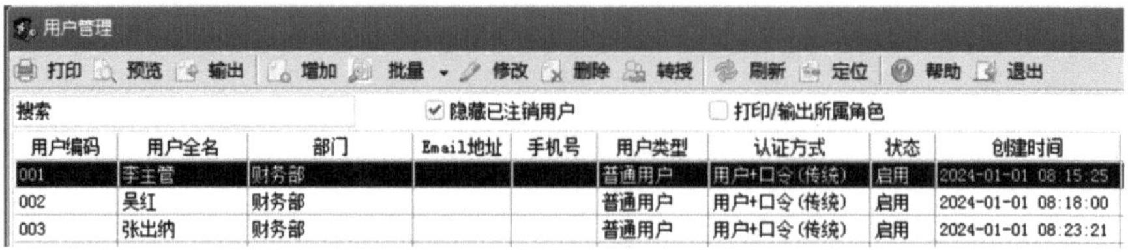

用户管理

打印 预览 输出 增加 批量 修改 删除 转授 刷新 定位 帮助 退出

搜索 ☑隐藏已注销用户 □打印/输出所属角色

用户编码	用户全名	部门	Email地址	手机号	用户类型	认证方式	状态	创建时间
001	李主管	财务部			普通用户	用户+口令（传统）	启用	2024-01-01 08:15:25
002	吴红	财务部			普通用户	用户+口令（传统）	启用	2024-01-01 08:18:00
003	张出纳	财务部			普通用户	用户+口令（传统）	启用	2024-01-01 08:23:21

图 2-8　三名用户新增完毕的界面部分截图

用户管理

打印 预览 输出 增加 批量 修改 删除 转授 刷新 定位 帮助 退出

搜索 ☑隐藏已注销用户 □打印/输出所属角色

用户编码	用户全名	部门	Email地址	手机号	用户类型	认证方式	状态	创建时间
001	李主管	财务部			普通用户	用户+口令（传统）	启用	2024-01-01 08:15:25
002	吴红	财务部			普通用户	用户+口令（传统）	启用	2024-01-01 08:18:00
003	张出纳	财务部			普通用户	用户+口令（传统）	启用	2024-01-01 08:23:21
01	01	总经办			普通用户	用户+口令（传统）	启用	2020-03-31 13:15:20
03	03	采购中心			普通用户	用户+口令（传统）	启用	2020-03-31 16:52:54
08	金宝荣	财务部			普通用户	用户+口令（传统）	启用	2020-03-01 15:37:38
10	周芳	财务部			普通用户	用户+口令（传统）	启用	2020-03-01 15:38:03
1001	吴波	财务中心			普通用户	用户+口令（传统）	启用	2020-03-23 14:59:48
1003	王玉芬	财务部			普通用户	用户+口令（传统）	启用	2020-03-23 15:11:30
1005	柳源	财务部			普通用户	用户+口令（传统）	启用	2020-03-23 15:13:01
1006	丰红	财务部			普通用户	用户+口令（传统）	启用	2020-03-23 15:13:30
1007	刘芳	财务部			普通用户	用户+口令（传统）	启用	2020-03-23 15:13:52
1008	赵珊	财务部			普通用户	用户+口令（传统）	启用	2020-03-23 15:14:18
1009	杨秀	财务部			普通用户	用户+口令（传统）	启用	2020-03-23 15:14:50
1010	王西西	财务部			普通用户	用户+口令（传统）	启用	2020-03-23 15:15:23
admin	admin				管理员用户	用户+口令（传统）	启用	
demo	demo				普通用户	用户+口令（传统）	启用	
SYSTEM	SYSTEM				普通用户	用户+口令（传统）	启用	
UFSOFT	UFSOFT				普通用户	用户+口令（传统）	启用	

图 2-9　三名用户新增完毕的界面完整截图

2. 修改/删除用户

若您对创建的用户资料感到不满，您仍然有机会进行必要的修改或删除操作。在操作员刚刚完成设置后，您可以更改其姓名和密码。然而，一旦以该身份登录系统（即用户已被激活），则无法更改或删除姓名，但您可以更新密码、部门归属、电子邮件地址、手机号码以及用户角色信息。若操作员离开公司，您可以通过“修改用户”功能来停用该账户。此时，系统会在“姓名”字段后显示“注销当前用户”的选项。若需要暂时禁用该账户，单击此按钮即可。之后，按钮将更改为“启用当前用户”，允许您随时重新激活该账户。

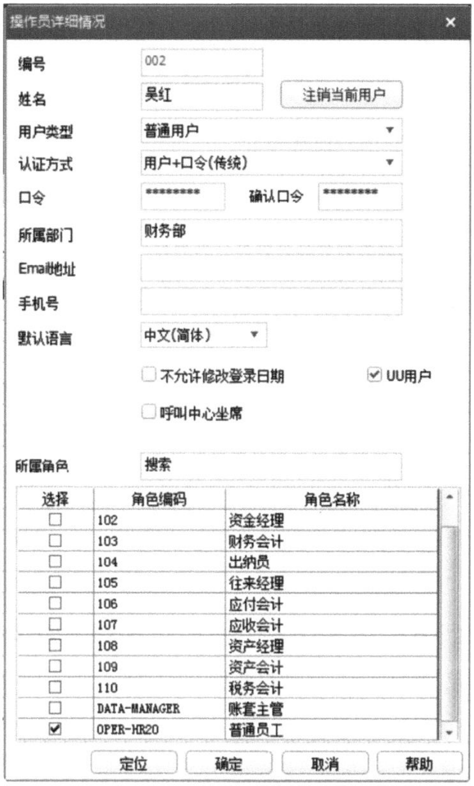

图 2-10　修改操作员的界面

修改/删除用户的实验步骤：打开用友新道 U8【系统管理】窗口，执行【权限】→【用户】命令，系统会弹出【用户管理】的界面，如图 2-9 所示。选中需要修改的用户，直接双击鼠标左键或者单击工具栏中的【修改】按钮，出现如图 2-10 所示界面进行操作员的修改。完成后单击【确定】，退回到【用户管理】界面。选中需要删除的用户，单击【删除】，如果要删除的用户被设置了角色，就出现如图 2-11 所示的提醒对话框，应先将用户的角色删除后，再单击【删除】；如果要删除的用户没有设置任何角色，就可以直接删除该用户，如图 2-12 所示。

图 2-11　删除用户提醒界面

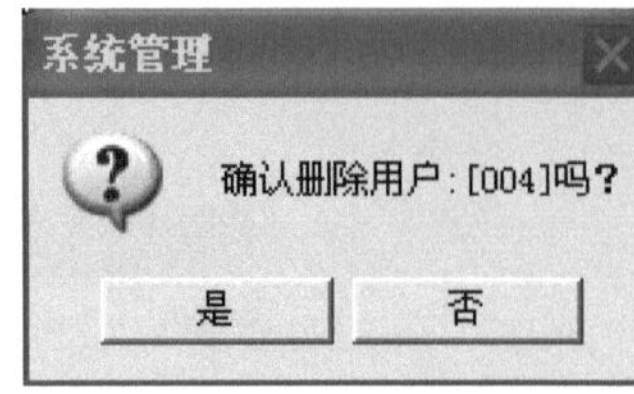

图 2-12　确认删除用户界面

用户管理实验操作过程中应注意以下事项。①编号：用户编号在 U8 系统中必须唯一，即使是不同的账套，用户编号也不能重复。②姓名：必须准确输入该用户的中文全称。用户登录 U8 进行业务操作时，此处的姓名将会显示在业务单据上，以明确经济责任。③用户类型：有“普通用户”和“管理员用户”两种。普通用户指登录系统进行各种业务操作的人；管理员用户的性质与 admin 相同，他们只能登录系统进行管理操作，不能处理企业业务。④认证方式：提供“用户＋口令（传统）”“动态密码”“CA 认证”“域身份验证”4 种认证方式。“用户＋口令（传统）”是 U8 默认的用户身份认证方式，即通过系统管理中的用户管理来设置用户的安全信息。⑤口令：设置操作员口令时，为保密起见，输入的口令在屏幕上以“*”号显示。⑥所属角色：系统预置了“账套主管”“普通员工”两种角色。可以执行【权限】→【角色】命令增加新的角色。

（三）权限管理

权限一般包括功能权限、数据权限和金额权限三种形式。数据权限分字段级权限和记录级权限；金额权限主要用于完善内部金额控制，限制制单时可使用的金额数量。这两种权限形式是对功能权限进一步的细化，强化核算与管理的。我们这里主要介绍功能权限。

功能权限是在系统管理中分配的，被赋予了某种权限。为了保证权责清晰和企业经营数据的安全与保密，企业需要对系统中所有的操作人员进行分工，设置各自的功能权限，就能够执行相应的操作。

设置操作员权限是从内部控制的角度出发，对系统操作人员进行严格的岗位分工，严禁越权操作的行为发生。操作人员的权限划分必须依据会计的有关法规和电算化会计信息系统内部控制的需要来进行划分，必须遵守五条基本原则：不相容的职权必须分隔；不相容的岗位必须分隔；不同的处理层次一般应该分隔；需要重点保证数据安全的工作应与其他工作分隔；其他制度特别规定需要分隔的应该分隔。

权限管理主要完成对用户权限的增加、删除、修改等维护工作。权限的设置，如赋予出纳“出纳签字”权限的具体实验操作步骤如下。

打开用友新道 U8【系统管理】窗口，执行【权限】→【权限】命令，如图 2-13 所示。弹出【操作员权限】窗口，如图 2-14 所示。在窗口左侧，通过【搜索】选择需要设置的用户，并对其设置权限。如赋予 003 号张出纳“出纳签字”权限，在【搜索】框中输入“003”或“张出纳”，按回车键，【搜索】框下方弹出操作员张出纳。在窗口右侧中，勾选“显示所属角色权限”，单击【修改】按钮，选中“财务会计”前的“+”号图标，展开“财务会计”，选中“总账”前面的“+”号图标，展开“总账”，选中“出纳”复选框；展开“总账”的“凭证”列选项，选中“出纳签字”和“查询凭证”复选框，单击【保存】按钮，如图 2-15 所示。

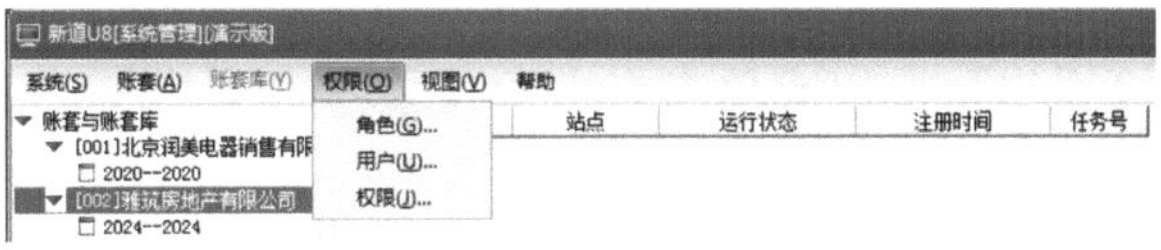

图 2-13　权限设置界面

图 2-14　操作员权限设置对话框

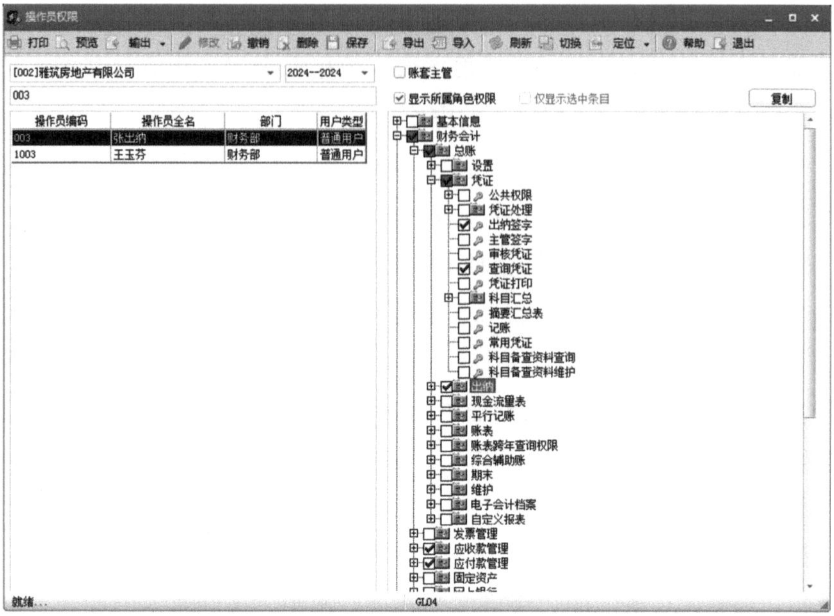

图 2-15　操作员出纳权限设置对话框

最后单击【退出】按钮或单击右上角【】时，系统已保存所做的修改，返回系统管理窗口。

四、账套管理

每个企业都有能力为其每个独立核算的单位创建一个核算账套，这意味着每个核算单位都配备了一套完整的账簿体系。账套管理涉及对账套的集中管理，涵盖了账套的创建、更新、输出以及数据的备份和恢复等功能。

（一）创建账套

在电算化会计信息系统中，创建账套实质上是为每个独立核算单位准备一套数据库文件，用于记录各种经济活动数据。这一操作权限仅限于系统管理员。

建账过程包括建立企业的单位基本信息、核算方法、编码规则等。企业建立账套的工作流程如图 2-16 所示。

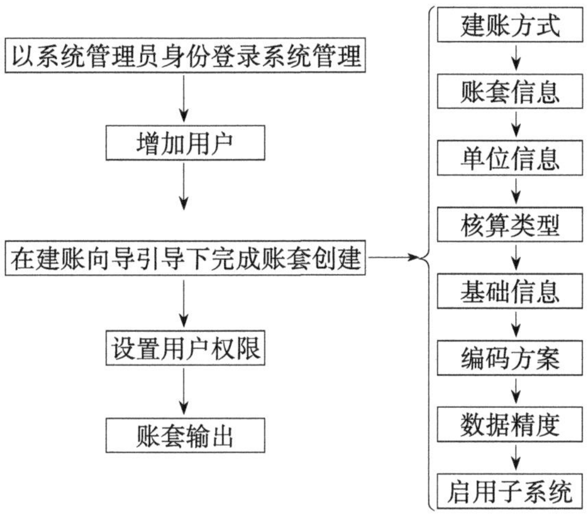

图 2-16　企业建账的工作流程

1. 账套信息

已存账套：系统会以下拉框的形式展示系统内现有的账套列表，供用户参考，用户无法进行输入或修改操作。

账套号：通常由一组特定长度的数字组成，用于区分不同的核算账套编号。账套号必须唯一，与核算单位名称存在一一对应关系，共同标识特定的核算账套。在用友 ERP-U8 财务管理软件中，账套编码仅限于 001 至 999 之间的数字，并且不能与已存在的账套号重复。

账套名称：通常用于描述账套的基本属性，用户可以输入新建账套的名称或核算单位的名称，包括核算单位的简称或根据账套用途命名。其目的是标识新建账套的相关信息，便于在显示和打印账簿及报表时使用。

账套路径：指定账套数据文件在计算机系统中的存储位置。系统提供默认路径，用户可根据实际需要进行调整。

启用会计期：用于输入新建账套将开始使用的会计核算时间，通常为某个月份。启用日期（即企业开始使用计算机处理业务的起始点）应在创建账套时设定，并且一旦确定便不可更改。设定启用会计期主要是为了明确账务处理的起始点，确保核算数据的完整性和连续性。在设置启用会计期的同时，还需进行会计期间的设置，以确认当前会计年度及会计月份的起始和结账日期。大多数财务软件遵循国家统一会计制度的规定来划分会计期间。若未指定启用会计期，系统将默认设置为当前系统日期。

2. 核算单位基本信息

核算单位的基本信息涵盖了单位名称、简称、地址、邮政编码、法人代表以及通讯方式等关键数据。其中，单位名称是系统运行的必需信息，必须准确输入，以便将来打印发票时使用。简称作为核算单位的缩写，也应予以输入，确保系统在输出信息时能够调用。

3. 账套核算信息

（1）核算类型

核算类型用于记录新建账套的基本核算信息，主要包括记账本位币、企业类型、行业性质、账套主管以及是否按行业性质预设科目等要素。

记账本位币：通常情况下，我国财务软件系统默认的记账本位币为人民币（RMB）。若需使用其他外币作为记账本位币，用户可在此进行相应的修改。

企业类型：这是区分不同企业业务类型的关键信息，有助于明确核算单位的经济业务特点。系统通常提供工业和商业两种类型供选择。选择工业模式时，系统将无法处理受托代销业务；而选择商业模式时，则可以处理委托代销和受托代销业务。

行业性质：此信息用于确定新建账套应采用的会计制度。根据我国的实际情况，系统应提供企业会计制度、金融企业会计制度和小企业会计制度供用户选择。

账套主管：这是由系统管理员指定的账套负责人，通常可由会计主管兼任。

是否按行业性质预设科目：此选项允许用户方便地预置单位所属行业的标准一级会计科目。建议用户选择此项，否则系统内将缺乏标准的一级会计科目体系。

（2）基础信息

基础信息用于记录新建账套的基础核算信息，主要包括存货、客户、供应商是否分类以及是否有外币核算等内容。

若企业存货、客户、供应商数量较多，可以实施分类管理。在进行基础信息设置时，若选择对存货、客户、供应商进行分类，则必须先设置分类，然后才能设置存货、客户、供应商的档案信息；若未选择分类，则可以直接设置它们的档案信息。

4. 分类编码方案

编码方案的制定是为了在对企业核心核算要素（包括会计科目、部门、结算方式、客户、地区、存货、供应商等）进行分类时，明确编码的层级结构和各层级编码的具体长度。这样做有助于用户对经济业务数据进行层次化的核算、统计和管理。通常，编码方案采用群码结构，这是一种分段组合的编码方式，其中每一段都有固定的位数。编码规则定义了分类编码被分为几个段落，以及每个段落包含的位数。从一级到最底层的段数被称为级次，而每个层级（每一段）的编码位数则称为级长。编码的总级长是所有层级编码长度的总和。例如，某企业会计科目的编码方案为 4-2-2-2，这意味着编码级次为 4，其中第一级编码根据会计制度规定为 4 位长，第二、三、四级编码均为 2 位长，因此编码总级长为 10 位。

编码方案的构建取决于核算单位经济业务的复杂性以及核算和统计的具体需求。通常情况下，编码的级次越多，所提供的分类信息就越详尽。

5. 定义数据精度

数据精度涉及定义数据保留的小数位数，这对于确保系统在处理数据时能够一致地取舍小数位数至关重要。它涵盖了存货数量、存货单价、开票单价、件数、换算率以及税率等小数位数的设定。系统支持用户自定义数据精度，以便根据各自核算单位的特定需求进行配置。

在用户完成上述设置后，系统将自动创建一套新的账套，以满足用户的具体要求。接下来，根据本章提供的实验资料，我们将详细说明建账的具体步骤。

（1）输入账套信息

打开用友新道 U8【系统管理】窗口，执行【账套】→【建立】命令，系统弹出创建账套的建账方式窗口，如图 2-17 所示，新建空白账套，单击【下一步】；进入【账套信息】窗口，如图 2-18 所示。将会计期间设置为 2024 年 1 月，单击【下一步】；进入【单位信息】窗口，输入单位名称，单击【下一步】。

图 2-17　创建账套的建账方式界面

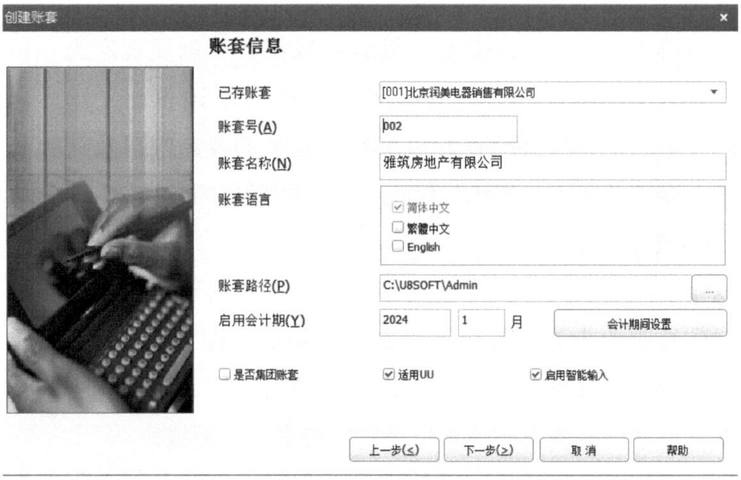

图 2-18　创建账套的账套信息界面

（2）输入核算类型

进入【核算类型】界面，如图 2-19 所示。注意实验资料中企业类型是工业，行业性质是当前新会计制度科目；在前面用户管理中新增用户时已指定账套主管，这里账套主管的下拉菜单为系统默认值；注意要选中“按行业性质预置科目”，单击【下一步】。

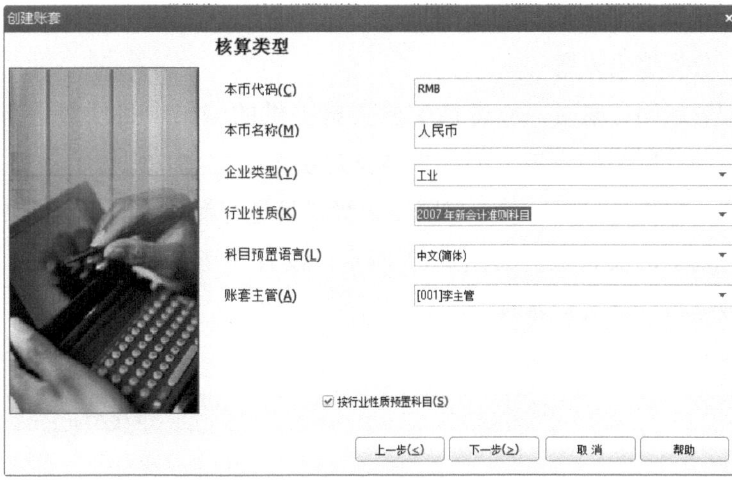

图 2-19　创建账套的核算类型界面

图 2-20　创建账套的基础信息界面

（3）输入相关的基础信息

进入【基础信息】界面，如图 2-20 所示。系统默认的是无外币核算，有供应商分类，根据实验资料，需要进行外币核算，但又无供应商分类，所以需要进行调整，勾选相应的基础信息，然后单击【下一步】，进入【开始】界面，准备建账，单击【完成】按钮，系统提示“可以创建账套了么?”，单击【是】按钮，系统开始创建账套，经过几秒钟后弹出【分类编码方案】窗口。

(4) 分类编码方案

在配置编码方案时，应遵循实验资料提供的编码项目层级进行调整。系统将自动应用编码方案，但若发现指定层级不完整，则需手动补充。特别要注意，删除科目层级时，仅限于末级科目进行操作；若下级科目尚存，上级科目则不得被移除。如图 2-21 所示。设置完毕，单击【确定】按钮，进入【数据精度定义】界面。

项目	最大级数	最大长度	单级最大长度	第1级	第2级	第3级	第4级	第5级	第6级	第7级	第8级	第9级
科目编码级次	13	40	9	4	2	2	2					
客户分类编码级次	5	12	9	1	2	3						
存货分类编码级次	8	12	9	1	2	2						
部门编码级次	9	12	9	1	2	2						
地区分类编码级次	5	12	9	2	3	4						
费用项目分类	13	50	9	1	2							
结算方式编码级次	2	3	3	1	2							
货位编码级次	8	20	9	2	3	4						
收发类别编码级次	3	5	5	1	2							
项目设备	8	30	9	2	2							
责任中心分类档案	5	30	9	2	2							
项目要素分类档案	6	30	9	2	2							

图 2-21 编码方案设置界面

(5) 数据精度设置

使用系统默认的数据精度，单击【确定】按钮。

(6) 账套建立成功

弹出账套建立成功的对话框，如图 2-22 所示。此时用户如果不想启动电算化会计信息系统的各个子系统，单击【否】按钮，以后可从“企业门户-基础信息”中进入启动；如果想启动，单击【是】按钮，进入【系统启用】界面，如图 2-23 所示。

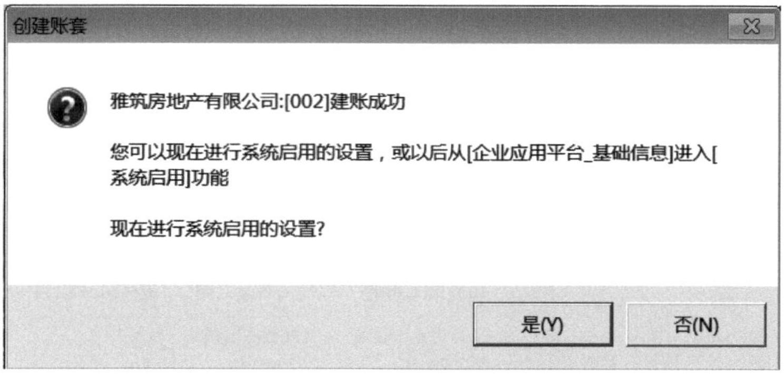

图 2-22 创建账套建账成功界面

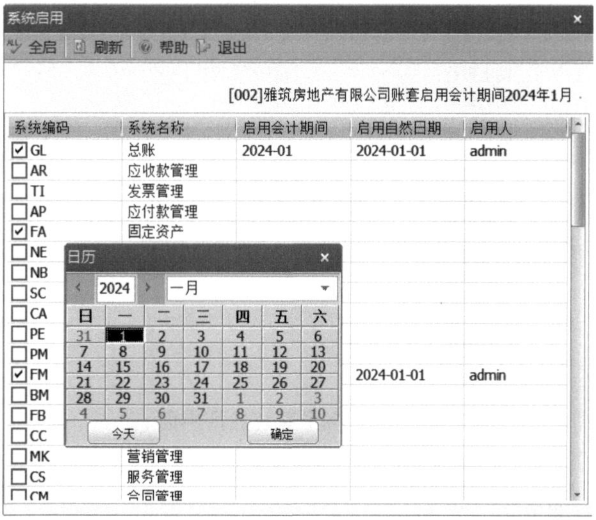

图 2-23 总账系统启用界面

(7) 模块（子系统）启用

根据实验资料，启用“总账”模块，启用时间为 2024 年 1 月 1 日，单击【确定】，出现【提示信息】对话框，单击【是】，确认启用当前系统，如图 2-24 所示。依次启用“应收款管理、应付款管理、固定资产、资金管理”系统，如图 2-25 所示。

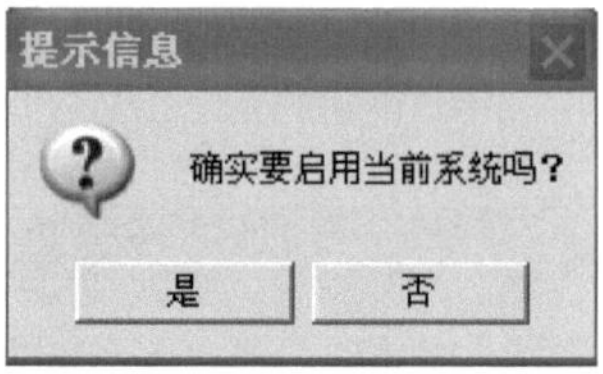

图 2-24　确认系统启用界面

图 2-25　各子系统启用界面

（二）修改账套

一旦账套创建完毕，若需更正某些参数或查看建账时设定的详细信息，您可以启用账套修改功能。通常情况下，仅账套主管拥有修改其管理范围内账套信息的权限，而系统管理员则不具备此修改权限。

修改账套的实验步骤如下：以账套主管的身份进行系统注册，选择相应的账套，即可进入系统管理界面。执行【账套】→【修改】命令，即可打开【修改账套】对话框，其中自动列出了所选账套的账套信息、单位信息、核算信息、基础设置信息等，账套主管可以根据需要，对允许修改的内容进行修改。

需要注意的是，系统已使用的关键信息是无法修改的，如账套号、启用会计期。因此，建立账套时，参数设置一定要注意。

（三）输出和引入账套

账套的输出功能，即会计数据的备份，指将系统产生的数据（所选的账套数据）进行备份输出。对于企业系统管理员而言，定期备份企业数据至不同存储介质（例如移动硬盘、U 盘、网络磁盘等）是至关重要的，这直接关系到数据的安全性。在企业遭遇不可预测的事件（如计算机病毒攻击、人为误操作等）时，通过备份数据可以迅速恢复系统，确保业务流程的连续性，并将潜在损失降至最低。

引入账套功能，即会计数据的恢复，允许将系统外部的账套数据导入到本系统中。这一功能对于维护系统数据安全至关重要。在发生异常导致数据丢失的情况下，可以利用账套引入功能来恢复数据。此外，对于集团公司而言，此功能便于操作，允许定期将子公司的账套数据导入母公司系统，便于进行账套数据的分析和合并工作。但需注意，在建立账套时应进行周密规划，确保各子公司的账套编号不重复，以防止在数据导入过程中因编号相同而导致数据覆盖的问题。

特别需要指出的是，账套的输出功能不仅用于数据备份，还能够执行删除账套的操作。如果系统中的某个账套不再需要保留，可以使用账套输出功能来删除它。账套删除会彻底清除该账套下的所有数据，因此在执行此操作时必须格外谨慎。为了确保数据安全，系统通常会在删除前强制进行备份，并且这一操作权限仅限于系统管理员。

输出和引入账套（根据实验资料）的具体实验操作步骤如下。

1. 输出账套

以系统管理员的身份登录系统，选择要进行输出（备份）的账套【002】，再执行【账套】→【输出】命令，即可打开【请选择账套备份路径】对话框，如图 2-26 所示。

账套备份路径如果默认系统指定的路径，则单击【确定】，弹出【账套输出】对话框，如图 2-27 所示。单击【确认】，弹出“输出成功!”信息提示，如图 2-28 所示，单击【确定】，即完成账套输出。

图 2-26　账套备份路径界面

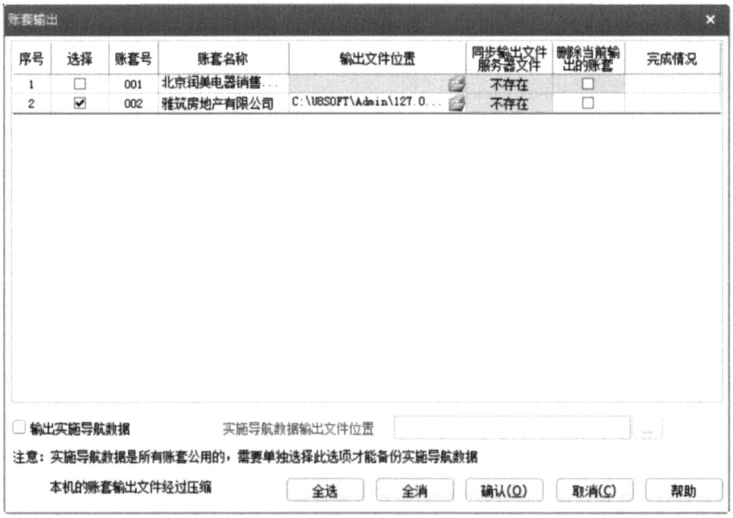

图 2-27　账套输出界面

图 2-28　账套输出成功界面

账套备份路径如果不默认系统指定的路径，则需指定账套文件的输出位置，在打开的【请选择账套备份路径】对话框中，选中“U8SOFT”前的“+”号图标，单击【新建文件夹】，弹出如图 2-29 所示对话框，输入新建的文件夹名称“会计电算化实验一”；单击【确定】，弹出如图 2-30 所示对话框；单击【确定】，弹出如图 2-31 所示对话框；单击【确认】，弹出“输出成功!”信息提示，如图 2-32 所示，单击【确定】，即完成账套输出。

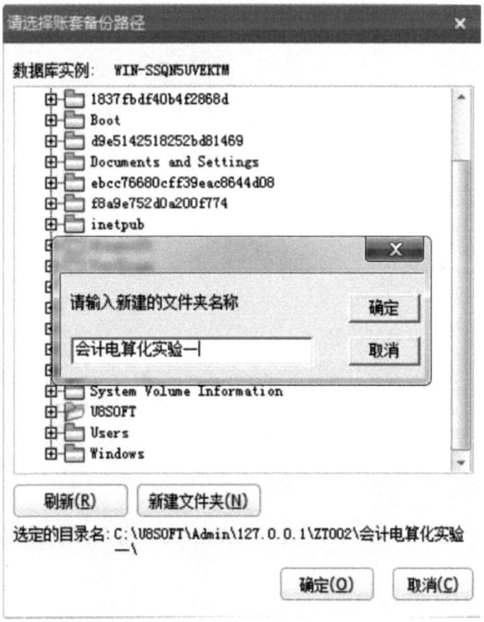

图 2-29　指定账套路径的账套文件名称界面

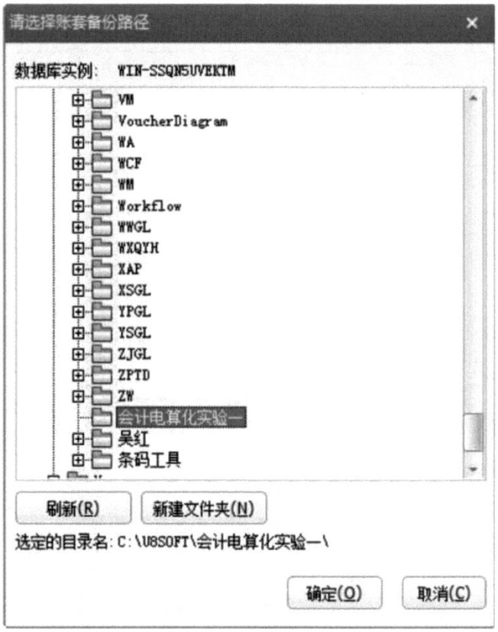

图 2-30　指定账套路径界面

图 2-31　指定账套路径的账套输出界面

图 2-32　指定账套路径的账套输出成功界面

账套输出实验操作中特别注意的是，完成账套输出后，在指定路径下输出有两个文件：一个是 UfErpAct. Lst，为账套信息文件；另一个是 UFDATA，为账套数据文件。另外，在图 2-27 和图 2-31 中，选中“删除当前输出的账套”复选框，可以在完成输出后删除当前账套。

2. 引入账套

以系统管理员的身份登录系统，执行【账套】→【引入】命令，弹出【账套引入】对话框，如图 2-33 所示；单击【选择备份文件】按钮，弹出【请选择账套备份文件】对话框，如图 2-34 所示；选中“C：\”前的“+”号图标，展开目录，选择账套所在文件夹“会计电算化实验一”路径下方的名为 UfErpAct. Lst 的文件，如图 2-35 所示；单击【确定】，系统弹出“请选择账套引入的目录”信息提示，如图 2-36 所示；单击【确定】，打开“请选择账套引入的目录”对话框；单击【确定】，系统弹出提示“此操作将覆盖【002】账套当前的所有信息，继续吗?”，单击【是】按钮，再单击【确定】，系统自动进行引入账套的工作。完成后，系统弹出“引入成功!”信息提示，单击【确定】按钮返回。

图 2-33　账套引入界面

图 2-34　选择账套备份文件路径界面

图 2-35　指定要引入的账套文件名界面

图 2-36 账套引入的目录界面

五、账套库管理

企业会计核算的一个核心前提是持续经营，这意味着企业的日常运营是连续不断的。U8 系统允许在一个账套库中存储多年连续的数据。从理论上讲，一个账套可以无限期地在同一个账套库中使用。然而，由于需要更新关键的基础档案、调整组织结构、变更部分业务流程，或者因为账套库中数据量过大导致业务处理性能下降等原因，可能需要启用新的账套库并重置部分数据。在这种情况下，创建新的账套库就显得必要了。

采用账套与账套库的双层结构模式具有以下优势：①它简化了企业的管理流程，便于进行账套的上报工作以及跨年度的数据结构调整；②便于数据的导出和导入操作；③减轻了数据处理的负担，从而提升了应用的效率。

账套库管理涵盖了账套库的创建、导入、导出，以及账套库的初始化和清空数据等环节。账套库的管理权限仅限于账套主管，其他操作员无权进行此类操作。账套库在多个方面发挥着至关重要的作用。

（一）数据存储与管理

1. 年度数据划分存储

账套库能够将企业不同年度的数据进行隔离存储，这极大地便利了数据的管理和检索。例如，在进行财务审计或内部核查时，可以迅速定位到特定年度的数据进行审视和分析，从而提升了数据检索的效率。各年度数据的独立性确保了即使某一特定年度的数据发生问题，也不会波及其他年度的数据，从而保障了数据的安全性和稳定性。

2. 业务数据存储

账套库不仅存储财务数据，还能够保存企业的采购、销售、库存等各类业务数据。这使得企业能够对业务流程的各个环节进行详尽的记录和追踪，为管理决策提供了详实且精确的数据支持。通过分析账套库中的销售数据，企业能够了解不同产品在不同地区、不同时间段的销售表现，进而制定更为合理的销售策略。

（二）数据备份与恢复

1. 备份功能

企业应定期执行账套库数据备份，以防范数据丢失的风险。在系统故障、操作失误或遭受病毒侵害等紧急情况下，备份数据可用于恢复，保障企业数据的完整性。例如，企业可选择每周或每月对账套库进行一次备份，并将备份数据保存在不同的物理位置，如本地硬盘与外部存储设备，从而提升数据安全。

2. 恢复功能

在紧急情况下，企业能够迅速将备份的账套库数据恢复至系统，以便业务流程得以继续。这对于企业迅速从突发事件中恢复业务运营具有至关重要的作用。

（三）系统升级与维护

1. 系统升级过渡

在对用友 U8＋ERP 系统进行升级时，账套库可作为数据迁移的临时存储。升级过程中，旧版系统中的账套数据可先迁移到账套库，随后再导入至新版系统，确保数据的连续性和系统的平滑升级。

2. 日常维护操作

在系统日常维护中，管理员可对账套库执行操作，包括清除冗余数据、优化数据库结构等，以增强系统运行效率和性能。

（四）权限管理与数据隔离

1. 权限管理

企业应根据用户角色和职责，赋予其访问账套库中特定数据的权限。例如，财务人员可访问和操作财务相关数据，而采购人员仅限于访问和操作采购相关数据，从而有效保障数据安全和保密。

2. 数据隔离

对于拥有多个子公司或部门的企业，账套库可实现数据隔离。每个子公司或部门可拥有独立的账套库，防止数据混淆和干扰，同时便于企业对各子公司或部门进行独立管理和核算。

六、系统运行安全管理

为了确保财务软件系统的运行安全和数据存储安全，必须构建一个坚固的安全保障机制，即系统安全维护。这包括实施系统运行监控、制订数据自动备份计划、清除系统运行中的异常任务和单据锁定，以及自动记录运行情况以形成上机日志等功能。

（一）系统运行监控

系统运行监控的核心作用在于实时监控系统的使用情况（包括登录系统管理的子系统、操作员身份、操作时间、系统状态等），并为事后查证和分析提供关键信息。根据我国现行的会计信息系统管理制度，系统运行监控记录被视为会计档案的一部分，需妥善保管。

（二）设置数据自动备份计划

设置数据自动备份计划的目的是让系统能够自动定时备份指定的账套。这种机制的优势在于能够同时对多个账套进行备份，并且可以通过定时设置实现无人值守的自动备份。这不仅减轻了系统管理员的工作负担，还确保了系统数据的安全性，从而便于对系统进行有效管理。

（三）清除系统运行异常任务

在系统运行过程中，死机、网络阻断等问题可能导致系统异常。为此，系统管理通常提供“清除单据锁定”“清除异常任务”功能，以便及时排除这些异常，释放被占用的系统资源，确保系统能够迅速恢复到正常运行状态。

（四）上机日志

为了保障系统的安全运行，系统会持续记录各个子系统中每个操作员的上下机时间以及具体操作的功能等信息，形成上机日志。这确保了所有操作都有记录可查，用户还可以对上机日志进行删除、排序、刷新等操作，以满足不同的管理需求。

第二节　企业应用平台

企业完成建账后，仅在数据库管理系统中为公司创建了一个空的数据库，尚未填充任何数据。在开始核算之前，企业需要配置一些子系统共用的基础信息。通常，企业会根据自身的实际情况和业务需求，先手动整理出一套基础资料，然后按照系统管理的要求将其录入计算机，确保初始建账工作的顺利进行。那么，企业应如何启动 ERP-U8 系统呢？这涉及到两个关键问题：首先，必须明确当前企业的信息化应用方案，并根据该方案启用相应的子系统；其次，需要在系统中建立企业日常业务处理所需的基础档案。

一、企业应用平台概述

（一）企业应用平台简介

为了使用友 ERP-U8 管理软件成为连接企业员工、用户和合作伙伴的公共平台，使系统资源得到高效、合理的使用，在用友 U8 管理软件中设立了企业应用平台。通过企业应用平台，用户能够从单一入口访问 U8 系统，开展业务工作。

企业应用平台中为方便用户划分为业务导航、常用功能、消息任务、报表中心、智能客服等几组，如图 2-37 左侧所示。

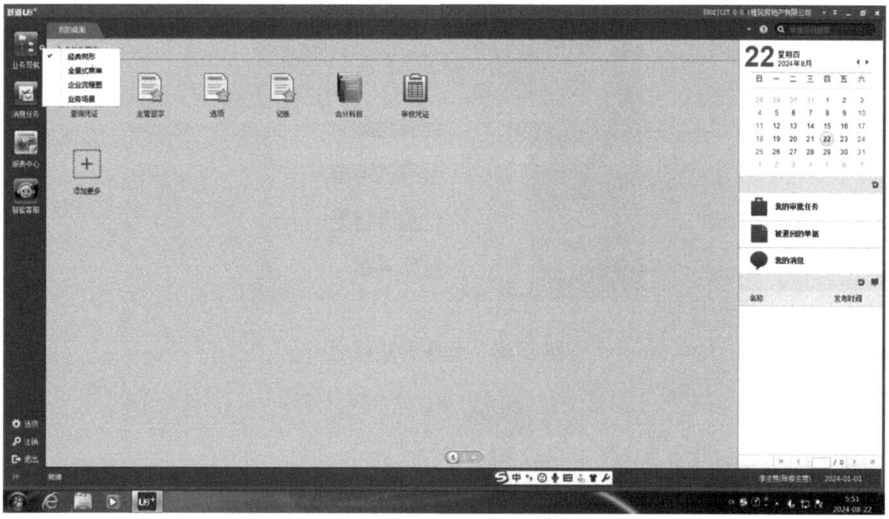

图 2-37　企业应用平台

业务导航：用户在登录企业应用平台后，可在业务导航中查看到已启用的子系统以及当前用户拥有操作权限的功能。

常用功能：在“我的桌面”上，默认展示常用功能，便于用户迅速开展工作。用户可自由添加或移除常用功能中的项目。

消息任务：此功能展示系统根据预设工作流程推送至当前用户的审批任务、被退回的单据以及工作消息。

报表中心：涵盖公用目录、公共信息以及内部审计等模块。

（二）业务导航

业务导航提供四种模式：经典树形、全景式菜单、企业流程图和业务场景，如图 2-38 所示。用户可根据个人偏好随时切换这些模式。无论选择哪种模式，业务导航均根据不同的用途细分为系统服务、基础设置以及 U8 中已启用且当前用户具备操作权限的业务功能组。各部分的主要功能展开如图 2-39 所示。

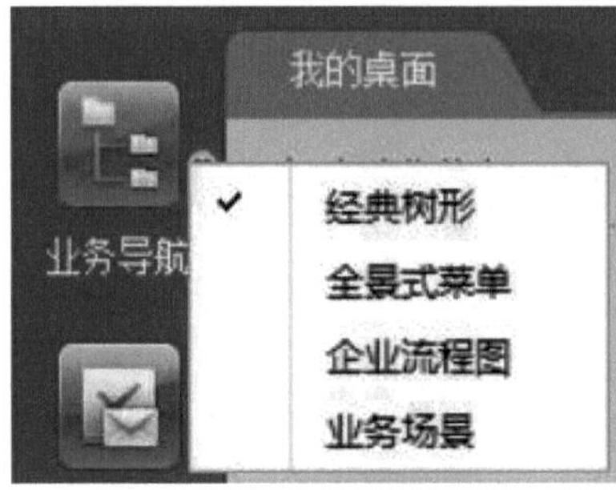

图 2-38　业务导航模式

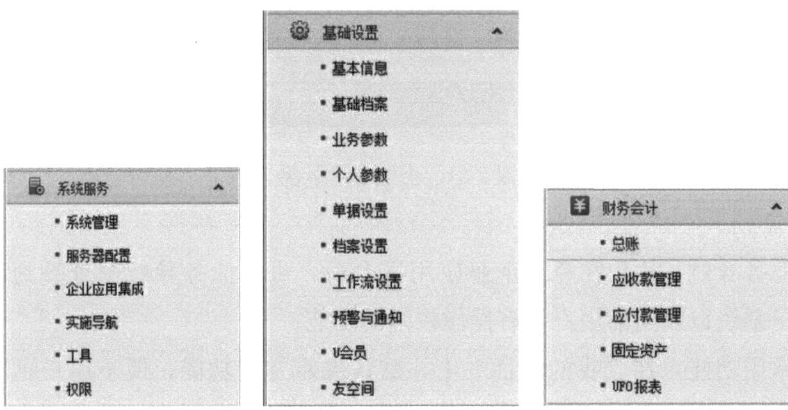

图 2-39　业务导航主要功能

1. 系统服务

系统服务主要是为系统安全正常运行而设，主要包括系统管理、服务器配置、企业应用集成、工具和权限。系统管理提供了从企业应用平台启动系统管理模块的通道；服务器配置用于配置 U8 应用服务器的位置；工具为 U8 与外部系统接口、U8 数据传输提供了便捷的处理方式；权限可以对数据权限进行控制设置、数据权限和金额权限的分配、功能权限转授和工作任务委托。

2. 基础设置

基础设置主要是设置用友 U8 各模块公用的基本信息、基础档案、单据设置等。

（1）基本信息

在基本信息中可以对企业建账过程中设定的会计期间、编码方案和数据精度进行修改，还可以进行 U8 子系统的启用设置。

（2）基础档案

每个企业选购的是 U8 中不同的子系统，这些子系统共享基础档案信息，基础档案是 U8 系统运行的基石。企业在启用新账套之始，应根据本单位的实际情况及业务需求，进行基础档案的整理工作，并正确地录入系统。

设置基础档案的前提是先确定基础档案的分类编码方案。基础档案的设置必须要遵循分类编码方案中所设置的级次及各级编码长度的规定。基础设置主要包括机构基础信息设置（包括部门档案、职员档案）、财务基础信息设置（包括会计科目设置、凭证类别设置、外币及汇率设置、项目管理设置）、往来单位基础信息设置（包括客户分类、客户档案、供应商分类、供应商档案、地区分类）、存货基础信息设置（包括存货分类、存货档案、计量单位）和收付结算基础信息设置（包括结算方式、付款条件、开户银行）等基础信息设置。

由于企业基础数据之间存在前后承接关系（如必须在设置客户分类的基础上再设置客户档案），因此，基础档案的设置应遵从一定的顺序。

（3）单据设置

单据是企业经济业务发生的证明，如代表货物发出的销售发货单、代表材料入库的采购入库单，以及购销业务中的专用发票等。单据设置包括单据格式设置、单据编号设置和单据打印控制。

不同企业各项业务处理中使用的单据可能存在细微的差别，用友 U8 管理软件中预置了常用的单据模板，允许用户对各单据类型的多个显示模板和多个打印模板进行设置，以满足企业个性化的单据格式需求。单据编号是单据的标识，U8 系统默认单据采取流水编号。如果企业根据业务需要有特定的编号规则，可以设置为手工编号方式。

3. 业务功能组

业务功能组中集成了登录用户拥有操作权限的所有功能模块，它们分类归属于各功能组中，为企业用户提供了进入用友 U8 的唯一入口。下章开始介绍业务功能模块的相关知识点，本章主要讲述基础设置。基础设置中重点讲述基础档案设置。

二、基础设置

（一）系统启用

系统启用日期的设定，是指在用友 U8 软件中各个子系统开始运作的具体时间点。用友 U8 管理软件由多个功能模块构成，包括财务会计、管理会计、供应链、生产制造、人力资源、集团应用、决策支持以及企业应用集成等。这些功能模块下又细分为多个子模块，它们既能够独立运行，也支持集成操作，尽管这两种操作模式的数据流程存在差异。企业可以根据自身的信息化战略和管理需求，选择购买不同的子系统。同时，企业还可以采取分阶段实施的策略，有计划地逐步启用各个模块，先激活一部分，随后再启用其他部分。系统启用为企业增加了灵活性，清晰记录了企业何时启用了哪些子系统。只有经过系统启用设置的模块，用户才能进行登录操作。

系统启用可以通过两种方式完成：一是由系统管理员在系统管理界面创建企业账套并完成系统启用设置；二是如果在创建账套时未进行系统启用设置，账套主管可以利用企业应用平台的基本信息部分进行系统启用设置。

（二）基础信息设置

1. 机构基础信息设置

（1）部门档案设置

在会计核算过程中，数据通常根据部门层级进行分类和汇总，下级部门会自动向上级部门汇总信息。部门档案用于设定会计科目中涉及部门核算的部门名称，以及个人往来核算中职员所属的部门。部门档案的创建需遵循既定的部门编码层级原则，输入部门编号和相关信息，主要包括部门编码、部门名称、负责人、部门属性、联系电话、地址等。在指定部门负责人时，若职员档案已建立，可从中选择；若未建立，则可在职员档案设置完成后，返回部门档案进行补充设置。

（2）职员档案设置

职员档案用于记录企业职员的个人信息，便于进行个人往来核算和管理。设置职员档案前，应先完成部门档案的设置，以便在相应部门下添加职员信息。除固定资产管理和成本管理子系统外，其他子系统均可使用职员档案。若无核算和管理需求，可选择不设置职员档案。职员档案设置内容包括职员编码、职员名称、所属部门、职员属性等。

2. 财务基础信息设置

（1）外币及汇率设置

企业处理涉及外币的经济业务时，需进行汇率的设置与管理。外币设置有助于减少汇率录入次数和错误，同时避免汇率变动时的错误。外币设置内容包括固定汇率与浮动汇率、折算方式、小数位数、币符、币名等。

（2）会计科目设置

会计科目是对会计对象进行分类核算的科目，是凭证编制、账簿登记、报表编制的基础。会计科目设置的完整性和层次深度直接影响会计工作的顺利进行和核算的详细、准确程度。企业应根据自身特点及核算和管理需求设置会计科目，包括科目编码、科目名称、科目类型、账页格式、助记码、余额方向、是否涉及外币核算、数量核算、各项辅助核算、是否为日记账、是否为银行账等信息。

（3）凭证类别设置

凭证用于记录经济业务、明确经济责任，并作为记账的依据。设置凭证类别旨在简化会计核算和管理流程。系统提供的分类方式包括收付转账、现金银行转账、现金收付、银行收付、转账等类别；还有通用记账凭证方式等。为防止凭证类型选择错误，系统提供限制类型（包括凭证必有、凭证必无、借方必有、贷方必有、无限制等）和限制科目设置。限制科目由用户自定义，可为任意级次，科目间用逗号分隔，数量不限；也可参照输入，但不得重复。若限制科目非末级，则在制单时，其所有下级科目均受相同限制。

（4）项目管理设置

企业在实际业务处理中，需要对多种类型的项目进行核算和管理，如在建工程、对外投资、技术改造项目等。项目管理的核心目的是将具有共同特性的一类项目归并为一个项目大类，以便进行更有效的管理。一个项目大类下可以包含多个具体的项目，为了提升管理效率，企业还可以对这些项目进行分级管理。当企业需要进行项目核算与管理时，应遵循以下步骤：首先，在建立会计科目时，应设置与项目核算相关的科目；其次，定义项目大类，将具有相似特性的项目归入其中；其次，指定核算科目，明确哪些科目将用于项目的成本核算；再次，定义项目分类，对项目进行更细致的划分；最后，定义项目目录，列出所有需要核算和管理的项目。

3. 往来单位基础信息设置

（1）客户分类设置

当往来客户数量较多时，为了便于对客户进行分类统计和汇总，进而实现分类管理的目的，我们可以先对客户进行分类。分类的依据可以包括行业、地区、客户信誉资质等多个方面。在建立起客户分类体系后，需要确保将客户档案准确地设置在最末级的客户分类之下。值得注意的是，只有在账套设置中启用了客户分类管理功能（通常在创建账套时进行设置），并且已经制定了客户分类的编码方案后，才可以进行客户分类档案的编辑工作。如果企业没有分类管理客户的需求，那么可以直接建立客户档案。客户分类设置的主要内容通常包括类别编码和类别名称两项。类别编码用于唯一标识每个客户分类，而类别名称则用于清晰地描述每个分类的特点或属性。

（2）客户档案设置

建立客户档案主要是为企业的销售管理、库存管理以及应收账管理服务。对于每一个被定义为客户往来核算的会计科目，都需要建立相应的客户档案，并将每个客户的详细信息录入档案卡片中。系统会自动根据这些信息形成客户档案列表，便于企业管理和查询。

客户档案信息涵盖了多个方面，主要包括：客户编码（用于唯一标识每个客户）、客户名称、客户所属分类（如行业、类型等）、所属地区名称、发展日期（即客户与企业建立业务关系的日期）、联系人姓名、联系电话、邮政编码、开户银行名称、银行账号、专营业务员名称（负责与该客户对接的业务员）、分管部门名称等。这些信息共同构成了客户档案的完整内容，为企业提供了全面的客户信息支持。

（3）供应商分类设置

建立供应商分类体系，有助于实现对供应商的分类管理，并便于对相关业务数据进行统计与分析。在分类时，我们可以根据行业、地区等因素对供应商进行合理划分。一旦建立起供应商分类体系，就需要确保将供应商档案准确地设置在最末级的供应商分类之下。值得注意的是，只有在账套设置中启用了供应商分类管理功能（通常在创建账套时进行设置），并且已经制定了供应商分类的编码方案后，才可以进行供应商分类档案的编辑工作。如果企业没有分类管理供应商的需求，那么可以直接建立供应商档案。供应商分类设置的主要内容包括类别编码和类别名称两项。类别编码用于唯一标识每个供应商分类，确保分类的准确性和唯一性；而类别名称则用于清晰地描述每个分类的特点或属性，便于理解和使用。

（4）供应商档案设置

建立供应商档案主要是为企业的采购管理、库存管理以及应付款管理服务。对于每一个被定义为供应商往来核算的会计科目，都需要建立相应的供应商档案。这些档案在填制采购入库单、采购发票，以及进行采购结算、应付款结算和供应单位统计时都会被用到。

供应商档案信息涵盖了多个方面，主要包括：供应商编码（用于唯一标识每个供应商）、供应商名称、供应商所属分类、所属地区名称、发展日期（即与企业建立业务关系的日期）、联系人姓名、联系电话、邮政编码、开户银行名称、银行账户、专营业务员名称（负责与该供应商对接的业务员）、分管部门名称等。值得注意的是，在设置供应商档案的“其他选项卡”时，有两项内容与客户档案管理不同：一是“单价是否含税”，这指的是所购货物的单价中是否包含税金，可以是含税价格，也可以是不含税价格；二是“对应条形码”，这主要用于存货的条形码管理。如果存货的条形码中包含了供应商信息，那么就需要在对应供应商中输入相应的编码信息，以便进行准确的匹配和管理。

（5）地区分类设置

地区分类是企业根据自身管理需求，对客户和供应商的所属地区进行的合理划分，旨在便于对业务数据进行统计和分析。在设置地区分类时，主要包括两项内容：类别编码和类别名称。

4. 存货基础信息设置

（1）存货分类设置

当企业存货数量较多时，为了更有效地对业务数据进行统计与分析，可以对存货进行合理分类。通常，存货可以按照性质、用途、产地等原则进行分类。一旦建立起存货分类体系，就需要将存货档案准确地设置在最末级分类之下。请注意，只有在账套设置中启用了存货分类管理功能（通常在创建账套时进行设置），并且已经制定了存货分类的编码方案后，才可以进行存货分类档案的编辑工作。存货分类设置的主要内容包括存货分类编码、类别名称以及所属经济分类等。这些设置确保了存货管理的准确性和高效性。

（2）存货档案设置

存货档案的设置主要用于录入和管理生产经营中使用的各类存货信息，以便对这些存货进行资料管理、实物管理以及业务数据的统计与分析。值得注意的是，只有在本账套中启用了存货分类管理功能，并且已经事先设置好存货分类档案和计量单位信息的情况下，才能进行存货档案的编辑工作。存货档案的设置是在存货分类的最末级下进行的，以确保信息的准确性和层次性。设置的主要内容包括存货编码（用于唯一标识每个存货）、存货名称、规格型号、计量单位组（用于定义存货的计量方式和单位）、税率、ABC 分类（根据存货的重要性进行分类管理）、存货属性（如是否自制、是否外购等）等。

（3）计量单位设置

计量单位设置主要用于定义对应存货的计量单位级别和具体信息。在进行计量单位设置时，首先需要设置好计量单位组，随后在组内添加具体的计量单位信息。计量单位组的设置主要包括计量单位组编码（用于唯一标识每个计量单位组）、计量单位组名称（用于清晰描述计量单位组的属性或用途）以及计量单位组类别（用于对计量单位组进行分类管理）。计量单位信息的设置则包括计量单位编码（用于唯一标识每个计量单位）、计量单位名称、所属计量单位组编码（用于将计量单位与相应的计量单位组关联起来）、对应条形码（如果存货管理中使用条形码，则可以在此处设置计量单位的条形码信息）以及换算率（用于定义不同计量单位之间的转换关系）等内容。

5. 收付结算信息设置

（1）结算方式设置

为了提升银行对账效率和加强资金管理，我们需要在基础信息设置中配置银行结算方式。这一设置旨在建立和管理企业在经营活动中所使用的各种结算手段，与财务结算方式保持一致，涵盖现金结算、支票结算等多种方式。具体设置内容包括结算方式编码（用于唯一标识每种结算方式）、结算方式名称（直观描述结算方式的类型）以及是否进行票据管理（表明该结算方式是否涉及票据的生成和管理）等。

（2）付款条件设置

付款条件，即企业为鼓励客户提前清偿货款而设定的在规定期限内享有的折扣优惠，又称现金折扣。设置付款条件的主要目的是有效管理企业在经营过程中与往来核算单位达成的收、付款折扣协议。具体设置内容包括付款条件编码（用于唯一标识每种付款条件）、付款条件名称（直观描述付款条件的性质）、信用天数（客户在享受折扣前可享受的延迟付款天数）、优惠天数（客户在特定天数内付款可享受折扣的天数范围）以及优惠率（客户在优惠天数内付款所能获得的折扣比例）等。

（3）开户银行设置

开户银行设置涉及企业在收付结算中使用的开户银行的相关信息配置。这一设置旨在确保企业能够准确记录和管理与开户银行相关的账户信息。具体设置内容包括开户银行编码（用于唯一标识每家开户银行）、开户银行名称（准确描述开户银行的名称）以及银行账号（记录企业在该开户银行开设的账户号码）等。

三、基础设置的实验操作

账套创建的同时要求用户设置账套主管，以后就可用账套主管的身份启用新创建的账套，并对账套的基础档案进行相应的管理设置。根据本章后面的实验资料，对基础信息进行设置。

（一）进入企业应用平台

在本章第一节关于账套管理的建账实验中，弹出账套建立成功的对话框，如图 2-22 所示。当时用户如果不想启动电算化会计信息系统的各个子系统，单击【否】按钮，以后可从【企业门户-基础信息】中进入启动。现在从企业应用平台进入【企业门户-基础信息】的具体操作步骤如下。

执行【开始】→【所有程序】→【用友新道 U8+】→【企业应用平台】命令，或者鼠标双击电脑桌面【企业应用平台 U8+】快捷图标，打开【登录】对话框。输入操作员的编号（001 李主管）及选择所属的账套，如图 2-40 所示。单击【登录】按钮，即可进入企业应用平台窗口。单击【业务导航】切换导航模式，如图 2-38 所示，选择任何一种导航模式都可以，这时可以看到在财务会计功能组中显示“总账”，代表目前已启用了总账子系统。执行左下角的【基础设置】→【基本信息】→【系统启用】命令，如图 2-41 所示。打开【系统启用】对话框，如图 2-23、图 2-24、图 2-25 所示。

图 2-40　企业应用平台登录界面

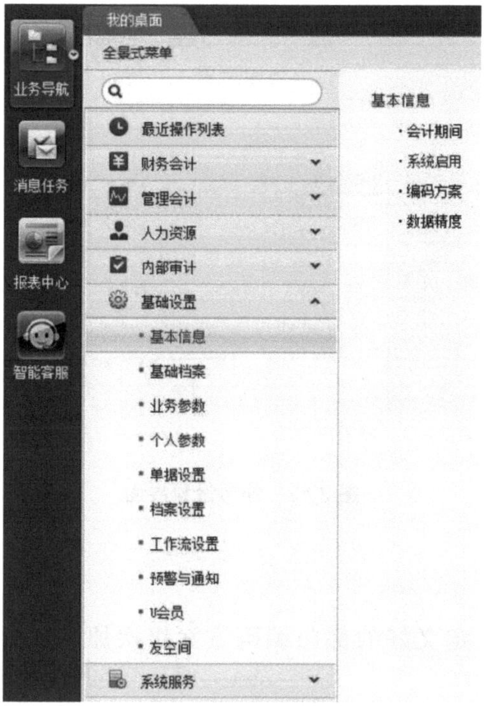

图 2-41　基础设置进入界面

如果在建立账套时未设置编码方案和数据精度，则在此【基本信息】中也可以进行设置。

（二）录入基础档案

1. 外币设置

具体操作步骤为：执行【基础设置】→【基础档案】→【财务】→【外币设置】命令，进入【外币设置】对话框。单击【增加】按钮，输入币符 USD、币名“美元”，选择“固定汇率”，单击【确认】按钮；输入 2024-01 月份的记账汇率为 6.8，如图 2-42 所示。单击【退出】按钮，系统弹出“是否退出”信息提示，单击【是】按钮，完成外币设置并退出。

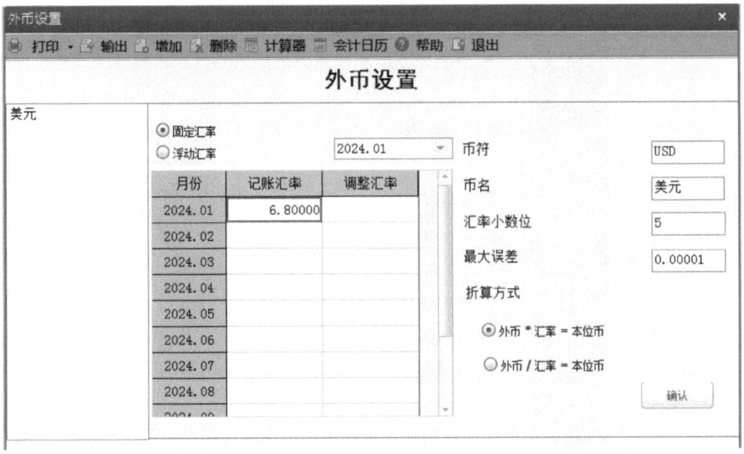

图 2-42　外币设置界面

2. 部门档案

按照前面已经定义好的部门编码方案级次原则，输入部门编号及其信息。

实验步骤为：执行【基础设置】→【基础档案】→【机构人员】→【机构】命令，然后单击【部门档案】按钮，进入部门档案设置界面，单击【增加】按钮，输入相关部门的信息。输入完一个部门信息需要保存，保存的方法有单击【】或按【F6】，单击【是】，保存对当前部门档案的编辑，此时可以录入下一部门的档案信息；在增加销售一科和销售二科时，应先选中“销售部”，在销售部内增加下级部门（销售一科和销售二科）。部门档案设置完成后的界面，如图 2-43 所示。

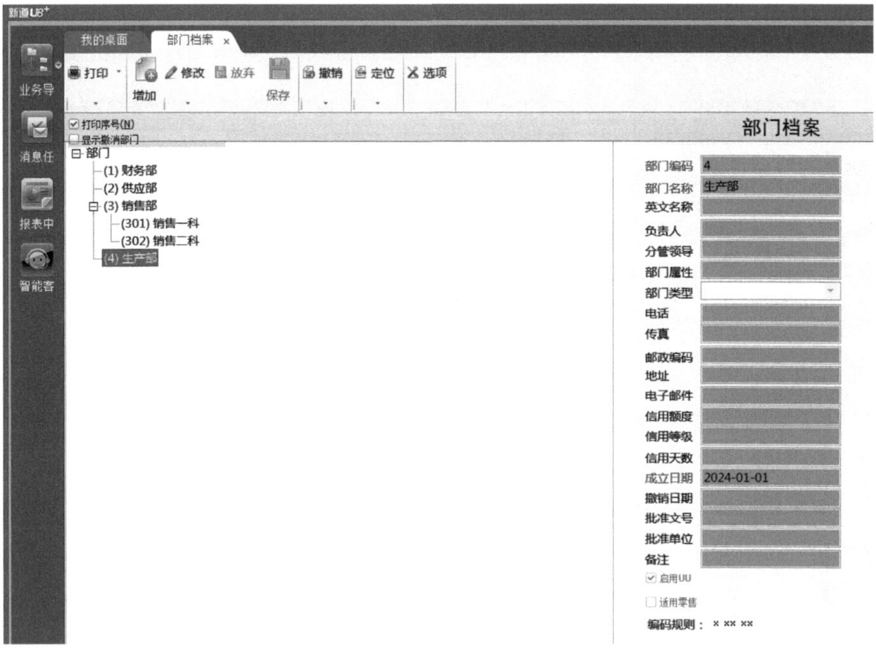

图 2-43　部门档案设置完毕界面

3. 人员档案

人员档案主要用于设置企业各职能部门中需要进行核算和业务管理的职员信息，必须先设置好部门档案，之后才能在部门下设置相应的职员档案。

具体操作步骤为：执行【基础设置】→【基础档案】→【机构人员】→【人员】命令，单击【人员档案】按钮，进入人员档案设置界面，单击【增加】按钮，选中所要增加人员的部门，进行添加人员。需要注意的是，对不同部门的人员一定要在所对应的部门进行添加；人员类别如果没有分类，可以选择“正式工”。

根据本章后面的实验资料，输入各部门的人员档案。图 2-44 所示是财务部人员“001”的人员档案信息输入界面，输入完某位人员的信息后单击保存【】按钮后，保存上一位人员的信息，同时可以输入下一位人员的档案信息。当所有人员档案的信息输入完成后，单击放弃按钮【】，则可退出人员档案的录入，即所有部门人员档案设置完毕，如图 2-45 所示人员列表。

图 2-44　人员档案信息输入界面

图 2-45　人员档案设置完毕界面

4. 客户分类

具体的操作步骤为：执行【基础设置】→【基础档案】→【客商信息】→【客户分类】命令，单击【增加】按钮，将客户分类的分类信息进行录入，如图 2-46 所示北京地区的录入界面，输入完一个客户分类信息要单击【】保存按钮。最后一个客户分类录入完毕保存后，单击【】放弃按钮，则可退出客户分类的录入，即所有客户分类设置完毕，如图 2-47 所示。注意是客户分类，不是地区分类。

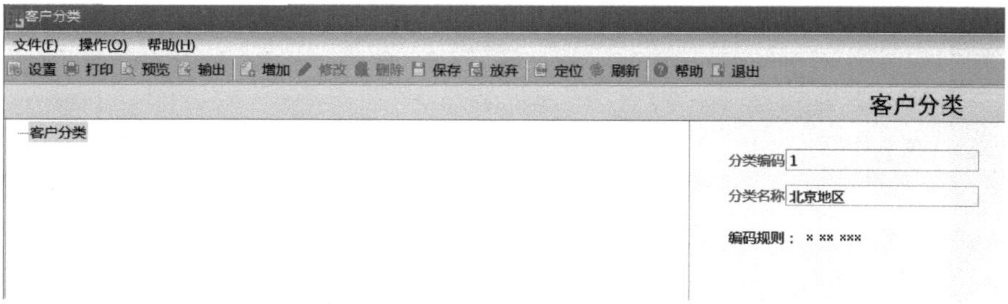

图 2-46　客户分类录入界面

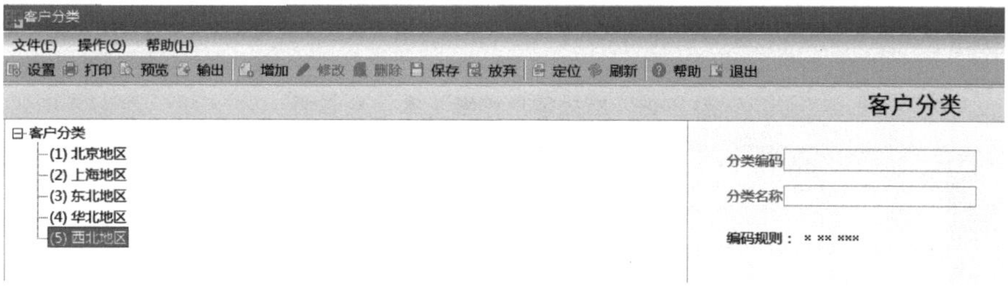

图 2-47　客户分类录入完毕界面

5. 客户档案

具体的操作步骤为：执行【基础设置】→【基础档案】→【客商信息】→【客户档案】命令，单击【增加】按钮，打开【增加客户档案】窗口，单击不同的选项卡，输入相应的信息，如图 2-48、2-49 所示。客户信息输入要在其相应的客户分类下设置，如：01 客户天益公司，所属分类为 1，则天益公司在设置客户档案时，需在 1 北京地区进行设置。所有客户档案录入完毕后的界面，如图 2-50 所示。

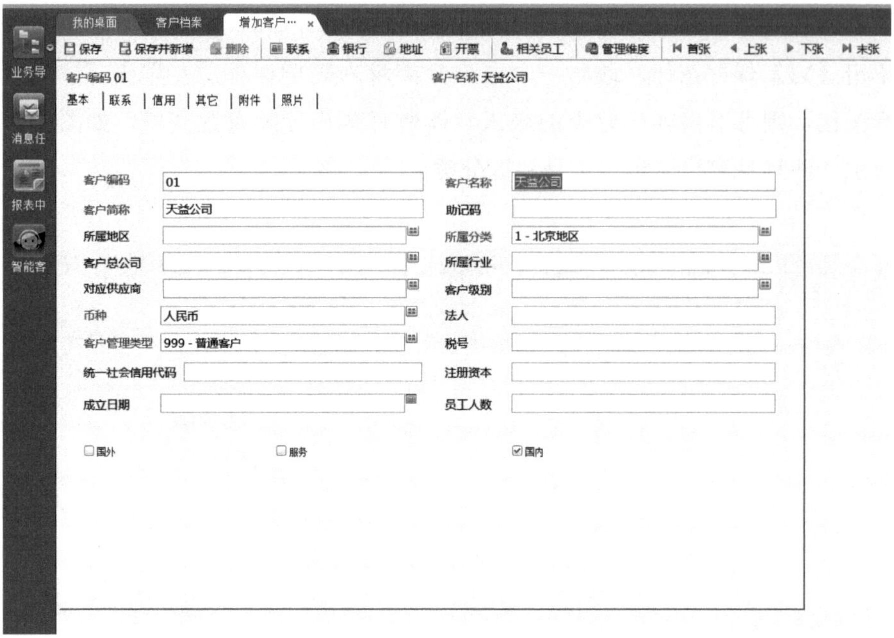

图 2-48　增加客户档案基本信息界面

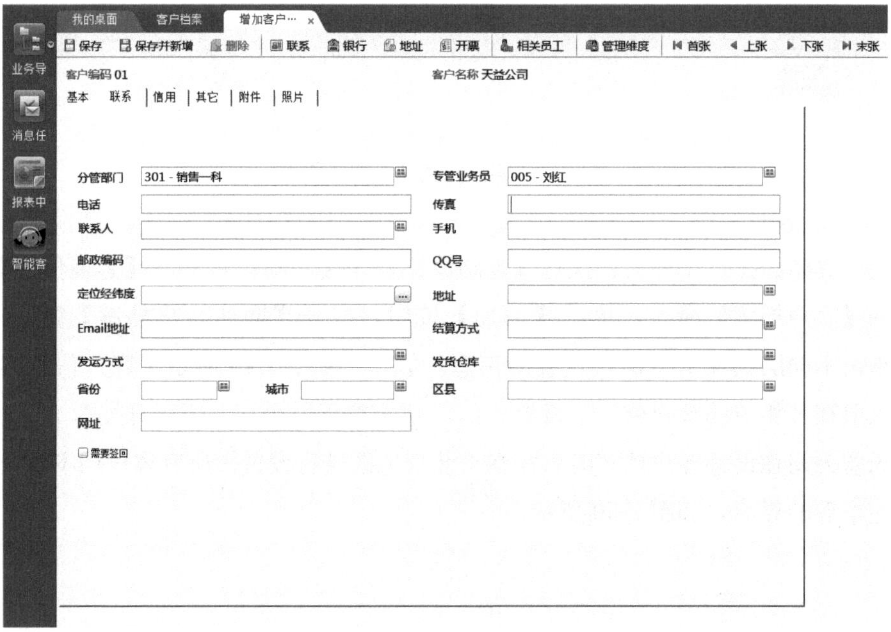

图 2-49　增加客户档案联系信息界面

图 2-50　客户档案录入完毕界面

6. 供应商档案

与客户档案设置相似，具体的操作步骤为：首先执行【基础设置】→【基础档案】→【客商信息】→【供应商档案】命令，单击【增加】，在不同的选项卡输入供应商相应的信息，如图 2-51、2-52 所示。供应商档案录入完毕后，界面如图 2-53 所示。

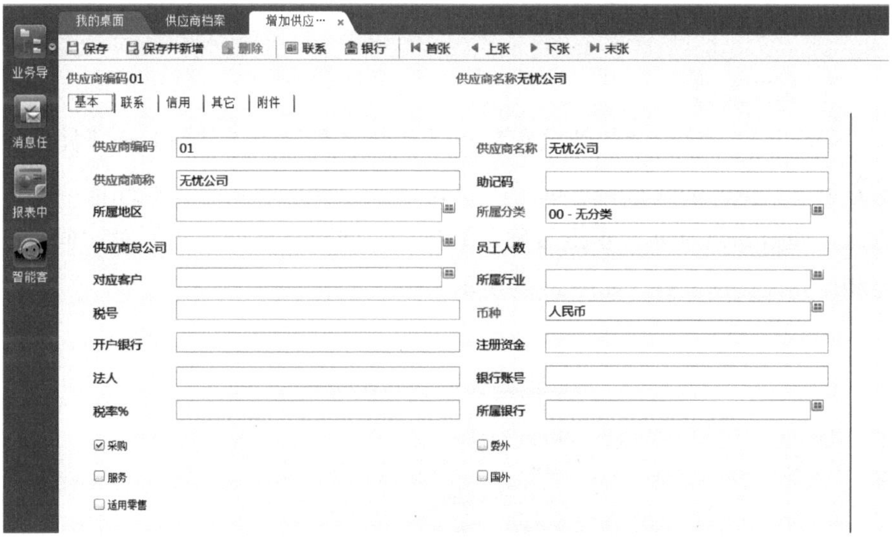

图 2-51　增加供应商档案基本信息界面

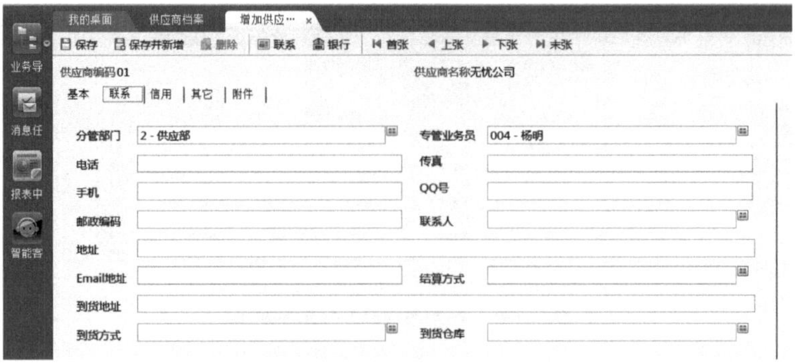

图 2-52　增加供应商档案联系信息界面

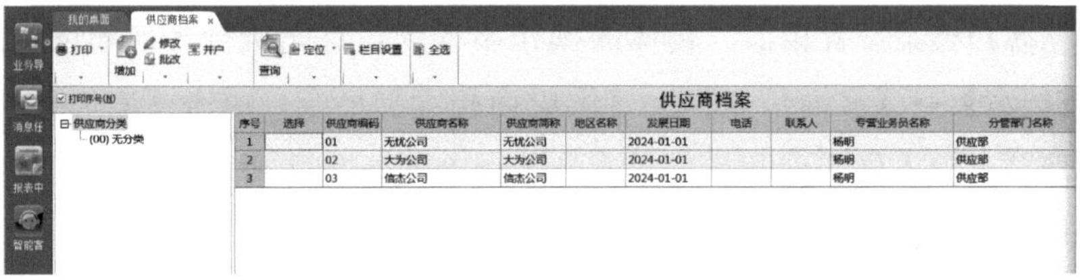

图 2-53　供应商档案录入完毕界面

7. 凭证类别

操作步骤：执行【基础设置】→【基础档案】→【财务】→【凭证类别】命令，根据实验资料，选择“收款凭证、付款凭证、转账凭证”分类方式，如图 2-54 所示。单击【确定】按钮，弹出【凭证类别】对话框，进行相应凭证类别设置，如图 2-55 所示。

图 2-54　凭证类别预置界面

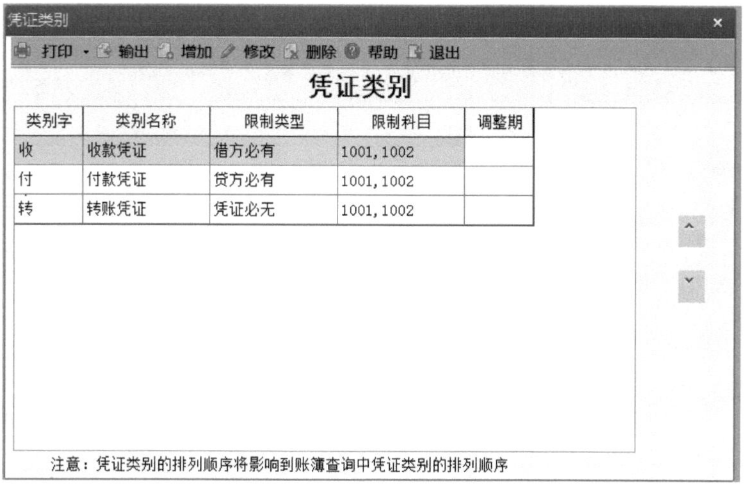

图 2-55　凭证类别限制类型设置

8. 结算方式

操作步骤：执行【基础设置】→【基础档案】→【收付结算】→【结算方式】命令，单击【增加】，然后录入结算方式编码和结算方式名称，如图 2-56 所示。一种结算方式录入完以后，单击【增加】按钮，进入下一种结算方式；或者单击保存按钮，再单击【确定】，进入下一种结算方式。结算方式录入完成后的界面，如图 2-57 所示。

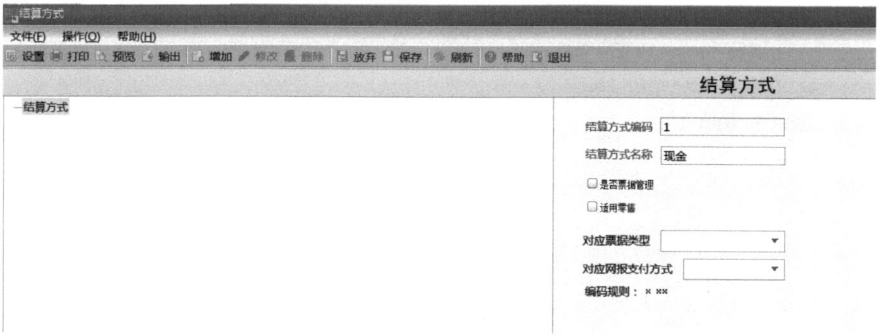

图 2-56　结算方式录入界面

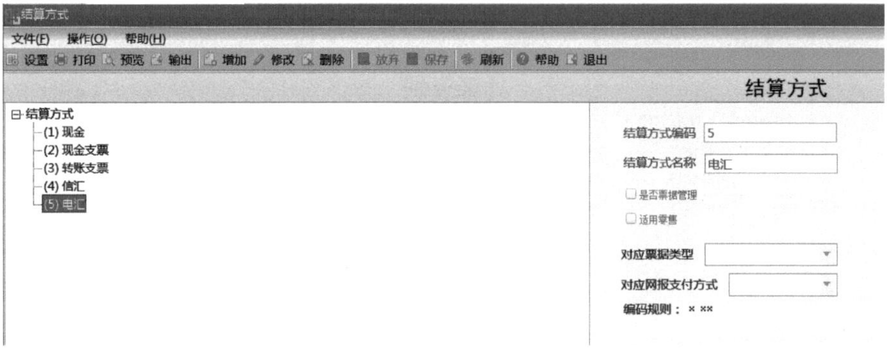

图 2-57　结算方式界面

9. 会计科目

(1) 指定会计科目

实验步骤：执行【基础设置】→【基础档案】→【财务】→【会计科目】命令，在【会计科目】窗口菜单栏单击【指定科目】按钮，进入【指定科目】对话框，单击要选科目，如现金科目，在待选科目栏处指定 1001 库存现金，单击符号【>】，如图 2-58 所示。这样库存现金就指定为已选科目（现金总账科目），如图 2-59 所示。类似指定 1002 银行存款会计科目为银行总账科目，如图 2-60 所示。

图 2-58　指定现金科目的界面

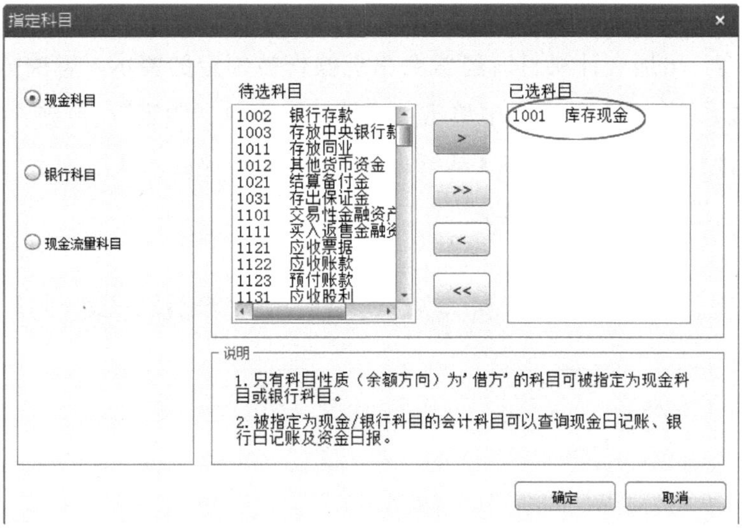

图 2-59　指定库存现金的界面

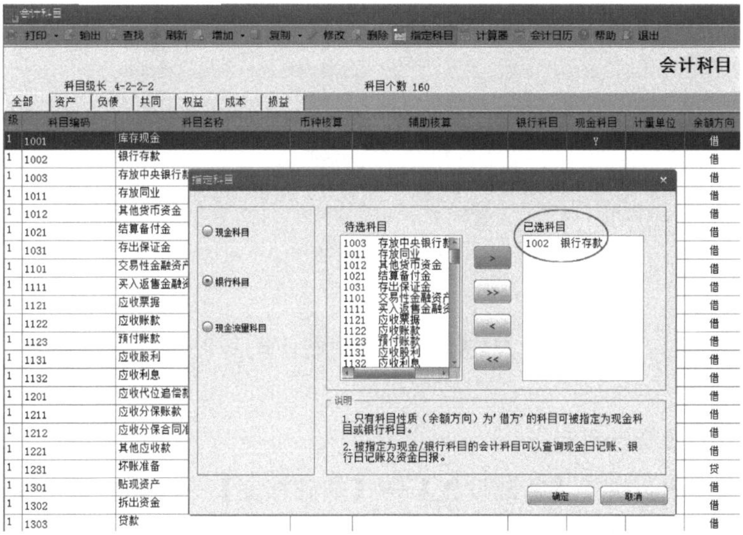

图 2-60　指定银行存款科目的界面

（2）增加会计科目

实验步骤：执行【基础设置】→【基础档案】→【财务】→【会计科目】命令，在窗口中选择【增加】按钮，弹出【新增会计科目】窗口，如图 2-61 所示。录入新增会计科目编码、科目名称、辅助核算，勾选日记账和银行账，然后单击【确定】按钮。

注意：增加会计科目时经常会出现操作被锁定的警示，解决方法是：在 U8【系统管理】的窗口中单击“视图—清除单据锁定”；再进入【企业应用平台】，单击左下方的【基础设置】，重新登录进入【增加会计科目】的窗口，进行相关实验操作。

图 2-61　新增会计科目窗口

（3）修改会计科目

实验步骤：执行【基础设置】→【基础档案】→【财务】→【会计科目】命令，在窗口中选择【查找】按钮，弹出【查找科目】窗口，输入科目编码“1121”，如图 2-62 所示，然后单击【查找】。进入找到的会计科目“1121 应收票据”的界面，单击【修改】，弹出科目修改界面，如图 2-63 所示。单击【修改】按钮，根据实验资料输入修改信息，完成后，如图 2-64 所示，单击【确定】按钮。其他会计科目的修改操作相同。

图 2-62　查找科目界面

图 2-63　会计科目修改进入界面

图 2-64　会计科目修改完成界面

10. 项目辅助核算

实验步骤：执行【基础设置】→【基础档案】→【财务】→【项目大类】命令，系统会弹出【项目大类】的界面，如图 2-65 所示。

图 2-65　项目大类界面

（1）新增项目大类——自建工程

操作步骤：在【项目大类】窗口，单击【增加】，系统会弹出【项目大类定义_增加】的界面，如图 2-66 所示。输入新项目大类名称“自建工程”，选择新增项目大类的属性为“普通项目”，单击【下一步】，接着完成“定义项目级次”设置（采用系统默认值）；单击【下一步】到【定义项目栏目】界面（采用系统默认值），单击【完成】按钮，返回【项目大类】窗口，如图 2-67 所示。

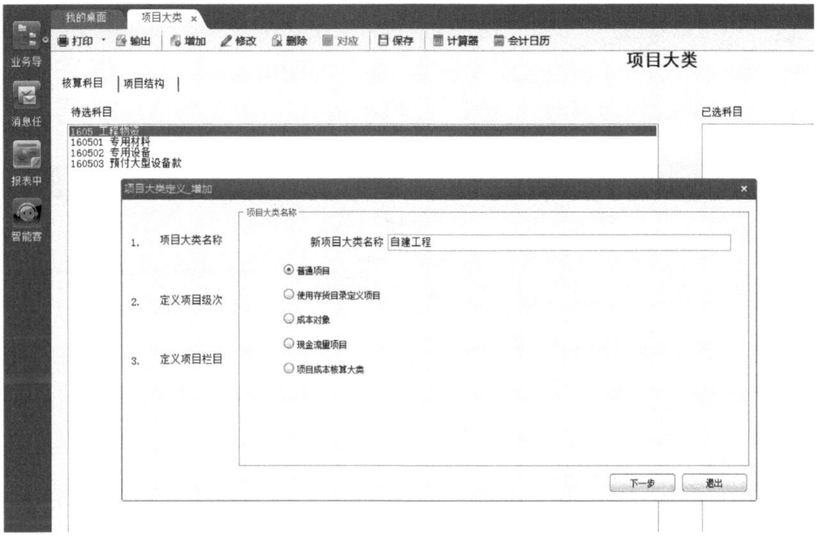

图 2-66 新增项目大类界面

图 2-67 自建工程大类新增成功界面

（2）指定项目核算科目

操作步骤：在【项目大类】对话框中，将“项目大类”的对话框下拉到“自建工程”，如图 2-68 所示。单击按钮【>】或【»】，可将“待选科目”中所有科目选到“已选科目”中，如图 2-69 所示；单击【 】按钮完成指定项目核算科目，如图 2-70 所示，单击【关闭】按钮退出。

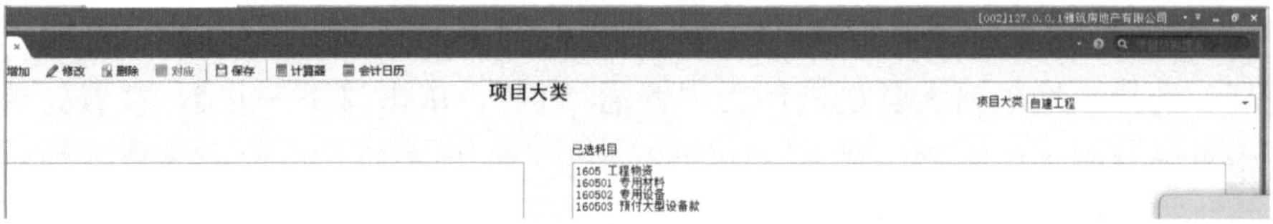

图 2-68 指定项目大类界面

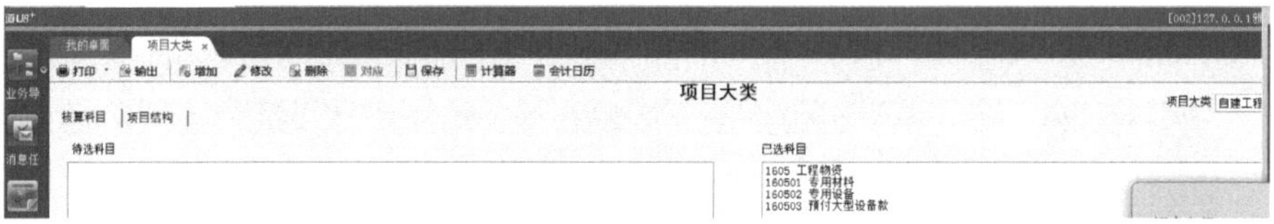

图 2-69 指定项目核算科目界面

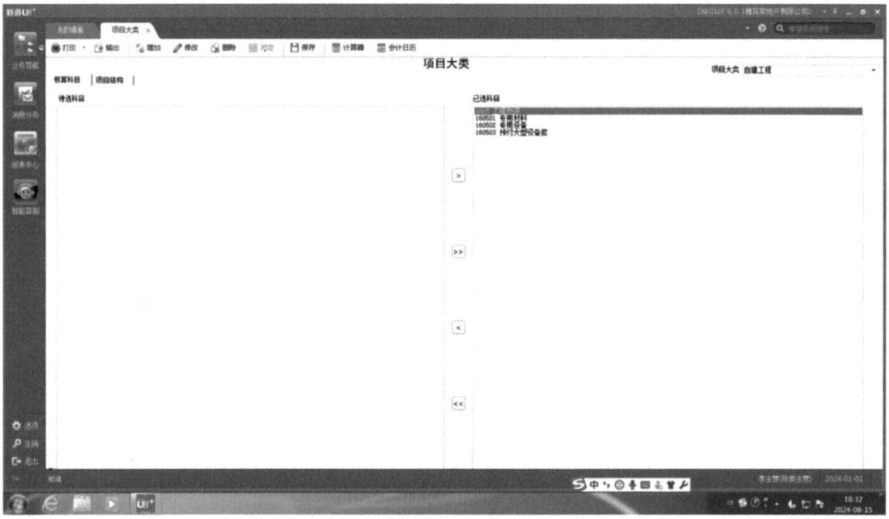

图 2-70 指定项目核算科目界面

（3）项目分类定义（分为 1 号工程和 2 号工程）

操作步骤：执行【基础设置】→【基础档案】→【财务】→【项目分类】命令，系统会弹出【项目分类】的界面。单击【项目大类】栏的下三角按钮，选择“自建工程”项目大类；单击【增加】按钮，输入“分类编码”为 1、“分类名称”为 1 号工程，单击【保存】按钮。同理，输入 2 号工程项目分类，如图 2-71 所示。

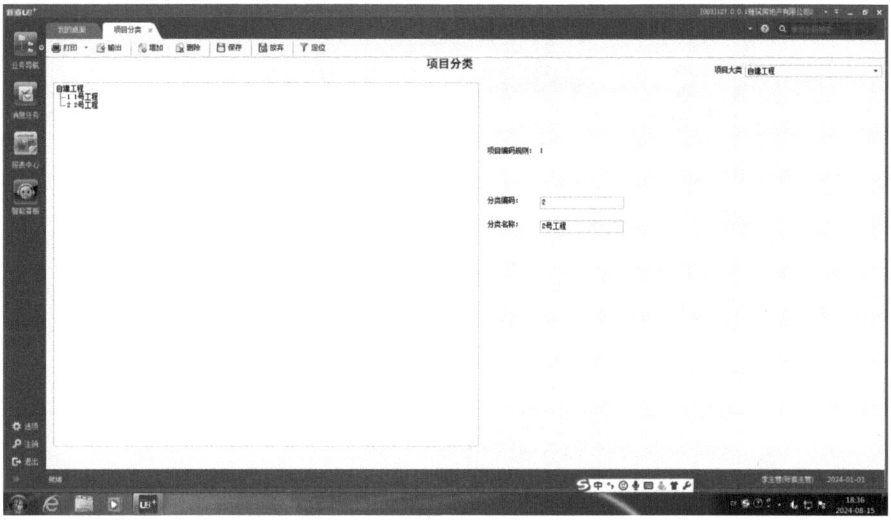

图 2-71　项目分类定义界面

（4）项目目录定义

操作步骤：执行【基础设置】→【基础档案】→【财务】→【项目目录】命令，系统会弹出【查询条件-项目目录】对话框，如图 2-72 所示。在【项目大类】后的【参照】按钮，选择【自建工程】项目大类，单击【确定】按钮，打开【项目档案】窗口；单击左侧的自建工程“1 号工程”，单击【增加】按钮，如图 2-73 所示，输入“项目编号”为 1，输入“项目名称”为“自建厂房”，选择“所属分类码”为 1；同理，继续增加“2 设备安装”项目档案，如图 2-74 所示。需要注意的是：标志结算后的项目将不能再使用；可按键盘上的 Esc 键随时退出项目目录编辑状态。

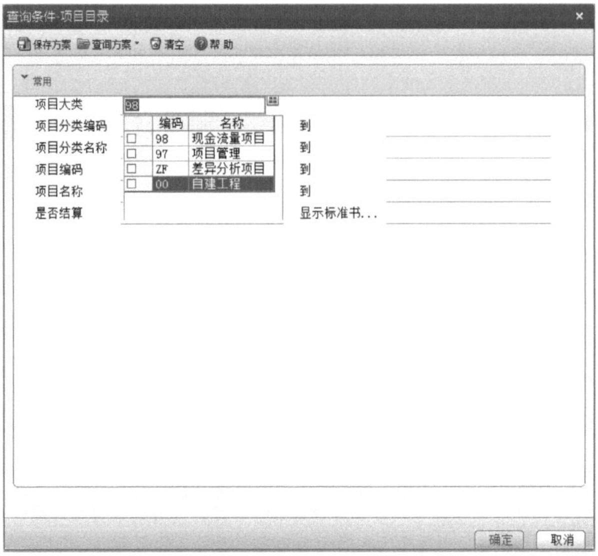

图 2-72　项目目录进入界面

图 2-73　定义项目目录界面

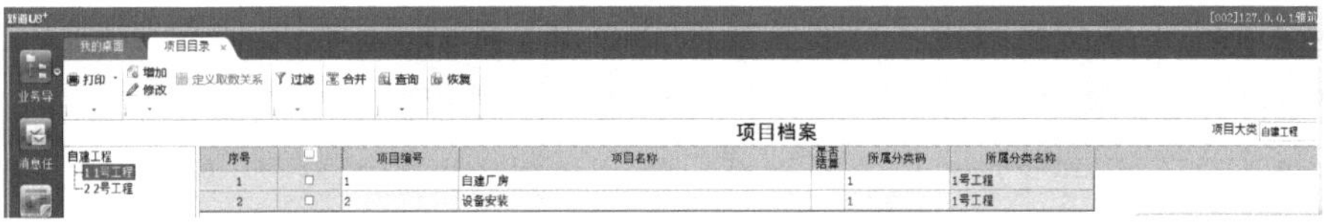

图 2-74　项目目录定义完毕界面

实验一　系统管理和基础设置

【实验目的】

1. 掌握系统管理和基础设置的相关内容。

2. 理解系统管理在电算化会计信息系统中的重要作用及基础设置的重要性。

【实验内容】

1. 建立单位账套。

2. 增加操作员及财务分工。

3. 基础档案设置。

4. 备份账套数据。

5. 修改账套。

6. 基础档案设置：会计科目、凭证类别、外币及汇率、结算方式、项目辅助核算等。

【实验准备】

1. 正确安装用友新道U8＋V15.0软件。

2. 将系统日期修改为“2024年1月1日”。

【实验资料】

1. 建账三部曲：增加用户、建立账套、设置权限

(1) 增加用户的资料

表2-2　增加用户

编号	姓名	用户类型	所属部门	所属角色
001	李主管	普通用户	财务部	账套主管
002	王会计（改为同学自己姓名）	普通用户	财务部	普通员工
003	张出纳	普通用户	财务部	普通员工

(2) 账套资料

建立账套的资料如下。

① 账套信息。账套号：001（系统中如果已存有001号账套，此处就是002)；账套名称：雅筑房地产有限公司（建议改为上机同学自己的学号＋姓名)；采用默认账套路径；启用会计期：2024年1月；会计期间设置：1月1日至12月31日。

② 单位信息。单位名称：雅筑房地产有限公司（建议改为上机同学自

己的姓名）。

③ 核算类型。核算类型：RMB；本币：人民币；企业类型：工业；行业性质：2007 年新会计制度科目；账套主管：李主管；选中“按行业性质预置科目”。

④ 基础信息。该企业有外币核算，进行经济业务处理时，需要对“存货”“客户”进行分类。

⑤ 编码级次。科目编码级次：4-2-2-2；客户分类编码级次：1-2-3；存货分类编码级次：1-2-2；部门编码级次：1-2-2；结算方式编码级次：1-2；收发类别编码级次：1-2；其他使用默认编码。

⑥ 数据精度。采用默认数据精度。

⑦ 模块启用。启用“总账”“资金管理”“固定资产”“应收”“应付”系统，启用日期：2024 年 1 月 1 日。

（3）设置权限

表 2-3 用户权限

编号	姓名	所属角色	U8 中应赋予的权限
001	李主管	账套主管	账套主管默认拥有 U8 所有业务权限
002	王会计（改为同学自己姓名）	普通员工	财务会计-总账、应收款管理、应付款管理、固定资产管理
003	张出纳	普通员工	财务会计-总账-出纳 财务会计-总账-凭证-出纳签字和查询凭证

2. 基础档案设置

（1）外币核算

美元：USD；固定汇率；记账汇率：6.8。

（2）部门档案

表 2-4　部门档案

部门编码	部门名称
1	财务部
2	供应部
3	销售部
301	销售一科
302	销售二科
4	生产部

（3）人员档案

表 2-5　人员档案

人员编码	人员姓名	性别	行政部门	人员类别	是否业务员
001	李主管	男	财务部	正式工	
002	王会计（学生自己姓名）	女	财务部	正式工	
003	张出纳	男	财务部	正式工	
004	杨明	男	供应部	正式工	是
005	刘红	女	销售一科	正式工	是
006	韩乐乐	女	销售二科	正式工	是
007	刘伟	男	生产部	正式工	

（4）客户分类

表 2-6　客户分类

类别编码	类别名称
1	北京地区
2	上海地区
3	东北地区
4	华北地区
5	西北地区

（5）客户档案

表 2-7　客户档案

客户编码	客户简称	所属分类	分管部门	专管业务员
01	天益公司	1	销售一科	刘红
02	大地公司	1	销售一科	刘红
03	邦立公司	2	销售一科	刘红
04	明兴公司	2	销售一科	刘红
05	鞍山钢铁厂	3	销售二科	韩乐乐
06	伟达公司	4	销售二科	韩乐乐
07	光华公司	5	销售二科	韩乐乐

（6）供应商档案

表 2-8　供应商档案

供应商编码	供应商简称	分管部门	专管业务员
01	无忧公司	供应部	杨明
02	大为公司	供应部	杨明
03	信杰公司	供应部	杨明

（7）凭证类别

表 2-9 凭证类别

凭证类别	限制类型	限制科目
收款凭证	借方必有	1001，1002
付款凭证	贷方必有	1001，1002
转账凭证	凭证必无	1001，1002

（8）结算方式

表 2-10　结算方式

结算方式编码	结算方式名称	票据管理
1	现金	否
2	现金支票	是
3	转账支票	是
4	信汇	否
5	电汇	否

（9）会计科目

①指定科目。指定“1001 库存现金”为现金总账科目、“1002 银行存款”为银行总账科目。

②增加会计科目。

表 2-11　会计科目增加

科目编码	科目名称	辅助账类型	外币核算
100201	工行存款	日记账、银行账	
100202	民生银行存款	日记账、银行账	美元
122101	应收职工借款	个人往来	
151102	其他股权投资		
160501	专用材料	项目核算	
160502	专用设备	项目核算	
160503	预付大型设备款	项目核算	
190101	待处理流动资产损溢		
190102	待处理固定资产损溢		
222101	应交增值税		
22210102	销项税额		
500101	直接材料		
500102	直接人工		

续表

科目编码	科目名称	辅助账类型	外币核算
660201	办公费	部门核算	
660202	差旅费	部门核算	
660203	工资	部门核算	
660204	折旧费	部门核算	
660205	其他		

③修改会计科目。

表 2-12　会计科目修改

科目编码	科目名称	辅助账类型	受控系统
1121	应收票据	客户往来	无
1122	应收账款	客户往来	无
2203	预收账款	客户往来	无
2201	应付票据	供应商往来	无
2202	应付账款	供应商往来	无
1123	预付账款	供应商往来	无
1605	工程物资	项目核算	无

（10）项目辅助核算

表 2-13　项目辅助核算档案

项目设置步骤	设置内容
新增项目大类	自建工程
指定项目核算科目	1605、160501、160502、160503
项目分类定义	编码 1、名称 1 号工程；编码 2、名称 2 号工程
项目目录定义	编号 1、名称自建厂房、所属分类码 1 编号 2、名称设备安装、所属分类码 1

第三章　账务管理子系统

学习目标

1. 明确账务管理子系统的主要功能。

2. 重点掌握账务管理子系统的业务处理流程及操作流程、与其他子系统的关系、初始化设置的内容、子系统的日常业务处理和子系统的输出。

3. 本章的难点是账务管理子系统的业务处理流程、凭证管理、辅助核算。

思政素养

1. 强调本子系统的管理在企业运营和国家经济发展中的重要性，培养学生的责任感和使命感。

2. 通过初始化设置的学习，让学生认识到规范操作的重要性，培养严谨的工作态度。

3. 讨论日常业务处理中的规范性和准确性，培养学生的职业道德和诚信意识。

4. 分析账务信息输出的准确性对决策的影响，培养学生的分析能力和决策能力。

5. 讨论期末处理的重要性，培养学生的责任心和对工作的敬业精神，使他们成为具有良好职业操守的专业人才。

第一节　账务管理子系统概述

账务管理子系统，也称总账子系统，构成了整个电算化会计信息系统的核心，同时也是网络财务软件的中枢环节。目前，它在网络财务软件各子系统中以其高度的成熟度和完善性脱颖而出，成为企业在分阶段推进信息化进程中优先考虑的子系统。由于账务管理子系统严格遵循统一的会计法规和会计制度，因此其标准化程度极高，这导致各类财务软件所提供的账务管理子系统在功能上并无显著差异，这一特点是其他子系统难以比拟的。账务管理子系统与其他系统保持并行关系，既具备独立运行的能力，也能与其他系统协同工作。它与应收应付款系统、固定资产系统、工资系统、成本核算系统以及结算中心等紧密相连，能够接收这些系统生成的凭证。同时，它还与 UFO 报表系统、决策支持系统以及财务分析系统相衔接，为这些系统提供必要的财务数据，以生成财务报表和其他财务分析报表。这样的设计使得账务管理子系统成为企业财务管理的核心工具，不仅提升了财务数据的处理效率，还增强了企业决策的科学性和准确性。

一、账务管理子系统的工作原理

（一）账务管理子系统的手工处理方式

手工账务处理通过设置会计科目、复式记账方法、填制会计凭证和审核会计凭证、登记账簿等一系列会计核算方法，对经济业务不断归类、汇总和综合，取得会计核算信息，同时形成各种账务处理程序。手工账务处理程序的步骤为：检查原始凭证，分析经济业务；根据原始凭证或原始凭证汇总表编制记账凭证；登记序时账、现金日记账和银行日记账；登记各种明细账；编制科目汇总表；登记总分类账；试算平衡并对账；调整和结账；编制报表。

（二）账务管理子系统的计算机处理方式

使用计算机进行会计业务核算后，会计核算的“凭证—账簿—报表”这一基本模式并没有发生改变。利用计算机处理以后，减少了手工会计中的重复转抄，同时数据容易保存和使用。数据查询更加方便，而且可以进行复杂的查询。更重要的是计算机账务处理，不仅完成了会计核算工作，还为管理工作提供了大量的依据和信息，使会计核算向会计管理转变。

计算机条件下日常会计业务的账务处理基本的业务处理流程如图 3-1 所示。

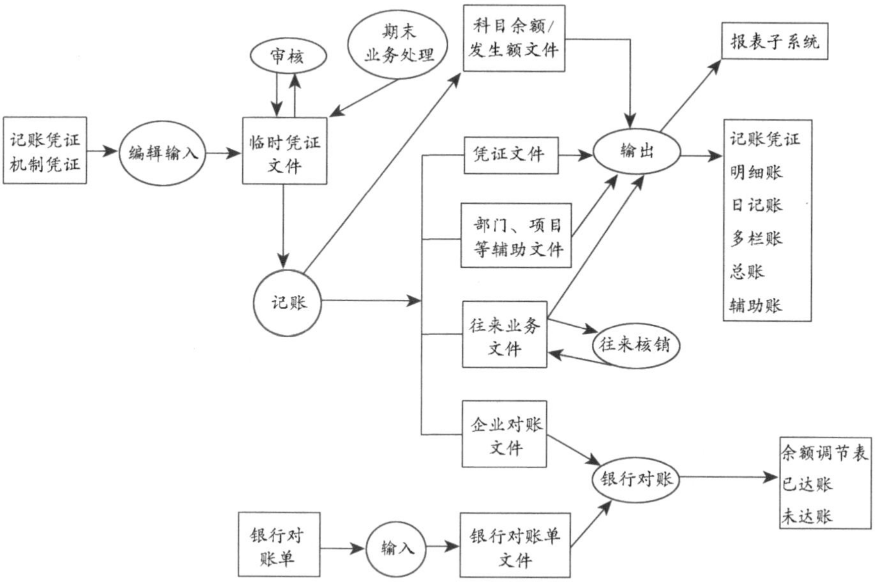

图 3-1　账务子系统业务处理流程

用户依据经过审核确认无误的原始凭证，可以手动录入或通过系统的自动转账功能生成记账凭证（也称机制凭证）。此外，其他子系统也可能生成相关的记账凭证（称为派生凭证），这些凭证随后会被传递至账务管理子系统。所有传入的记账凭证在通过必要的校验和验证流程后，将被保存至记账凭证文件中。

对于已录入的记账凭证，系统会进行严格的审核流程。通过审核的凭证将被系统打上审核通过的标志，而未通过审核的凭证则需要用户根据审核意见进行修改，并重新提交审核。

一旦记账凭证通过审核，用户即可执行记账操作。记账后，系统会在已记账的凭证上打上记账标志（部分系统可能会将未记账与已记账的凭证分别保存在不同的文件中）。同时，系统会实时更新科目余额发生额文件以及银行未达账项文件，以确保账务数据的准确性和完整性。

在进行账表查询时，系统会根据记账凭证文件和科目余额发生额文件，自动生成并输出总账、明细账、普通日记账、发生额余额表、序时账、现金日记账、银行存款日记账等各类账表，以满足用户对账务信息的查询需求。

用户输入银行对账单，并保存到对账单文件中。

根据银行未达账项文件和对账单文件进行银行对账，并输出银行存款余额调节表。

计算机账务系统中会计业务处理的基本流程如下：①编辑输入记账凭证或机制凭证；②对输入的记账凭证进行审核；③人工控制由计算机自动完成记账工作；④人工控制由计算机自动完成结账工作；⑤人工控制由计算机自动进行银行对账；⑥在计算机会计账务系统第一次投入使用时，也有类似手工的建账工作，这一工作通过对系统的初始设置来完成。

二、账务管理子系统基本功能结构

账务管理子系统是财务业务一体化管理软件的核心子系统，它的主要功能包括：系统初始化设置、凭证管理、出纳管理、账簿管理、辅助核算管理和期末处理等。账务子系统基本功能结构如图 3-2 所示。

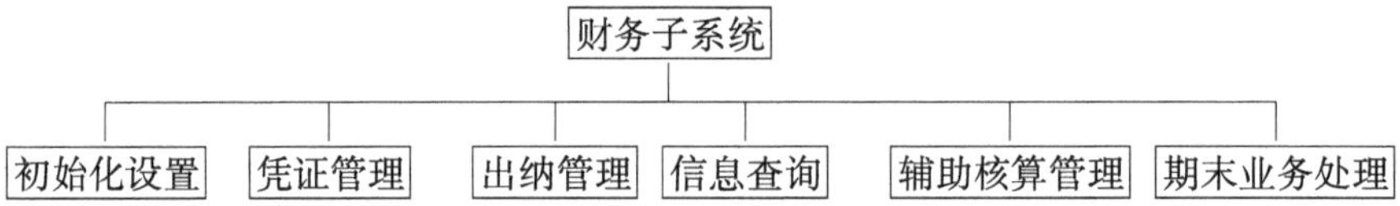

图 3-2　账务子系统基本功能结构图

（一）系统初始化

在系统管理中，首先需要建立账套，这一步骤为各个子系统提供了一个统一且协调的数据环境。然而，要确保各个子系统能够顺利且高效地运行，还必须经过系统初始化设置这一关键环节，账务子系统自然也不例外。系统初始化扮演着新旧系统转换的重要角色，它不仅是将通用的网络财务软件转化为贴合各企业自身特性和需求的专用软件（即客户化过程）的桥梁，也是确保企业经济业务处理连续性的必要步骤。初始化工作的质量将直接对后续的日常业务处理产生深远影响，因此，必须高度重视并认真对待。为了准确且顺利地完成初始化工作，必须精心搜集、整理并核对各种期初静态数据。这些数据是初始化工作的基石，对于确保系统后续运行的准确性和稳定性至关重要。就账务子系统而言，初始化内容主要包括以下三个方面：系统参数设置、基础信息设置及期初数据录入。

（二）凭证管理

记账凭证是账务子系统的核心数据来源，而凭证管理则是账务子系统的关键功能之一。凭证管理主要包括以下环节：填制凭证、出纳签字、审核凭证、记账、查询打印凭证，以及一系列辅助功能，如常用凭证的设置、凭证的输出等。这些功能共同构成了账务子系统日常操作的核心流程。鉴于记账凭证在财务管理中的至关重要性，财务软件通常会对填制的记账凭证实施严格的检查和控制措施，以确保凭证的准确性和合规性。这些控制措施可能包括但不限于：对凭证要素完整性、会计科目正确性、借贷平衡性等方面的校验。此外，为了进一步提升财务管理的精细度和控制力，成熟的财务软件还会提供一系列额外的管理和控制功能。这些功能可能包括资金赤字控制（确保账户不会出现负余额）、支票控制（追踪和管理支票的开具和使用）、预算控制（确保支出不超过预算限额）、外币折算误差控制（确保外币转换的准确性）、制单科目控制（限制特定科目只能在特定条件下使用）、制单凭证类型控制（规定特定业务必须使用特定类型的凭证）、以及制单金额控制（设置单笔凭证或特定类型凭证的金额上限）等。通过这些功能，财务软件不仅能够帮助企业确保财务数据的准确性和完整性，还能够加强内部控制，提升财务管理的效率和效果。

（三）出纳管理

加强资金收付的核算与管理对于企业来说非常重要，因而出纳管理是账务管理子系统的一项重要功能。通过出纳管理功能，企业能够为出纳人员打造一个高度集成的办公环境，这个环境不仅便捷高效，而且极大地提升了出纳工作的准确性和规范性。他们可以高效地登记和管理现金日记账以及银行存款日记账，确保每一笔资金的流入和流出都得到准确的记录。同时，出纳人员还能够方便地查询和打印这些日记账，以满足日常管理和审计的需要。

（四）信息查询

强大的查询功能使整个系统实现总账、明细账、凭证联查，并可以查询包含未记账的最新数据。可随时提供如下标准账表：总账、余额表；序时账、明细账、多栏账，以及能够同时查询上级科目总账数据及末级科目明细数据的月份综合明细账；日记账、日报表。

（五）辅助核算管理

为了细化企业的核算与管理，账务管理子系统一般都会提供辅助核算管理功能。当然，不同软件提供的辅助核算类型和方式不尽相同。一般来讲，辅助类型主要包括以下几种：客户核算、供应商核算、项目核算、部门核算和个人核算。

1. 辅助核算的步骤

进行辅助核算的步骤如下。①明确核算要求。②将科目设置为某种或多种辅助核算。③设置相关的档案资料。④填制凭证时选择辅助信息。⑤查询打印各种辅助账表。

可以看出，辅助核算不是独立的一项功能，其中②、③步骤是在系统初始化阶段完成的，第④步骤则是在填制凭证时完成的，在凭证处理的基础上系统提供辅助账表的查询打印等功能。

究竟哪些科目应该进行辅助核算，应该进行哪种辅助核算，完全取决于企业的核算和管理要求。例如：为了反映不同部门的费用情况，可以对费用科目进行部门辅助核算；为了反映各客户的欠款、还款情况，可以对应付账款进行供应商辅助核算；为了反映职工对企业的欠款情况，可以对其他应收账款进行个人辅助核算；为了反映各产品的收入、成本情况，可以对主营业务收入和主营业务成本进行项目辅助核算；等等。

2. 辅助核算的优势

辅助核算时充分利用信息化环境特点而出现的一种新功能，受到了用户的普遍欢迎，得到了广泛的应用。辅助核算具有传统明细账无法比拟的优势，主要表现在三个方面。

(1) 简化会计科目体系

由于进行辅助核算时，可以用相关的辅助档案代替明细科目，从而达到简化会计科目体系的作用。例如，某公司经营 10 种商品，为了反映不同商品的销售收入和销售成本情况，传统方法是在主营业务收入和主营业务成本两个科目下分别设置 10 个明细科目区分 10 种不同的商品。而如果采取辅助核算的方式，主营业务收入和主营业务成本两个科目不必设置这 20 个明细科目，只需将这两个科目设置为项目辅助核算，然后再将 10 种商品设置为项目即可。

（2）使会计科目体系变得相对稳定

使用传统明细科目核算时，一旦相关信息发生变动，往往会导致会计科目的调整。相比之下，辅助核算的优势在于其无需建立繁杂的明细科目体系。当相关信息（如商品种类、客户类别等）发生变化时，辅助核算能够保持会计科目体系的相对稳定。例如，若公司经营的商品种类有所调整，在传统明细账核算模式下，可能需要修改“主营业务收入”和“主营业务成本”等科目的明细设置。然而，在采用辅助核算的情况下，企业无需更改会计科目本身，仅需更新项目档案或辅助核算信息即可，这使得会计科目体系更加稳固和灵活。

（3）信息查询与统计分析的便利性

传统明细核算主要支持“纵向查询”，即按照会计科目层级逐级查询数据。而辅助核算则在此基础上，提供了更为丰富的查询方式，包括“横向查询”以及相关的统计和分析功能。这种多维度的查询能力极大地丰富了信息查询手段，使用户能够更及时、便捷地获取所需的决策和管理信息。这不仅符合会计信息化环境的发展趋势，也满足了企业对会计信息质量的高要求。

（六）期末业务处理

在期末业务处理阶段，系统能够自动完成一系列关键任务，包括月末分摊、计提、对应转账、销售成本计算、汇兑损益处理、期间损益结转等。此外，系统还提供试算平衡、对账、结账等功能，并生成月末工作报告，以全面反映企业的财务状况。为了满足不同企业的转账需求，系统还提供了灵活的自定义转账功能和各种取数公式，确保各类业务的转账工作都能得到妥善处理。

三、账务管理子系统的操作流程

各个子系统的操作流程是用户操作这些子系统的直接指导，熟练掌握这些操作流程对于提高用户操作各子系统的熟练度和工作效率至关重要。

账务子系统的操作流程主要包括三个方面：系统初始化、日常处理和期末处理。其操作流程图见 3-3 所示。

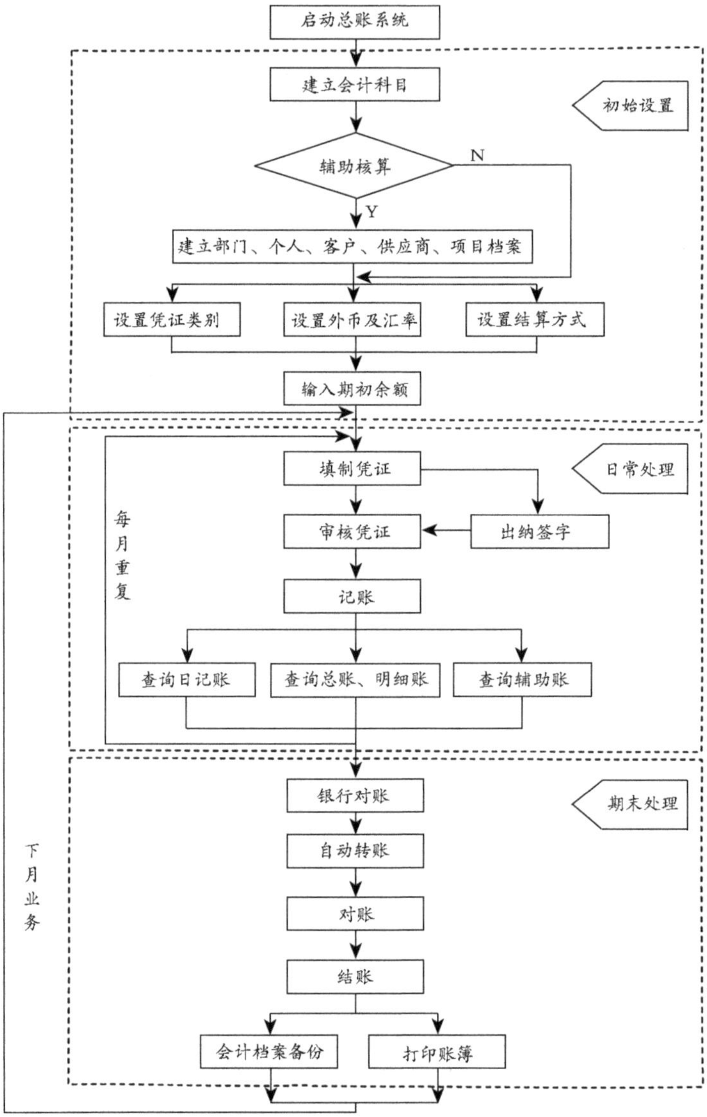

图 3-3　账务子系统操作流程

四、账务管理子系统与其他子系统的关系

账务管理子系统是整个会计信息系统的核心子系统，它和其他子系统的关系如图 3-4 所示。

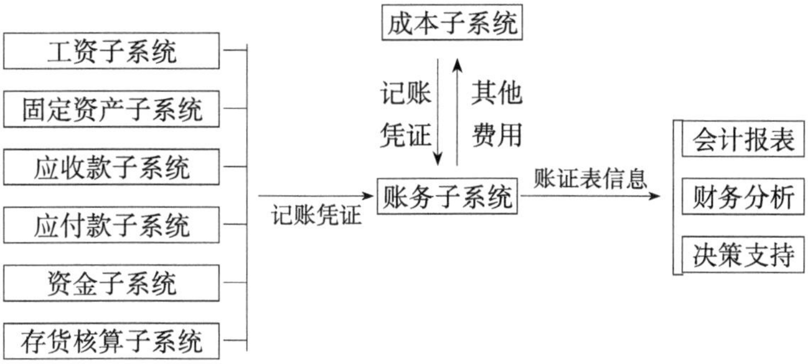

图 3-4 账务子系统与其他子系统的关系

其他各子系统自动生成的相关记账凭证自动传递到账务子系统，在账务管理子系统中对其进行复核、记账。

账务管理子系统将除材料费、人工费、折旧费之外的其他成本费用信息传递到成本子系统，以便成本子系统正确计算产品成本。存货核算子系统、工资子系统和固定资产子系统会分别将材料费、人工费、折旧费传递到成本子系统。

账务管理子系统会将账证表等信息传递到会计报表子系统、财务分析子系统和决策支持子系统，以便生成会计报表，进行财务分析和决策。

第二节 账务管理子系统初始化

在建立账套并准备启用账务子系统时，需要对其进行一系列初始化设置，以构建一个符合用户特定需求和应用环境的专业系统。账务管理子系统初始化设置主要包括系统的参数设置、基础信息设置和期初数据录入等。

一、账务管理子系统的参数设置

设置控制参数是对账务管理子系统的一些系统选项进行设置，以便为账务管理子系统配置相应的功能设置相应的控制。控制参数一般有：是否对凭证日期进行序时控制、是否对支票进行控制、是否进行赤字控制、是否允许修改或作废他人填制的凭证、是否对制单权限进行细化、是否允许在账务子系统中使用其他子系统的受控科目进行制单、出纳凭证是否必须由出纳签字、凭证是否必须由主管签字、凭证审核是否控制到操作员、记账汇率方式等。

根据本章后面有关初始化设置部分的实验资料，进行参数设置的实验步骤如下。①以“001 李主管”的身份进入企业应用平台，如图 2-40 所示登录界面。单击【业务导航】按钮，选择一种业务导航模式，如“经典树形模式”，单击左下角的【业务工作】，进行业务工作操作。②执行【财务会计】→【总账】→【设置】→【选项】命令，系统弹出确认打印模板提示框，单击【否】按钮，进入【选项】的对话框。③在“权限”选项卡下单击【编辑】按钮，取消“允许修改、作废他人填制的凭证”，如图 3-5 所示；在“凭证”选项卡下单击【编辑】按钮，取消“制单序时控制”，如图 3-6 所示；设置完成后，单击【确定】按钮。

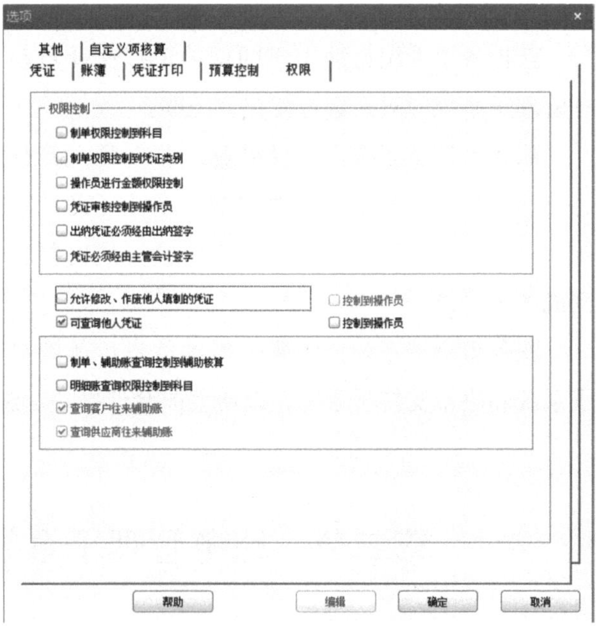

图 3-5　权限选项卡设置界面

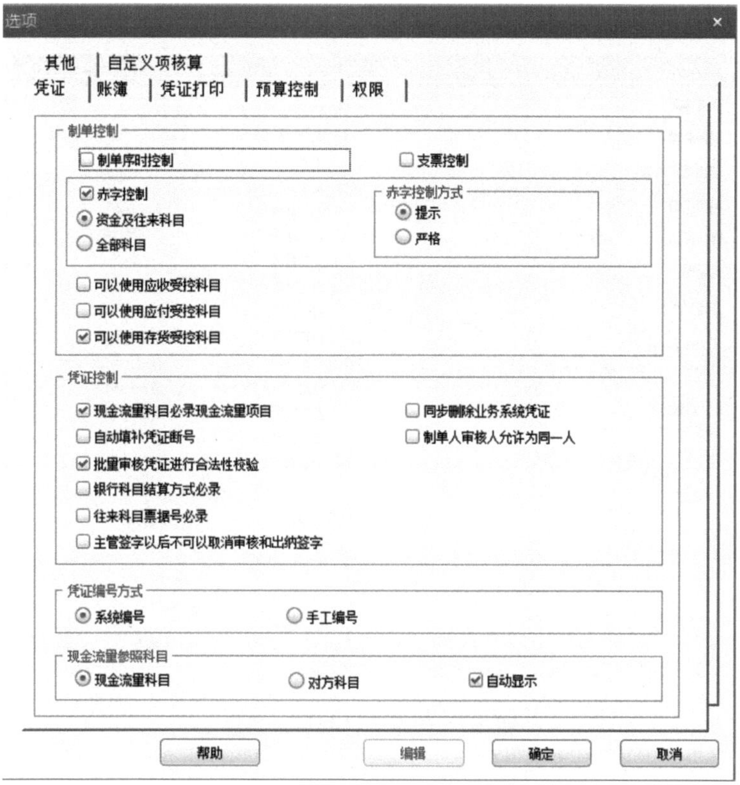

图 3-6　凭证选项卡设置界面

二、账务管理子系统的基础信息设置

关于基础信息的设置，在第二章第二节企业应用平台中已讲解了部分基础信息的理论知识，此处不再重复。

（一）设置会计科目

1. 设置会计科目信息的内容

在建立账套后，虽然会计制度规定的标准会计科目体系通常会被自动建立起来，但企业仍需根据自身的实际需求进行一定的设置和补充。设置的信息包括：科目编码、科目名称、科目类型、账页格式、助记码、余额方向、是否有外币核算、是否有数量核算、是否有各项辅助核算、是否是日记账、是否是银行账等。如图 3-7 所示。

图 3-7　新增会计科目对话框

2. 设置会计科目注意事项

设置会计科目时必须注意以下几个方面。①一般应将各级银行存款科目设置为银行账。设置为银行账的科目，将来填制凭证时可以输入结算方式信息，可以进行银行对账，也可以进行支票登记。②在信息化环境下，任何账户都可以查询打印日记账，只要在此将科目设置为日记账即可。③增加新的会计科目时，必须按照先上级后下级的原则，即先建立上级科目再建立下级科目。④已使用的会计科目一般不能再增加下级科目，如确实需要增加，一般是等到下年初进行，可以调整年初余额并增加新的下级科目。当然，有的系统会允许用户强行增加下级科目，并把上级科目数据转到下级科目。⑤已使用的会计科目不能被删除。⑥为了充分体现信息化管理的优势，细化强化企业的核算与管理，应该充分使用辅助核算功能。多数账务系统软件，科目所需要的辅助核算的要求一般在科目设置功能中进行标识，如图 3-7 所示界面中圈起来的部分。

（二）设置辅助核算档案

1. 个人往来辅助账

一种是模仿手工的处理方式。在这种方式下，会计科目的设置与手工处理时保持一致。具体来说，就是在其他应收款、其他应付款等科目下，按照费用类别设置二级科目，然后在二级科目下再按照往来的个人或单位设置明细科目。

另一种是采用辅助核算的方式。这种方式利用系统的辅助核算功能，将相关科目设置为个人往来类。对于个人往来业务清理工作量较大的单位，如频繁出差且差旅费借支较多的单位，可以将“其他应收款—差旅费借支”等科目设置为个人往来辅助核算。这样，就可以利用账务系统提供的个人往来管理功能，加强对个人往来业务的核算和管理。

2. 客户和供应商往来核算

在只使用账务子系统的单位中，客户和供应商往来核算的处理方式与个人往来类似，也主要有两种方法。

如果在账务子系统中处理客户和供应商往来业务，那么就需要设置客户分类及档案、供应商分类及档案，并在期初数据录入时，录入客户和供应商的期初未结清明细数据。这样，就可以对每一个客户和供应商进行明细核算。

3. 部门辅助核算

部门核算通常适用于收入和费用类科目。为了加强管理，企业需要对各种收支类科目进行更为细致的核算。除了按类别进行核算外，还需要按部门进行核算。例如，在管理费用科目下，首先需要按类别分成管理人员工资、办公费、差旅费、业务招待费等项目进行核算，然后还需要对每个费用项目在不同部门的发生情况进行核算。这种核算要求在手工条件下很难实现，但在计算机条件下，利用系统提供的部门核算辅助功能，就可以轻松完成。

4. 项目核算

项目核算是为了解决围绕一个专门的对象，将与该对象有关的所有收入、支出进行专项归集的目的而设置的功能。设置的步骤如下。①根据核算和管理要求，将科目设置为项目辅助核算。例如，将主营业务收入、成本设置为项目核算，将来可以核算和分析统计各产品的收入、成本信息。②定义项目大类：即项目核算的分类类别，如在建工程、产品项目等。③定义项目结构：为了方便用户登记项目清单，每一大项有关的栏目由用户自由设定。④设置项目分类和项目目录：为了分类统计和管理需要设置项目的分类和每一分类下的项目清单，如产品项目较多，其下设置家电产品、通信产品等分类；项目目录，如彩电、冰箱、固定电话、手机等。⑤指定项目核算科目：即为项目大类指定核算科目。一个项目大类可以指定多个核算科目。⑥项目期初余额与计划发生额录入。

项目期初即某项目在某个科目中的期初余额；项目计划即某项目在某个科目中的计划发生额。由于两者是与科目和项目相关的，所以录入时，应逐个科目录入，先录入一个科目下所有项目的期初余额和计划数，再输入另一个科目的期初余额和计划数。

（三）设置凭证类别

只有设置凭证类别后才能填制凭证。

为了防止凭证用错或输入错误，多数财务软件系统在设计时确实允许用户在设置凭证类别的同时，对各类凭证中借贷方必须或不能出现的会计科目进行具体设置。例如：收款凭证，借方必有“1001”或“1002”；付款凭证，贷方必有“1001”或“1002”；转账凭证，设置为“凭证必无”“1001、1002”。对于不划分凭证类别的单位则可以不设置。

（四）设置结算方式

为了高效管理票据并提升银行自动对账的准确率，账务系统软件内置了结算方式设置功能。用户需对本单位常用的结算方式进行编码，并将这些编码及其对应的结算方式名称准确输入系统指定的栏目。这样，在后续操作中，用户就能快速选择并输入正确的结算方式，极大提升工作效率。

（五）设置常用凭证

企业日常经济业务常具有规律性，部分业务在特定周期内可能重复发生。在填制凭证时，常会遇到大量相同或部分相似的凭证。为提高工作效率，账务系统软件提供了常用凭证设置功能。用户可将频繁出现的凭证预先设置并保存为常用凭证。在需要填制类似凭证时，只需调用相应的常用凭证，即可快速完成填制工作，大大简化了操作流程。

（六）设置常用摘要

由于经济业务的重复性，日常填制凭证时，常需反复使用相同的摘要内容。为提高凭证录入速度和准确性，账务系统软件提供了常用摘要设置功能。用户可将经常使用的摘要进行预先设置，并在填制凭证时随时调用。这样不仅能提升处理业务的效率，还能确保摘要内容的准确性和一致性。

三、账务管理子系统的期初数据录入

（一）期初数据

账务管理子系统的期初数据确实包括各账户的期初余额及累计发生额，这些数据对于保持账簿资料的连续性和准确性至关重要。为了确保从手工会计信息系统平稳过渡到账务子系统，用户必须准确地将截至账务子系统启用日的各账户余额及累计发生额输入到系统中。在输入期初数据时，用户需要注意以下几点。

第一，最末级明细科目的数据输入：期初余额主要关注的是最末级明细科目的年初余额以及系统启用前各月的累计发生额。由于上级科目的余额和累计发生额会根据最末级账户的数据自动汇总，因此用户只需输入最末级账户的数据，无需手动输入非末级账户的数据。

第二，数量金额类科目的处理：对于数量金额类科目，除了需要输入期初余额外，用户还需要输入相应的数量和单价。这些信息有助于系统更准确地计算成本、库存等关键财务指标。

第三，外币类科目的处理：对于外币类科目，用户需要输入期初的外币金额。系统会根据设定的汇率自动计算并显示对应的人民币金额，从而帮助企业更好地管理外汇风险和进行国际财务报告。

期初数据的录入包含两个部分：账务管理子系统期初余额的录入和辅助账期初余额的录入。

（二）数据的检验和录入步骤

1. 数据的检验

数据录入完毕后，通常系统将自动对数据进行校验。这些校验如下。①资产类合计数是否等于负债加所有者权益类合计数。②上级科目值与所属下级科目对应值的合计数是否相等，以及辅助账的合计数是否与其上级科目对应值相等。③所有科目的借方发生额合计数是否等于所有科目的贷方发生额合计数。

值得注意的是，一旦记账后，期初数据便不能再修改。不过，一般财务软件都允许在下一年年初对年初余额进行调整。

2. 期初数据录入的步骤

根据本章后面有关初始化设置部分的实验资料，进行期初数据录入的实验步骤如下。

①以 001 李主管的身份进入“企业应用平台”，单击左下角的【业务工作】，进行业务工作操作。

②执行【财务会计】→【总账】→【期初】→【期初余额】命令，弹出如图 3-8 所示对话框。

科目编码	科目名称	方向	币别/计量	期初余额
1001	库存现金	借		
1002	银行存款	借		
100201	工行存款	借		
100202	民生银行存款	借		
		借	美元	
1003	存放中央银行款项	借		
1011	存放同业	借		
1012	其他货币资金	借		
1021	结算备付金	借		
1031	存出保证金	借		
1101	交易性金融资产	借		
1111	买入返售金融资产	借		
1121	应收票据	借		
1122	应收账款	借		
1123	预付账款	借		
1131	应收股利	借		
1132	应收利息	借		
1201	应收代位追偿款	借		
1211	应收分保账款	借		
1212	应收分保合同准备金	借		
1221	其他应收款	借		
122101	应收职工借款	借		
1231	坏账准备	贷		
1301	贴现资产	借		
1302	拆出资金	借		
1303	贷款	借		
1304	贷款损失准备	贷		
1311	代理兑付证券	借		

图 3-8 期初余额录入界面

对于无下级科目的会计科目就直接输入期初余额，例如“库存现金”科目期初余额直接输入“8000”；对于有二级明细科目的会计科目，必须在末级会计科目输入期初余额，例如“银行存款”科目的期初余额，必须在二级科目“工行存款”科目输入“222000”。

对于有辅助核算的会计科目需要双击进入【辅助期初余额】对话框，例如“应收票据”会计科目辅助账期初余额的录入，如图 3-9 所示；单击菜单栏【往来明细】进入【期初往来明细】对话框，如图 3-10 所示；单击菜单栏【增行】进行明细科目期初余额的输入，录入完毕界面如图 3-11 所示；单击菜单栏【汇总到辅助明细】按钮，弹出如图 3-12 所示对话框；单击【确定】按钮，完成“应收票据”会计科目辅助期初余额的录入，如图 3-13 所示；单击菜单栏【退出】按钮，系统回到【期初余额录入】界面。

图 3-9　应收票据辅助期初余额录入界面

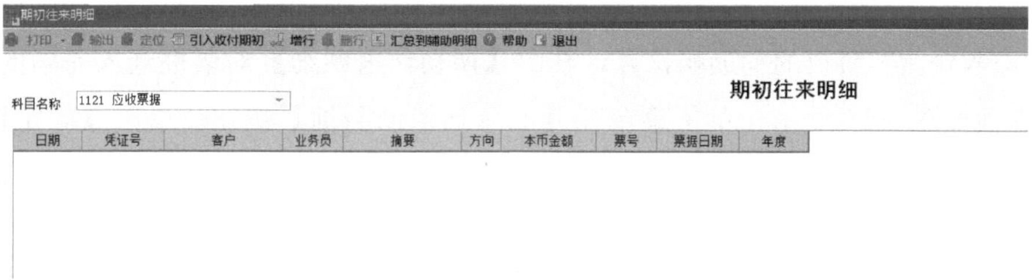

图 3-10　应收票据期初往来明细录入界面

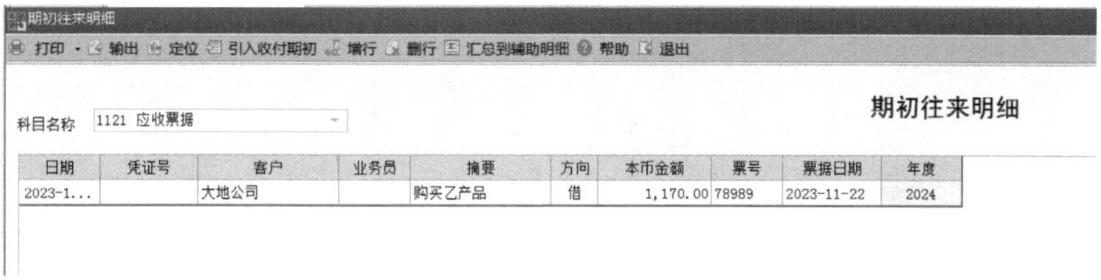

图 3-11　应收票据期初往来明细录入完毕界面

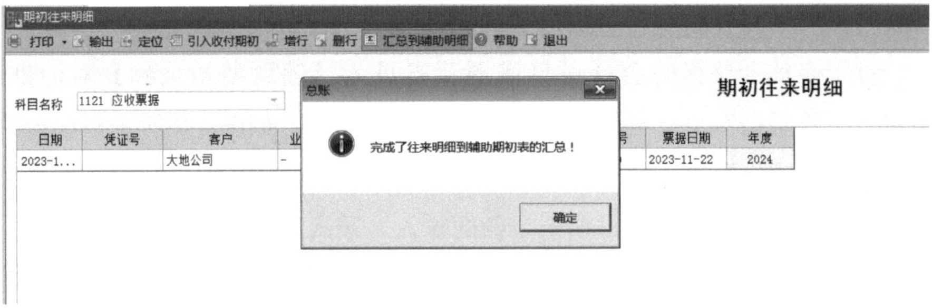

图 3-12　应收票据期初往来明细汇总进入界面

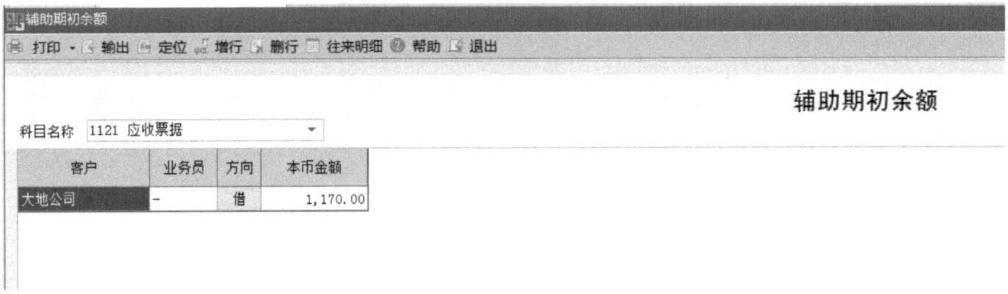

图 3-13　应收票据辅助期初余额录入完毕界面

同理，输入其他参与辅助核算的会计科目明细账户的期初余额，例如“应收账款”科目的辅助账核算，其中【期初往来明细】对话框录入完毕的界面如图 3-14 所示；单击菜单栏【汇总到辅助明细】按钮；单击【确定】按钮，完成“应收账款”会计科目的辅助期初余额的录入，如图 3-15 所示；单击菜单栏【退出】按钮，系统回到【期初余额录入】界面，

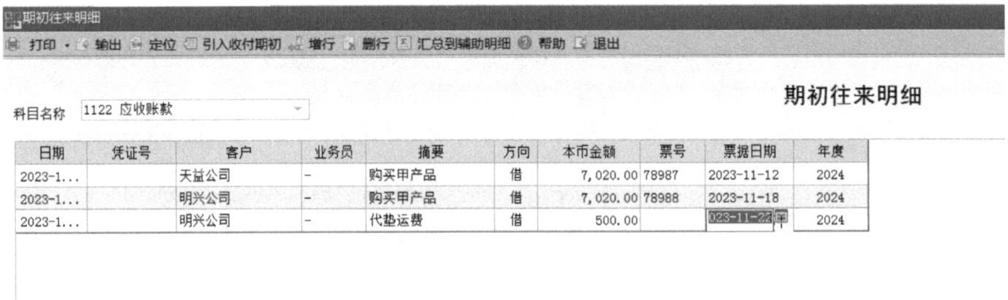

图 3-14　应收账款期初往来明细录入完毕界面

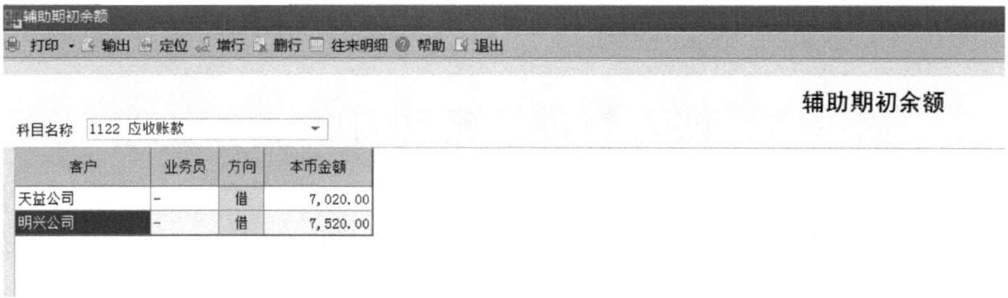

图 3-15　应收账款辅助期初余额录入完毕界面

③期初数据录入完毕后，单击【期初余额录入】对话框的菜单栏【试算】按钮，如果不平衡，说明前面期初余额录入的数据有误，查找更正，直至试算平衡，如图 3-16 所示。单击【确定】按钮，系统回到【期初余额录入】界面，单击【退出】按钮退出。

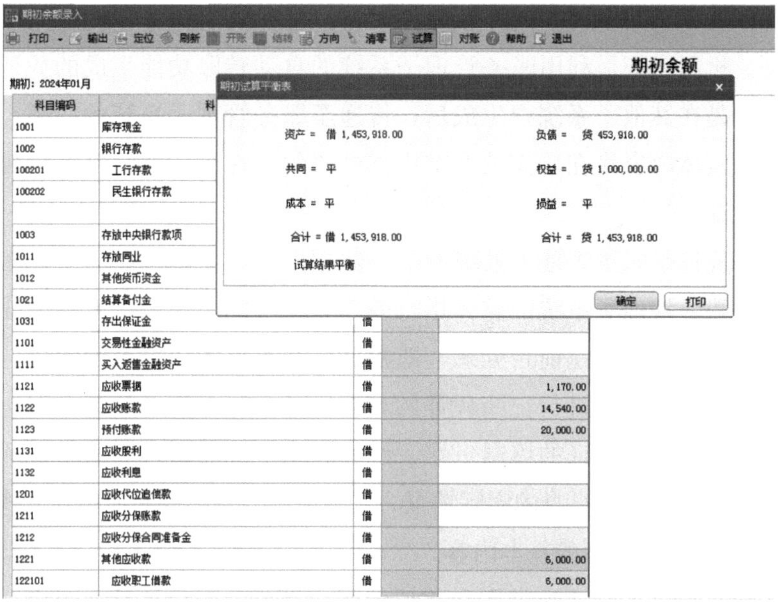

图 3-16　期初余额录入完毕试算平衡界面

第三节　账务管理子系统日常业务处理

初始化工作完成后就完成了新旧系统的转换，启用日期后的经济业务就可以在新系统下进行处理了，即所说的日常业务处理。账务管理子系统的日常业务处理主要包括凭证管理、出纳管理及账簿查询。

一、凭证管理

凭证管理的内容包括根据原始凭证填制记账凭证、复核凭证、汇总凭证、记账凭证、修改凭证、作废凭证、冲销凭证、查询凭证和整理存储等。

（一）填制凭证

记账凭证按其生成方式可分为三大类：手工填制凭证、机制凭证和派生凭证。机制凭证是利用账务管理子系统的自动转账功能生成的凭证；派生凭证则是在其他子系统中生成后，传递至账务管理子系统的凭证。这两类凭证的具体内容将在后面的章节中详细讲解。在此，我们仅介绍如何填制手工凭证。

记账凭证是账务管理子系统的唯一数据来源，而填制凭证的效率则直接制约着账务管理子系统的整体运行效率。在实际工作中，填制凭证的方式主要有两种：一种是前台处理，即根据已经审核无误的原始凭证，直接在账务管理子系统中进行记账凭证的填制；另一种是后台处理，即先在手工方式下完成记账凭证的填制工作，然后再统一将其输入到账务管理子系统中。企业可以根据自身的实际情况，选择最适合自己的凭证填制方式。

1. 记账凭证填制的基本内容

主要包括日期、凭证类别和凭证编号、摘要、会计科目、金额、附件张数、各种签章等。

2. 填制凭证时的注意事项

①摘要是对经济业务内容的概括说明。一般而言，会计分录的每一行都应当包含摘要，不能留空。摘要可以直接输入，如果系统已定义了常用

摘要，也可以方便地调用。

②在填制凭证时，要求所选会计科目必须是末级项目。用户可以通过输入科目编码、科目名称或科目助记码来选择科目，也可以通过系统提供的选择功能进行输入。若输入的科目为银行科目，系统通常会要求输入相关的结算方式信息，建议用户输入以便日后进行银行对账；若输入的科目涉及外币核算，系统会自动显示已设置的相关汇率（用户可根据实际情况进行修改），并在输入外币金额后，自动计算出本币金额；若输入的科目包含辅助核算，用户应输入相应的辅助信息，以便系统能够生成准确的辅助核算信息。

③凭证的金额可以是正数或负数（即红字），但不得为零。凭证的金额必须遵循“有借必有贷，借贷必相等”的会计原则，否则系统将无法保存该凭证。

3. 填制凭证的具体实验操作

根据本章后面关于日常业务处理部分的实验资料，填制 5 张凭证的实验步骤如下。

①将计算机系统时间改为：2024 年 1 月 31 日。

②以“会计（002 吴红：上机同学自己的姓名）”的身份进入【企业应用平台】，执行【业务工作】→【财务会计】→【总账】→【凭证】→【填制凭证】命令，系统弹出确认打印模板提示框，单击【否】按钮，打开“填制凭证”的窗口，如图 3-17 所示。

③单击【增加】按钮，增加一张空白凭证。在凭证的左上方，单击凭证类别的【参照】按钮，选择“付款凭证”；输入“制单日期”为 2024-01-08；输入“摘要”为“提现”；输入“科目名称”为“1001”（系统自动带出库存现金）或者“库存现金”，按 Enter 回车键；输入“借方金额”为 15000.00，按 Enter 回车键；摘要自动带到下一行，输入“科目名称”为“100201”（系统自动带出银行存款/工行存款）或者“银行存款/工行存款”，按 Enter 回车键，弹出【辅助项】对话框，如图 3-18 所示；辅助项相关信息输入完成后，单击【确定】按钮；输入“贷方金额”为 15000.00；单击【保存】按钮，系统弹出“凭证已成功保存!”信息提示，单击【确定】按钮。

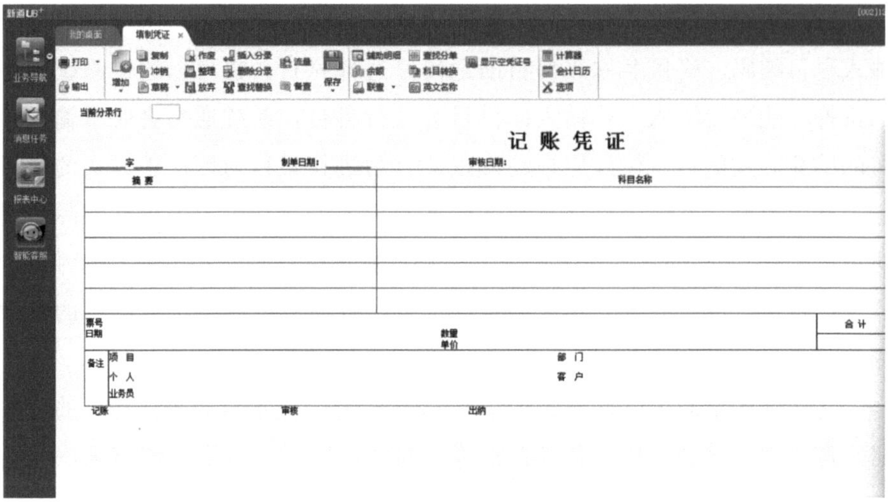

图 3-17　填制凭证的进入界面

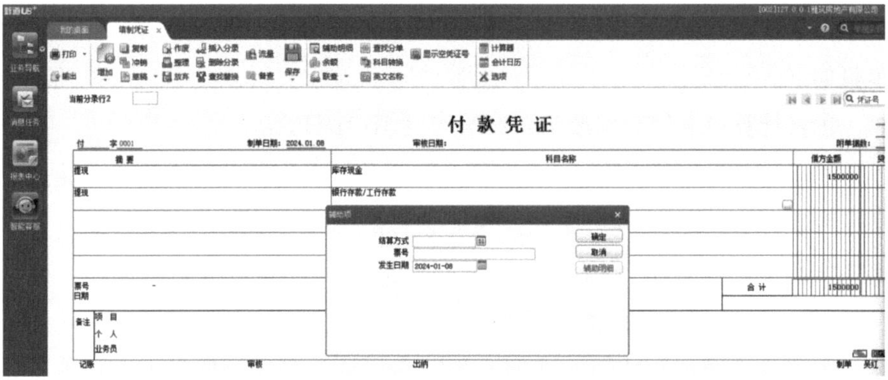

图 3-18　填制凭证时银行核算科目的辅助项输入界面

凭证填制过程中的注意事项如下。

第一，采用序时控制时，凭证日期应小于或等于上一张同类别凭证的填制日期，不能超过系统日期。

第二，不同行的摘要可以相同也可以不同，但不能为空。每行摘要将随相应的会计科目在明细账、日记账中出现。

第三，在【科目名称】栏中，科目编码必须是末级的科目编码。输入科目的编码，也可以单击后面的【参照】按钮，在打开的【科目参照】窗口中进行选择。如果需要的科目原先没有设置，可以直接在该窗口单击【编辑】按钮进行新增科目，而不用再退回到系统初始化的窗口进行科目设置。

第四，录入金额：金额不能为 0，红字以负号“—”表示，调整金额方向可以单击键盘的空格键进行调整。

第五，录入完毕，按 Enter 键，系统自动将上一分录的摘要内容复制到下一分录的【摘要】栏（可更改）。

第六，填到最后一笔分录，可在其金额录入处按下等号键【=】，系统会自动计算出该分录的结果，以达到借贷平衡的效果；单击【保存】按钮以保存该张凭证（借贷不平衡，系统不预保存）。

第七，凭证填制完成后，可以单击【增加】并保存，同时会出现下一张新空白凭证，也可以单击【保存】按钮。

第八，凭证填制完成后，没有审核之前是可以直接对凭证进行修改的。

第 1 张凭证填制完成的界面，如图 3-19 所示。

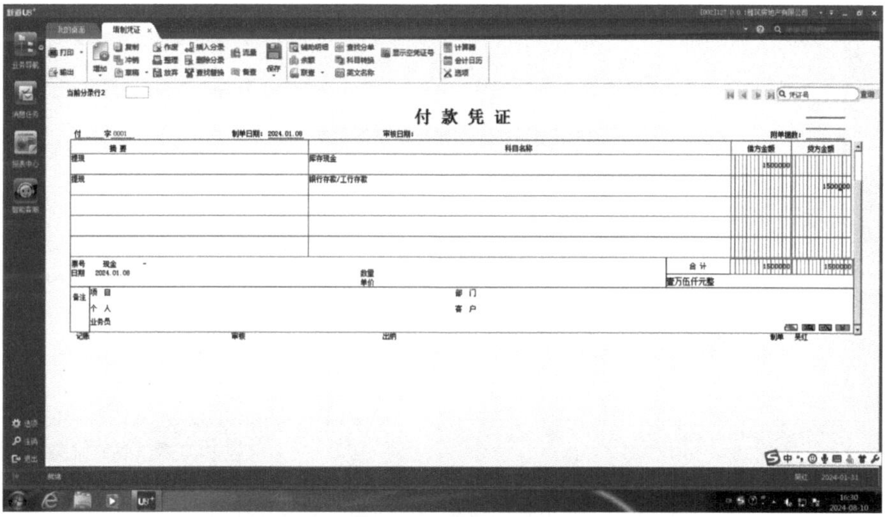

图 3-19　凭证填制完成界面（0001 号付款凭证）

④第 2 张凭证的填制。

在凭证的左上方，您可以单击凭证类别的【参照】按钮，并从弹出的选项中选择“收款凭证”。在填制本张凭证时，需要注意到它涉及到了外币辅助核算科目。外币核算的凭证增加方式与本币核算的填制方式基本一致。但是，当在“科目名称”栏中选择了外币核算科目后，系统会自动将凭证录入格式更改为外币式，如图 3-20 所示。

该汇率是在设置外币时预先设定好的，系统会根据所设置的汇率自动给出。如果设置的是浮动汇率，您可以在此汇率栏中进行修改。在录入外币金额后，系统会自动推算出相应的本币金额。当然，您也可以选择手工录入本币金额，此时系统会自动倒推出外币金额。

请注意：在数据录入时，您需要将原币金额录入到外币栏中。例如，如果原币是美元，那么您需要录入美元金额并乘以汇率来得到借方金额。需要注意的是，本张凭证所填写的原币金额与实验资料可能不一致，这是为了后续介绍如何修改此张凭证的相关知识点而特意设置的。

第 2 张凭证填制完成的界面，如图 3-21 所示。

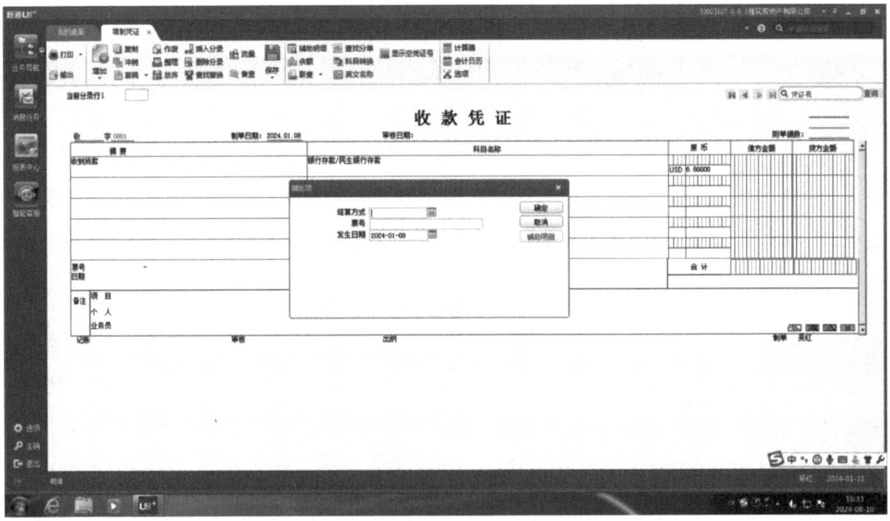

图 3-20　外币辅助核算科目的辅助项输入界面

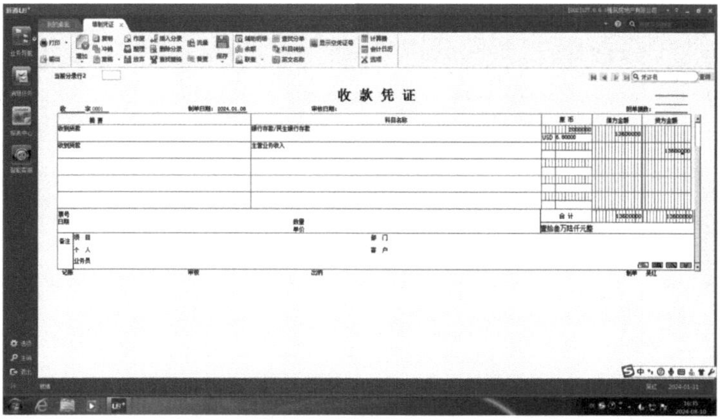

图 3-21　有外币核算的凭证填制完成界面（0001 号收款凭证）

⑤第 3 张凭证的填制。

在凭证的左上方，单击凭证类别的【参照】按钮，选择“转账凭证”。本张凭证的填制，涉及到有客户往来辅助核算科目。在“科目名称”栏中输入客户往来的辅助核算科目后，系统会弹出客户往来的【辅助项】对话框，如图 3-22 所示。与实验资料中的会计数据相比，本张凭证将借方金额少填了一个 0，其目的是为后面介绍如何修改此张凭证这一相关知识点。第 3 张凭证填制完成的界面，如图 3-23 所示。

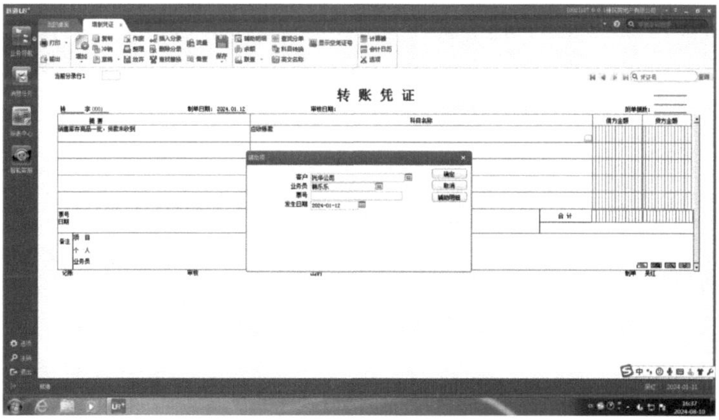

图 3-22　客户往来辅助核算科目的辅助项输入界面

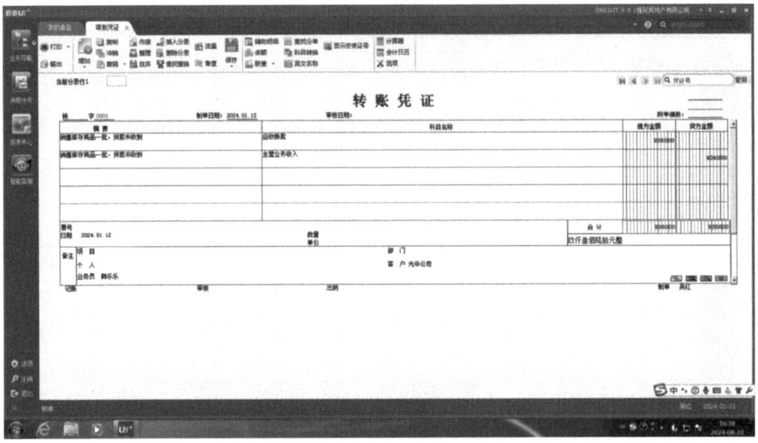

图 3-23　客户往来辅助核算的凭证填制完成界面（0001 号转账凭证）

⑥第 4 张凭证的填制。

在凭证的左上方，单击凭证类别的【参照】按钮，选择“付款凭证”。本张凭证的填制，涉及到复合会计分录，同时有部门辅助核算科目出现。在“科目名称”栏中输入部门辅助核算科目后，系统会弹出部门的【辅助项】对话框，如图 3-24 所示。第 4 张凭证填制完成的界面，如图 3-25 所示。

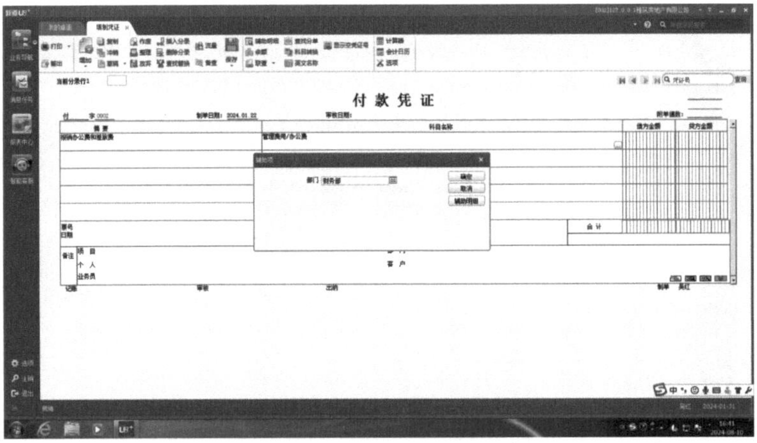

图 3-24　部门辅助核算科目的辅助项输入界面

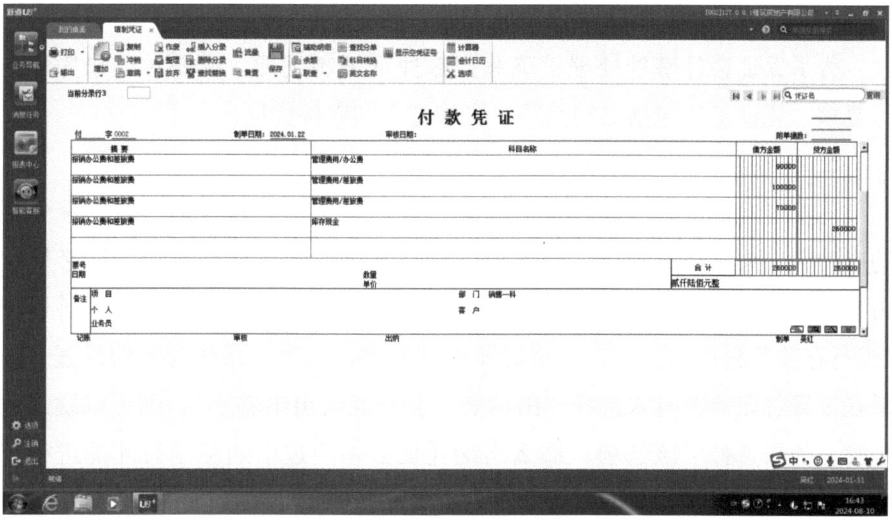

图 3-25　复合会计分录的凭证填制完成界面（0002 号付款凭证）

⑦第 5 张凭证的填制。

在凭证的左上方，单击凭证类别的【参照】按钮，选择“付款凭证”。第 5 张凭证填制完成的界面，如图 3-26 所示。

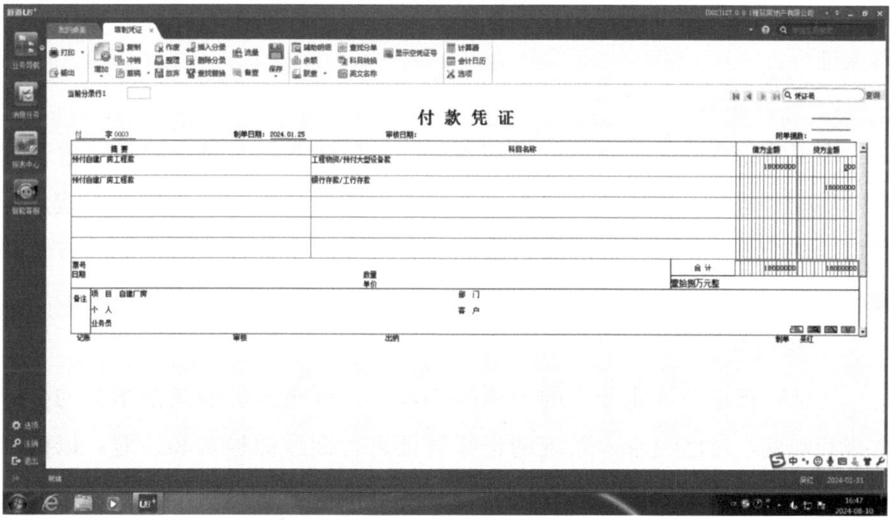

图 3-26　凭证填制完成界面（0003 号付款凭证）

（二）复核凭证

为了保证会计事项处理正确和记账凭证填制正确，需要对记账凭证进行复核。凭证复核包括出纳签字、主管签字和审核凭证。

1. 出纳签字

此功能允许出纳对涉及现金和银行存款的凭证进行核对，以确保凭证的准确性。如果凭证无误，出纳可以进行签字；如果凭证有误，则必须交由制单人进行修改，并重新进行核对。出纳凭证（即包含“现金”科目或“银行存款”科目的凭证）是否需要出纳签字，取决于系统参数的设置。如果在设置总账参数时未选择“出纳凭证必须经由出纳签字”，则可以跳过此步骤；如果选择了该选项，那么出纳凭证必须经过出纳签字后才能进行记账。因此，出纳签字并非审核凭证的必经步骤。

为了提高系统的灵活性和适应性，账务子系统通常不会将“库存现金”和“银行存款”科目设定为固定选项，而是要求用户自行指定现金科目和银行存款科目。因此，在使用出纳相关功能（如出纳签字、现金日记账和银行日记账的查询打印等）之前，用户必须事先指定好现金科目和银行存款科目。这一点非常重要，请务必注意。

另外，一旦出纳凭证被签字，就不能再被修改或删除。如果需要修改或删除已签字的出纳凭证，必须先取消签字，而取消签字操作只能由出纳本人进行。

2. 主管签字

为了强化会计人员制单的管理流程，一般账务子系统会提供“主管签字”功能，但这一功能的设置与否取决于系统管理中相关参数的配置。若启用了该功能，会计人员所填制的凭证必须经过主管签字后才能进行记账操作。

3. 审核凭证

凭证审核是会计业务中的一项核心环节。审核人员需依据相关的会计法规和制度，对已经录入系统的记账凭证进行细致的检查和核对，以确保记账凭证与原始凭证的一致性，会计分录的准确性，以及记账凭证项目的完整性等。在电算化会计信息系统的环境下，审核的主要目的有两个：一是发现并纠正输入过程中可能遗漏或难以察觉的错误；二是为记账过程提供一个明确的标记，只有经过审核的凭证才能被系统接受并用于记账。

在凭证审核模块的设计中，通常的审核流程是：首先筛选出需要审核的凭证，然后审核人员通过目测等方式对凭证内容进行逐一审核。在审核过程中，审核人员只能查看凭证内容，而不能对凭证进行修改。审核完成后，审核人员应对该凭证进行签章确认，否则系统将拒绝保存，并提示财会人员进行相应的修改。

注意：所有凭证在记账前都必须经过审核；审核人与制单人不能为同一人；遵循“谁审核谁取消”的原则，只有进行审核的人员才能取消其审核标记。

4. 复核凭证的具体实验操作

根据本章后面关于日常业务处理部分的实验资料，进行出纳签字、主管签字、审核凭证的实验步骤如下。

①以“003 张出纳”的身份进入企业应用平台，进行出纳签字。执行【业务工作】→【财务会计】→【总账】→【凭证】→【出纳签字】命令，打开【出纳签字】查询条件对话框，如图 3-27 所示；选择“全部”单选按钮，单击【确定】按钮，进入【出纳签字列表】窗口，如图 3-28 所示。此时可以选定列表中全部凭证，也可以选定需要签字的某张凭证或者双击该凭证行，单击菜单栏【签字】按钮，进行“成批出纳签字”或者逐张签字，如图 3-29、图 3-30 所示；最后单击【关闭】按钮退出。

图 3-27　出纳签字查询条件界面

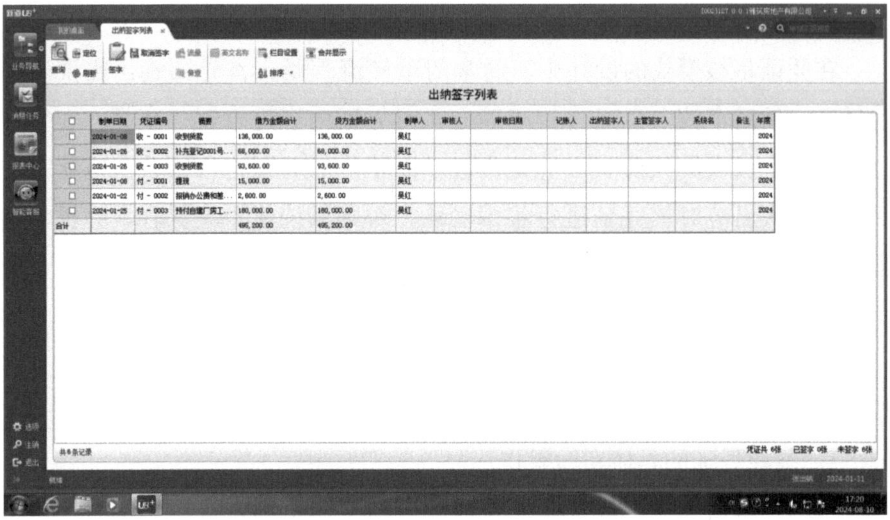

图 3-28　出纳签字列表界面

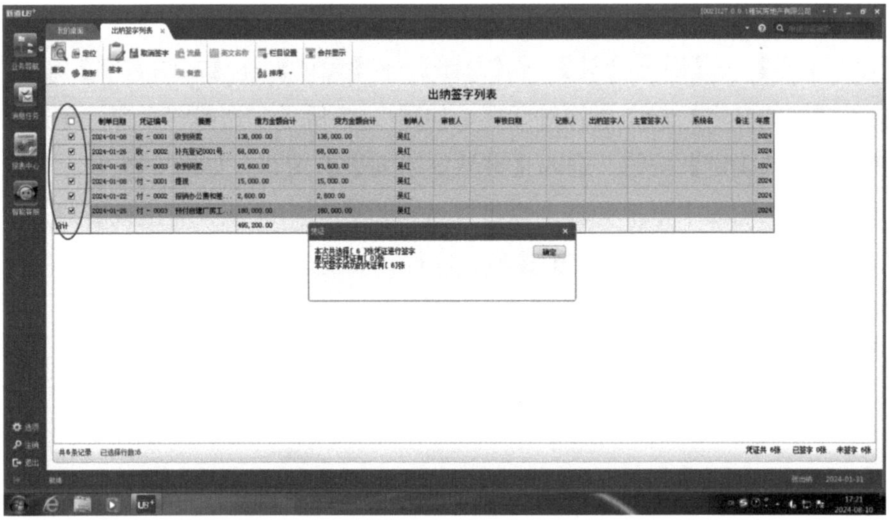

图 3-29　成批出纳签字界面

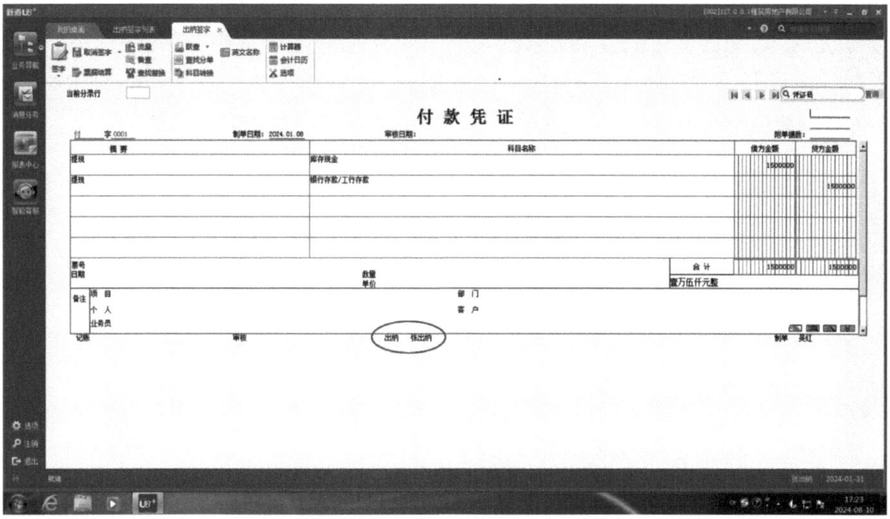

图 3-30　出纳已签字的凭证界面

②以“001 李主管”的身份进入企业应用平台，进行主管签字。执行【业务工作】→【财务会计】→【总账】→【凭证】→【主管签字】命令，打开【主管签字】查询条件对话框；选择“全部”单选按钮，单击【确定】按钮，进入【主管签字列表】窗口，如图 3-31 所示。此时可以选定列表中全部凭证，单击【签字】按钮，弹出“是否重新刷新凭证列表数据”信息，如图 3-32 所示；单击【是】按钮，完成“主管签字列表”成批签字，如图 3-33 所示。也可以在【主管签字列表】窗口，双击要签字的凭证，进入【主管签字】窗口，单击【签字】按钮，凭证上会出现“李主管”的戳记，如图 3-34 所示。最后单击【关闭】按钮退出。

图 3-31　凭证待主管签字列表界面

图 3-32　刷新成批主管签字的进入界面

图 3-33　主管签字列表成批签字完毕界面

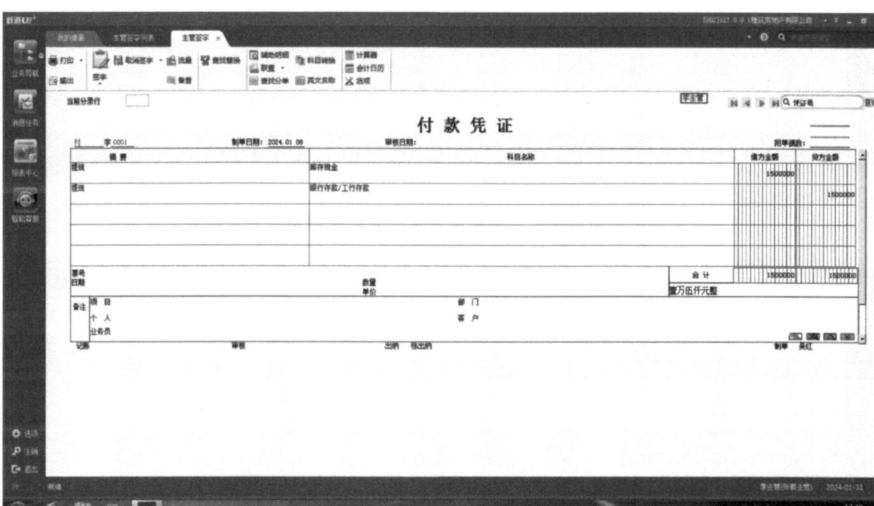

图 3-34　单张凭证主管签字的界面

③以“001 李主管”的身份进入企业应用平台，进行凭证审核。执行【业务工作】→【财务会计】→【总账】→【凭证】→【审核凭证】命令，打开【凭证审核】查询条件对话框；选择“全部”单选按钮，单击【确定】按钮，进入【凭证审核列表】窗口。可以双击需要审核的凭证，也可以选

中一张待审核的凭证或者选中全部待审核的凭证，进行凭证审核，如图 3-35、图 3-36 所示。

如果要取消凭证的审核，可以单击【弃审】按钮完成。如果发现凭证有错，可单击【标错】按钮，先行标错，以后再修改。

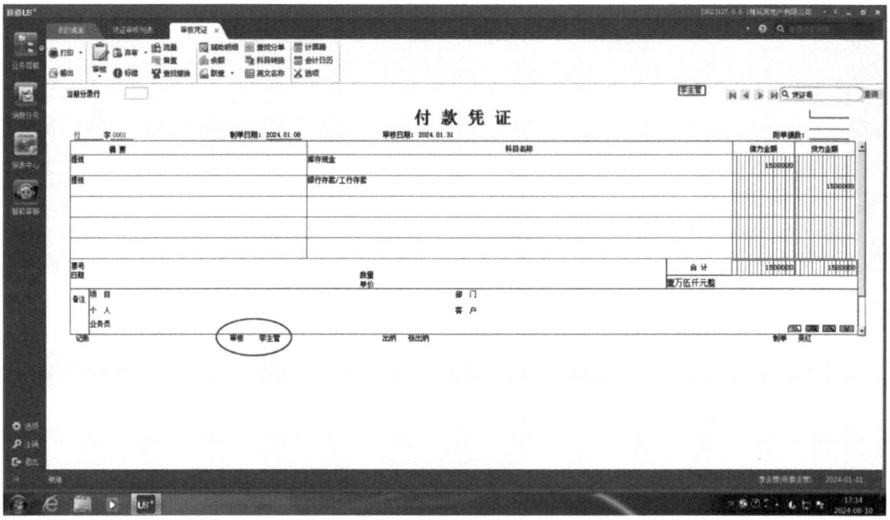

图 3-35　单张凭证审核完毕界面

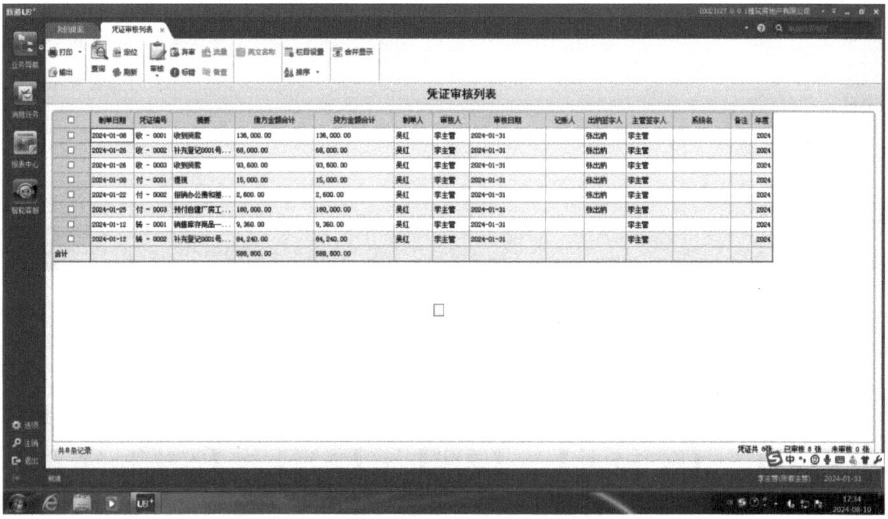

图 3-36　全部凭证审核完毕界面

凭证审核过程中，需要注意以下事项。

第一，制单人与审核人分离。系统要求制单人和审核人不能是同一个人。因此，在审核凭证前，务必检查当前操作员是否就是制单人。如果是，应更换操作员以进行审核。

第二，审核权限设置。凭证审核的操作权限应首先在系统管理的权限设置中进行授权。此外，还需注意在总账系统的选项中是否启用了“凭证审核控制到操作员”的选项。若启用了该选项，则需进一步设置审核的明细权限，即数据权限。只有当用户在数据权限中获得了“有权审核其他用户所填制凭证”的权限时，才真正拥有了审核凭证的权限。

第三，成批审核功能。在凭证审核功能中，除了可以单张审核外，还支持成批审核功能。可以对符合审核条件的凭证进行批量审核，提高审核效率。

第四，已审核凭证的修改。对于已经审核完的凭证，无论录入正确与否，都不能直接进行修改。如需修改，必须先取消审核，然后在填制凭证的功能中进行修改。错误凭证被标错后，应退还给制单人员进行修改，即对凭证进行修改或删除操作前，必须先取消其审核状态。

第五，取消审核与作废凭证。取消审核只能由审核人自己进行。作废凭证不能被审核，也不能被标错。这些规定确保了凭证处理的准确性和安全性。

（三）查询凭证

此功能是方便用户查看符合条件的记账凭证。用户既可以查询已记账凭证，也可以查询未记账凭证；既可以查询作废凭证，也可以查询标错凭证（标错凭证是指未能通过审核而被审核员利用软件标错功能加上错误标记的凭证）；既可以按凭证号范围查询，也可以按日期查询；既可以按制单人查询，也可以按审核人或出纳员查询；甚至可以按科目、摘要、金额、外币、数量结算方式或各种辅助条件查询，十分方便。

在实验操作中执行【业务工作】→【财务会计】→【总账】→【凭证】→【查询凭证】命令，在【凭证查询】窗口选择需要查询的条件，然后单击【确定】即可，如图 3-37 所示。

图 3-37　凭证查询界面

（四）汇总凭证

凭证汇总时，可以按一定条件对记账凭证进行汇总并生成凭证汇总表。进行凭证汇总的凭证可以是已记账凭证，也可以是未记账凭证，因此财务人员可在凭证未全部记账前，随时查询凭证汇总信息，及时了解企业的经营状况及其他财务信息。

（五）记账凭证

凭证经过审核签字后，即可被用于登记总账、明细账、日记账、部门账、往来账、项目账及备查账等各类账簿。记账过程在计算机账务处理系统中通常采用向导方式，使记账步骤更加明确和直观。整个记账工作由计算机自动完成数据处理，无需人工干预。

1. 记账原理

在计算机账务处理系统中，记账过程首先是一个数据传递的过程。经过审核签章的、要求记账的记账凭证会从输入凭证数据库中传递到另一个稳定的凭证数据库（即记账凭证数据库文件）中。该数据库中的数据一旦录入，便不能进行修改和删除。因此，“记账”实际上起到了固化数据的作用，确保了数据的稳定性和安全性。

2. 记账过程

记账包括以下内容：①选择记账凭证，即选择本次要记账的凭证范围；

②系统自动检验记账凭证；③正式记账。

进行记账工作需要注意以下问题：①在信息化环境下，记账只是将凭证打上记账标志；②未经审核的凭证不能记账，记账范围应小于等于已审核范围；③有不平衡凭证或错误凭证时，系统停止记账；④期初余额试算不平衡时，不能记账；⑤如果上月未结账，则本月不能记账；⑥作废凭证不需审核可以直接记账；⑦记账过程一旦因断电或其他原因造成中断后，系统将自动调用“恢复记账前状态”功能恢复数据，然后再重新记账；⑧用友新道 U8＋V15.0 系统常规情况下不再提供“恢复记账”功能。

3. 凭证记账、查询和反记账的具体实验操作

①凭证记账：以“001 李主管”的身份进入企业应用平台进行凭证记账。执行【业务工作】→【财务会计】→【总账】→【凭证】→【记账】命令，弹出记账的界面，如图 3-38 所示；选择要进行记账的凭证范围（例如收款凭证的“记账范围”栏中输入“1-3”），此处直接单击【全选】按钮和【记账】按钮，弹出如图 3-39 所示系统记账前自动进行试算平衡检验结果的窗口。试算结果平衡，单击【确定】，系统自动进行记账，记账完毕后，系统会弹出记账完毕的提示信息，如图 3-40 所示。

图 3-38　进入凭证记账的界面

图 3-39　系统记账前自动进行试算平衡检验的界面

图 3-40　系统记账完毕的提示界面

②已记账凭证查询：以“001 李主管”的身份进入企业应用平台进行凭证查询。执行【业务工作】→【财务会计】→【总账】→【凭证】→【查询凭证】命令，打开【凭证查询】对话框，如图 3-37 所示；选择“全部”

单选按钮，单击【确定】按钮；进入【查询凭证列表】窗口，如图 3-41 所示，可以看到“记账人”这一列已全部签名为“李主管”。双击某一凭证行，可显示出此张凭证下方“记账”处已签名“李主管”。

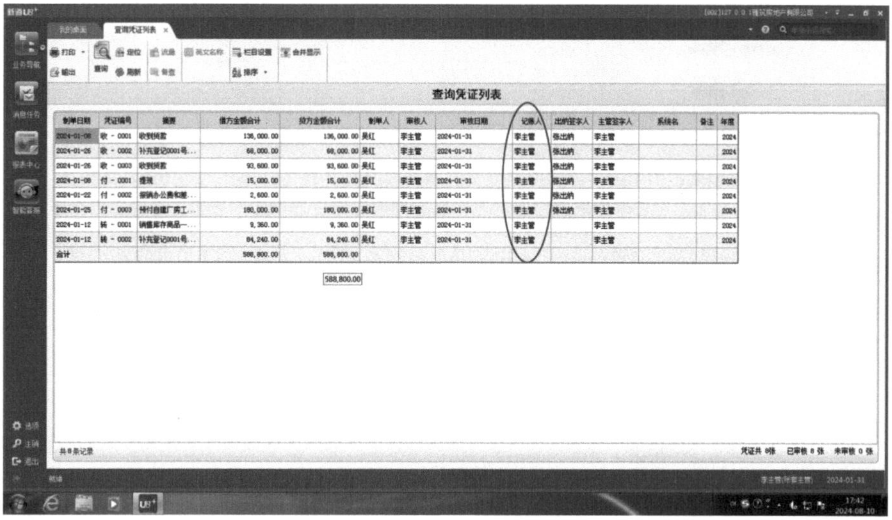

图 3-41　查询凭证列表界面

③凭证反记账：用友新道 U8＋V15. 0 系统常规情况下，不再提供“恢复记账”功能。如果执行【业务工作】→【财务会计】→【总账】→【期末】→【对账】命令，弹出对账窗口，如图 3-42 所示；按住【Ctrl】＋【H】键，弹出“产品不再提供反记账功能，如有疑问请联系供货商”的信息提示，如图 3-43 所示，单击【确定】按钮；单击【退出】按钮，关闭【对账】窗口。

图 3-42 对账界面

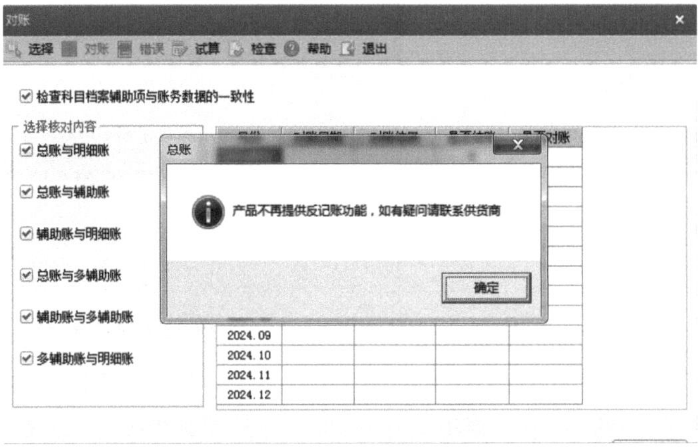

图 3-43 产品不再提供反记账功能提示界面

在不可抗拒的一些客观原因下，不得执行反记账功能，实验操作步骤如下：以“001 李主管”的身份进入企业应用平台，单击【业务导航】按钮，选择一种业务导航模式，如“经典树形模式”，执行左下角的【系统服务】→【实施导航】命令，弹出【实施导航工作台】界面，如图 3-44 所示；单击菜单栏【实施工具】按钮，如图 3-45 所示；单击“其他”选项下的【总账数据修正】按钮，弹出【恢复记账前状态】界面，如图 3-46 所示。“恢复方式”选项选中“选择凭证范围恢复记账”，“恢复记账范围”栏输入

“1-1”，单击【确定】按钮；弹出要求输入口令的界面，如图 3-47 所示；因在进行权限设置时，对主管没有进行口令设置，所以直接单击【确定】按钮，弹出恢复记账完毕提示窗口，如图 3-48 所示；单击【确定】按钮，关闭【实施导航工作台】窗口。

图 3-44　实施导航工作台界面

图 3-45　实施工具界面

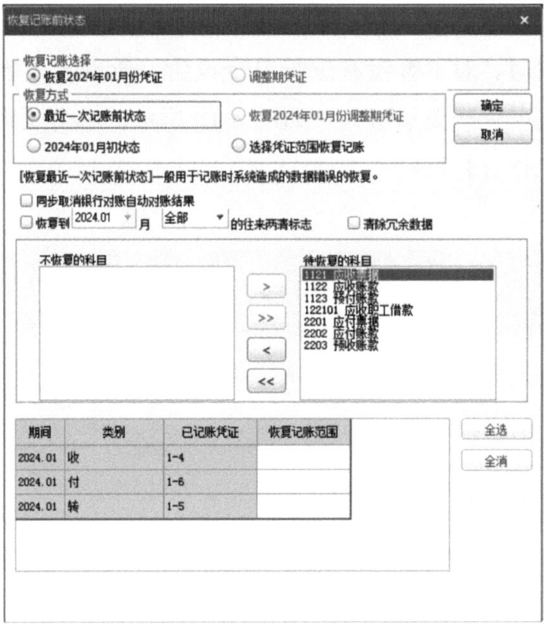

图 3-46　恢复记账前状态界面

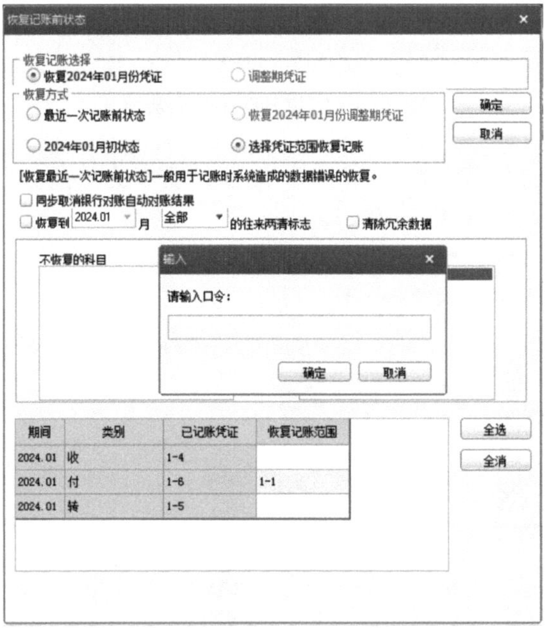

图 3-47　反记账要求输入口令界面

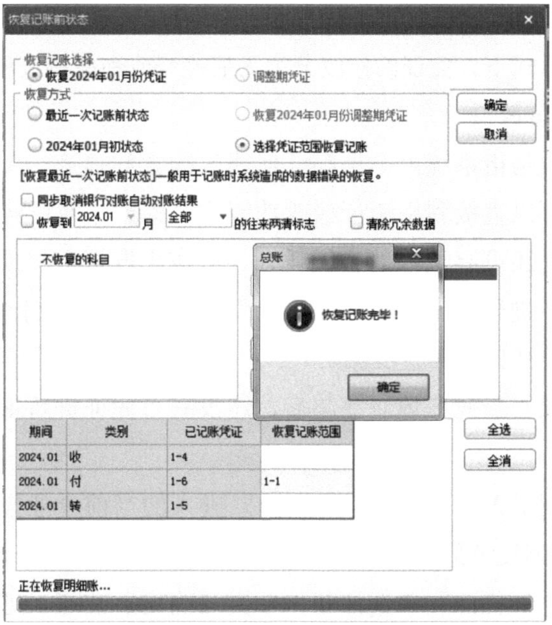

图 3-48　恢复记账完毕提示界面

④反记账凭证的查询：以“001 李主管”的身份进入企业应用平台进行凭证查询，查询 0001 号付款凭证，查看是否取消记账。如图 3-49 所示，0001 号付款凭证下方“记账”处的签字已取消。

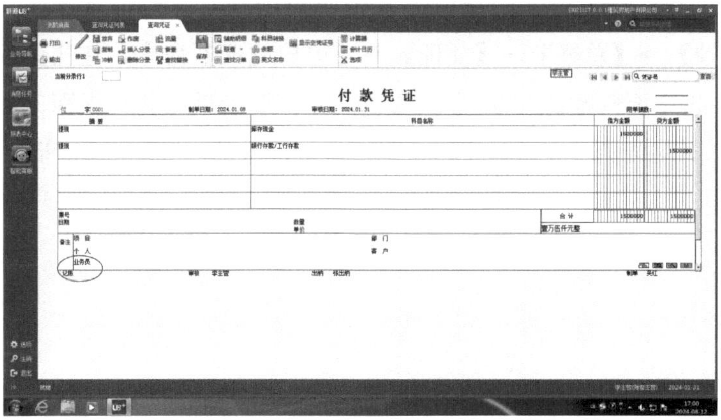

图 3-49　记账凭证反记账成功界面

（六）修改凭证

在信息化方式下，凭证的修改分为无痕迹修改和有痕迹修改。

1. 无痕迹修改

无痕迹修改是指系统内不保存任何修改线索和痕迹。对没有进行审核的错误凭证，可以直接利用凭证修改功能进行修改；对已经进行了审核或签字的凭证，但还没有记账的错误凭证，应该先取消审核或签字，然后在凭证修改功能中进行修改。这两种情况都没有保留任何审计线索。

无痕迹修改凭证的实验步骤如下。

第一种情况：当凭证填制完毕后，还没有对凭证进行审核签字，就需要修改凭证。

可直接在制单人（一般是会计人员）进入的当前企业应用平台，执行【凭证】→【查询凭证】命令，弹出如图 3-37 所示的凭证查询界面。“凭证范围”选择“全部凭证”单选按钮，单击【确定】按钮；进入【查询凭证列表】窗口，双击需要修改的凭证行，弹出已填制的凭证界面，单击菜单栏【修改】按钮，进入凭证修改状态；完成凭证的修改后，单击【保存】按钮，即完成凭证无痕迹修改。

第二种情况：当凭证填制完毕后，已对凭证进行了审核签字但还未记账，如本章实验资料中对已审核签字完成的 0005 号收款凭证，进行无痕迹修改凭证。

①以“001 李主管”的身份进入企业应用平台，执行【业务工作】→【财务会计】→【总账】→【凭证】→【审核凭证】命令，在【凭证审核列表】中，选中要修改的 0005 号收款凭证行，双击进入凭证界面，如图 3-50 所示；单击菜单栏【弃审】按钮，凭证审核已取消，如图 3-51 所示。

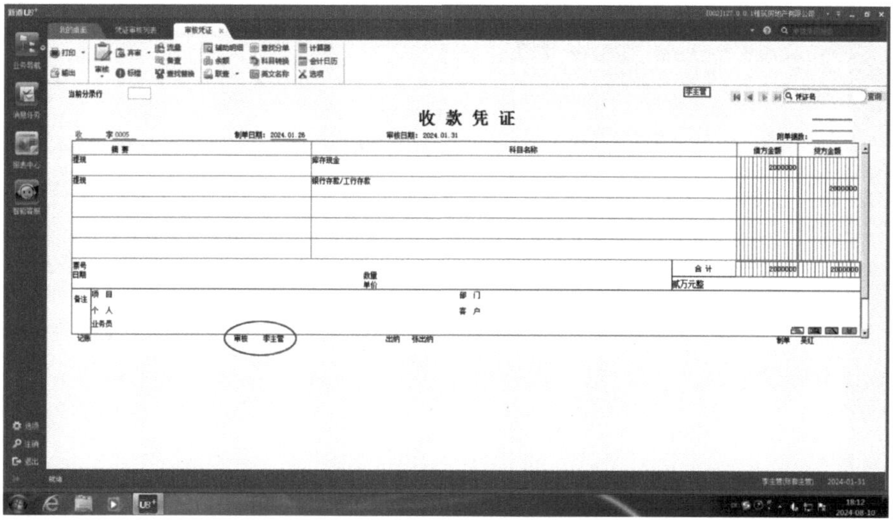

图 3-50 已审核签字的凭证界面（0005 号收款凭证）

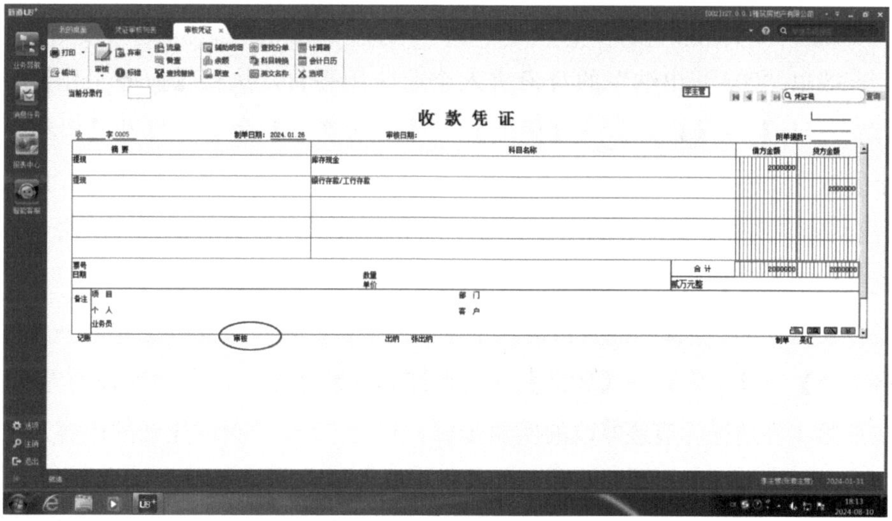

图 3-51 取消审核签字的凭证界面（0005 号收款凭证）

②以“001 李主管”的身份进入企业应用平台，执行【业务工作】→【财务会计】→【总账】→【凭证】→【主管签字】命令，在“主管签字列表”中，选中要修改的 0005 号收款凭证行，双击进入凭证界面；单击菜单栏【取消签字】按钮，凭证签字已取消，如图 3-52 所示。

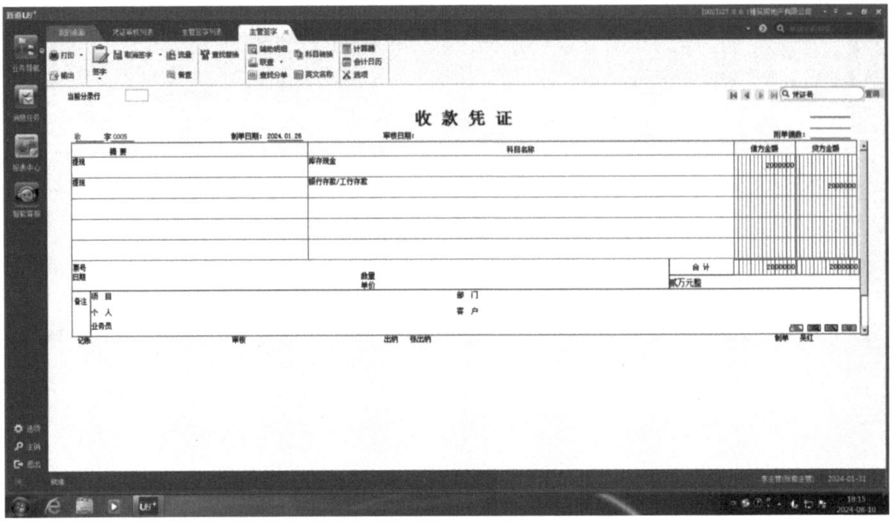

图 3-52　取消主管签字的凭证界面（0005 号收款凭证）

③以“003 张出纳”的身份进入企业应用平台，执行【业务工作】→【财务会计】→【总账】→【凭证】→【出纳签字】命令，打开【出纳签字】查询条件对话框；选择“全部”单选按钮，单击【确定】按钮，进入【出纳签字列表】窗口；选定需要签字的凭证或者双击该凭证行，单击菜单栏【取消签字】按钮，完成取消出纳签字。

④以“002 会计”的身份进入企业应用平台，执行【业务工作】→【财务会计】→【总账】→【凭证】→【查询凭证】命令，弹出凭证查询界面。按照第 1 种情况无痕迹修改的实验步骤，可对 0005 号收款凭证的内容进行修改。修改完成后，单击菜单栏的【保存】按钮。

⑤以“003 张出纳”的身份进入企业应用平台，对修改后的本张凭证进行出纳签字。实验步骤见前面复核凭证中出纳签字实验操作。

⑥以“001 李主管”的身份进入企业应用平台，对修改后的本张凭证进行主管签字、审核。实验步骤见前面复核凭证中主管签字和审核凭证的实验操作。

2. 有痕迹修改

有痕迹修改是指系统通过保存错误凭证和更正凭证的方式，保留修改痕迹，从而可以留下审计线索。对于已记账的错误凭证，不能直接利用凭证修改功能进行修改，而是采用红字更正法或补充更正法进行有痕迹修改。这些更正方法都会在系统中留下明确的修改记录，便于审计和追踪。此外，冲销凭证和作废凭证等也是有痕迹修改凭证的方式。这些操作都会在系统中产生相应的记录，确保修改过程的可追溯性。

需要说明的是，反结账功能和反记账功能在某些软件中确实存在，但它们并不符合会计规范中的有关规定。利用这些功能，可以对已记账凭证进行无痕迹修改，虽然有时可能会方便用户操作，但存在被滥用的风险，可能会破坏会计信息的真实性和完整性。因此，在使用这些功能时，应谨慎操作，并遵循相关的会计制度和规范。

能否修改他人填制的凭证，将取决于系统参数的设置。在大多数系统中，为了保证会计信息的安全性和准确性，会设置相应的权限控制。对于其他子系统生成的凭证，只能在账务子系统中进行查询、审核、记账等操作，不能进行修改和作废。如果需要修改或删除这些凭证，必须在生成该凭证的原子系统中进行，以确保记账凭证和原子系统中的原始单据相一致。这样的权限设置有助于维护会计信息的准确性和一致性，防止因误操作或恶意修改而导致的会计失真。

有痕迹修改凭证的实验步骤如下。

（1）对 0001 号转账凭证进行补充登记法更正

说明：在前面填制 0001 号转账凭证时，金额少填了一个 0，即与本章后面的实验资料相比，金额少填了 84240 元。

以“会计”的身份进入【企业应用平台】，执行【业务工作】→【财务会计】→【总账】→【凭证】→【填制凭证】命令，系统弹出确认打印模板提示框，单击【否】按钮，打开【填制凭证】窗口；单击【增加】按钮，增加一张空白凭证。在凭证的左上方，单击凭证类别的【参照】按钮，选择“转账凭证”，开始填制凭证（注意“摘要”栏输入“补充登记 0001 号转账凭证”，金额栏填写￥84240 元）。根据前面复核凭证和记账凭证的实验步骤，对此张补充的凭证进行主管签字、审核和记账，如图 3-53 所示。

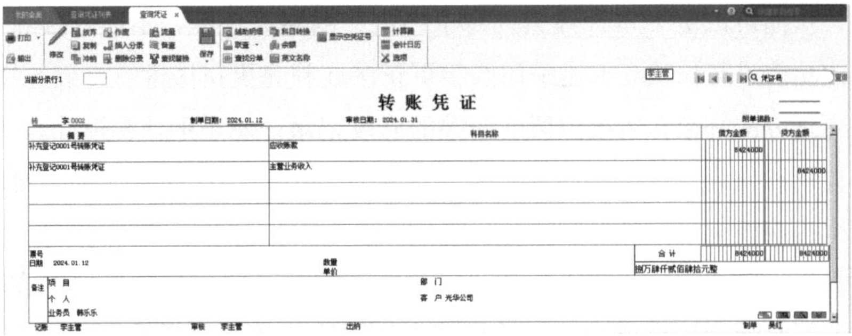

图 3-53　补充登记 0001 号转账凭证界面

（2）对 0001 号收款凭证进行补充登记法更正

说明：在前面填制 0001 号收款凭证时，原币金额填成 20000 美元，即与本章后面的实验资料相比，原币金额少填了 10000 美元。

以“会计”的身份进入【企业应用平台】，执行【业务工作】→【财务会计】→【总账】→【凭证】→【填制凭证】命令，系统弹出确认打印模板提示框，单击【否】按钮，打开【填制凭证】的窗口；单击【增加】按钮，增加一张空白凭证。在凭证的左上方，单击凭证类别的【参照】按钮，选择“收款凭证”，开始填制凭证（注意“摘要”栏输入“补充登记 0001 号收款凭证”，原币金额栏填写 10000 美元）。根据前面复核凭证和记账凭证的实验步骤，对此张补充的凭证进行主管签字、审核和记账，如图 3-54 所示。

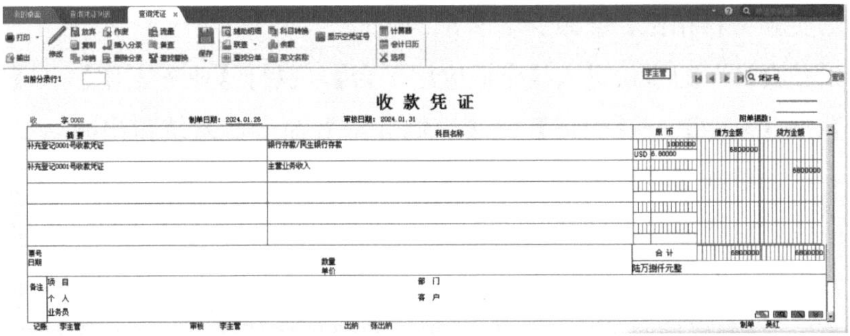

图 3-54　补充登记 0001 号收款凭证界面

（七）冲销凭证

账务管理子系统通常都会提供冲销凭证的功能。当凭证填制并记账后发现错误时，可以使用冲销凭证功能来冲销已记账的错误凭证。用户只需告知系统要被冲销的凭证类型及凭证号，系统便会自动生成一张与该凭证相同但金额为红字（负数）的凭证。这张通过红字冲销法增加的凭证，应视同正常凭证进行保存和管理。需要注意的是，生成的红字凭证并不会自动记账，必须由用户自行复核和记账。

冲销凭证的实验步骤如下：以“会计”的身份进入【企业应用平台】，执行【业务工作】→【财务会计】→【总账】→【凭证】→【查询凭证】命令，进入【填制凭证】窗口，单击【冲销】按钮，打开【冲销凭证】对话框，如图 3-55 所示。选择“凭证类别”为“收款凭证”、“凭证号”为“0003”，如图 3-56 所示。单击【确定】按钮，系统自动生成一张红字冲销凭证，单击【保存】按。生成的红字凭证并不会自动记账，必须由用户自己复核、记账。

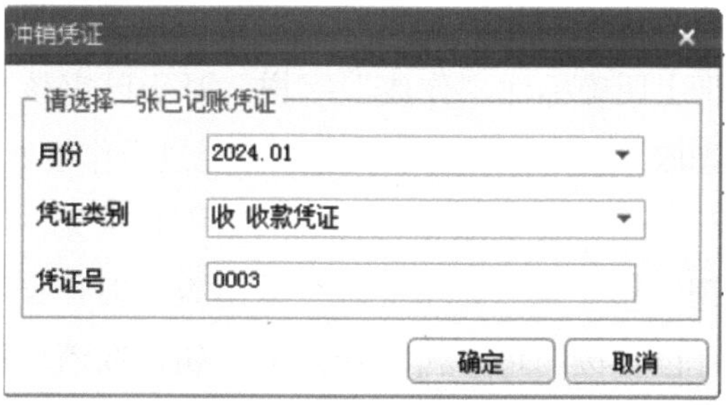

图 3-55　冲销凭证进入界面

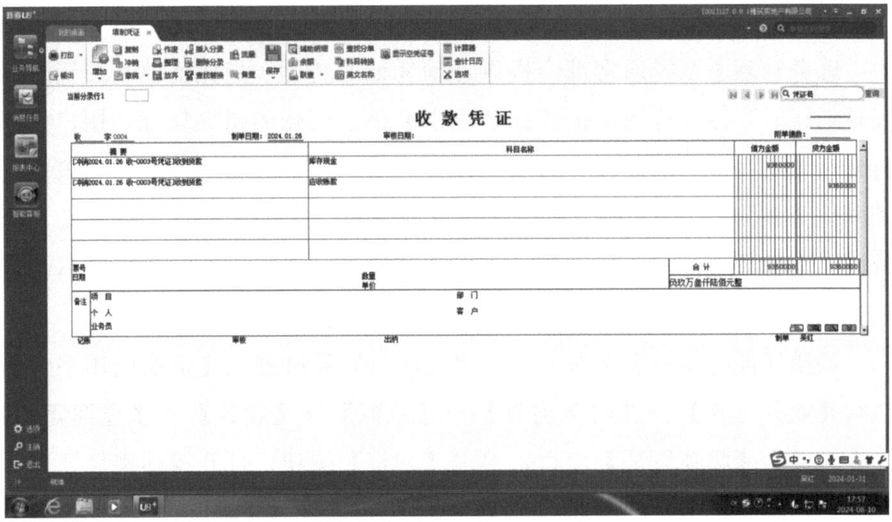

图 3-56　冲销凭证生成界面

（八）作废/恢复凭证

在账务管理系统中，对于不再需要的凭证，可以通过作废功能进行处理。作废的凭证将无法进行修改和审核，但其内容及编号仍然会保留在数据库中，并在凭证上明确标注“作废”字样。对于已审核或签字但尚未记账的凭证，必须先取消其审核或签字状态，才能进行作废处理。

在记账时，已作废的凭证应参与记账，否则月末无法结账，但不对作废凭证做数据处理，相当于一张空凭证；账簿查询时，查不到作废凭证的数据；若当前凭证已作废，可单击【恢复】按钮，取消作废标志，并将当前凭证恢复为有效凭证。

作废/恢复凭证的实验步骤如下：以“会计”的身份进入【企业应用平台】，执行【业务工作】→【财务会计】→【总账】→【凭证】→【填制凭证】→【查询】命令，打开【凭证查询】条件对话框；输入查询条件，查找到要作废的0005号收款凭证；此时如果本凭证已审核和签字了，需要先取消审核和签字，实验步骤执行前面无痕迹修改处第二种情况①②③④的操作。在打开的0005号收款凭证窗口，单击菜单栏【作废】按钮，凭证左上角显示“作废”字样，如图3-57所示，表示该凭证已作废；再单击菜单栏【恢复】按钮，凭证上“作废”字样消失。

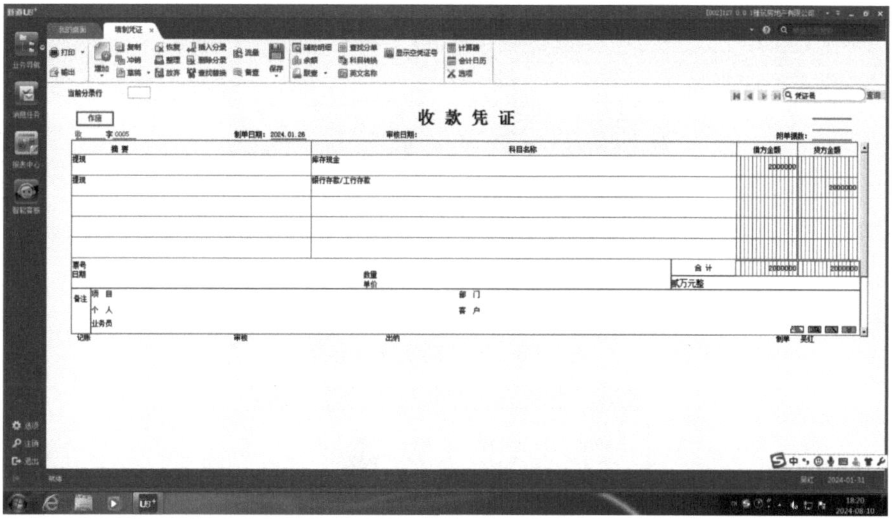

图 3-57　作废凭证界面

（九）删除凭证

若要删除凭证，必须先将凭证作废，然后通过凭证整理功能实现删除。凭证整理就是删除所有作废凭证，并对未记账凭证重新编号。若本月已有凭证记账，则本月最后一张已记账凭证之前的凭证将不能做凭证整理，只能对其后面的未记账凭证做凭证整理。若想做凭证整理，应先利用“恢复记账前状态”功能恢复本月月初的记账前状态，再做凭证整理。

删除已作废的 0005 号收款凭证的实验步骤如下：以“会计”的身份进入【企业应用平台】，执行【业务工作】→【财务会计】→【总账】→【凭证】→【填制凭证】→【查询】命令，打开【凭证查询】条件对话框，输入查询条件，查找到已作废的 0005 号收款凭证；单击【整理】按钮，打开“凭证期间选择”对话框，如图 3-58 所示；选择“凭证期间”为 2024.01，单击【确定】按钮；打开“作废凭证表”对话框，选择真正要删除的作废凭证（双击“删除?”下的单元格，使其变为“Y”），如图 3-59 所示；单击【确定】按钮，系统弹出“提示”信息，选择“按凭证号重排”选项，如图 3-60 所示；单击【是】按钮，系统弹出凭证“是否还需整理凭证断号”

的提示框，如图 3-61 所示；单击【是】按钮，系统将选择的作废凭证从数据库中删除并对剩下的凭证重新排号。

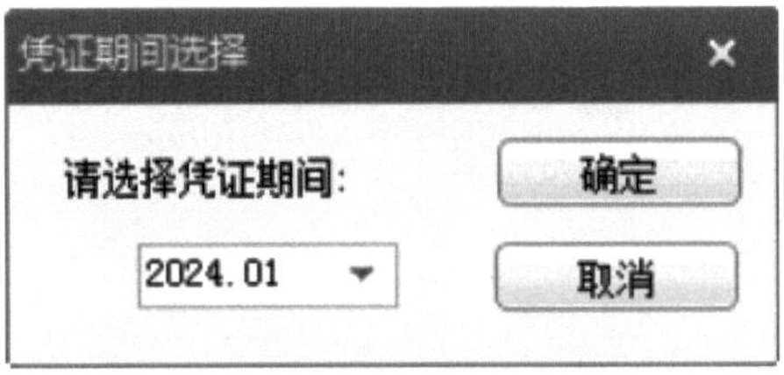

图 3-58　凭证期间选择界面

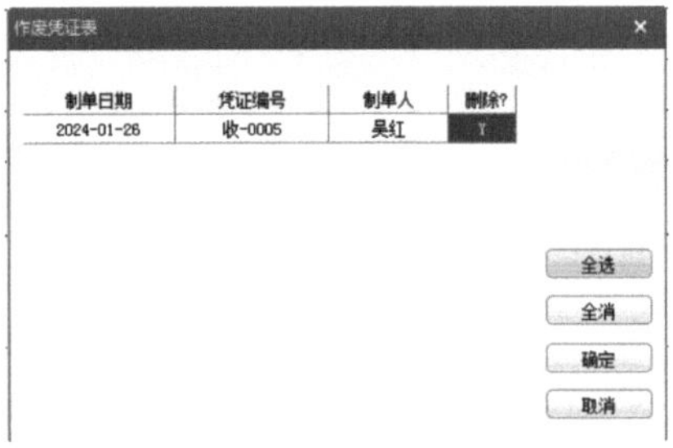

图 3-59　作废凭证表界面

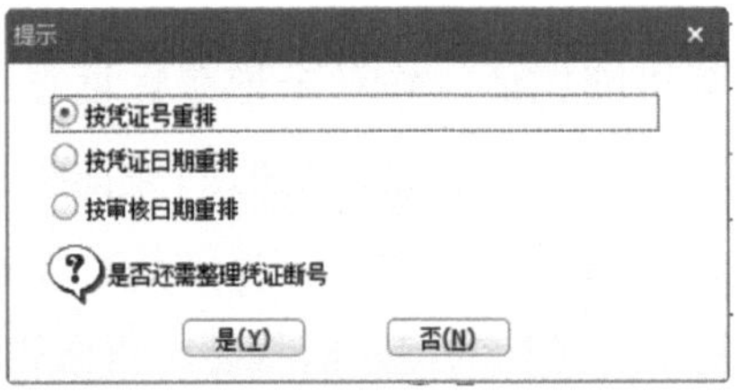

图 3-60　凭证号重排提示界面

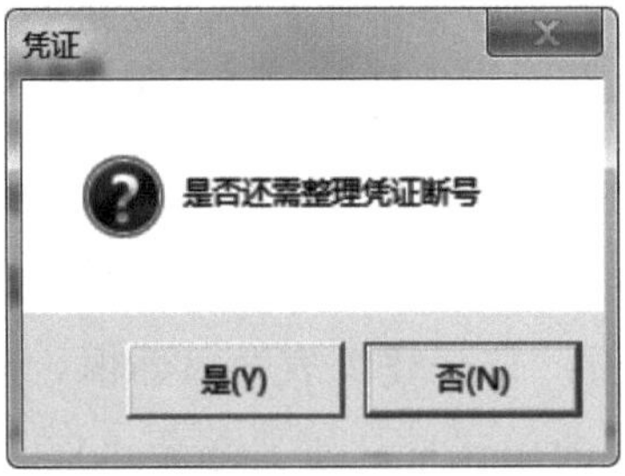

图 3-61　凭证断号整理提示界面

二、出纳管理

出纳管理是账务管理子系统为出纳人员提供的一套管理工具和工作平台，包括出纳签字、现金和银行存款日记账的查询打印、资金日报、支票登记簿及银行对账。如前所述，应该先指定现金科目、银行科目，然后才能进行出纳签字及现金、银行存款和资金日报表的查询打印。

其主要功能包括：查询和打印现金日记账、银行存款日记账和资金日报；登记和管理支票登记簿；输入银行对账单，进行银行对账，输出余额调节表，并可对银行长期未达账提供审计报告。

（一）日记账和资金日报表

日记账通常是指现金日记账和银行存款日记账。由计算机自动登记，它的作用只是用于输出。资金日报表是反映现金和银行存款科目当日借贷方发生额及余额情况等信息的报表。

根据本章后面的实验资料，查询日记账和资金日报表的实验步骤如下。

①以“003 张出纳”的身份重新注册进入企业应用平台。

②执行【业务工作】→【财务会计】→【总账】→【出纳】→【现金日记账】命令，打开“现金日记账”查询条件对话框，如图 3-62 所示，选择“科目”为“1001 库存现金”，默认“月份”为 2024.01，单击【确定】按钮，弹出如图 3-63 所示的现金日记账界面。双击某行或将光标置于某行再单击菜单栏【凭证】按钮，可查看相应的凭证。

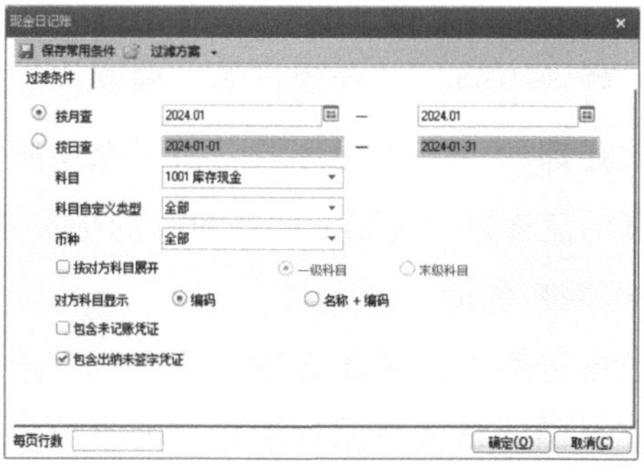

图 3-62　现金日记账查询条件界面

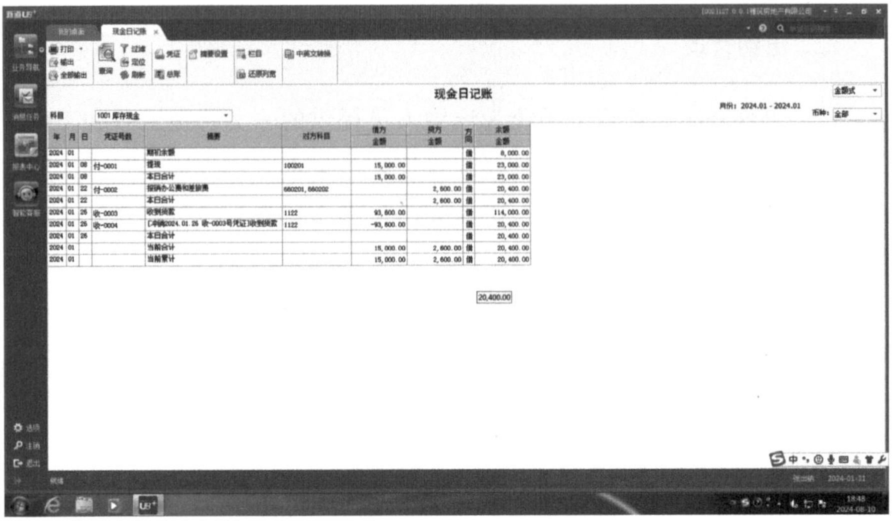

图 3-63　现金日记账界面

③同理，执行【业务工作】→【财务会计】→【总账】→【出纳】→【银行日记账】命令，可查询银行日记账。

④同理，执行【业务工作】→【财务会计】→【总账】→【出纳】→【资金日报】命令，可查询资金日报表。

（二）支票登记簿

账务管理子系统提供支票登记簿功能，是供出纳员详细登记支票领用及报销情况，如领用日期、领用部门、领用人、支票号、用途、预计金额、报销日期、实际金额、备注等。

（三）银行对账

银行对账是财务管理中的一项常规任务，通常在每月月末由出纳负责执行，也被视为期末处理的一个重要环节。为了全面阐述出纳管理的相关功能，特对银行对账的流程进行介绍。银行对账的步骤如下。

1. 输入银行对账期初数据

银行对账期初数据包括银行对账启用日的企业方银行日记账与银行方银行对账单的调整前余额，以及启用日期之前的单位日记账和银行对账单的未达账项。银行对账的启用日期指使用银行对账功能前最后一次手工对账的截止日期，银行对账不一定和账务子系统同时启用，银行对账的启用日期可以晚于账务管理子系统的启用日期。期初数据录入后，应保证银行日记账的调整后余额等于银行对账单的调整后余额，否则会影响以后的银行对账。

2. 输入银行对账单

在各月对账前，必须将银行开出的银行对账单录入到系统中，以便将其与企业银行日记账进行核对。由于与银行对账需录入银行对账单的内容，所以使企业与银行对账功能的应用受到限制。如果银行能够将对账单按系统要求的格式输出到磁盘上，或者随着 IT 环境的完善，能够通过网络将数据直接传输给企业，从而可以自动将银行对账单数据直接引入系统，避免烦琐的手工录入过程，银行对账功能将会得到广泛应用。

本功能用于平时录入银行对账单。在指定账户（银行科目）后，可录入本账户下的银行对账单，以便与企业银行存款日记账进行对账。

3. 银行对账

账务管理子系统中，对账方式通常分为自动对账和手工对账。银行对账可采用两者相结合的方式，先进行自动对账，然后在此基础上再进行手工对账。

自动对账时，系统允许用户选择以下一个或多个条件作为确定已达账项的依据：结算方式相同、结算票号相同、金额和方向相同。用户可以根据实际情况和需要，灵活组合这些条件。选定对账条件后，系统将自动扫描并标示出符合这些条件的已达账项。然而，由于一些特殊原因，如数据录入错误、时间差等，某些已达账项可能无法被系统自动对出，被系统视为未达账项。对于这些情况，用户可以通过手工对账进行调整，确保对账结果的准确性。

在进行银行对账时，用户还需要特别注意正确指定对账截止日。对账截止日是指进行银行对账时所使用的银行对账单和企业银行日记账的截止日期。如果指定错误，将会导致银行日记账和银行对账单的对账范围不一致，从而影响对账结果的准确性。

下面四种情况中，只有第一种情况能自动核销已对账的记录，后三种情况均需通过手工对账来强制核销：①对账单文件中的一条记录和银行日记账未达账项文件中的一条记录完全相同；②对账单文件中的一条记录和银行日记账未达账项文件中的多条记录完全相同；③对账单文件中的多条记录和银行日记账未达账项文件中的一条记录完全相同；④对账单文件中的多条记录和银行日记账未达账项文件中的多条记录完全相同。

4. 余额调节表的查询输出

在对银行账进行两清勾对后，计算机自动整理汇总未达账和已达账，生成“银行存款余额调节表”，以检查对账是否正确。该余额调节表为截至对账截止日期的余额调节表，若无对账截止日期，则为最新余额调节表。如果余额调节表显示账面余额不平，应查“银行期初录入”中的相关项目是否平衡，“银行对账单”录入是否正确，“银行对账”中勾对是否正确、对账是否平衡，如不正确则进行调整。

5. 对账结果查询

对账结果查询主要用于查询企业日记账和银行对账单的对账结果。它是对余额调节表的补充，可进一步了解对账后，对账单上勾对的明细情况（包括已达账项和未达账项）进行了解，从而进一步查询对账结果。检查无误后，可通过核销银行账来核销已达账。

银行对账不平时，不能使用核销功能，核销不影响银行日记账的查询和打印。核销错误时可以进行反核销。

第四节　账务管理子系统的输出

一、账务管理子系统输出方式

在账务管理子系统中信息输出的方式有三种。

（一）查询

查询即通过屏幕显示输出。信息查询主要是各种单据、账表等的查询，在信息化方式下，账簿的查询表现出几个方面的特点：在查各种账簿时，可以包括未记账凭证，但一般打印账簿时，只能包含已记账凭证；与手工环境不同，各种账簿都可以针对各级科目进行查询；可以进行账表联查，例如查总账时可以联查明细账，查明细账时可以联查凭证等。需要说明的是，在信息化方式下，这些账簿一般是根据记账凭证数据库文件和科目余额发生额文件临时筛选生成的，数据库中并不存在这些账簿文件。

（二）打印

打印即通过打印机打印输出，按照打印方式的不同分为套打和完全打印。其中套打是使用按一定格式印好的专用打印纸进行打印工作，打印时只打印有关数据不打印表格线。完全打印是指需要输出的全部内容都由打印机打印。使用哪种方式由用户自己决定，但是并不是所有的账务管理子系统都有套打的功能，而有套打功能的软件所使用的打印纸，通常也只能在软件生产单位购买。

（三）备份

备份即通过软盘驱动器输出到硬盘、U 盘、光盘等媒介质中保存起来。由于备份功能对系统数据的安全有重要意义，又与系统数据恢复功能有密切联系，因此备份不仅是信息输出的一种方式，而且是系统维护的重要功能。

二、记账凭证的输出

（一）记账凭证的输出

记账凭证是账务管理子系统最主要和最基本的数据来源，因此系统中记账凭证的数量往往很多。其输出主要是对凭证进行查询和打印，为了提高查询的速度一般需要给出查询条件，如日期、类别、凭证编号、科目代码、摘要关键字、发生额等。

由于系统中的记账凭证可能处于不同的处理状态，因此凭证的查询分两种情况：一种是包括未记账凭证在内的所有记账凭证查询；一种是对已记账的记账凭证的查询。

（二）科目汇总表的输出

为了提供某一科目某一时间范围的发生额和余额，系统提供了凭证汇总功能。凭证汇总同样需要输入汇总条件和汇总凭证的范围。运行凭证汇总功能，系统自动进行凭证汇总并将产生的科目汇总表显示在屏幕上。若需要打印，操作对应的功能键系统即可将结果打印输出。科目汇总分已记账凭证、未记账凭证和所有凭证三种情况，并允许选择凭证类型进行查询和打印。

与手工处理会计业务不同，账务子系统中凭证汇总的目的主要是提供用户需要的综合信息，多数企业装订记账凭证时在每本记账凭证前装订一张该本凭证的汇总表，以方便对凭证档案做严格的管理。

三、账簿输出

账簿输出分日报输出、日记账输出、明细账输出、总账输出和辅助账输出，每种输出都有查询和打印两种输出方式。查询输出方法与凭证查询使用方法类似，使用时用户需要输入查询条件。系统根据用户输入的条件在屏幕上显示需要的账簿内容，需要打印时，用户可以操作对应功能键，系统即可将用户需要的账簿内容打印出来。

账簿输出的格式由科目设置中的账页格式所决定，可以输出三栏式、数量金额式、复币式、多栏式等用户需要的各种账簿。与手工环境下不同的是，计算机账务管理子系统在任何一级会计科目都可以输出对应账簿。

（一）总账输出

总账输出不仅可以查询和打印各总账科目的年初余额、各月发生额合计、全年累计发生额和月末余额，而且还可以查询和打印所有所以级次明细科目的年初余额、各月发生额合计和月末余额。

（二）余额表输出

余额表用于查询统计和打印各级科目的期初余额、本期发生额、累计发生额和期末余额等。手工方式下的总账是以总账科目分页设账，而余额表则可以输出某月或某几个月的所有总账科目或明细科目的期初余额、本期发生额、累计发生额和期末余额。

在实行计算机记账后，建议用余额表代替总账。余额表适用范围包括：输出总账科目、明细科目的某一时期内的本期发生额、累计发生额和余额；输出某科目范围的某一时期内的本期发生额、累计发生额和余额；按某个余额范围，输出科目的余额情况；统计功能，不仅可以查询统计人民币金额账，还可查询统计外币和数量发生额和余额；查询包含未记账凭证在内的最新发生额及余额。

（三）明细账输出

明细账以凭证为单位显示各账户的明细发生情况，包括日期、凭证号、摘要、借方发生额、贷方发生额及余额。

（四）序时账输出

序时账根据记账凭证以流水账的形式反映各账户的信息，一般包括日期、凭证号、科目、摘要、方向、数量、外币及金额等信息。

（五）日记账输出

在信息化方式下，任何账户都可以查询日记账，只要将会计科目设置为日记账即可，而且可以随时设置。现金、银行存款日记账一般是在出纳管理功能中单独查询的。日记账一般包括日期、凭证号、摘要、对方科目、借方发生额、贷方发生额及余额。

（六）多栏账输出

本功能用于查询多栏明细账。在查询多栏账之前，必须先定义查询格式。进行多栏账栏目定义有两种定义方式：自动编制栏目和手动编制栏目。在实际操作中，一般先进行自动编制再进行手动调整，这样可提高输入效率。

第五节　账务管理子系统期末处理

账务管理子系统的期末处理主要包括银行对账、期末的摊提结转业务的自动转账、对账及试算平衡、月末结账。期末处理一般是由账套主管在系统管理中统一进行的。银行对账在出纳管理功能中已做介绍，此处不再赘述。

一、期末摊、提、结转业务处理

对于期末的摊、提、结转业务的处理，系统都要求用户事先设置好正确的转账凭证模板，需要时调用设置好的凭证模板，由计算机自动生成转账凭证。

使用转账凭证模板生成转账凭证功能，需要注意以下几个问题：①在调用转账凭证模板生成转账凭证前必须将本月发生的各种具体业务登记入账；②注意期末的摊、提、结转业务具有严格的处理顺序，其基本的处理顺序如图 3-64 所示；③结转生成的记账凭证，系统将存于未记账凭证文件，这些凭证还需要进行审核和记账操作，才能进入记账凭证文件。

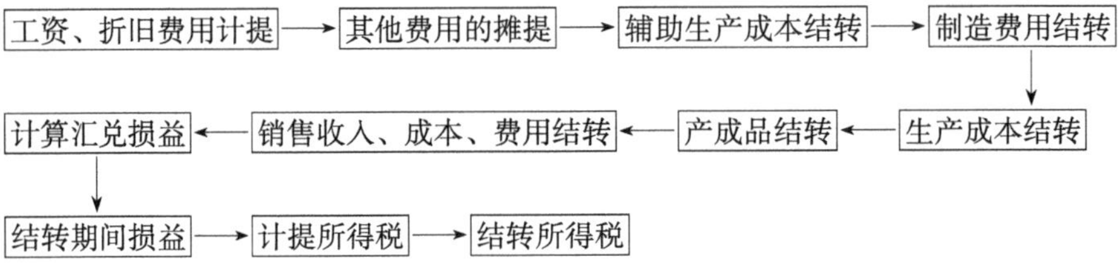

图 3-64　期末摊、提、结转业务处理顺序

二、自动转账凭证的设置

期末转账业务通常是企业在每个会计期间结账之前都要进行的固定业务，每个会计期间重复进行，而且这些业务的凭证摘要、借贷方科目各月基本相同、会计分录中金额的来源和计算方法也是固定的。因此，可以把这类凭证的摘要、借贷方科目、金额的来源或计算方法预先进行定义，用户在执行“生成转账凭证”时，计算机根据预先定义的金额来源或计算方法自动取数或计算来填制相应的金额，从而生成相应的转账凭证，这样的凭证称为“自动转账凭证”。通过自动转账避免了每月重复填制类似的转账凭证。

（一）自动转账处理步骤

1. 定义自动转账分录

定义自动转账分录即告诉系统此类凭证的摘要、借贷方科目、金额计算公式等，并将定义的自动转账分录存放在自动转账分录文件中。可以完成自动转账分录定义的业务主要有：“费用分配”的结转，如工资分配等；“费用分摊”的结转，如制造费用等；“税金计算”的结转，如增值税等；“提取各项费用”的结转，如提取福利费等；“部门核算”的结转；“项目核算”的结转；“个人、单位核算”的结转；等等。

2. 定义自动转账分录的内容

①定义自动转账分录的转账序号。该序号是该张转账凭证的代号，转账序号不是凭证号，转账凭证的凭证号在每月转账时自动产生。一张转账凭证对应一个转账序号，转账序号可任意定义，但一般使用数字编号，不能重号。

②定义转账摘要。

③录入每笔转账凭证分录的科目代码。

④指定辅助核算信息。当输入的科目性质涉及辅助核算时，如要指定部门、指定项目、指定个人、指定往来单位等，则要对此进行定义。

⑤定义借贷科目的取数来源或计算公式。

⑥公式录入完毕后，可继续编辑下一条转账分录，直至所有转账分录全部定义完毕存盘，自动转账分录被保存在转账分录文件中。

3. 自动生成转账凭证

定义完转账凭证后，只需执行生成转账凭证功能，即可快速生成转账凭证，在此生成的转账凭证将自动追加到未记账凭证文件中去。

操作顺序一般为：①选择自动转账凭证生成模块；②选择要执行的自动转账凭证；③选择完毕后，屏幕将显示要生成的转账凭证；④若凭证类别、制单日期和附单据数等与实际情况略有出入，可直接在当前凭证上进行修改；⑤确认系统显示的凭证，是希望在生成的转账凭证进行选择确认时，将当前凭证追加到未记账凭证库文件中。

4. 使用自动转账处理应该注意的问题

①自动转账应在结账前进行。

②转账科目只能录入明细级科目。

③利用自动转账生成的凭证属于机制凭证，也需要复核和记账。

④由于转账是按照已记账凭证的数据进行计算的，所以在进行转账工作之前，要将所有涉及到该转账的未记账凭证全部记账，否则，生成的转账凭证数据可能有误。

⑤对多张已定义好的转账分录在生成转账凭证时，应按提示生成的次序进行处理。

⑥各自动转账凭证的发生频度不一，有的在一个会计期间可发生多次，有的只发生一次，而有的一年只有一次。因此应按提示发生频度，进行自动转账处理，以免重复转账造成错误。

（二）自动转账的类型

由以上内容可知，通过定义、调用凭证模板可以自动生成记账凭证。一些账务管理子系统将自动转账功能进行了细化，其类型主要包括五种。

1. 销售成本结转

如果企业同时启用了供应链系统，销售成本的计算及结转就可以在存货核算子系统中完成，而且支持计划价法（售价法）、先进先出法、后进先出法、全月加权平均法、移动加权平均法和个别计价法。而在账务管理子系统中的自动转账中，销售成本结转一般只支持全月加权平均法和计划价法（售价法）。

2. 汇兑损益结转

使用该功能时，只要告知系统汇兑损益科目，系统就会自动定义好该凭证模板。

3. 期间损益结转

使用该功能时，只要告知各损益类科目对应的本年利润科目，系统即可自动定义好该凭证模板。

4. 对应结转

对应结转是指将某科目的余额按一定比例转入其他一个或多个科目中去。使用该功能时，只要告知系统转出科目、转入科目及结转比例，系统就会自动生成该凭证模板。

5. 自定义结转

如果以上类型的自动转账功能无法满足用户的要求，那就必须由用户自己来利用自定义转账功能来定义凭证模板了。此时，必须由用户自己来定义凭证模板的所有内容，包括金额公式的定义。

（三）自动转账设置的实验操作

根据本章后面的实验资料，以“002 会计”的身份，注册进入企业应用平台。

1. 自定义结转

（1）自定义转账设置

执行【业务工作】→【财务会计】→【总账】→【期末】→【转账定义】→【自定义转账】命令，进入【自定义转账设置】窗口；单击【增加】按钮，打开“转账目录”设置对话框；输入“转账序号”为0001，“转账说明”为“计提短期借款利息”，选择“凭证类别”为“转账凭证”，单击【确定】按钮，继续定义转账凭证分录信息；单击【增行】按钮，选择“科目编码”为6603，“方向”为“借”；双击“金额公式”栏，单击【参照】按钮，打开【公式向导】对话框；选择“期末余额”函数，单击【下一步】按钮，继续公式定义；选择“科目”为2001，“期间”为“月”，“方向”为“贷”，其他默认，单击【完成】按钮，金额公式带回【自定义转账设置】窗口。将光标移至末尾，输入“＊0.002”，按 Enter 键确认；单击【增行】按钮，确定分录的贷方信息，选择“科目编码”为2231、“方向”为“贷”，选择或输入“金额公式”为 JG（）；单击【保存】按钮，自定义转账设置完成，如图3-65所示。

注意：输入转账计算公式有两种方法：一是直接输入计算公式；二是用引导方式录入公式。用引导方式输入金额公式时，选择所需要的公式向导和函数名，标点符号是在英文状态下输入，否则系统提示“金额公式不合法：未知函数名”。

（2）自定义转账生成凭证

执行【业务工作】→【财务会计】→【总账】→【期末】→【转账生成】命令，进入【转账生成】对话框；结转月份为“2024.01”，选中【自定义转账】单选按钮；单击【全选】按钮，再单击【确定】按钮，生成转账凭证；单击【保存】按钮，凭证左上角显示“已生成”字样，如图3-66所示；单击【确定】按钮，系统自动将当前凭证追加到未记账凭证中。

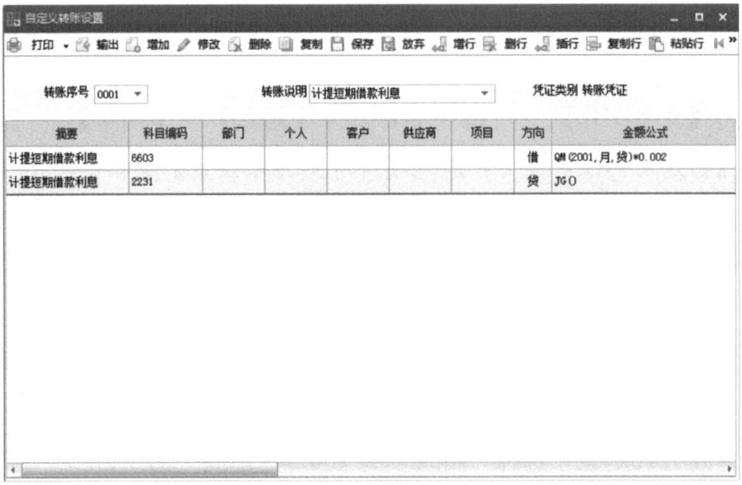

图 3-65　自定义转账设置完成界面

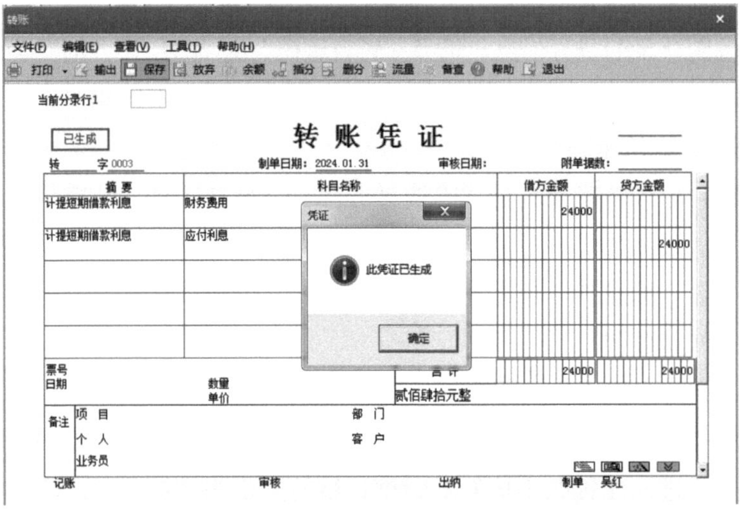

图 3-66　自定义转账凭证生成界面

注意：转账生成之前，注意转账月份为当前会计月份；进行转账生成之前，先将相关经济业务的记账凭证全部登记入账（记账完毕）；转账凭证每月只生成一次；生成的转账凭证，仍需要审核才能记账；生成的转账凭证必须要进行记账，如图 3-67 所示，否则，以后期间损益结转的数据将不完整。

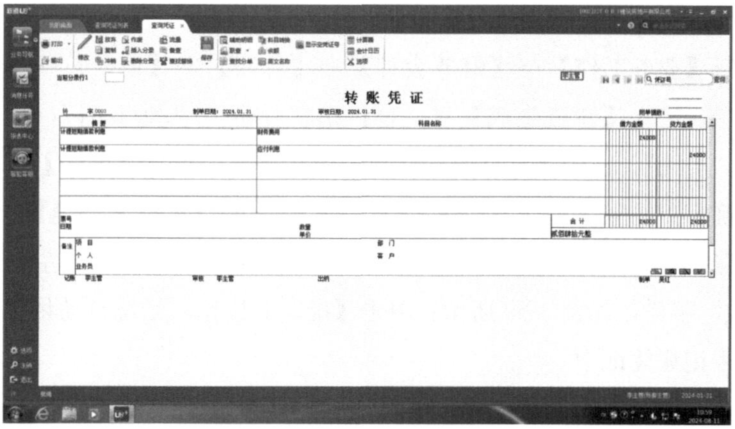

图 3-67　已签字、审核和记账的自定义转账凭证界面

2. 汇兑损益结转

(1) 汇兑损益结转设置

执行【业务工作】→【财务会计】→【总账】→【期末】→【转账定义】→【汇兑损益】命令，进入【汇兑损益结转设置】窗口，如图 3-68 所示；选择“凭证类别”为“付款凭证”，“汇兑损益入账科目”为“6603 财务费用”，在“是否计算汇兑损益”栏下单击为“Y”，单击【确定】按钮，汇兑损益结转设置完成。

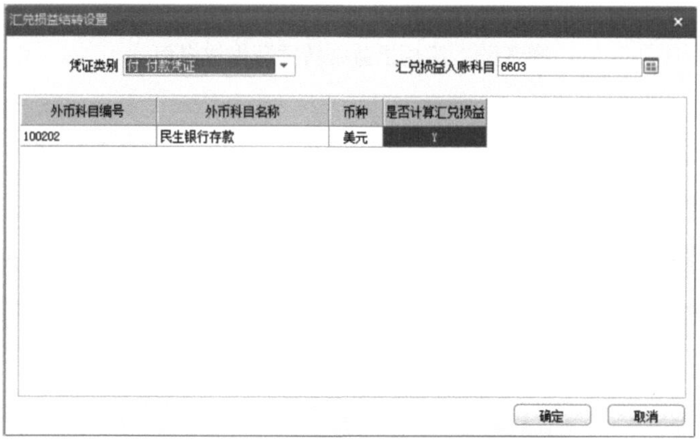

图 3-68　汇兑损益结转设置界面

（2）汇兑损益结转生成转账凭证

执行【业务工作】→【财务会计】→【总账】→【期末】→【转账生成】命令，进入【转账生成】对话框；结转月份为“2024.01”，“币种核算”为“美元”，选中【汇兑损益结转】单选按钮；单击【全选】按钮，再单击【确定】按钮，弹出【汇兑损益试算表】窗口；单击【确定】按钮，弹出转账生成的【付款凭证】窗口；单击【保存】按钮，凭证左上角显示“已生成”字样，如图 3-69 所示；单击【确定】按钮，系统自动将当前凭证追加到未记账凭证中。

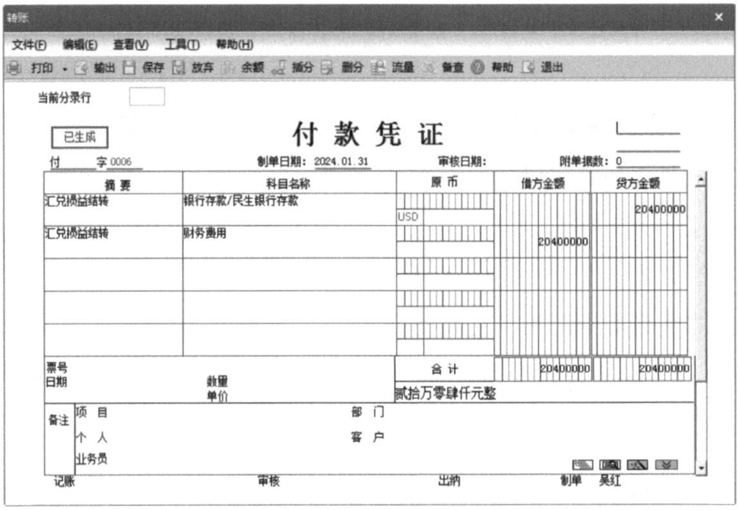

图 3-69　汇兑损益结转凭证生成界面

注意：转账生成之前，注意转账月份为当前会计月份；进行转账生成之前，先将相关经济业务的记账凭证全部登记入账（记账完毕）；转账凭证每月只生成一次；生成的转账凭证，仍需要审核才能记账；生成的转账凭证必须要进行记账，如图 3-70 所示，否则，以后期间损益结转的数据将不完整。

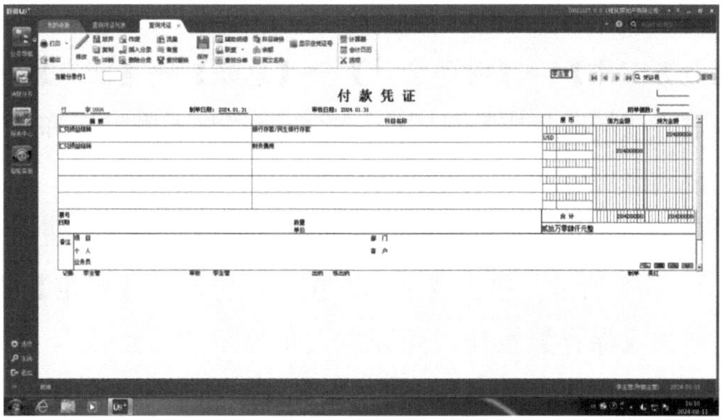

图 3-70　已签字、审核和记账的汇兑损益结转凭证界面

3. 期间损益结转

(1) 期间损益结转设置

执行【业务工作】→【财务会计】→【总账】→【期末】→【转账定义】→【期间损益】命令，进入【期间损益结转设置】窗口，如图 3-71 所示；选择“凭证类别”为“转账凭证”，选择“本年利润科目”为“4103”，单击【确定】按钮，期间损益结转设置完成。

图 3-71　期间损益结转设置界面

(2) 期间损益结转生成转账凭证

执行【业务工作】→【财务会计】→【总账】→【期末】→【转账生成】命令，进入【转账生成】对话框。此处分“收入类型”和“支出类型”分别结转生成转账凭证。

结转月份为“2024.01”，选中“期间损益结转”单选按钮，“类型”为“收入”，如图 3-72 所示；单击【全选】按钮，再单击【确定】按钮，生成转账凭证；单击【保存】按钮，凭证左上角显示“已生成”，如图 3-73 所示；单击【确定】按钮，系统自动将当前凭证追加到未记账凭证中。

图 3-72　收入类期间损益结转转账生成设置界面

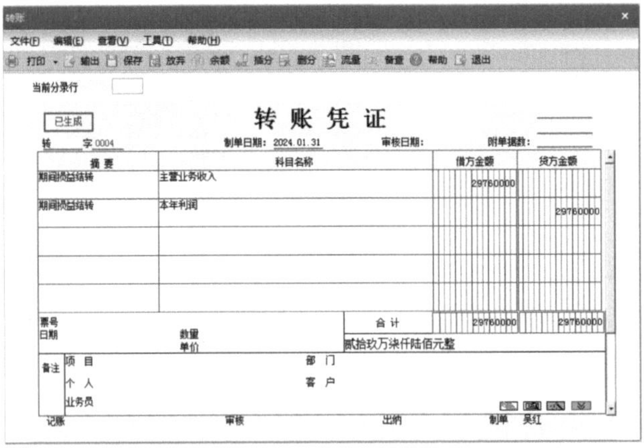

图 3-73　收入类期间损益结转凭证生成界面

结转月份为“2024.01”，选中“期间损益结转”单选按钮，“类型”为“支出”，如图3-74所示；单击【全选】按钮，再单击【确定】按钮，弹出“2024.01月或之前月有未记账凭证，是否继续结转?”信息提示，单击【是】按钮，生成转账凭证；单击【保存】按钮，凭证左上角显示“已生成”字样，如图3-75所示；单击【确定】按钮，系统自动将当前凭证追加到未记账凭证中。

图3-74　支出类期间损益结转转账生成设置界面

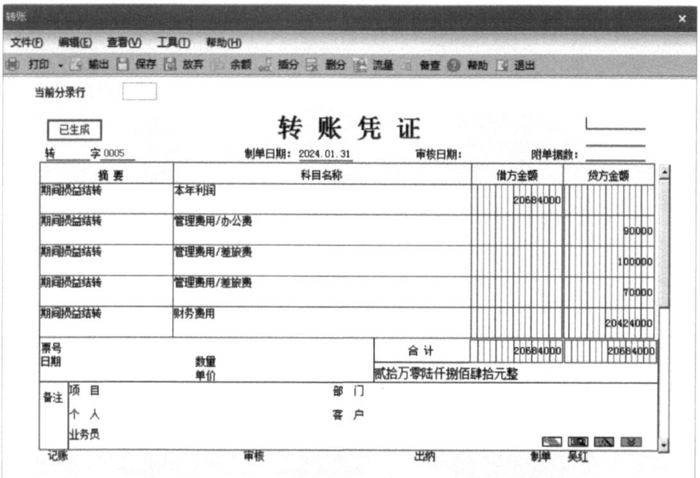

图3-75　支出类期间损益结转凭证生成界面

（3）期间损益结转生成的转账凭证需签字、审核和记账

以”001 李主管“的身份注册进入企业应用平台，执行【业务工作】→【财务会计】→【总账】→【凭证】命令，对期间损益结转自动生成的转账凭证进行主管签字、审核和记账，如图 3-76、图 3-77 所示。

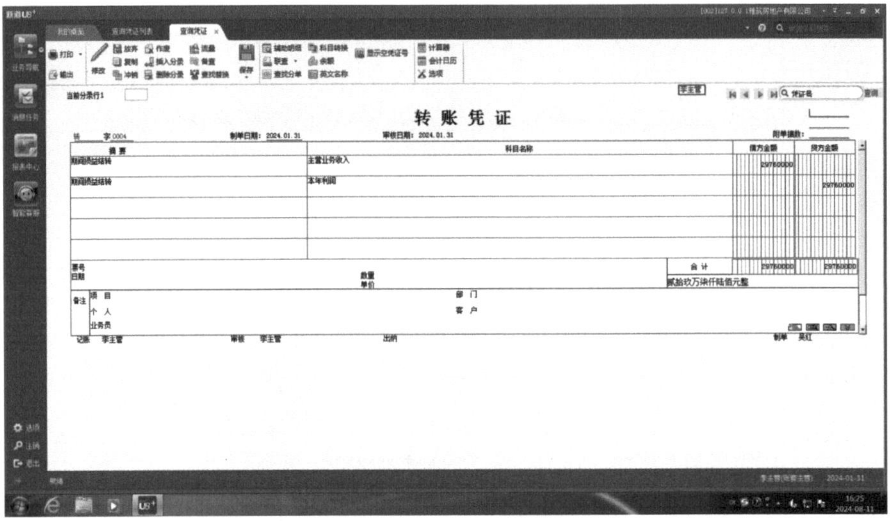

图 3-76　已签字、审核和记账的收入类期间损益结转凭证界面

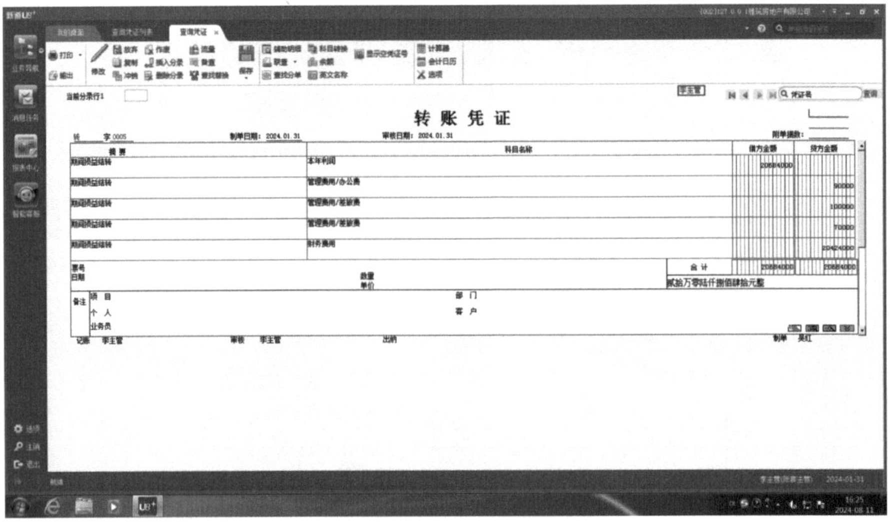

图 3-77　已签字、审核和记账的支出类期间损益结转凭证界面

三、对账及试算平衡

账务管理子系统的对账功能是对账簿数据进行核对的重要过程，它旨在检查记账是否正确以及账簿是否平衡。这一核对过程包括总账与明细账、总账与辅助账之间的核对，以确保各项账目之间相符无误。账务子系统中的试算平衡功能是一个关键的检验环节。它按照会计平衡公式“借方余额＝贷方余额”对系统中所有科目的数据进行平衡检验。完成检验后，系统会输出科目余额表，并显示是否平衡的信息。

一般来说，在实行计算机记账后，只要确保记账凭证录入正确，计算机自动记账后生成的各种账簿都应该是准确无误且平衡的。然而，由于非法操作、计算机病毒或其他不可预见的原因，有时可能会导致某些数据遭到破坏，进而引发账账不符的情况。为了保障账证相符、账账相符，企业应经常使用对账功能进行核对，建议至少每月进行一次。通常，这一对账和试算平衡工作可以在月末结账前进行，以确保财务数据的准确性和完整性。

如果使用应收款、应付款管理系统，则在账务管理子系统中不能对往来客户账、供应商往来账进行对账。当对账出现错误或记账有误时，系统允许“恢复记账前状态”，以便进行检查、修改，直到对账正确。

实验操作步骤为：以“002 会计”的身份注册进入企业应用平台。执行【业务工作】→【财务会计】→【总账】→【期末】→【对账】命令，进入【对账】对话框；将光标置于要进行对账的月份“2024.01”某一栏处，单击【选择】按钮，在 2024.01 的“是否对账”栏出现“Y”标志，如图 3-78 所示；单击【对账】按钮，系统开始自动对账，并显示对账结果；单击【试算】按钮，弹出试算平衡表，如图 3-79 所示；单击【确定】按钮。

图 3-78　对账界面

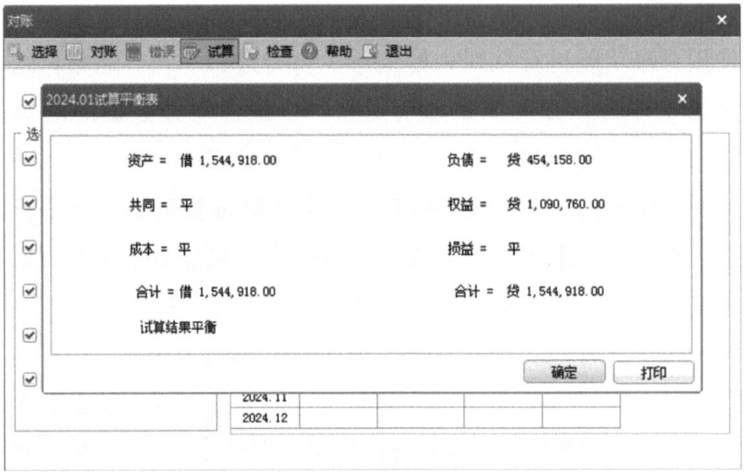

图 3-79　对账试算平衡表界面

四、结账

每月月底都需要进行结账处理。结账的过程实际上就是计算和结转各账簿的本期发生额以及期末余额，并标志着本期账务处理工作的结束。与手工结账相比，在电算化方式下，结账工作变得更加简单高效。结账是一种成批数据处理的过程，每月只需进行一次，它主要由计算机自动完成，包括对当月日常处理的限制以及对下月账簿的初始化。

在结账之前，建议最好进行账套数据的备份输出，以确保数据安全。一旦结账完成，当月将不能再填制新的凭证，并且会终止各账户的记账工作。同时，系统会自动计算并生成当月各账户的发生额合计以及余额，并将其转入到下一个月月初，作为新一个月的初始数据。

（一）结账时的检查工作

本月结账时，系统会进行下列检查工作。

①检查本月业务是否已全部记账，有未记账凭证不能结账。

②月末结转必须全部生成并记账，否则本月不能结账。

③检查上月是否已结账，上月未结账，则本月不能结账。实际上，若上月未结账，本月也不能记账，只能填制、复核凭证。

④核对总账与明细账、主体账与辅助账、总账管理系统与其他子系统数据是否相符，如不相符不能结账。

⑤对科目余额进行试算平衡，试算结果不平衡将不能结账。

⑥损益类账户必须全部结转完毕，否则本月不能结账。

⑦当各子系统集成应用时，账务管理子系统必须在其他各子系统结账后，才能最后结账。各个子系统结账的顺序有严格控制，一般遵循的规则是“谁接收数据谁后结账”。当各子系统集成应用时，各子系统的结账顺序如图 3-80 所示。

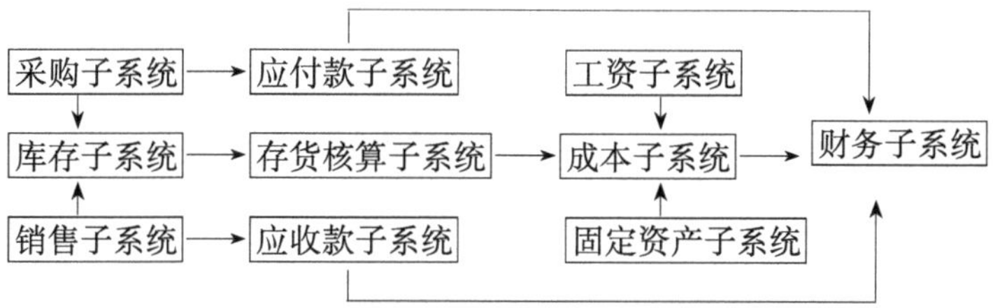

图 3-80　各子系统的结账顺序

（二）期末结账时应注意的问题

期末结账时应注意以下几个问题。

①各科目的摊、提、结转工作必须在结账以前完成。

②当月输入的记账凭证必须全部记账，如有未记账的当月凭证，系统将不能结账。

③结账必须按月连续进行，若上月未结账，则本月无法结账。

④每月只能结账一次。

⑤结账工作只能由有结账权限的操作员进行。

⑥如果结账以后发现结账错误，可以进行“反结账”，取消结账标志后进行修正，再进行结账工作。

⑦有些通用账务系统初始设置中需要设定每月的结账日期，使用这些软件必须在规定的日期进行结账。

⑧多数通用软件年末结账后系统会自动生成下一年度的机内账簿，并将本年各账户期末余额结转下年。

（三）期末结账的实验操作步骤

①以“002 会计”的身份注册进入企业应用平台。执行【业务工作】→【财务会计】→【总账】→【期末】→【结账】命令，进入【结账】对话框；单击选择要结账的“月份”为 2024.01，如图 3-81 所示；单击【下一步】按钮；单击【对账】按钮，系统对要结账的月份进行账账核对；对账完毕后，单击【下一步】按钮，系统显示“2024 年 01 月工作报告”，如图 3-82 所示；单击【下一步】按钮，系统显示“2024 年 01 月未通过工作检查，不可以结账!”；单击【上一步】按钮，查看工作报告，发现存在“其他系统未结账状态”，如图 3-83 所示。

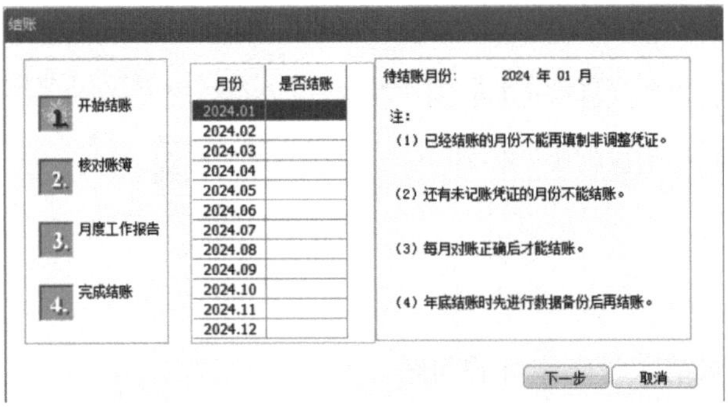

图 3-81　结账进入界面

图 3-82　结账—月度工作报告界面 1

图 3-83　结账—月度工作报告界面 2

②对于应收系统未结账的处理步骤：以“001 李主管”的身份注册进入企业应用平台。执行【业务工作】→【财务会计】→【应收款管理】→【期末处理】→【月末结账】命令，进入【月末处理】对话框，如图 3-84 所示；双击一月份“结账标志”栏为“Y”，单击【下一步】按钮；弹出应收款月末记账处理情况界面，单击【完成】按钮，如图 3-85 所示，即完成应收款管理子系统的结账处理。

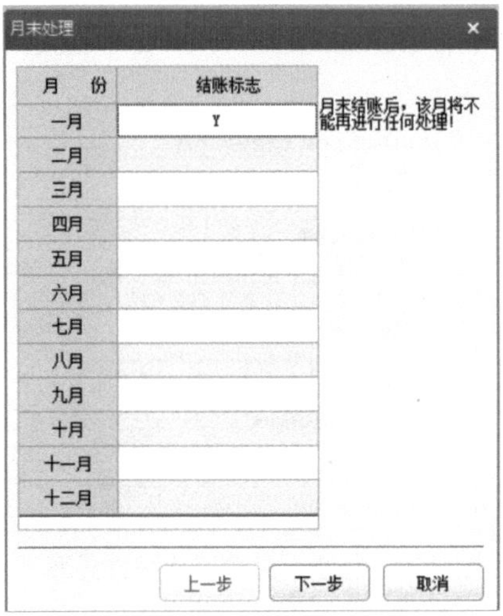

图 3-84 应收款月末结账提示界面

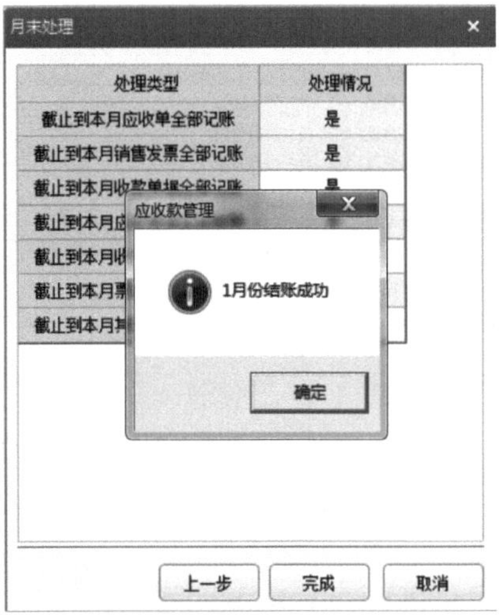

图 3-85　应收款月末结账成功提示界面

③对于应付系统未结账的处理步骤，与应收系统未结账的处理步骤类似。

以“001 李主管”的身份注册进入企业应用平台，执行【业务工作】→【财务会计】→【应付款管理】→【期末处理】→【月末结账】命令，与第②步类似的相关操作，即完成应付款管理子系统的结账处理。

④重复前面的①步骤，弹出如图 3-86 所示结账对话框；单击【结账】按钮，即完成本月结账工作，如图 3-87 所示。

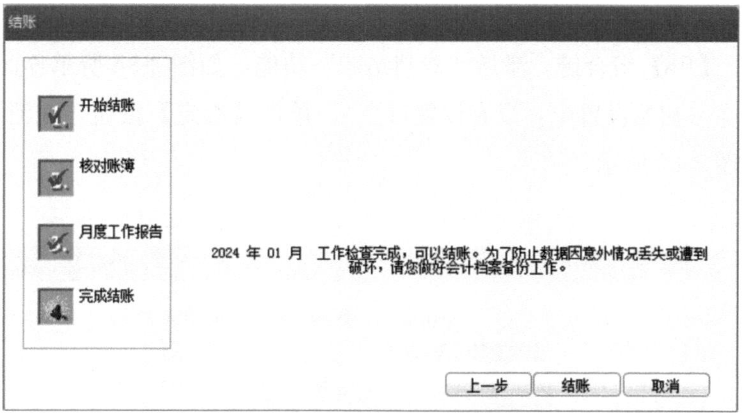

图 3-86　可以结账的界面

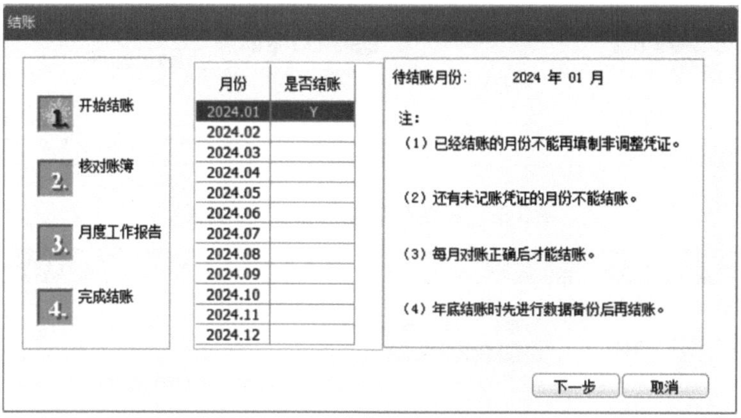

图 3-87　已结账的界面

注意：月度工作报告中分 5 个方面列出与结账相关的事项，如果无法结账，可以从月度工作报告中查找未能结账的原因；如果与其他系统联合使用，其他子系统未全部结账，则本月不能结账；结账前，要进行数据备份。期末结账后，本月应收款管理子系统、应付款管理子系统和账务管理子系统都不能做任何财务处理了。

（四）反结账的实验操作步骤

以“001 李主管”的身份注册进入企业应用平台。执行【业务工作】→【财务会计】→【总账】→【期末】→【对账】命令，进入“对账”对话框；选择要取消结账的“月份”为 2024.01，同时按【ctrl】+【shift】+【F6】+【Fn】组合键，激活“取消结账”功能，如图 3-88 所示界面；“口令”为空（初始设置中，没有设置口令），单击【确定】按钮，取消结账标志，如图 3-89 所示。

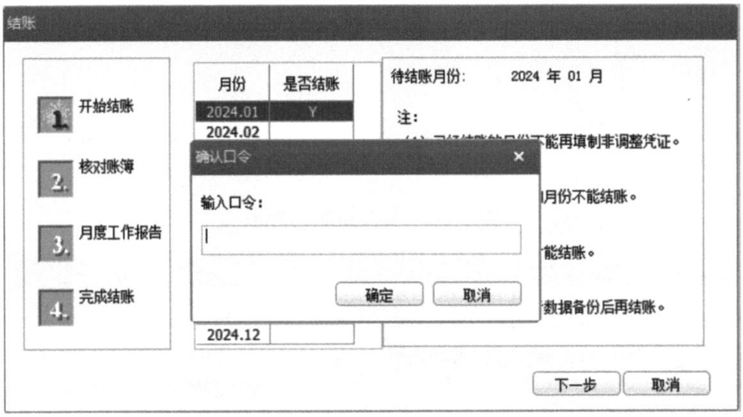

图 3-88　反结账时要求输入口令界面

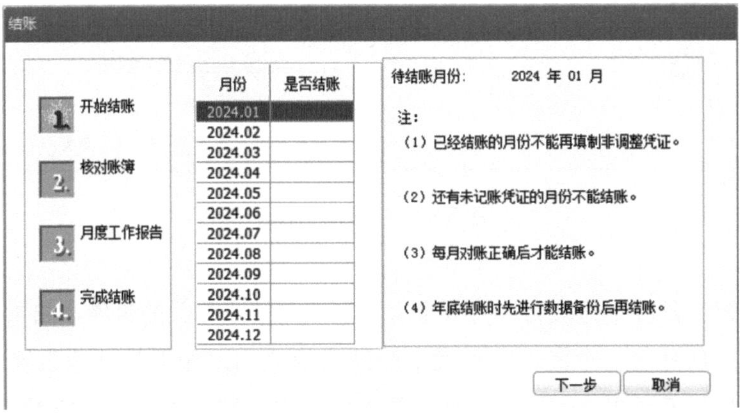

图 3-89　取消结账成功界面

实验二　账务管理子系统

【实验目的】

1. 理解系统初始化的重要作用，掌握账务管理子系统初始化的内容及操作方法。

2. 掌握账务管理子系统日常处理的内容及操作方法。

3. 掌握账务管理子系统期末处理的内容及操作方法。

【实验内容】

1. 系统初始化，包括设置系统参数、设置基本信息、输入期初数据。

2. 凭证管理，包括填制凭证、出纳签字、审核凭证、记账。

3. 出纳管理，包括现金日记账、银行存款日记账和资金日报表的查询等。

4. 自定义结转、汇兑损益结转、期间损益结转。

5. 对账、结账、反结账。

【实验准备】

引入第二章实验账套数据。引入账套的具体操作步骤见第二章第一节中“输出与引入账套”部分的讲解内容。

注意：在引入账套过程中，如果系统内已存在该账套号账套，系统会提示用户确认是否覆盖已存在信息：单击【是】按钮，覆盖信息；单击【否】按钮，不覆盖信息。

【实验资料】

1. 初始化设置

①取消“允许修改、作废他人填制的凭证”。

②取消“制单序时控制”。

③期初余额录入，相关内容如下。

科目名称	期初余额	备注
库存现金	8000	
银行存款/工行存款	222000	
应收票据	1170	2023-11-22，大地公司购买乙产品，价税合计 1170 元，付票据一张，票号 78989
应收账款	14540	2023-11-12，天益公司购买甲产品，价税合计 7020 元，货款未付，发票号 78987。 2023-11-18，明兴公司购买甲产品，价税合计 7020 元，货款未付，发票号 78988。 2023-11-22，为明兴公司代垫运费 500 元
应收职工借款	6000	2023-11-22，供应部杨明出差借差旅费 6000 元
预付账款	20000	2023-11-23，预付北京无忧公司货款 20000 元
原材料	75332	
库存商品	50000	
固定资产	1212000	
累计折旧	155124	
短期借款	120000	
应付票据	25740	2023-11-23，向大为公司购钢材 25740 元
应付账款	62010	2023-11-15，向北京无忧公司购钢材 38610 元 2023-11-18，向信杰公司购油漆 23400 元
预收账款	30000	2023-11-26，预收伟达公司货款 30000 元
应交税费	16168	
长期借款	200000	
实收资本	1000000	

④输出（备份）实验账套数据一份：账套文件夹命名为“雅筑房地产有限公司期初余额录入完毕账套”（建议改为：学生姓名学号＋期初余额录入完毕账套）。

2. 日常业务处理

以“002 王会计（在实验一中，已改为上机同学自己的姓名）”的身份进入系统。

系统时间更改为：2024 年 1 月 31 日

（1）填制凭证

0001 号付款凭证：1 月 8 日，从工行提取现金 1.5 万。

借：库存现金　15000

　　贷：银行存款—工行存款　15000

0001 号收款凭证：1 月 8 日，收到货款 USD30000。（可错填：把原币金额填成了 20000 美元，此张错误凭证，可用来后面练习无痕迹修改此凭证或者补充登记法更正此凭证。）

借：银行存款—民生银行存款　204000

　　贷：主营业务收入　　　　　　204000

0001 号转账凭证：1 月 12 日，销售给光华公司库存商品一批，货款 93600 元尚未收到。（可错填：把金额填成了 9360 元，为后面练习补充登记法修改凭证来更正）

借：应收账款—光华公司　93600

　　贷：主营业务收入　　　93600

0002 号付款凭证：1 月 22 日，报销财务部办公费 900 元，供应部差旅费 1000 元，销售一科差旅费 700 元。

借：管理费用—办公费—财务部　　　900

　　管理费用—差旅费—供应部　　　1000

　　管理费用—差旅费——销售一科　700

　　贷：库存现金　　　　　　　　　　2600

0003 号付款凭证：1 月 25 日，预付自建厂房 1 号工程款 180000 元。

借：工程物资—预付大型设备款　180000

　　贷：银行存款—工行存款　　　180000

（2）出纳签字、主管签字

对前面生成的 5 张凭证进行相关签字。

（3）凭证审核

重新注册以李主管的身份进入系统，并对所有凭证进行审核。

（4）修改凭证

更正（补充登记法）0001 号收款凭证和 0001 号转账凭证。

（5）增加 0003 号收款凭证

1 月 26 日，收到光华公司还来的货款 93600 元。

（6）记账

对前面生成的所有凭证进行记账（建议记账前备份该账套数据一份）。

（7）查询凭证

查看前面生成的所有凭证，要求全部记账完成。

（8）冲销凭证

冲销 0003 号收款凭证；并对生成的冲销凭证进行相关签字、审核、记账。

（9）增加 0005 号收款凭证

1 月 26 日从工行提取现金 20000 元；并对生成的凭证进行相关签字、审核。

（10）作废/恢复凭证

作废已签字和审核的 0005 号收款凭证。

（11）删除凭证

删除已作废的 0005 号收款凭证。

（12）查询凭证

查看 0005 号收款凭证是否已删除；同时查看前面生成的所有凭证，要求全部记账完成。

3. 出纳管理

以“003 张出纳”身份重新注册进入系统。

①查询现金日记账。

②查询银行日记账。

③查询资金日报表。

4. 期末业务处理

以“002 王会计（在实验一中，已改为上机同学自己的姓名）”的身份，重注册进入系统。

（1）自定义结转

按短期借款期末余额的0.2%计提短期借款利息。

①自定义转账设置。

转账序号：0001

转账说明：计提短期借款利息

借方：

科目编码：6603 财务费用

金额公式："期末余额"QM（2001 短期借款），光标移至末尾，输入"*0.002"

贷方：

科目编码：2231 应付利息

金额公式："取对方公式计算结果"JG（）

②生成转账凭证。

（2）汇兑损益结转

将本月"汇兑损益"科目发生额转入"财务费用"科目。

①汇兑损益结转设置。

汇兑损益入账科目：6603 财务费用

是否计算汇兑损益：Y

②转账生成。

外币币种：美元 USD

是否结转：Y

（3）期间损益结转

将本月"期间损益"科目发生额转入"本年利润"科目。

①期间损益结转设置。

本年利润科目：4103 本年利润

②生成期间损益结转转账凭证。

（4）对账

（5）结账

（6）反结账（取消结账）

【ctrl】+【shift】+【F6】+【Fn】组合键。

第四章　会计报表子系统

学习目标

1. 了解会计报表子系统的处理流程及功能结构。

2. 重点掌握计算机环境下报表子系统中的一些基本概念、报表格式及计算公式的设置、日常处理等内容。

3. 本章的难点是报表格式设置、计算公式设置、审核公式设置。

思政素养

1. 介绍会计报表在企业经济活动中的作用，强调其对国家经济监督和决策支持的重要性，培养学生的责任感和使命感。

2. 通过初始设置的学习，让学生认识到规范性在会计工作中的重要性，培养严谨细致的工作态度。

3. 讨论日常业务处理中的规范性和准确性，培养学生的职业道德和诚信意识。

4. 通过实验操作，让学生了解会计报表在实际工作中的应用，培养实际操作能力和解决问题的能力。

第一节　会计报表子系统概述

会计报表是会计工作成果的体现，也是对会计核算工作的总结。使用计算机编制报表与手工编制有相同之处，但计算机处理也有其特点，并产生了一些新的概念。

一、会计报表简介

在日常的会计核算过程中，企业通过账务子系统和其他相关子系统的记账与核算工作，将各项经济业务分类并详细登记在会计账簿中，从而全面反映企业的财务状况和经营成果。尽管账簿中记录的会计信息相较于会计凭证更为条理化和系统化，但就某一特定会计期间的经济活动整体情况而言，账簿所能提供的仍然是相对分散和部分的会计信息。因此，这些信息无法集中地揭示和全面反映该会计期间的经营活动和财务状况。为了进一步发挥会计的职能作用，企业必须对日常核算的资料进行系统的整理、分类、计算和汇总，并据此编制出相应的会计报表。这些会计报表能够为企业的管理层、投资者、债权人以及其他相关方提供全面、总括性的信息资料，有助于他们更好地了解企业的财务状况和经营成果。因此，会计报表子系统在整个会计信息系统中占据着举足轻重的地位。

会计报表的编制过程是一个将日常会计核算资料进行定期分类、调整、汇总，并按照特定表格形式进行编制的过程。这一过程旨在全面、综合地反映企业的经济活动过程和结果，为相关方提供管理和决策所需的会计信息。简而言之，会计报表的编制就是对会计信息进行集中、整理和再加工的过程。

作为企业财务状况和经营成果的综合性反映，会计报表是在日常核算的基础上进一步加工汇总而成的综合性经济指标。它以表格、数字和附带的文字说明形式提供会计资料，以满足不同使用者的需求。这些使用者包括企业的上级主管部门、国家经济管理部门、投资者、债权人等外部利益相关者，以及企业的管理层和内部职能部门等内部利益相关者。为了满足不同使用者的需求，财会部门需要提供格式各异、内容丰富的会计报表。

会计报表的分类多种多样。按报送对象可分为外部报表和内部报表；按编制日期可分为月报表、季报表、年报表等定期报表，以及为满足特定需要而编制的一次性报表；按编制单位可分为单位会计报表（由独立核算单位编制）和汇总会计报表（由集团公司或上级主管部门编制）；按报表结构可分为简单报表和复合报表（由多个简单报表嵌套而成）。

在电算化会计信息系统中，通常都提供了对外报表的模板。这些模板是预先设计好的空白报表，但与手工方式下的纸张印刷空白报表不同。电算化方式下的报表模板不仅包含了报表的标题、编制单位、编制日期、货币单位、报表项目等要素，还预先在需要填写金额的位置（即报表单元）设置了取数函数和运算公式。在编制报表时，系统会依据这些预先设置的取数函数和运算公式，自动在各个数据单元中填写金额。由于系统已经提供了报表模板，因此在日常工作中无需另行设计对外报表，只需在需要时调用相应模板进行报表编制即可。然而，对于内部报表的模板，则需要本单位的财会人员根据实际需求进行专门设计。

二、会计报表子系统的相关概念

（一）会计报表子系统的概念

会计报表子系统是指为了适应不同行业、不同地区、不同时间对会计报表编制的客观要求，将计算机数据处理技术与会计报表的编制方法进行有机的结合，从而设计出专门用于会计报表数据处理的专用软件。会计报表子系统是整个电算化会计信息系统中的一个重要的子系统，它通常可以有使用者自行设计报表的格式、数据来源等内容，同时它还具有会计数据采集、计算、统计、汇总、查询、打印输出等功能。会计人员在使用会计报表子系统时，可以通过设置会计报表的格式，确定报表各种数据来源和数据的运算关系，从而生成相应的会计报表。

（二）报表子系统中的基本概念

1. 格式状态和数据状态

会计报表子系统将报表制作分为两大部分来处理，即报表格式设计工作和报表数据处理工作。这两部分工作是在不同的状态下进行的。

（1）格式状态

在格式状态下，可以进行报表格式设置、公式设置、关键字设置。具体来说，报表格式设置主要包括报表的尺寸（行数和列数）、行高、列宽、单元属性、单元风格、组合单元、关键字定义、可变区设置等；报表公式设置则主要包括单元公式（计算公式）、审核公式、舍位平衡公式的设置等。

在格式状态下所做的操作对同一报表的所有表页都起作用；同时，在格式状态下无法进行数据的输入和计算；此外，在格式状态下只能看到报表的格式，而无法看到报表的数据。

（2）数据状态

在报表数据状态下，可以输入生成报表、输入数据、增加或删除表页、进行审核、进行舍位平衡、制作图形、汇总以及合并报表等。在数据状态下，主要管理报表的数据，而无法修改报表的格式。此时，可以看到报表的全部内容，包括报表的格式和数据。

2. 单元

单元是组成报表的最小单位。单元名称由其所在行和列的标志来确定。单元类型主要有数值单元、字符单元、表样单元三种。

（1）数值单元

用于存放报表的数据，这些数据可以在数据状态下输入。数值单元的内容可以直接输入，也可以由单元中存放的单元公式运算生成。在创建一个新表时，所有单元的类型默认设置为数值型。

（2）字符单元

字符单元同样用于存放报表的数据，也需要在数据状态下输入。字符单元的内容可以直接输入，或者由单元中存放的特定公式（如文本连接公式）生成。

（3）表样单元

表样单元是报表的格式部分，它定义了一个没有数据的空表所需的所有文字、符号或数字。一旦某个单元被定义为表样单元，那么在其中输入的内容将对所有表页都有效。表样单元只能在格式状态下输入和修改，在数据状态下则不允许进行修改。

3. 区域和组合单元

（1）区域

表页上由多个相邻单元组成的一个长方形区域称作一个报表区域。这个区域由一张表页上的相邻单元构成，从起点单元至终点单元形成一个完整的长方形矩阵。例如，B2 到 E5 的长方形区域可以表示为 B2：E5，起点单元与终点单元之间用冒号“：”连接。在会计报表系统中，区域是二维的，其中最大的区域可以覆盖整个表页，而最小的区域则仅包含一个单元。

(2) 组合单元

组合单元由相邻的两个或更多个单元组成，这些单元必须是同一种单元类型（表样、数值、字符）。会计报表系统在处理报表时，会将组合单元视为一个整体单元来处理。组合单元的名称可以用其所在区域的名称或该区域中任何一个单元的名称来表示。

4. 表页

每一张表页都是由许多单元组成的。在一个报表中，所有表页具有相同的格式，但其中的数据可能不同。报表中表页的序号通常以标签的形式出现在表页的下方，这个标签被称为“页标”。例如，当前表的第 2 页可以表示为@2。

5. 关键字

关键字是游离于单元之外的特殊数据元素，它可以唯一标识一张表页，便于在大量表页中快速选择所需的表页。当需要定位某一张表页的数据时，就需要设定一些定位标志，这些定位标志就被称为关键字。关键字的显示位置通常在格式状态下进行设置，而关键字的值则需要在数据状态下进行录入。每张报表可以定义多个关键字来满足不同的需求。

通常关键字可以有以下六种。①单位名称：为该报表表页编制单位的名称。一般定义为字符型，UFO 报表中最大 30 个字符。②单位编号：为该报表表页编制单位的编号。一般定义为字符型，UFO 报表中最大 10 个字符。③年：该报表表页反映的年度，为数值型。UFO 报表中定义为 1904-2100。④季：该报表表页反映的季度，为数值型。UFO 报表中为 1-4。⑤月：该报表表页反映的月份，为数值型。UFO 报表中为 1-12。⑥日：该报表表页反映的日期，为数值型，UFO 报表中为 1-31。

除了以上常见的关键字之外，系统通常还会提供一个自定义关键字的功能，方便用户灵活定义并运用这些关键字。

（三）报表格式中的有关概念

报表格式是报表的基本框架。在会计报表子系统中，报表格式实质上是一个保存在计算机中的模板，使用这个模板可以无限复制相同格式的表格供用户使用。报表格式通常由表头、表体和表尾三个基本要素组成的。不同核算单位、不同内容和不同时间的报表的区别就通过这几部分表现出来。

1. 表头

表头包括报表的标题（报表名称、编制日期、编制单位名称、货币单位等内容）、报表的栏目和栏目名称。

2. 表体

表体是报表的主体，是一张报表的核心。表体由若干栏和若干行组成。纵向表格线和横向表格线将表体部分划分成一些方格用于填写表中的数据，这些方格称为表单元。表单元式组成报表的最小基本单元，每一个表单元都可以用它所在的行坐标和列坐标来表示。

3. 表尾

表格线以下进行辅助说明的部分称作表尾。报表的表尾部分可能有内容，也可能没有内容，但无论有无内容，表尾这一结构在报表中是一定存在的。

（四）用友会计报表（UFO）介绍

1. 利润表表样

用友 UFO 报表中利润表的表样如图 4-1 所示。

图 4-1　UFO 报表利润表界面

2. 报表中的计算公式样表

UFO 报表中所涉及主要计算公式如表 4-1 所示。

表 4-1 报表计算公式

位置	单元公式	位置	单元公式
C5	fs(6001,月,"贷",,年)	D5	?C5+select(?D5,年@=年 and 月@=月+1)
C6	fs(6401,月,"借",,年)	D6	?C6+select(?D6,年@=年 and 月@=月+1)
C7	fs(6403,月,"借",,年)	D7	?C7+select(?D7,年@=年 and 月@=月+1)
C8	fs(6601,月,"借",,年)	D8	?C8+select(?D8,年@=年 and 月@=月+1)
C9	fs(6602,月,"借",,年)	D9	?C9+select(?D9,年@=年 and 月@=月+1)
C10	fs(6603,月,"借",,年)	D10	?C10+select(?D10,年@=年 and 月@=月+1)
C11	fs(6701,月,"借",,年)	D11	?C11+select(?D11,年@=年 and 月@=月+1)
C12	fs(6101,月,"借",,年)	D12	?C12+select(?D12,年@=年 and 月@=月+1)
C13	fs(6111,月,"借",,年)	D13	?C13+select(?D13,年@=年 and 月@=月+1)
C14		D14	
C15	C5-C6-C7-C8-C9-C10-C11+C12+C13	D15	?C15+select(?D15,年@=年 and 月@=月+1)
C16	fs(6301,月,"贷",,年)	D16	?C16+select(?D16,年@=年 and 月@=月+1)

续表

位置	单元公式	位置	单元公式
C17	fs(6711,月,"借",,年)	D17	?C17+select(?D17,年@=年 and 月@=月+1)
C18		D18	?C18+select(?D18,年@=年 and 月@=月+1)
C19	C15+C16-C17	D19	?C19+select(?D19,年@=年 and 月@=月+1)
C20	fs(6801,月,"借",,年)	D20	?C20+select(?D20,年@=年 and 月@=月+1)
C21	C19-C20	D21	?C21+select(?D21,年@=年 and 月@=月+1)

三、会计报表子系统的业务处理流程和主要功能

（一）报表子系统的业务处理流程

1. 手工方式处理流程

设计并绘制表格线及有关说明文字→查阅账簿内容、计算并填写数据→根据数据间的勾稽关系检查数据的正确性。

2. 计算机报表业务处理流程

新建报表文件→报表格式设置→报表公式设置→报表编制→报表输出。计算机报表业务处理流程如图 4-2 所示，系统数据处理流程如图 4-3 所示。

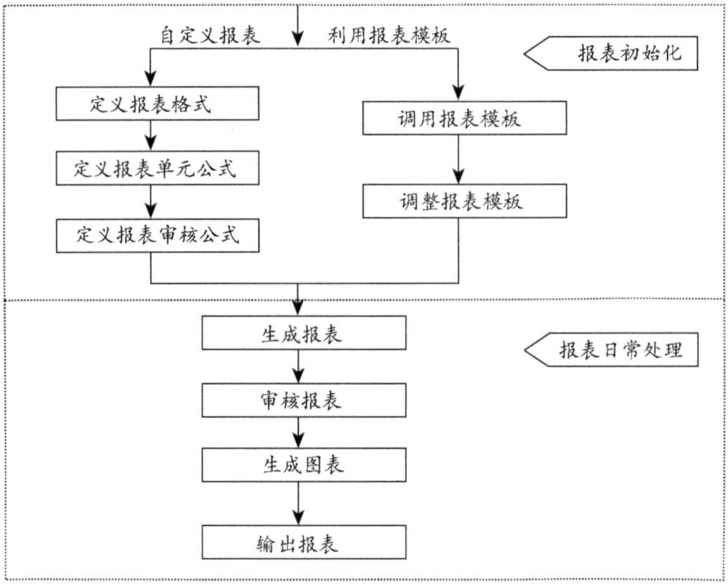

图 4-2　会计报表子系统报表业务处理流程

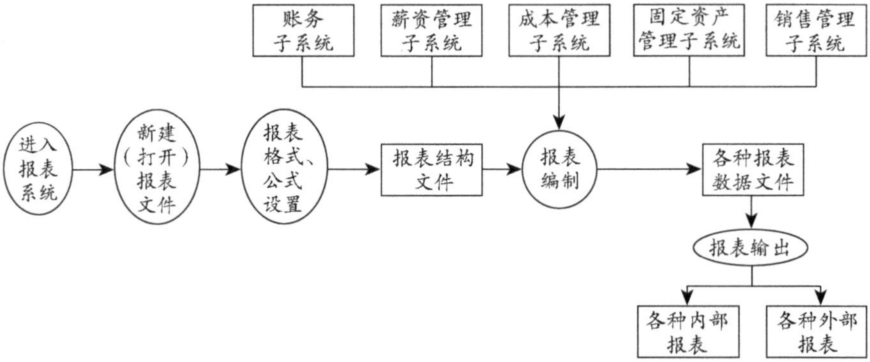

图 4-3　会计报表子系统数据处理流程

（二）会计报表子系统的主要功能

会计报表子系统能够设计报表的格式和编制公式，从账务子系统或其他单项核算子系统中获取相关会计核算信息，进而生成会计报表。此外，它还能进行报表汇总和报表分析。会计报表子系统的主要功能涵盖报表名称定义、报表格式设计、报表公式设置、报表编制、图表处理功能、报表输出、报表管理与维护等。

1. 报表文件名称定义

此功能是计算机处理的特有环节，因为在计算机环境中，所有程序和数据均以文件形式存储，因此必须为这些文件命名，以便在需要时能够轻松调用。

2. 报表格式设计

此功能类似于手工条件下设计并绘制一张待填的空白表格，但这一过程是在计算机上完成的。报表格式设计实质上是在创建一个模板，利用这个模板可以无限复制出相同格式的表格供用户使用。尽管报表格式设计的操作相对复杂，但由于它是一次设置、长期使用的操作，因此被视为一种高效且持久的处理方式。

3. 报表公式设置

此功能是计算机自动处理报表数据的关键步骤。从报表编制的角度来看，报表数据处理主要包括两个方面：一是从其他业务子系统调取数据并计算后填入表中相应位置；二是根据会计数据的勾稽关系检查报表中数据的正确性。因此，报表公式设置包括报表计算公式设置、报表审核公式设置和舍位平衡公式设置三个基本功能。

4. 报表生成

此功能根据用户设置的报表格式和报表公式，自动生成填好数据的会计报表，并根据表间数据的勾稽关系检查报表数据的正确性。对于已经设置好的报表，只需运行报表生成功能，即可得到所需的报表，无需每次重新定义。

5. 图表处理功能

用户使用图表功能可以方便地对报表数据进行图形化组织和分析，制作包括直方图、立体图、圆饼图、折线图等多种分析图表。同时，用户还可以编辑图表的位置、大小、标题、字体、颜色等，并打印输出各种图表。

6. 报表输出

此功能允许用户根据需求查询并打印已编好的报表，或将报表输出到其他类型的文件中。用户可以根据需要灵活设置打印的字型、字号，并在一定程度上调整报表的长宽和在纸上的位置，从而使打印出的报表更加美观。

7. 报表管理与维护

报表管理功能方便用户对系统中设置的各种报表进行管理，并进行相关报表间数据的处理。这主要包括表页管理、报表数据管理等内容。报表维护则是为了确保计算机系统中会计报表的数据安全，包括报表的备份、删除或恢复等操作。

四、会计报表子系统与其他子系统的关系

会计报表子系统主要是从其他子系统中提取编制报表所需的数据。总账、工资、固定资产、应收款、应付款、采购、库存、存货核算和销售子系统均可向报表子系统传递数据，以生成财务部门所需的各种会计报表。

第二节　会计报表子系统初始设置

一、报表定义及报表模板

(一) 报表定义

1. 报表格式定义

报表的格式设计在格式状态下进行，格式对整个报表都有效，包括以下操作。

①设置表尺寸。设定报表的大小及行数和列数。

②定义组合单元。即把几个单元作为一个单元使用。

③画表格线。

④输入报表中项目。包括表头、表体和表尾（关键字值除外）。在格式状态下定义了单元内容的自动默认为表样型，定义为表样型的单元在数据状态下不允许修改和删除。

⑤定义行高和列宽。

⑥设置单元风格，即设置单元的字型、字体、字号、颜色、图案、折行显示等。

⑦设置单元属性。把固定内容的单元格，如需要输入数字的单元定为数值单元；如需要输入“项目”“行次”“期初数”“期末数”等内容的单元定为表样单元；把需要输入字符的单元定义为字符单元。

⑧确定关键字在表页上的位置，例如单位名称、年、月等。

2. 报表公式定义

定义公式功能主要用于确定报表的取数方式以及确定数据的勾稽关系。会计报表子系统提供了三类公式：计算公式（单元公式）、审核公式和舍位平衡公式。公式的定义在格式状态下进行。

（1）计算公式

定义了报表数据之间的运算关系，可以实现报表系统从其他子系统取数。用友软件的计算公式一般通过函数实现。企业常用的财务报表数据一般是来源于总账管理系统或报表系统本身，取自于报表的数据又可以分为从本报表取数和从其他报表的表页取数。

（2）审核公式

用于审核报表内或报表之间的勾稽关系是否正确。

（3）舍位平衡公式

报表数据进行进位或小数取数时调整数据。

一般情况下，报表的计算公式必须设置，审核公式和舍位平衡公式是根据需要设置。

（二）报表模板

利用报表模板可以迅速建立一张符合需要的财务报表。对于一些企业常用报表模板中没有提供的报表，在自定义完这些报表的格式和公式后，可以将其定义为报表模板，可供以后直接调用。

二、报表数据处理

报表数据处理是针对某一特定表页进行的，因此，在数据处理过程中，还涉及对表页进行增加、删除、插入、追加等操作。报表数据的主要处理工作包括生成报表数据、审核报表数据和进行舍位平衡操作等，这些工作都必须在数据状态下进行。报表的数据涵盖了报表单元的数值和字符，以及独立于单元之外的关键字。其中，数值单元仅用于生成数字，而字符单元则既能生成数字，又能生成字符。

三、表页管理及报表输出

报表的输出方式包括屏幕输出和打印输出。在输出时，可以选择在格式状态下输出报表的格式，或者在数据状态下输出某一特定表页的内容。当输出表页时，格式和报表数据会一同输出。在屏幕输出时，可以对报表的显示风格和显示比例进行设置。而在打印报表之前，可以在预览窗口中预览其效果。打印时，还可以进行页面设置和打印设置等操作，以满足不同的打印需求。

四、图表功能

为了对报表数据进行直观的分析和了解，方便对比数据以及进行趋势和结构分析，可以利用图形对数据进行直观显示。会计报表子系统提供了丰富的图表格式，包括直方图、圆饼图、折线图和面积图等四大类共十种格式的图表。

五、报表公式

会计报表的变动单元内容会随编制单位和时间的不同而不同，但其获取数据的来源和计算方法是相对稳定的。报表管理系统依据这一特点设计了“定义计算公式”的功能，为定义报表变动单元的计算公式提供了条件，从而使报表管理系统能够自动、及时、准确地编制会计报表。

报表公式是指报表或报表数据单元的计算规则，主要包括单元公式、审核公式和舍位平衡公式等。

（一）单元公式

单元公式是指为报表数据单元进行赋值的公式，其作用是从账簿、凭证、本表或其他报表等处调用、运算所需要的数据，并填入相应的表单元中。它可以将数据单元赋值为数值，也可以赋值为字符。

单元公式一般由目标单元、运算符、函数和运算符序列组成。例如，C5＝期初余额（“1001”，月）＋期初余额（“1002”，月）。其中，目标单元是指用行号、列号表示的，用于放置运算结果的单元；运算符序列是指采集数据并进行运算处理的次序。报表系统提供了一整套从各种数据文件（包括机内凭证、账簿和报表，也包括机内其他数据来源）采集数据的函数。企业可根据实际情况，合理地调用不同的相关函数。

1. 报表数据来源

对于财务会计报表，报表的数据来源有多种形式，主要有以下几种情况。①有些数据是通过手工直接输入的，例如在资产负债表中直接输入各项目的数据。②有些数据是通过其他报表项目运算得到的，例如“固定资产净值”“所有者权益合计”“税后利润”等项目。③有些数据是从其他报表中取得的。④有些数据是从其他子系统直接提取的。例如，编制财务会计报表时，就可以利用账务函数直接从账务子系统取得各账户的发生额、累计发生额、期初余额、期末余额等数据。⑤编制汇总会计报表时，有些数据是从基层单位输入的。

2. 单元公式设置

为了方便而又准确的编制会计报表，系统提供了手工设置和引导设置两种方式。在引导设置状态下，根据对各目标单元填列数据的要求，通过逐项设置函数及运算符，即可自动生成所需要的单元公式。

手工设置的操作步骤：先选定需要定义公式的单元；执行【数据】→【编辑公式】→【单元公式】命令项，打开【定义公式】对话框，在【定义公式】对话框内，直接输入计算公式后，单击【确认】按钮。注意：单元公式再输入时，凡是涉及到数字符号的，均须在英文半角状态下输入。

引导设置的操作步骤：选定被定义单元 C7，即货币资金的期末数；单击编辑框的【fx】按钮，打开【定义公式】对话框；单击【函数向导】按钮，进入【函数向导】对话框。

（二）审核公式

在各类常用的财经报表中，每个数据都承载着明确的经济含义，并且这些数据之间通常都存在着一定的勾稽关系。例如，在一张报表中，小计通常等于各分项之和，而合计则等于各个小计之和。为了确保报表数据的准确性，我们可以利用这种报表内部或报表之间的勾稽关系对报表进行勾稽关系检查。如果在报表编制完成后，发现其未满足这种平衡的勾稽关系，那么可以肯定该表在编制过程中出现了错误。因此，在会计报表子系统中，为了确保报表数据的准确性，用户需要利用勾稽关系对报表进行数据审核，即定义报表审核公式。

通过利用报表中各个数据之间的勾稽关系，我们可以定义审核公式，以进一步检验报表编制的结果是否正确。审核公式不仅可以检验表页中数据的勾稽关系，还可以验证同表页内不同数据项之间的勾稽关系，以及不同报表之间的数据勾稽关系。在定义报表审核公式时，我们首先需要分析报表中各单元之间的关系，以确定正确的审核关系。然后，根据这些确定的审核关系，我们可以定义相应的审核公式。需要注意的是，审核关系必须确定正确，否则审核公式可能会起到相反的效果，即由于审核关系不正确而导致一张数据正确的报表被错误地审核为错误，而编制报表者又无法根据错误的提示信息进行修改。

（三）舍位平衡公式

在报表汇总时，各个报表的数据计量单位有可能不统一，这时，需要将报表的数据进行位数转换，将报表的数据单位由个位转换为百位、千位或万位。如将“元”单位转换为“千元”或“万元”单位，这种操作可成为进位操作。进位操作后，原来的平衡关系重新调整，以使舍位后的数据符合指定的平衡公式，这种用于对报表数据进位及重新调整报表进位之后平衡关系的公式称为舍位平衡公式。

定义舍位平衡公式需要指明要舍位的表名、舍位范围以及舍位位数，并且必须输入平衡公式。

第三节　会计报表子系统的日常业务处理

在会计报表子系统初始化工作完成以后，用户就可以进行会计报表子系统的日常业务处理，主要包括报表编制、报表分析、报表维护等内容。

一、报表编制

设置报表格式和报表公式仅仅是定义了报表的结构框架，若要得到填充有实际所需数据的报表，还需进行报表的编制工作，即进行报表数据处理。报表的编制工作是由计算机在操作员的指导下自动完成的。它的主要作用是运行载有已设置好报表结构的文件，通过其中的运算公式从相应的数据源中调取数据，并填入相应的表单元中，从而生成数据表。系统会自动创建一个文件来保存这个数据表。

为了区分不同月份的同一张报表，每次编制报表前，系统都会要求用户输入关键字的值。如果相同关键字值的报表已经存在，系统会提示用户确认是否重新编制。如果用户选择重新编制，那么新编的报表将覆盖已存在的旧报表。因此，如果用户已经修改了报表的格式或公式，那么必须重新编制该报表，以得到按新结构或新公式生成的报表数据。

报表数据处理的主要工作包括生成报表数据、审核报表数据和进行舍位平衡操作等。在处理过程中，软件会根据已定义的单元公式、审核公式和舍位平衡公式自动进行数据的提取、审核以及舍位等操作。此外，报表数据处理通常是针对某一特定表页进行的，因此，在数据处理过程中，还可能涉及表页的相关操作，如增加表页、删除表页、插入表页以及追加表页等。

生成报表数据包括以下内容。

（一）增加表页

一个 UFO 报表最多可容纳 99999 张表页，每一张表页是由许多个单元组成的，一个报表中的所有表页具有相同的格式，但其中的数据不同，表页在报表中的序号表页下方以标签的形式出现，称为“页标”，页标用“第 1 页”至“第 99999 页”表示。

（二）录入关键字

关键字的显示位置在格式状态下设置，关键字的值在数据状态下录入，每个表可以定义多个关键字。

（三）生成报表

1. 审核报表

在报表编制过程中，系统将对取数公式的格式进行检查，如果发现语法或句法错误，则将以某种方式给予警示。但应注意的是，公式语法正确不等于公式的逻辑关系正确，系统只能识别语法错误，而不能对公式的逻辑关系进行检验，也很难进行检验。在【数据】菜单中单击【审核】，系统会自动对报表数据进行审核。

2. 报表查询

报表查询是报表系统应用的一项重要工作。在报表系统中，可以对当前正在编制的报表予以查阅，也可以对历史的报表进行迅速有效的查询。在进行报表查询时一般可以以整表的形式输出，也可以将多张表页的布局同时输出，后者这种输出方式叫作表页透视。

3. 报表输出

报表的输出包括报表的屏幕输出和打印输出。输出时可以在格式状态下输出报表格式，也可以在数据状态下输出报表的某一特定表页输出，且输出表页时格式和报表数据一起输出。

屏幕输出时可以对报表的显示风格、显示比例加以设置。打印报表之前可以在预览窗口预览，打印时还可以进行页面设置和打印设置等操作。

二、报表分析

报表分析就是使用各种方法对报表的数据进行分析。在报表软件中一般有两种分析方法：图形分析法和视图分析法。

（一）图形分析法

图形分析法是一种将报表中选定的数据以图形方式展示的方法，它使用户能够直观地了解数据的大小或变化情况。图形具有直观、醒目、易于理解等特点，在会计报表分析中早已得到广泛应用。实际上，图形是报表的延伸，它反映的仍然是所分析报表中的数据，只是表现形式有所不同。一张分析表可以采用多种图形表示方法，以适应不同的分析需求。

图形主要分为平面图形和立体图形两大类。在图表制作中，主要有点图、线图、直方图和饼图四种基本形式，其余各种图表都是这些基本形式的派生或组合。目前，国内流行的通用报表处理软件通常都提供直方图、饼图、折线图、立体图等四种图形分析功能，以满足用户多样化的分析需求。

（二）视图分析法

在报表系统中，大量年度或月份数据以表页形式分布，正常情况下每次只能查看一张表页。为了对各个表页的相同行或列区域的数据进行比较分析，可以利用视图分析法。视图分析法是从某一张或多张表中抽取具有某种特定经济涵义的数据，形成一张“虚表”，从而在系统生成的“虚表”中对多个报表数据进行重新分类和对比分析。这种“虚表”的数据是通过数据关系公式从与其相关联的数据报表中抽取出来的，并反映在表上。“虚表”本身不保存数据，因此也被称为视图。视图是数据报表的寄生表，没有数据报表就不可能产生视图。这种分析方法在手工报表分析中难以实现，因此是报表系统提供的一项非常有意义且重要的功能。

三、报表维护

报表维护是报表处理系统的一项核心功能，涵盖了报表的备份、恢复、删除以及结构复制等多个方面。其中，备份和恢复功能与账务子系统的相应功能相似，而报表删除和结构复制则是将要重点介绍的内容。

（一）报表删除

在实际工作中，每次编制报表都会生成一个专门用于存放数据表的文件。随着系统运行时间的增长，这些报表数据文件会逐渐增多，占用大量的磁盘空间。为了确保系统的正常运行，我们需要定期清理这些旧表，通常建议仅保留 1—2 年的数据。报表删除功能正是为了满足这一需求而设计的。

在使用报表删除功能时，请务必注意：该功能不仅可以删除编制得到的数据表，还可以删除报表的结构。一旦报表结构被删除，如果需要重新使用，就必须重新设置。因此，在使用删除功能时，请务必仔细阅读系统提示，以免误删报表结构。通常情况下，即使是不常用的报表，如果不是绝对必要，也不建议删除其结构。这样，一旦需要编制该报表，只需运行报表编制功能，即可方便地生成所需的数据表。

（二）结构复制

会计报表种类繁多，每种报表的定义也相对复杂，需要花费大量时间进行定义。为了方便用户定义新的报表，会计报表系统通常都提供了结构复制功能。通过该功能，用户在定义新报表时，可以选择结构相似的报表进行复制，并对复制过来的报表结构进行必要的修改后即可使用。这大大减少了用户设置报表的工作量。

需要注意的是，报表结构复制功能只能复制报表的结构（即报表格式和报表公式），而不能复制编制后生成的数据报表。因此，在使用该功能时，请确保已经选择了正确的报表结构进行复制，并根据实际需求进行修改。

第四节　会计报表子系统的实验操作

用友 ERP-U8 管理软件中的 UFO 报表是报表事务处理的工具。它与用友账务管理软件等各系统有完善的接口，具有方便的自定义报表功能、数据处理功能，内置多个行业的常用会计报表；该系统也可以独立运行，用友处理日常办公事务。关于会计报表子系统的实验操作，根据本章后面的实验资料，本章单独用一节来介绍。

一、自定义报表

自定义报表可以按以下步骤进行。

（一）启动 UFO 报表管理系统

实操步骤如下：①以“001 李主管”的身份进入企业应用平台，执行【业务工作】→【财务会计】→【UFO 报表】命令，进入报表管理系统，关闭“日积月累”提示；②执行【文件】→【新建】命令，如图 4-4 所示。建立一张空白报表，报表名默认为“report1”，如图 4-5 所示。查看空白报表底部左下角的“格式/数据”按钮，使当前状态为“格式”状态。

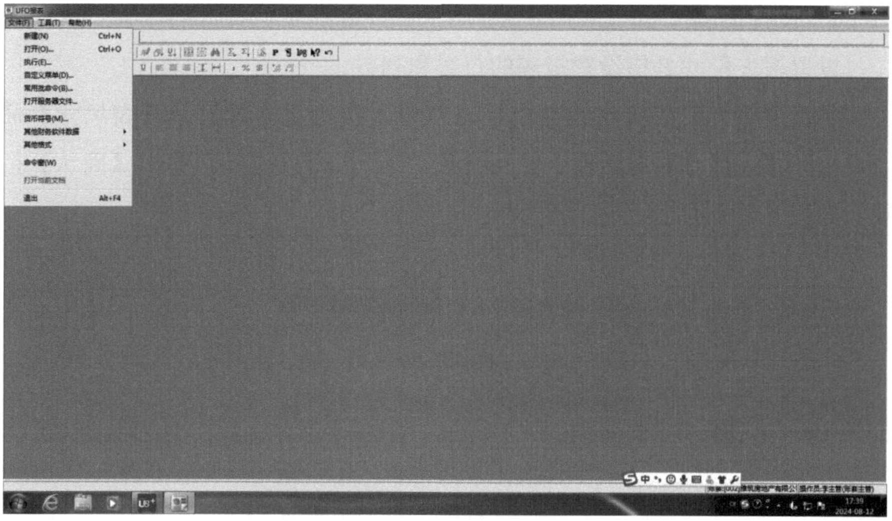

图 4-4　新建 UFO 报表界面

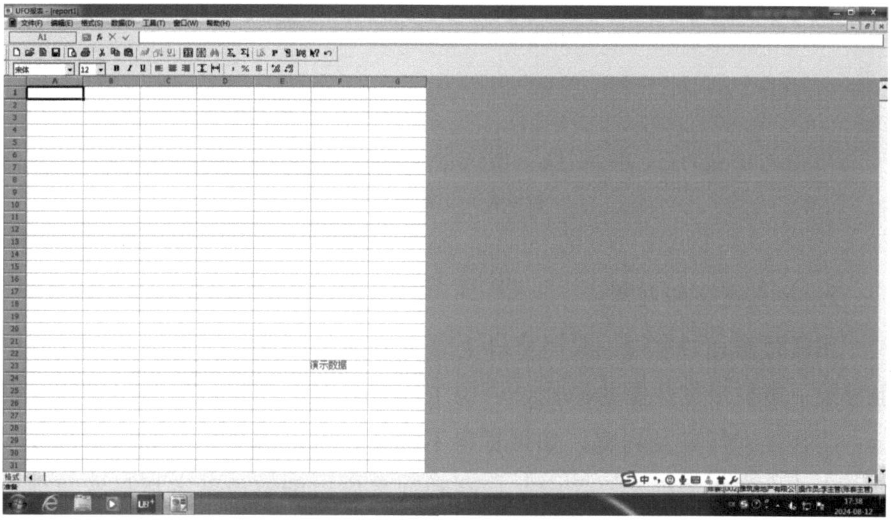

图 4-5　新建空白报表界面

（二）设计报表格式

新表创建完成后，应进行报表的格式设计，它是制作报表的基本步骤，决定了整张报表的外观和结构。格式设置的主要内容包括：设置报表尺寸、定义行高和列宽、画表格线、定义组合单元等。

1. 设置报表尺寸

设置报表尺寸是指设置报表的行数和列数。

实操步骤为：在新建的空白报表窗口，执行【格式】→【表尺寸】命令，打开【表尺寸】对话框，输入行数“24”，列数“4”，单击【确认】按钮，如图 4-6 所示。

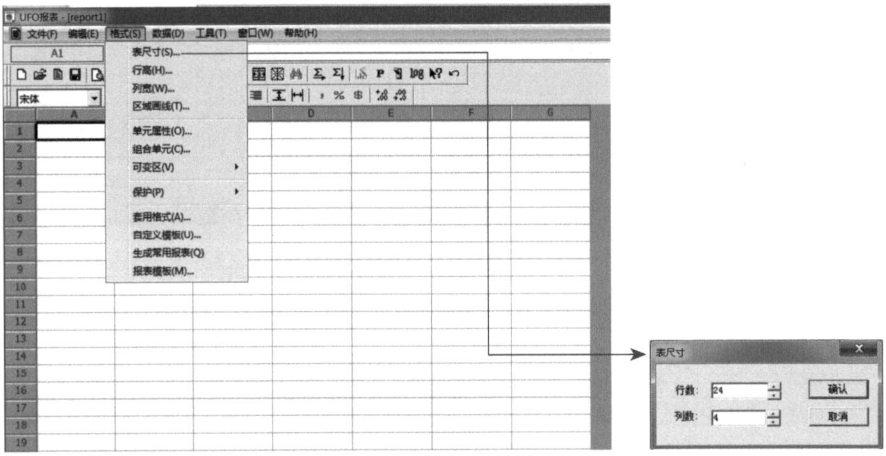

图 4-6　设置表尺寸

2. 定义行高和列宽

定义行高和列宽时，要注意以下三个方面的问题：①设置列宽时应以能够放下本栏最宽数据为原则，否则生成报表时会产生数据溢出等错误提示；②在设置行高及列宽，如果觉得不合适，可以直接用鼠标拖动行线和列宽来改变行高和列宽；③定义行高和列宽应以能够放下本栏最宽数据为原则，否则将会出现在生成报表时产生数据溢出错误的情况。行高、列宽的单位为毫米。

实操步骤如下：①选中需要调整的单元所在行 A1，执行【格式】→【行高】命令，打开【行高】对话框输入行高“12”，单击【确定】按钮，如图 4-7 所示；②选中需要调整的单元区域“A4：D24”，执行【格式】→【行高单元属性】命令，然后打开【单元格属性】对话框输入行高“6”，单击【确定】按钮。如图 4-8 所示；③选中需要调整的单元所在行 A1，执行

【格式】→【列宽】命令，打开【列宽】对话框输入列宽“130”，单击【确定】按钮。同样选中单元 B1、C1、D1 并分别将列宽定义为“10”“32”“32”。

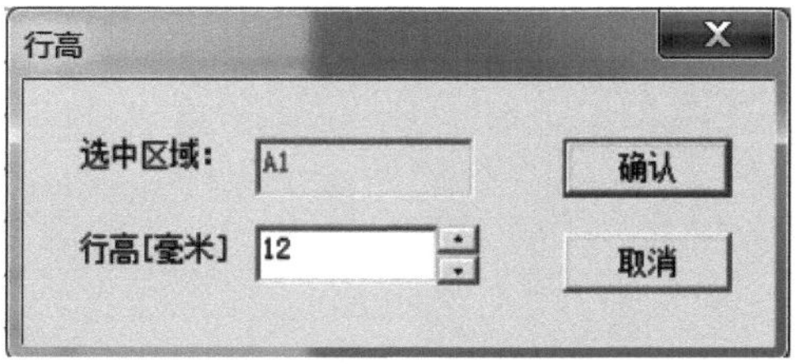

图 4-7　设置行高对话框 1

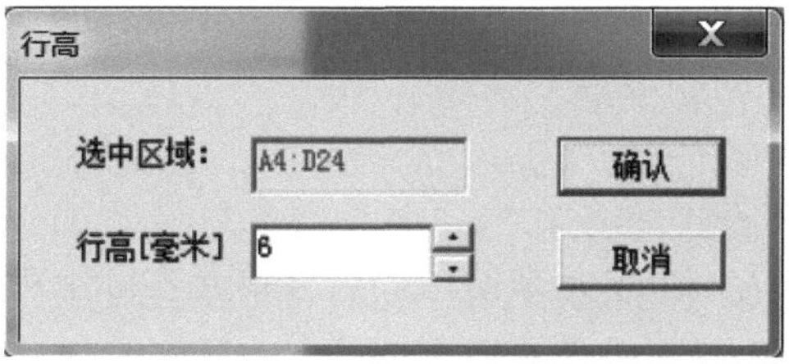

图 4-8　设置行高对话框 2

3. 画表格线

报表的尺寸设置完成后，在报表输出时，该报表是没有任何表格线的，为了满足查询和打印的需要，还在适当的位置上画表格线。选中报表需要画线的单元区域“A4：D24”，执行【格式】→【区域画线】命令，打开【网线】对话框，选择“网线”单选按钮，单击【确认】按钮，将所选区域画上表格线，如图 4-9 所示。

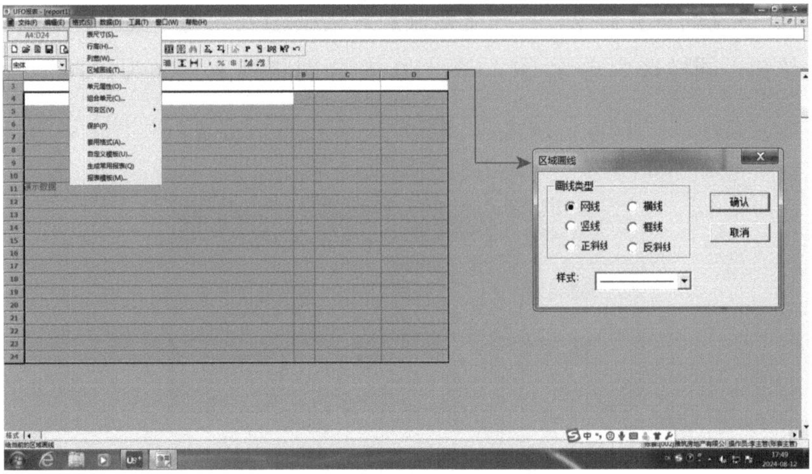

图 4-9　区域划线

4. 定义组合单元

把几个单元作为一个单元来使用，组合单元实际上就是一个大的单元，所有针对单元的操作对组合单元均有效。

实操步骤为：选择需合并的单元区域“A1：D1”，执行【格式】→【组合单元】命令，打开【组合单元】对话框，选择组合方式“整体组合”或“按行组合”，该单元即合并成一个单元格，如图 4-10 所示。

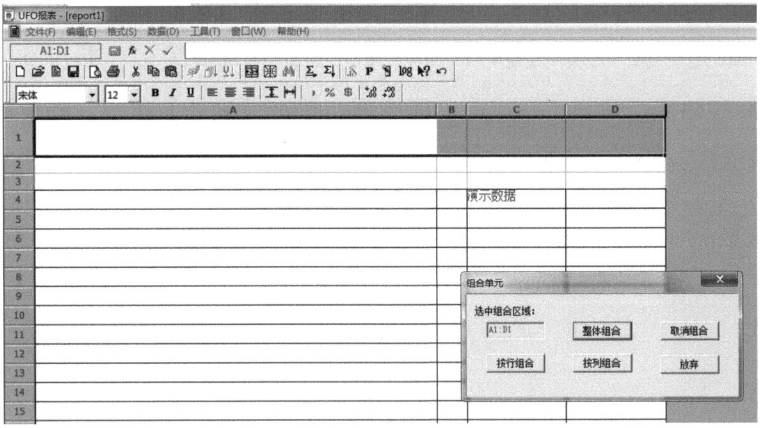

图 4-10　组合单元

（三）定义公式及数据来源

1. 输入项目内容

输入项目内容是指输入报表的固定文字内容，主要包括表头、表体项目、表尾项目等。选中需要输入内容的单元或组合单元，输入相关文字内容如“利润表”；同理，其余的按照实验资料数据输入，如图 4-11 所示。

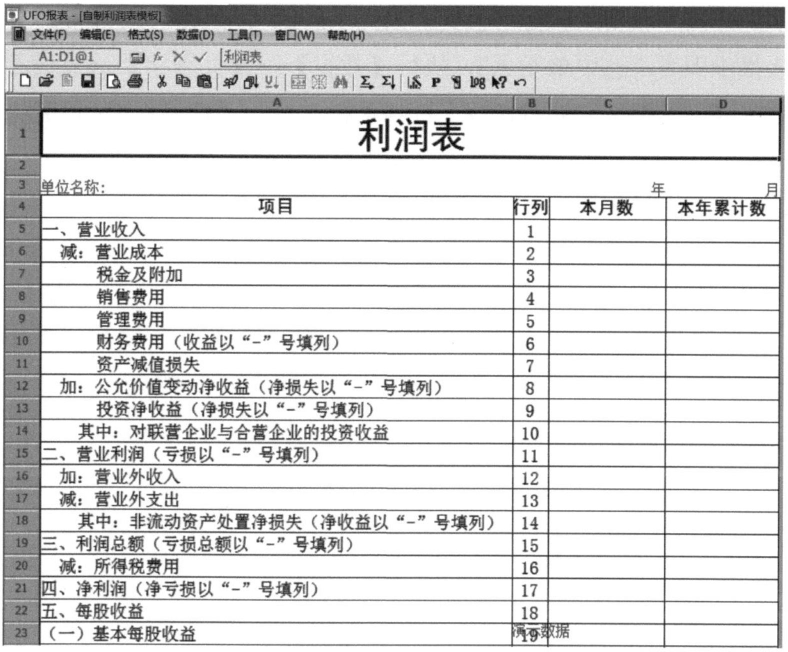

	A	B	C	D
1	利润表			
2				
3	单位名称:		年	月
4	项目	行列	本月数	本年累计数
5	一、营业收入	1		
6	减：营业成本	2		
7	税金及附加	3		
8	销售费用	4		
9	管理费用	5		
10	财务费用（收益以“-”号填列）	6		
11	资产减值损失	7		
12	加：公允价值变动净收益（净损失以“-”号填列）	8		
13	投资净收益（净损失以“-”号填列）	9		
14	其中：对联营企业与合营企业的投资收益	10		
15	二、营业利润（亏损以“-”号填列）	11		
16	加：营业外收入	12		
17	减：营业外支出	13		
18	其中：非流动资产处置净损失（净收益以“-”号填列）	14		
19	三、利润总额（亏损总额以“-”号填列）	15		
20	减：所得税费用	16		
21	四、净利润（净亏损以“-”号填列）	17		
22	五、每股收益	18		
23	（一）基本每股收益	19		

图 4-11　输入 UFO 报表内容

注意：在输入报表项目时，编制单位和日期一般不需要输入，UFO 表中需要将其设置为关键字的。

2. 设置单元属性

设置单元类型及数据格式、对齐方式、字型、字体、字号以及颜色、边框样式等内容。实验步骤为：选中标题所在组合单元 A1，执行【格式】→【单元属性】命令，打开【单元格属性】对话框，再打开【字体图案】选项卡，设置字体为“楷体”，字号“28”，打开【对齐】选项卡，设置对齐方式“水平方向为居中，垂直方向为居中”。同理，设置单元区域“A4:

D4”，字体为黑体，字号为“14”，水平方向为居中，垂直方向为居中。设置单元区域“A5：D24”，字体为宋体，字号为“14”，如图 4-11 所示。

3. 定义关键字

主要包括设置关键字和调整关键字在表页上的位置。关键字主要有六种：单位名称、单位编号、年、季、月、日。另外还包括一个自定义关键字，可以根据实际情况任意设置相应的关键字。同一个表中不能有重复的关键字，关键字在格式状态下设置，关键字的值则在数据状态下录入。

实操步骤为：选中单元 A3，执行【数据】→【关键字】→【设置】命令，打开【设置关键字】对话框，选择单位名称。同理，在 C3 单元设置关键字“年”，在 D3 单元设置关键字“月”。如图 4-12 所示。

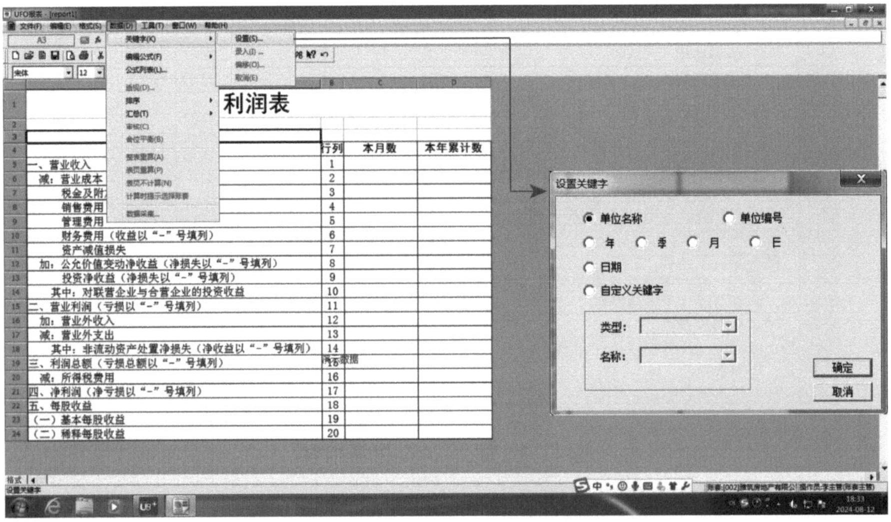

图 4-12 设置关键字

注意：在进行录入关键字的时候，要将最左下角的“格式”调整为“数据”。

4. 录入单元公式

单元公式指为报表数据单元进行赋值的公式，一般由目标单元、运算符、函数和运算符序列组成，作用是从账簿、凭证、本表或其他报表等处调用、运算所需要的数据，并填入相应的报表单元中。它既可以将数据单元赋值为数值，也可以赋值为字符。实验步骤如下。

①选中被定义单元 C5，即“营业务收入”，单击【fx】按钮，打开【定义公式】对话框，如图 4-13 所示。

图 4-13　定义公式窗口

②单击【函数向导】按钮，打开【函数向导】对话框，如图 4-14 所示；在【函数分类】列表框中选择“用友账务函数”，在右侧的“函数名”列表框中选择“发生（FS）”。

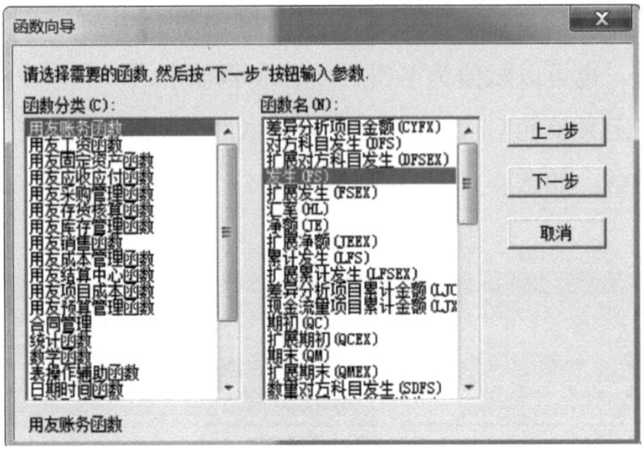

图 4-14　函数向导界面

③单击【下一步】按钮，打开【用友账务函数】对话框，如图 4-15 所示。

④单击【参照】按钮，打开【账务函数】对话框，如图 4-16 所示；选择科目“6001”，方向“贷”，其余各项均采用系统默认值。

⑤单击【确定】按钮，返回【用友账务函数】对话框；单击【确定】按钮，返回【定义公式】对话框，如图 4-17 所示。单击【确认】按钮。

⑥重复上面的①—⑤步骤，输入其他单元公式。全部单元公式输入完毕，如图 4-18 所示。

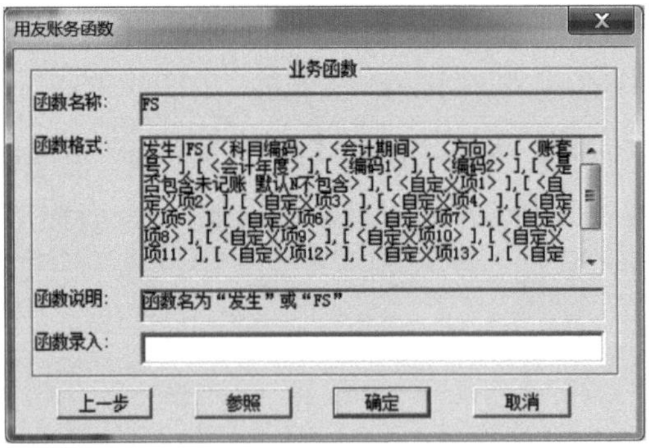

图 4-15　用友账务函数界面

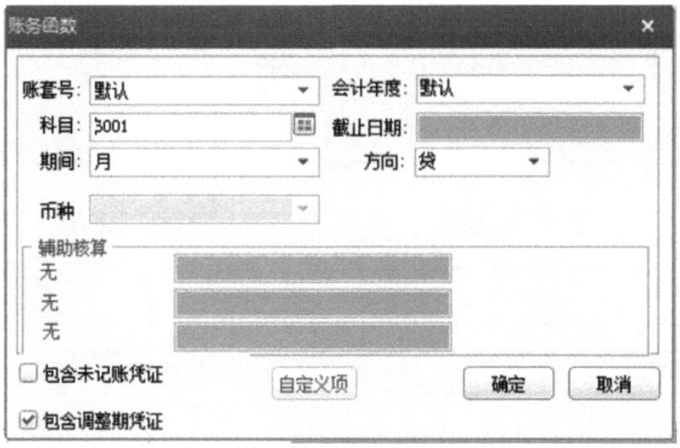

图 4-16 账务函数界面

图 4-17 定义公式界面

注意：①如果在【账务函数】界面（图 4-16 所示）中，选中了“包括未记账凭证”选项，则表示将连同未记账凭证数据一并取到报表中；②如果未进行账套初始，那么账套号和会计年度需要直接输入；③单元公式在输入时，凡是涉及到数字符号的，均须输入英文半角字符；④如果对 UFO 函数不太了解，可以利用函数向导引导输入，利用引导输入简单直观。如果知道输入公式的内容，则选中需要定义公式的单元，执行【数据】→【编辑公式】→【单元公式】命令项，打开【定义公式】对话框，然后再对话框里直接输入总账发生函数：fs(6001,月,”贷”,,年),单击【确认】按钮。

单位名称：xxxxxxxxxxxxxxxxxxxxxxxxxxxxxx　　xxxx 年　　xx 月

项目	行列	本月数	本年累计数
一、营业收入	1	公式单元	公式单元
减：营业成本	2	公式单元	公式单元
税金及附加	3	公式单元	公式单元
销售费用	4	公式单元	公式单元
管理费用	5	公式单元	公式单元
财务费用（收益以“-”号填列）	6	公式单元	公式单元
资产减值损失	7	公式单元	公式单元
加：公允价值变动净收益（净损失以“-”号填列）	8	公式单元	公式单元
投资净收益（净损失以“-”号填列）	9	公式单元	公式单元
其中：对联营企业与合营企业的投资收益	10		
二、营业利润（亏损以“-”号填列）	11	公式单元	公式单元
加：营业外收入	12	公式单元	公式单元
减：营业外支出	13	公式单元	公式单元
其中：非流动资产处置净损失（净收益以“-”号填列）	14		公式单元
三、利润总额（亏损总额以“-”号填列）	15	公式单元	公式单元
减：所得税费用	16	公式单元	公式单元
四、净利润（净亏损以“-”号填列）	17	公式单元	公式单元
五、每股收益	18		
（一）基本每股收益	19		
（二）稀释每股收益	20		

图 4-18　利润表公式单元录入完毕界面

（四）生成报表

将报表格式保存为【自制利润表模板】：执行【文件】→【保存】命令或者单击【💾】按钮，保存在“桌面”，将文件名改为“自制利润表模板”，单击【另存为】按钮，如图 4-19 所示。

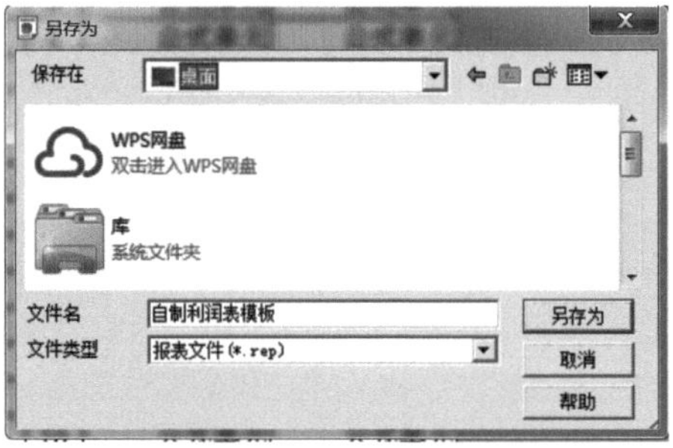

图 4-19　保存自制利润表模板界面

打开自制利润表模板，并录入关键字，同时计算报表数据，将生成数据的利润表另存为“自制利润表”。实操步骤如下。

①执行【文件】→【打开】命令或者单击【📂】按钮，选择“自制利润表模板”，单击【打开】，如图 4-20 所示。

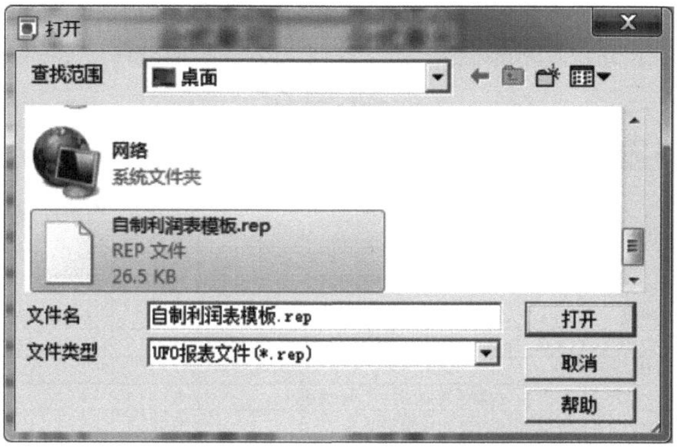

图 4-20　打开自制利润表模板界面

②执行【数据】→【关键字】→【录入】命令，弹出如图 4-21 所示录入关键字界面。录入年为 2024，月为 1，单击【确认】按钮，之后会弹出对话框，即“是否重算第一页?”信息提示对话框，如图 4-22 所示。

图 4-21　录入关键字界面

图 4-22　计算报表数

③单击【是】按钮，系统会自动在初始的账套和会计年度范围内，根据单元公式计算生成数据报表，如图 4-23 所示。

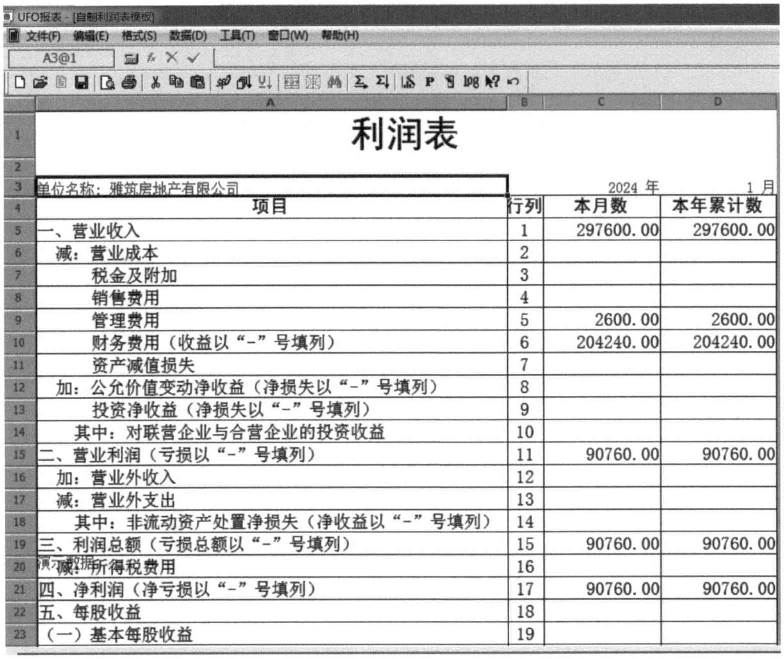

利润表

单位名称：雅筑房地产有限公司　　2024 年　1 月

项目	行列	本月数	本年累计数
一、营业收入	1	297600.00	297600.00
减：营业成本	2		
税金及附加	3		
销售费用	4		
管理费用	5	2600.00	2600.00
财务费用（收益以“-”号填列）	6	204240.00	204240.00
资产减值损失	7		
加：公允价值变动净收益（净损失以“-”号填列）	8		
投资净收益（净损失以“-”号填列）	9		
其中：对联营企业与合营企业的投资收益	10		
二、营业利润（亏损以“-”号填列）	11	90760.00	90760.00
加：营业外收入	12		
减：营业外支出	13		
其中：非流动资产处置净损失（净收益以“-”号填列）	14		
三、利润总额（亏损总额以“-”号填列）	15	90760.00	90760.00
减：所得税费用	16		
四、净利润（净亏损以“-”号填列）	17	90760.00	90760.00
五、每股收益	18		
（一）基本每股收益	19		

图 4-23　系统自动计算生成的利润表

注意：可将生成的数据报表保存到指定位置。

二、利用模板生成报表

（一）利用模板生成利润表

实操步骤如下。

①执行【业务工作】→【财务会计】→【UFO 报表】命令，进入报表管理系统，关闭“日积月累”提示。

②执行【文件】→【新建】命令；在格式状态下，执行【格式】→【报表模板】命令，打开【报表模板】对话框，如图 4-24 所示。选择所在的行业“2007 年新会计制度科目”，财务报表“利润表”；单击【确认】按钮，系统弹出“模板格式将覆盖本表格式！是否继续?”信息提示；单击【确

认】按钮，即可打开“利润表”。

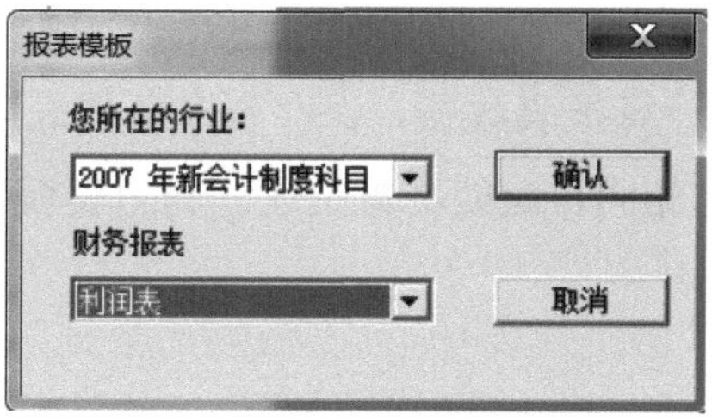

图 4-24　报表模板界面（利润表）

③设置关键字，选中单元 A3，并删除“编制单位”，执行【数据】→【关键字】→【设置】命令，打开【设置关键字】对话框，选择“单位名称”。

④录入关键字并计算报表数据，保存利润表“模板生成利润表”，与上述的操作相同，此处不再赘述。

（二）利用模板生成资产负债表

实操步骤如下。

①执行【业务工作】→【财务会计】→【UFO 报表】命令，进入报表管理系统，关闭“日积月累”提示。

②执行【文件】→【新建】命令；在格式状态下，执行【格式】→【报表模板】命令，打开【报表模板】对话框，如图 4-25 所示。选择所在的行业“2007 年新会计制度科目”，财务报表“资产负债表”；单击【确认】按钮，系统弹出“模板格式将覆盖本表格式！是否继续?”信息提示；单击【确认】按钮，即可打开“资产负债表”。

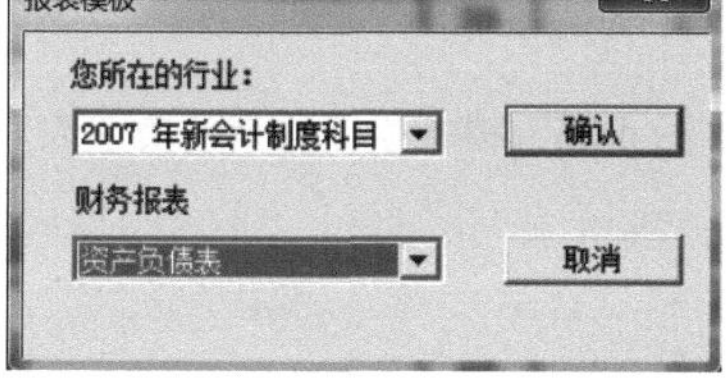

图 4-25　报表模板界面（资产负债表）

③设置关键字，选中单元 A3，并删除“编制单位”，执行【数据】→【关键字】→【设置】命令，打开【设置关键字】对话框，选择“单位名称”。

④录入关键字并计算报表数据，保存资产负债表“模板生成资产负债表”，与利润表的操作相同，此处不再赘述。利用模板生成的资产负债表如图 4-26 所示。

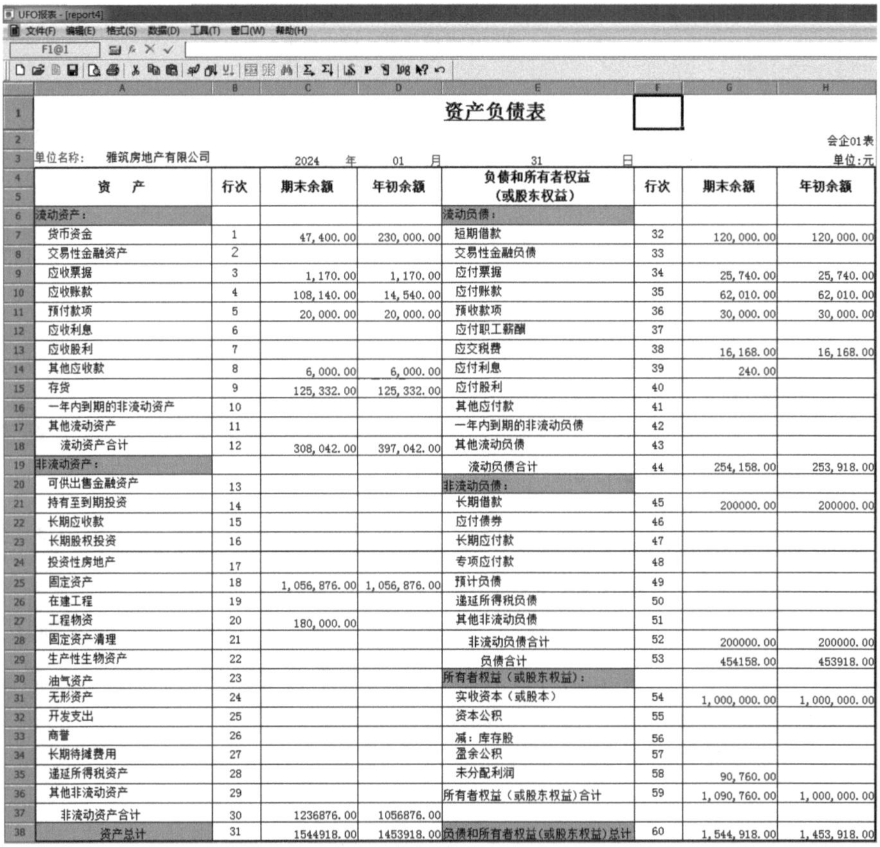

资产负债表

会企01表

单位名称：　雅筑房地产有限公司　　2024　年　01　月　31　日　　单位:元

资　产	行次	期末余额	年初余额	负债和所有者权益（或股东权益）	行次	期末余额	年初余额
流动资产：				流动负债：			
货币资金	1	47,400.00	230,000.00	短期借款	32	120,000.00	120,000.00
交易性金融资产	2			交易性金融负债	33		
应收票据	3	1,170.00	1,170.00	应付票据	34	25,740.00	25,740.00
应收账款	4	108,140.00	14,540.00	应付账款	35	62,010.00	62,010.00
预付款项	5	20,000.00	20,000.00	预收款项	36	30,000.00	30,000.00
应收利息	6			应付职工薪酬	37		
应收股利	7			应交税费	38	16,168.00	16,168.00
其他应收款	8	6,000.00	6,000.00	应付利息	39	240.00	
存货	9	125,332.00	125,332.00	应付股利	40		
一年内到期的非流动资产	10			其他应付款	41		
其他流动资产	11			一年内到期的非流动负债	42		
流动资产合计	12	308,042.00	397,042.00	其他流动负债	43		
非流动资产：				流动负债合计	44	254,158.00	253,918.00
可供出售金融资产	13			非流动负债：			
持有至到期投资	14			长期借款	45	200000.00	200000.00
长期应收款	15			应付债券	46		
长期股权投资	16			长期应付款	47		
投资性房地产	17			专项应付款	48		
固定资产	18	1,056,876.00	1,056,876.00	预计负债	49		
在建工程	19			递延所得税负债	50		
工程物资	20	180,000.00		其他非流动负债	51		
固定资产清理	21			非流动负债合计	52	200000.00	200000.00
生产性生物资产	22			负债合计	53	454158.00	453918.00
油气资产	23			所有者权益（或股东权益）：			
无形资产	24			实收资本（或股本）	54	1,000,000.00	1,000,000.00
开发支出	25			资本公积	55		
商誉	26			减：库存股	56		
长期待摊费用	27			盈余公积	57		
递延所得税资产	28			未分配利润	58	90,760.00	
其他非流动资产	29			所有者权益（或股东权益）合计	59	1,090,760.00	1,000,000.00
非流动资产合计	30	1236876.00	1056876.00				
资产总计	31	1544918.00	1453918.00	负债和所有者权益（或股东权益）总计	60	1,544,918.00	1,453,918.00

图 4-26　模板生成的资产负债表

实验三　UFO 报表

【实验目的】

1. 熟悉利用报表子系统编制会计报表的流程。

2. 掌握报表格式定义、公式定义的操作方法。

3. 掌握报表单元公式的用法。

4. 掌握如何利用报表模板生成一张报表。

【实验内容】

1. 自定义一张报表。

2. 利用报表模板生成报表。

【实验准备】

引入实验二的账套数据。

【实验资料】

以“001 李主管”的身份进入系统，生成一张利润表和资产负债表。

1. 自定义一张利润表

(1) 设置表尺寸

行数：24；列数：4。

(2) 定义行高和列宽

①选中 A1 单元，行高：12（格式→行高）。

②选中 A4：D24 区域，行高：6。

③选中 A1 单元，列宽：130；B1 列宽：10；C1、D1 列宽：32。

(3) 画表格线

选中 A4：D24，格式→区域画线→网线。

(4) 定义组合单元

选中 A1：D1，格式→组合单元→按行组合。

(5) 输入项目内容

按照表 4-2 所示的利润表内容输入项目内容。

表 4-2 利润表

项目	行列	本月数	本年累计数
一、营业收入	1		
减：营业成本	2		
税金及附加	3		
销售费用	4		
管理费用	5		
财务费用	6		
资产减值损失	7		
加：公允价值变动收益（损失以"—"号填列）	8		
投资收益（损失以"—"号填列）	9		
其中：对联营企业和合营企业的投资收益	10		
二、营业利润（亏损以"—"号填列）	11		
加：营业外收入	12		
减：营业外支出	13		
其中：非流动资产处置损失	14		
三、利润总额（亏损总额以"—"号填列）	15		
减：所得税费用	16		
四、净利润（净亏损以"-"号填列）	17		
五、每股收益	18		
（一）基本每股收益	19		
（二）稀释每股收益	20		

（6）设置单元属性

①选中 A1 单元，格式→单元属性。

"字体图案"选项卡，字体：楷体，字号：28。"对齐"选项卡，水平方向：居中，垂直方向：居中。

②选中 A4：D4 区域，字体：黑体，字号：14，水平方向：居中，垂直方向：居中。

③选中 A5：D24 区域，字体：宋体，字号：14。

（7）定义关键字

①选中 A3 单元，数据→关键字→设置，选择“单位名称”。

②在 C3 单元设置关键字“年”。

③在 D3 单元设置关键字“月”。

（8）录入单元公式

按照表 4-3 所示内容录入单元公式。

表 4-3　单元公式

位置	单元公式	位置	单元公式
C5	fs(6001,月,"贷",,年)	D5	?C5+select(?D5,年@=年 and 月@=月+1)
C6	fs(6401,月,"借",,年)	D6	?C6+select(?D6,年@=年 and 月@=月+1)
C7	fs(6403,月,"借",,年)	D7	?C7+select(?D7,年@=年 and 月@=月+1)
C8	fs(6601,月,"借",,年)	D8	?C8+select(?D8,年@=年 and 月@=月+1)
C9	fs(6602,月,"借",,年)	D9	?C9+select(?D9,年@=年 and 月@=月+1)
C10	fs(6603,月,"借",,年)	D10	?C10+select(?D10,年@=年 and 月@=月+1)
C11	fs(6701,月,"借",,年)	D11	?C11+select(?D11,年@=年 and 月@=月+1)
C12	fs(6101,月,"借",,年)	D12	?C12+select(?D12,年@=年 and 月@=月+1)
C13	fs(6111,月,"借",,年)	D13	?C13+select(?D13,年@=年 and 月@=月+1)
C14		D14	

续表

位置	单元公式	位置	单元公式
C15	C5-C6-C7-C8-C9-C10-C11 ＋ C12 ＋C13	D15	?C15＋select(?D15,年@＝年 and 月@＝月＋1)
C16	fs(6301,月,"贷",,年)	D16	?C16＋select(?D16,年@＝年 and 月@＝月＋1)
C17	fs(6711,月,"借",,年)	D17	?C17＋select(?D17,年@＝年 and 月@＝月＋1)
C18		D18	?C18＋select(?D18,年@＝年 and 月@＝月＋1)
C19	C15＋C16-C17	D19	?C19＋select(?D19,年@＝年 and 月@＝月＋1)
C20	fs(6801,月,"借",,年)	D20	?C20＋select(?D20,年@＝年 and 月@＝月＋1)
C21	C19-C20	D21	?C21＋select(?D21,年@＝年 and 月@＝月＋1)

(9) 保存表格

将报表格式保存为“自制利润表模板”。

(10) 表格另存

打开自制利润表，录入关键字，并计算报表数据，将生成数据的利润表另存为“自制利润表”。

2. 利用模板生成报表

(1) 建立“利润表”或“资产负债表”

您所在的行业：2007 年新会计制度科目；财务报表：利润表或资产负债表。

(2) 设置关键字

设置关键字：“单位名称”。

(3) 录入关键字

录入关键字并计算报表数据。

（4）保存表格

保存利润表为“模板生成利润表”；保存资产负债表为“模板生成资产负债表”。

第五章　固定资产管理子系统

学习目标

1. 理解固定资产管理子系统数据流程、系统内部结构和输入、输出及数据处理的特点。

2. 掌握固定资产管理子系统的初始化、日常业务处理及期末处理的基本原理和操作技能。

3. 本章的难点是初始化过程中的相关设置以及日常处理中的增减处理、变动单处理、折旧处理和凭证处理。

思政素养

1. 介绍固定资产在企业资产管理中的重要性，强调其对企业可持续发展的影响，培养学生的资产管理意识。

2. 通过初始化设置的学习，让学生认识到规范性在资产管理中的重要性，培养严谨细致的工作态度。

3. 讨论日常业务处理中的规范性和准确性，培养学生的职业道德和诚信意识。

4. 分析期末处理的重要性，培养学生的责任心和对工作的敬业精神。

5. 通过实验操作，让学生了解固定资产管理子系统在实际工作中的应用，培养实际操作能力和解决问题的能力。

第一节　固定资产管理子系统概述

固定资产是指使用年限较长、单位价值较高，且在使用过程中能够保持原有实物形态的主要劳动资料和其他物质设备。作为企业资产的重要组成部分，固定资产的管理与核算工作至关重要，其完善与否，不仅直接关系到企业资产的安全性，还深刻影响成本费用乃至利润计算的准确性。为了高效管理固定资产，企业引入了固定资产管理子系统，该子系统是企业管理信息系统中的关键一环，专为各类企业和行政事业单位设计，它旨在实现固定资产的精准核算与科学管理。

一、固定资产管理子系统的主要功能

固定资产管理子系统是企业管理信息系统的一个重要组成部分，用于固定资产的核算和管理工作。固定资产管理子系统的主要任务是对资产的增减变动、折旧计提等业务进行正确的核算，并提供及时、准确的各种账簿和统计分析数据，为管理人员对固定资产进行有效管理和制定经营决策提供信息。

固定资产管理子系统的主要功能包括初始设置、日常业务处理、凭证处理、信息查询、期末处理等。其功能结构如图 5-1 所示。

（一）初始设置

在固定资产管理子系统的初始化阶段，需要完成一系列关键的系统参数和基本信息设置，以确保后续固定资产日常核算和管理的顺利进行。这些设置包括核算单位的建立，以及固定资产卡片项目、卡片样式、折旧方法、使用部门、使用状况、增减方式、资产类别等信息的定义。同时，还需要录入固定资产子系统的原始业务数据，如固定资产的初始卡片信息等。

（二）日常业务处理

固定资产管理子系统的日常业务处理涵盖了资产的增加、减少以及各项属性的变动。这包括资产原值、残值、使用年限、折旧方法、使用部门、使用状况等的调整。系统能够根据用户设定的折旧计算方法，自动计算折旧并生成折旧清单和折旧分配表，为企业的成本核算提供有力支持。

（三）凭证处理

固定资产管理子系统能够根据固定资产的业务处理情况，自动生成转账凭证。这些凭证基于使用状况和部门对应的折旧科目设置进行定义。虽然系统能够自动生成大部分凭证，但在某些情况下，仍需人工补足生成凭证所需的数据。经过确认的转账凭证会自动传递到账务或成本等子系统，等待进一步的处理。

（四）信息查询

固定资产管理子系统提供了丰富的报表输出功能，包括固定资产卡片、固定资产增减变动表、固定资产分类统计表、固定资产折旧计算表、转账数据汇总表等。这些报表能够帮助用户全面了解企业的固定资产状况。系统支持屏幕显示和打印两种输出方式，供用户根据实际需求进行选择。

（五）期末处理

固定资产管理子系统的期末处理主要包括对账和期末结账两个环节。月末对账时，系统会按照初始设置的账务子系统接口，自动与账务子系统进行对账。根据对账情况和初始设置，系统会决定是否进行结账。在本年度最后一个会计期间月末结账后，该年的工作即告结束。进入新年度会计期间后，用户需要在系统管理模块中完成结转上年操作，将上年的各项资料转入本年账套。此后，用户可以对部分账套参数或基础设置信息进行调整，并开始新一年的日常处理工作。

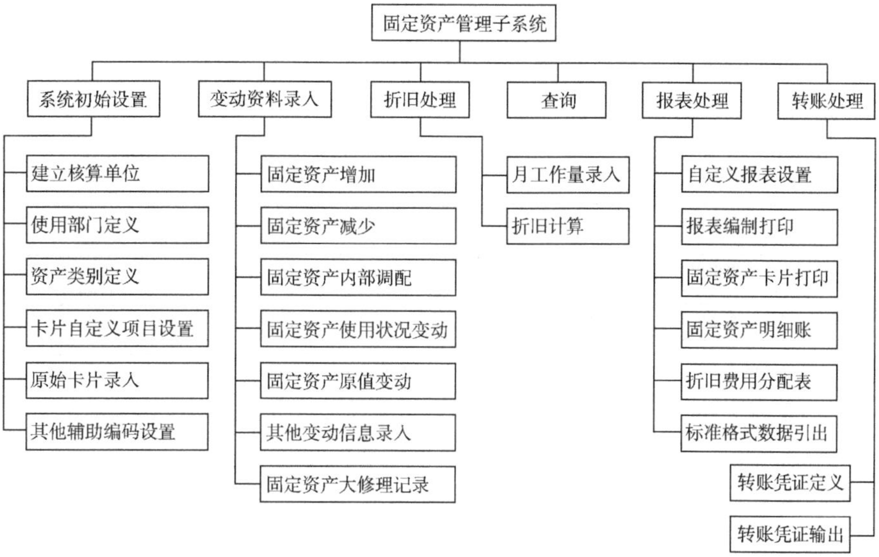

图 5-1　固定资产管理子系统功能结构

二、固定资产管理子系统的业务处理流程

（一）固定资产管理子系统的特点

固定资产管理子系统与其他各子系统相比较具有以下特点。

1. 数据量大、数据在计算机内保留时间长

企业固定资产的数量一般较多，为了便于企业各部门随时掌握固定资产的详细情况，系统内需要保留每一固定资产的详细资料。为了加强企业对固定资产的管理，保留必要的审计线索，即使是已淘汰的固定资产这些资料也必须保留。因此系统需要保留的数据量较大，所有资料需要跨年度长期在系统中保留。

2. 数据处理的频率较低

除了在系统初始设置时需要输入大量的固定资产详细数据外，在系统的日常业务处理中，一般只需要输入少量的固定资产变动数据、每月计提折旧以及必要时输出报表和统计分析数据。数据处理的频率明显小于购销存等管理子系统。

3. 数据处理方式较单纯

固定资产管理子系统的数据处理主要是折旧的计算和各种统计分析报表的输出。虽然计提折旧，特别是采用单台折旧计算折旧的工作量较大，但计提折旧的算法比较简单。因此系统数据处理比较简单、单纯。

4. 数据综合查询和统计要求较强

为了满足企业对固定资产核算和管理的多方面需要，固定资产管理子系统应具有较强的数据查询和分类统计功能。数据输出主要以报表形式提供。

5. 需要灵活的证、表定义功能

由于在实际工作中企业固定资产的各种信息，通常以各种报表的形式提供。为了方便用户的使用，系统应具有允许用户根据企业的需要自定义报表格式的功能。另外，各企业对固定资产的管理要求不同，固定资产卡片的项目也不同，因此需要有灵活的用户自定义固定资产卡片项目的功能。

（二）固定资产管理子系统业务处理流程

固定资产管理子系统的业务流程涵盖三个主要环节：初始化配置、日常操作处理以及期末结账。初始化配置阶段主要负责设定系统参数和录入基础信息；日常操作处理则涉及固定资产的增加与减少、资产状态的变更、资产价值的评估、凭证的生成与管理、以及账目和报表的查询；期末结账阶段则包括计提资产减值准备、计算折旧费用，生成固定资产账簿，提供统计分析报告，并执行月末的财务结账工作。业务处理流程图如图 5-2 所示。

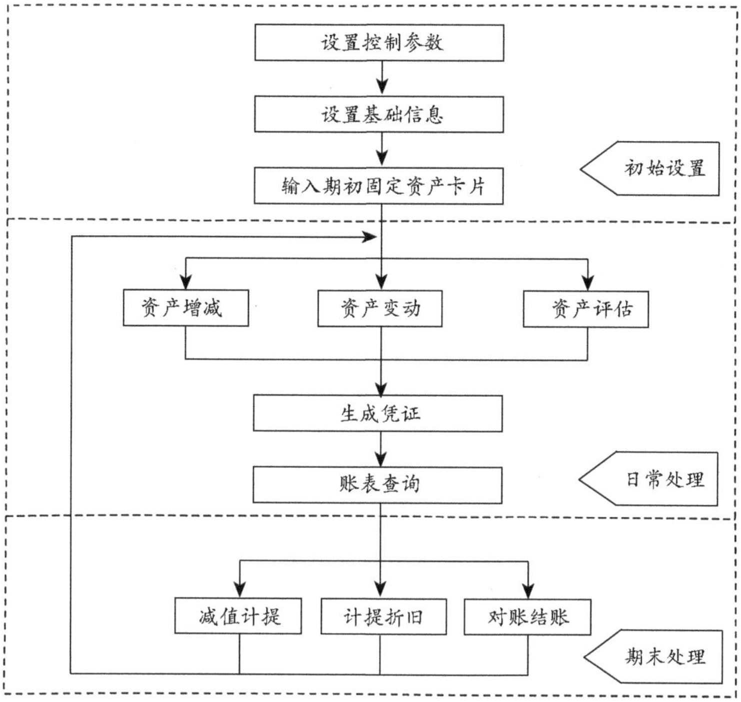

图 5-2　固定资产管理子系统的业务处理流程

固定资产管理系统与账务处理系统及成本核算系统之间存在数据交换的联系。在固定资产管理系统中，基于转账数据文件自动生成的转账凭证需传送至账务处理系统以进行账务处理。为确保数据的一致性，在配置自动转账凭证模板或在向账务处理系统传输数据时，必须核查凭证中所涉及的会计科目是否在账务处理系统中存在。

固定资产管理子系统与成本核算系统的数据关系是根据固定资产折旧文件分类统计、汇总折旧费用分配数据，并将该数据传送到成本核算系统供计算成本时使用。

固定资产管理子系统数据处理流程如图 5-3 所示。

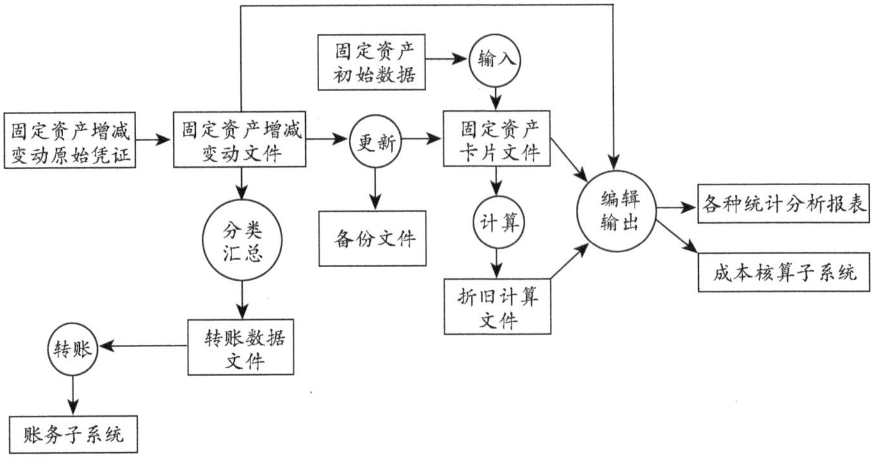

图 5-3　固定资产管理子系统数据处理流程图

（三）固定资产管理子系统与其他子系统的关系

1. 与账务管理子系统的关系

固定资产的日常变动数据以及计提折旧的数据通过生产转账凭证传递至账务管理子系统。同时，固定资产管理子系统能够从账务子系统中提取固定资产和累计折旧科目的发生额、余额等信息。

2. 与成本核算子系统的关系

固定资产管理系统为成本核算系统提供必要的折旧费用数据，构成了成本核算的核心基础数据之一。

3. 与报表管理子系统的关系

报表管理子系统能够调用固定资产管理子系统的核算结果数据，以此来编制相应的报表。

第二节　固定资产管理子系统初始化

在前面的章节中，我们已经启用了账务管理子系统并为其设置操作员，类似地，在启用固定资产管理子系统时，也需要为其设置一名固定资产管理子系统的操作员。

固定资产管理子系统初始化包括设置控制参数、设置基础信息、期初固定资产卡片录入。

一、控制参数设置

控制参数涵盖了约定与说明、启用月份、折旧详情、编码方法以及财务接口等方面。这些参数通常在初次激活固定资产管理子系统时进行配置，而其他参数则可以在“选项”菜单中进行补充。在固定资产管理子系统中，有三个核心的业务控制参数。

（一）基本信息设置

在系统初始化阶段，需要建立核算账套，设定账套的编号、名称、启用日期、使用单位以及本位币种等基本信息，并明确是否对固定资产进行折旧计提以及折旧的周期。

（二）编码规则设置

固定资产的编码是唯一区分每一项固定资产的标识。固定资产的编码一般采用群码的方式，由类别编码、部门编码、使用情况编码和每项固定资产的顺序码等多组基本编码组成。例如，某一固定资产的编码是00100300110080，通常是按以下方式来进行固定资产的编码：

■■■	■■■	■■■■	■■■■
使用情况码	使用部门码	类别码	顺序码
使用中	车间1	车床类	刨床

这种编码方法使得系统能够根据固定资产的使用状况、归属部门、资产分类等因素，高效地进行折旧计算、数据汇总以及编制各类报表。在固定资产管理子系统中，必须明确资产分类编码规则和固定资产编码规则等关键编码准则。

（三）与账务管理子系统的接口配置

在固定资产管理子系统与账务管理子系统联合运作时，必须配置固定资产对账科目与入账科目的对应关系。固定资产管理子系统通过转账凭证的方式向账务管理子系统传递数据，因此需要设定固定资产和累计折旧的默认入账科目。这样，在固定资产管理子系统内发生经济活动时，系统能够自动产生转账凭证以供参考。

为了定期与账务管理子系统进行对账，固定资产管理子系统需要设置对账科目。通常情况下，固定资产对账科目应选择固定资产的一级科目，而累计折旧对账科目则应选择累计折旧的一级科目。只有当两个系统核对的数据完全一致时，才允许进行结账操作。

二、基础信息设置

固定资产管理子系统需要设置的基础信息主要包括资产类别设置、部门折旧科目设置、增减方式设置、折旧方法设置、使用状况设置、卡片项目和卡片样式设置等。

（一）资产类别设定

固定资产种类繁多且规格各异，为了加强固定资产管理并确保固定资产核算的及时性和准确性，必须科学设定资产分类，以便为核算和统计管理提供坚实基础。企业应根据自身特点及管理需求，确立一套合理的资产分类体系。

（二）部门架构

在部门架构方面，应对单位的各个部门进行合理设置，以明确资产的归属关系。

（三）部门对应折旧科目设定

部门对应折旧科目指的是折旧费用的记账科目。固定资产计提折旧后，必须将折旧费用正确归入成本或费用科目。根据固定资产的使用情况，折旧费用的归集可以按使用部门或按类别进行。部门对应折旧科目的设定旨在为每个部门指定一个折旧科目。在录入固定资产卡片时，该科目将自动填充至卡片中，省去用户临时输入的步骤，从而提升工作效率。

（四）增减方式设置

系统内置的增加方式有直接购买、投资者投入、捐赠、盘盈、在建工程转入、融资租入六种。

系统内置的减少方式有出售、盘亏、投资转出、捐赠转出、报废、毁损、融资租出七种。

（五）折旧方法设置

折旧方法的设定是系统自动计算折旧的基石。系统内置了六种常见的折旧方法供选择：不计提折旧法、平均年限法（一）、平均年限法（二）、工作量法、年数总和法、双倍余额递减法。企业可以根据国家的相关规定以及自身的实际情况来选择合适的折旧方法。如果系统内置的折旧方法无法满足企业的管理与核算需求，用户还可以自定义新的折旧方法及其计算公式。通常情况下，针对单台固定资产选择特定的折旧方法进行核算会更为适宜。

由于在资产类别设定过程中需要为每个资产类别指定相应的折旧方法，因此，折旧方法的设定应当在资产类别设定之前完成。

1. 使用状况的设定

固定资产的使用状况通常分为三类：使用中、未使用和不需用。准确地定义固定资产的使用状况对于进行资产数据统计分析以及提升固定资产管理水平至关重要。

2. 卡片项目和卡片样式设定

固定资产卡片用于记录固定资产的编号、名称、原值、残值、使用年限、开始使用日期、折旧方法等信息，是固定资产管理子系统中不可或缺的管理工具。固定资产卡片文件构成了固定资产管理子系统的核心数据文件。系统提供的卡片项目通常被称为系统项目，但这些项目可能无法满足所有单位的特定需求。由于不同行业或单位对固定资产卡片项目的需求各异，用户可以通过卡片项目定义功能中的增加、修改、删除选项来自定义所需的项目，这些自定义的项目被称为自定义项。系统项目和自定义项目共同构成了固定资产卡片的全部内容，即卡片项目目录。

固定资产卡片样式指的是卡片的外观布局，包括卡片的格式以及卡片上项目及其位置的安排。由于不同企业或不同资产的管理内容和重点可能有所差异，固定资产卡片样式也会有所不同。系统提供了卡片样式定义功能，以增加灵活性。系统提供的卡片样式为通用样式。由于卡片样式定义相对复杂，特别是系统项目样式中有些是不可或缺的，否则将影响折旧的正确计算，因此，定义一个新的卡片样式通常是在通用卡片样式的基础上进行的。

三、期初固定资产卡片录入

初始数据在固定资产管理子系统中指的是系统启动之前企业所拥有的全部固定资产相关数据，这些数据主要涵盖了固定资产的原始卡片信息。固定资产的原始卡片构成了固定资产管理子系统处理流程的起点。因此，精确地录入这些原始卡片信息是确保历史数据连贯性以及正确执行固定资产核算的关键前提。为了确保录入的原始卡片数据无误，必须在开始录入之前对固定资产进行全面的清查和盘点，确保账目与实际资产相匹配。

通常情况下，每一张原始卡片对应一项固定资产，并构成固定资产卡片文件中的一个详细条目。在卡片信息录入完成后，需要与账务子系统记录的总数进行核对。固定资产卡片的原值总和应当与账务子系统中固定资产账户的余额相等；卡片中累计折旧的总和也应与账务子系统中累计折旧账户的余额一致。这种核对过程应在所有初始固定资产卡片数据输入计算机后，由系统自动执行并提供相应的提示信息。

四、初始化设置的实验操作

（一）引入实验二的账套数据

执行【开始】→【所有程序】→【用友新道 U8＋】→【系统服务】→【系统管理】命令，或者鼠标双击电脑桌面【系统管理】快捷图标，启动系统管理，弹出【用友新道 U8［系统管理］】对话框。选择【系统】下拉框的“注册”，对系统进行注册（系统管理员 admin 的身份注册）。在【系统管理】中选择【账套】下拉框中“引入”，引入实验二的账套。

（二）固定资产管理子系统初始化

在初次启用固定资产管理系统并创建新账套时，系统将提示：此账套尚未初始化，您是否希望现在进行？进行系统初始化是管理固定资产的初始且关键步骤，它涉及根据企业的特定需求，构建一个定制化的固定资产子账套。

①将系统日期改为 2024 年 1 月 1 日。

②以“001 李主管”的身份注册并启动企业应用平台。执行【开始】→【所有程序】→【用友新道 U8＋】→【企业应用平台】命令。打开【登录】

对话框，输入操作员的编号“001”及所属账套，单击【确定】按钮，即可进入企业应用平台。

（三）建立固定资产子账套

建立固定资产账套之前，要设置的内容主要包括：约定及说明、启用月份、折旧信息、编码方式、账套接口和完成等六部分。

实验步骤如下。

①在企业应用平台中，单击【业务导航】按钮，在【财务会计】下拉菜单中，执行“固定资产”下的任一命令，首次使用固定资产管理子系统时，系统自动提示是否进行账套初始化，如图 5-4 所示。

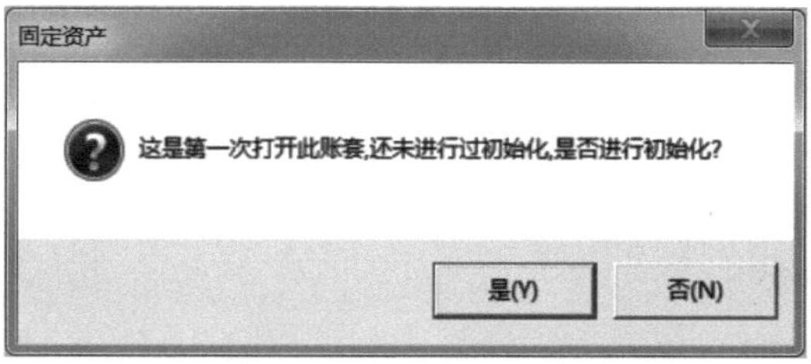

图 5-4　固定资产账套第一次初始化

②单击【是】按钮，将弹出【初始化账套向导-约定及说明】对话框，参见图 5-5。该界面将展示固定资产账套的基础信息，并提示关于系统资产管理的基本原则。

③在仔细阅读相关信息后，单击【下一步】按钮，将进入【初始化账套向导-启用月份】对话框，参见图 5-6。在此界面可以查看固定资产账套开始使用的年份和会计期间，但请注意，启用日期是只读的，无法进行修改。一旦确定了企业的启用日期，那么在此日期之前的所有固定资产将被视为期初数据，并从启用月份起开始计提折旧。

④单击【下一步】按钮，打开【初始化账套向导-折旧信息】对话框，如图 5-7 所示。

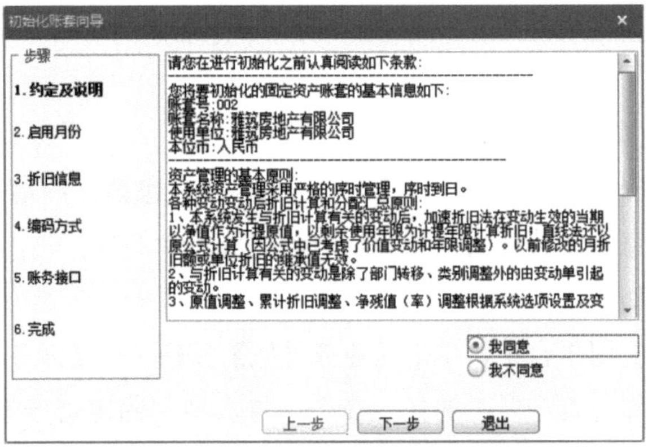

图 5-5 初始化账套向导-约定及说明界面

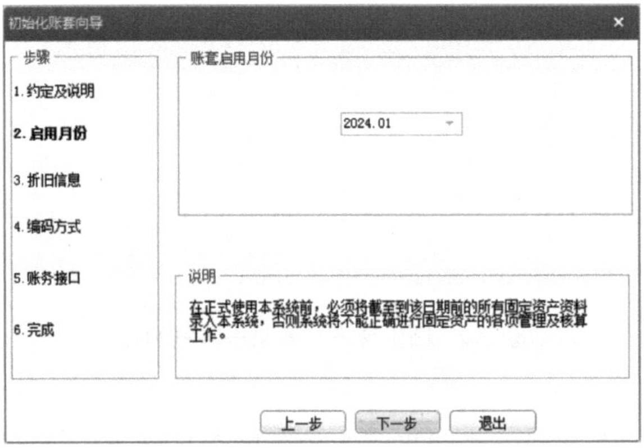

图 5-6 初始化账套向导-启用月份界面

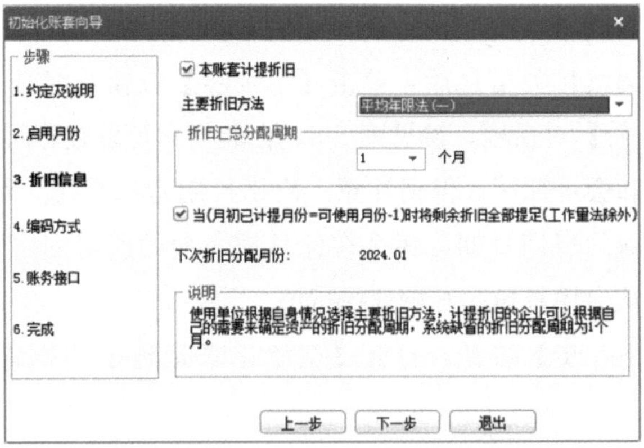

图 5-7 初始化账套向导-折旧信息界面

企业在进行折旧计提时，并非总是每月进行一次。根据行业特点和企业自身状况，折旧计提可能按季度、半年或年度周期进行。相应地，折旧费用的汇总分配也会遵循这一周期，例如保险行业每三个月进行一次折旧的计提和汇总分配。

系统设置的处理机制是：尽管每月都会计提折旧，但折旧的汇总分配是根据选定的周期来执行的。一旦确定了周期，系统将在每个周期的月末自动生成折旧分配表，并提示制作相应的记账凭证。

在图 5-7 所示的界面中，如果勾选了选项“当（月初已计提月份＝可使用月份-1）时，将剩余的折旧全部提足（工作量法除外）”，那么除了工作量法之外，只要满足上述条件，该月的折旧额将等于净值减去净残值，并且不允许手动修改。如果未勾选该选项，则该月不会提足折旧，并且允许手动修改。但是，如果按照公式计算的后续月份的月折旧率出现负数，则认为该公式无效，此时月折旧率将设定为净值减去净残值。

⑤完成设置后，单击【下一步】，将打开【初始化账套向导-编码方式】对话框，如图 5-8 所示。资产类别编码方式一旦设定，如果某一级别已经设置了类别，则该级别的长度将无法修改。对于尚未使用的各级别长度，可以进行修改。每个账套的资产自动编码方式只能选择一种，并且一旦设定，该编码方式将不可更改。

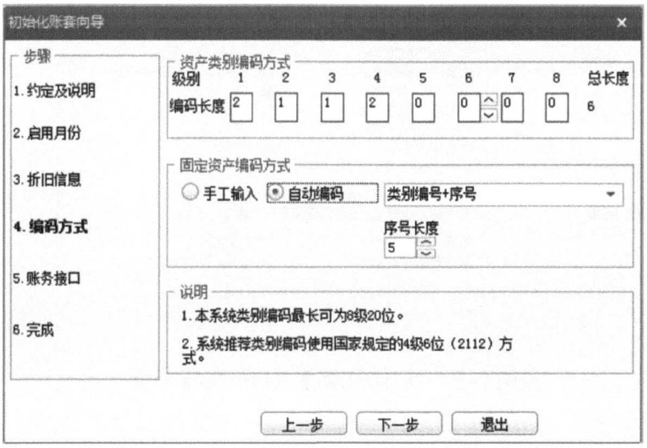

图 5-8　初始化账套向导-编码方式界面

⑥设置完成后，单击【下一步】按钮，打开【初始化账套向导-账务接口】对话框，如图 5-9 所示。

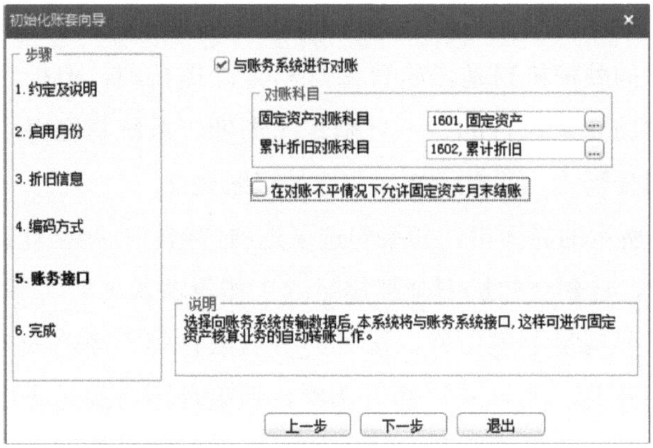

图 5-9　初始化账套向导-财务接口界面

⑦设置完成后，单击【下一步】按钮，打开【初始化账套向导-完成】对话框，如图 5-10 所示。

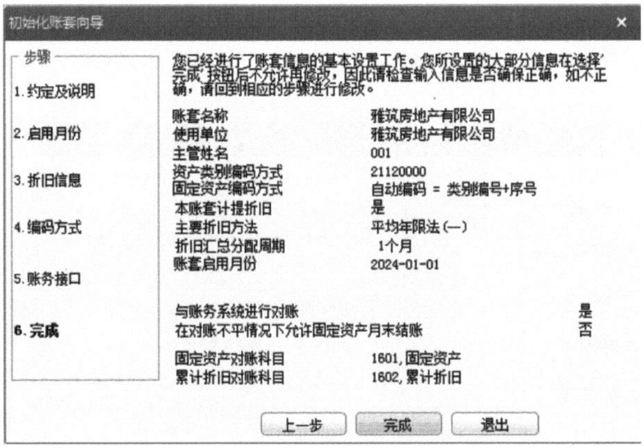

图 5-10　初始化账套向导-完成界面

⑧仔细审查系统给出的汇总报告，确认没有问题时，单击【完成】按钮，结束固定资产初始化建账过程，弹出系统提示，如图 5-11 所示。

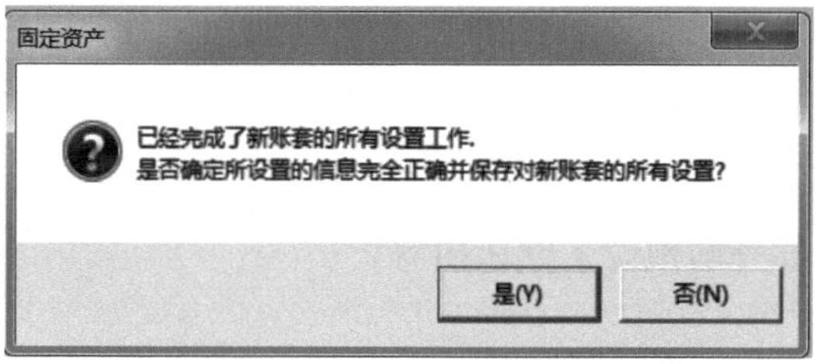

图 5-11　完成账套设置的提示界面

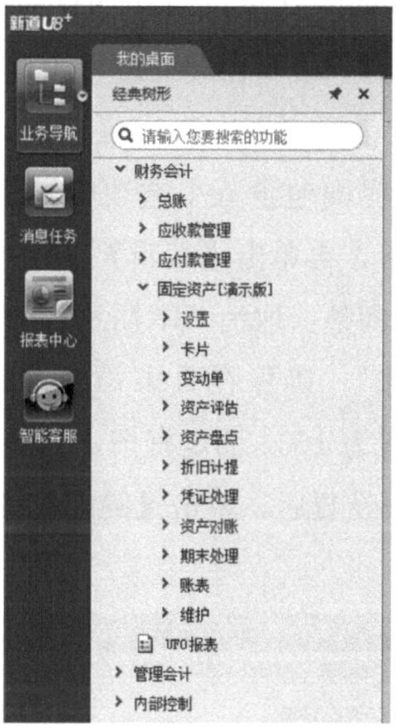

图 5-12　固定资产管理子系统主界面

⑨单击【是】按钮，系统弹出“已成功初始化本固定资产账套!”提示信息，单击【确定】按钮，系统将进入固定资产管理子系统主界面，如图 5-12 所示。

请注意，在完成账套建立后，若需调整账套中的特定参数，应在【固定资产】→【设置】→【选项】中进行相应的重新配置。若您发现某些设置出现错误且无法直接修改（例如：本账套是否计提折旧），但又必须纠正这些错误，那么您将不得不借助“重新初始化”功能。然而，请务必留意，一旦执行重新初始化，之前对子账套所做的一切工作都将被清除。

（四）固定资产管理子系统基础信息设置

在开始记账之前，您必须将手工记账时期所使用的相关信息，在账套内进行配置。这些基础设置是使用固定资产系统进行资产管理和核算的根基。在系统的各项基础设置中，除了资产类别和建账期初数据需要用户自行配置外，其他部分均预设了默认内容。

1. 选项设置

选项设置涵盖了在账套初始化时配置的参数，以及在账套运行过程中使用的其他参数或选择判断。这里仅对初始化时未设置的参数进行说明，而初始化过程中可修改的参数也可在此处进行调整。

操作步骤如下：执行【固定资产】→【设置】→【选项】命令，以打开【选项】对话框。选项界面包含五个选项卡界面，如图 5-13 所示。单击【与财务系统接口】选项卡，再单击【编辑】按钮即可进行选项修改。根据本章后续的实验资料进行调整：取消“本期发生额对账不平允许结账”“期末余额对账不平允许结账”；确保在月末结账前完成所有制单登账业务；“固定资产”对账科目设置为 1601 固定资产；“累计折旧”对账科目设置为 1602 累计折旧。完成选项设置后，单击【确定】按钮。

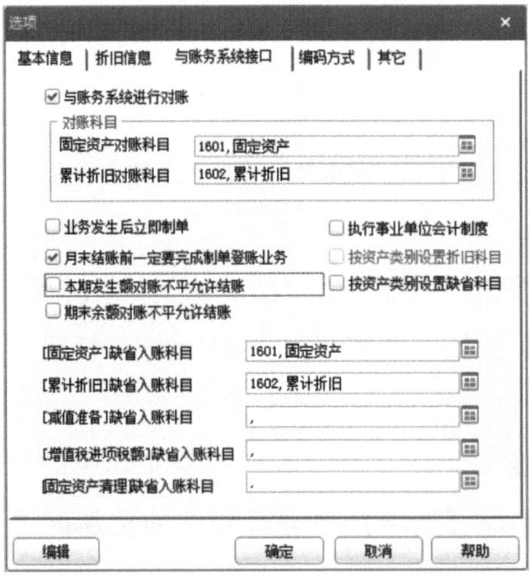

图 5-13　与账务系统接口选项设置界面

2. 部门对应折旧科目的设置

在录入卡片的过程中，由于本系统仅支持选择明细级别的部门，因此，仅对明细级别的部门设置折旧科目才具有实际意义。若为某一上级部门指定了相应的折旧科目，其下属部门将自动继承这一设置（在设置部门对应的折旧科目时，必须选择末级会计科目）。

实验的具体步骤如下：首先执行【固定资产】→【设置】→【部门对应折旧科目】命令，随后进入【固定资产部门编码目录】窗口，如图 5-14 所示。接着单击【财务部】→【单张视图】选项卡→【修改】命令。根据提供的实验资料进行修改，待所有部门对应的折旧科目修改完毕后，在【列表视图】选项卡界面中将展示所有已设置的部门对应的折旧科目信息。

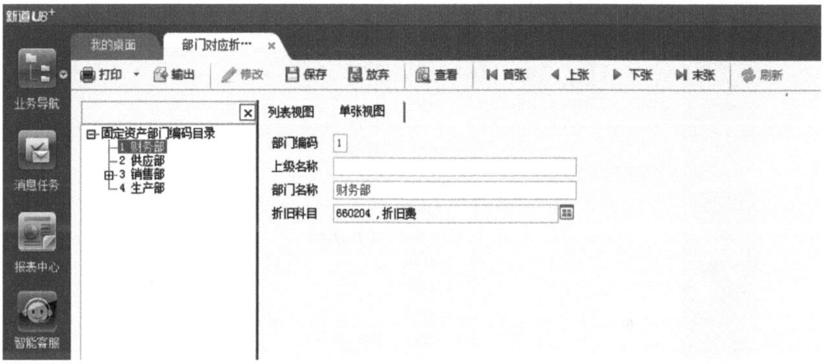

图 5-14　财务部对应折旧科目界面

3. 固定资产类别配置

在配置了固定资产类别之后，可以轻松地执行统计和查询等操作。在定义固定资产类别时，可以指定该类资产的折旧类型、常用折旧方法、预期使用年限以及预期净残值率。一旦这些参数被设定，当录入某项固定资产信息时，系统会自动将这些通用信息复制到相应的资产卡片中。当然，用户也可以根据特定固定资产的实际需求，对这些参数进行调整。

具体操作步骤如下。

① 执行【固定资产】→【设置】→【资产类别】命令，进入类别编码表。如图 5-15 所示，系统提供了资产类别的列表视图和单张视图两种展示

方式。在【资产类别】中设置固定资产分类编码表，单击菜单栏的【增加】按钮，系统将以单张视图的形式展示，以便输入新增的资产类别。

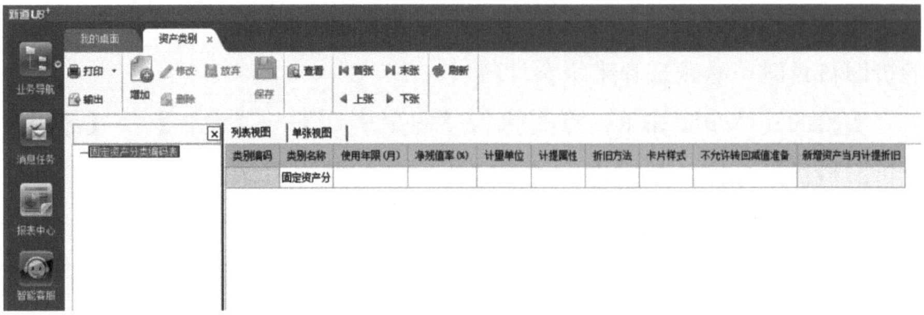

图 5-15　固定资产分类编码表进入界面

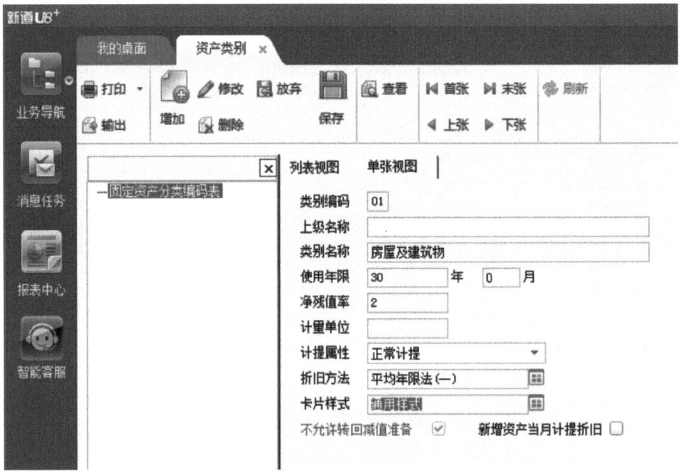

图 5-16　房屋及建筑物编码界面

②输入类别编码、类别名称、使用年限、净残值率、计提属性、折旧方法、卡片样式等信息，如图 5-16 所示，单击【保存】按钮。

③设置第二级类别时，应该先选中要添加上级的类别。例如增加“办公楼”时，应选中

，单击【增加】按钮，这样才能增加二级科目，如图 5-17 所示。类别编码、名称、计量属性、卡片样式不能为空。为了以后输入卡片方便，其他各项内容的输入可以为空。

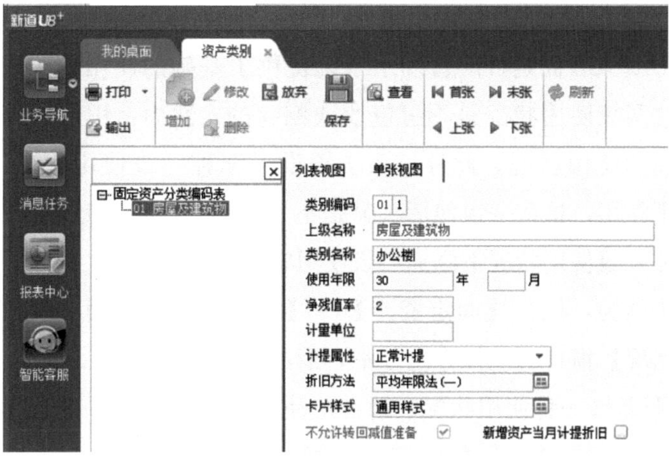

图 5-17　办公楼编码设置界面

④其他固定资产类别的设置同上面①—③步骤的操作，设置完成后，资产类别的列表视图如图 5-18、图 5-19 所示。

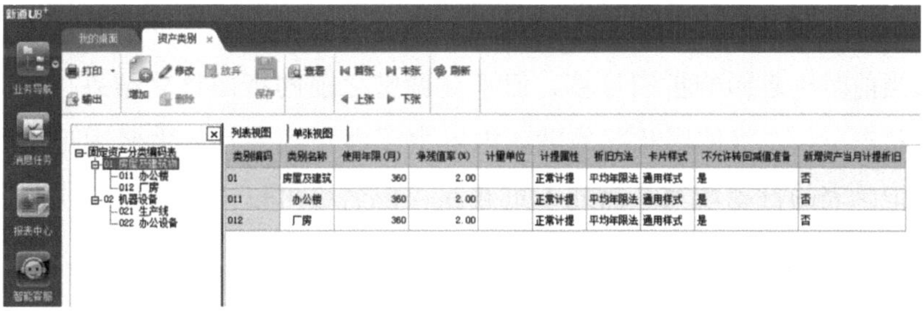

图 5-18　房屋及建筑物明细编码

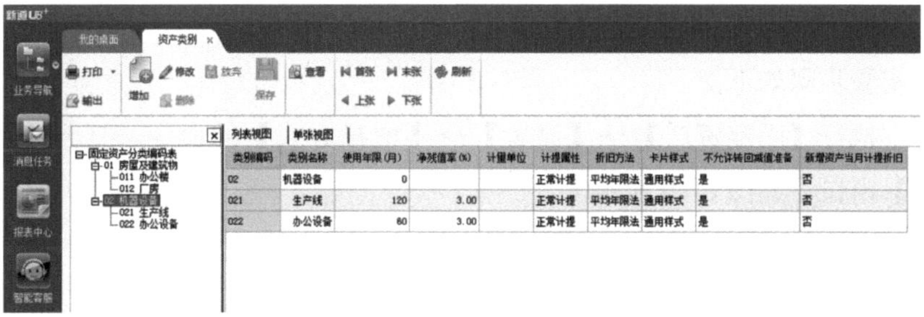

图 5-19　机器设备明细编码

4. 使用状况设置

用友 ERP-U8 固定资产管理子系统提供了基础的使用状况设置，分为两级，且这两级使用状况是不可修改或删除的。然而，用户可以在这些基础上定义新的使用状况。此外，系统预设了三种一级使用状况：使用中、未使用、不需用，这些一级使用状况是不允许增加、修改或删除的。但是，用户可以在一级使用状况下添加二级使用状况。

操作步骤为：执行【固定资产】→【设置】→【使用状况】命令，进入【使用状况】窗口。在操作过程中，请注意以下几点。

① 若要新增一种使用状况，请在“使用状况目录表”中选择相应的使用状况，接着单击【增加】按钮。此时，系统将显示该类别的“单张视图”，您可以在编辑区输入上级名称和使用状况名称。根据使用状况及本单位的实际情况，决定该资产是否需要计提折旧。确认无误后，单击【保存】按钮即可完成新增操作。

② 若要修改或删除一种使用状况，请从使用状况目录中选中需要修改或删除的使用状况，然后单击【修改】或【删除】按钮进行操作。

③ 对于已有的使用状况，若修改了“是否计提折旧”的设置，该变更将从当前时刻起影响折旧计算，但不会调整之前的折旧计算结果。在“在用”状态下，二级使用状况的默认内容由于涉及到卡片的大修理记录和停启用记录表的自动填写，因此不可删除，但名称可以进行修改。修改名称后，系统将视其为保持原有概念不变。

5. 增加方式设置

在系统中对固定资产的增减方式可以进行两级设置，用户可根据需要自行设置。

实验步骤如下。

①执行【固定资产】→【设置】→【增减方式】的命令，打开【增减方式】窗口，如图 5-20 所示。

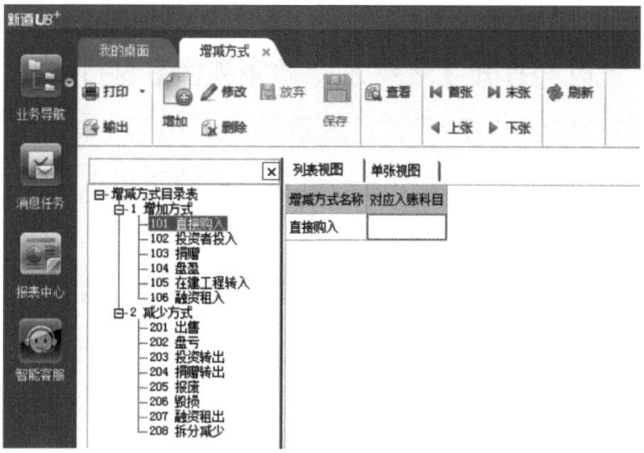

图 5-20　增减方式进入界面

在“列表视图”中，展示了系统预设的固定资产增减方式。用户可以根据企业的具体需求，对这些方式执行增加或删除操作。若需添加或移除特定的增减方式，应在窗口左侧的“增减方式目录表”中选择相应的增加方式或要删除方式的上级条目，然后单击【增加】或【删除】按钮完成操作。

要修改某个增减方式，首先在“增减方式目录”中选中该方式，随后单击【修改】按钮。这将自动将“列表视图”切换至“单张视图”选项卡，如图 5-21 所示。

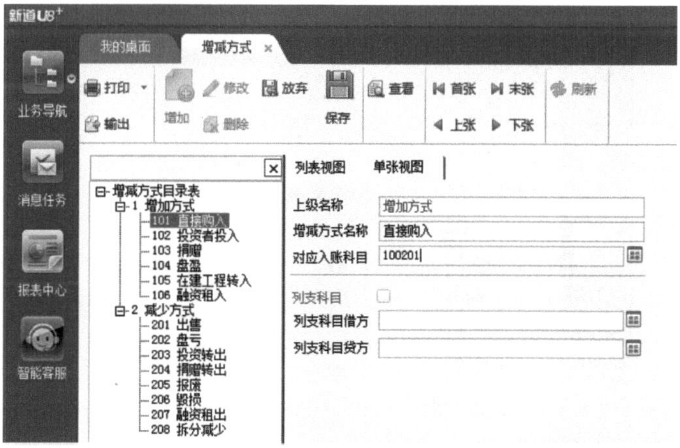

图 5-21　增加方式直接购入单张视图界面

②在左侧的“增加方式”目录下，选择“直接购入”选项，然后单击【修改】按钮。此时会打开【增减方式-单张视图】窗口，在“对应入账科目”栏中输入科目代码“100201”，或者单击右侧文本框中的【科目参照】按钮，从弹出的对话框中选择相应的科目。系统将根据输入的科目代码自动填充对应的科目名称。

③ 设置完毕之后，单击【保存】按钮，即可对设置的入账科目进行保存。增加方式全部设置完毕的列表试图界面如图 5-22 所示；减少方式全部设置完毕的列表试图界面如图 5-23 所示。

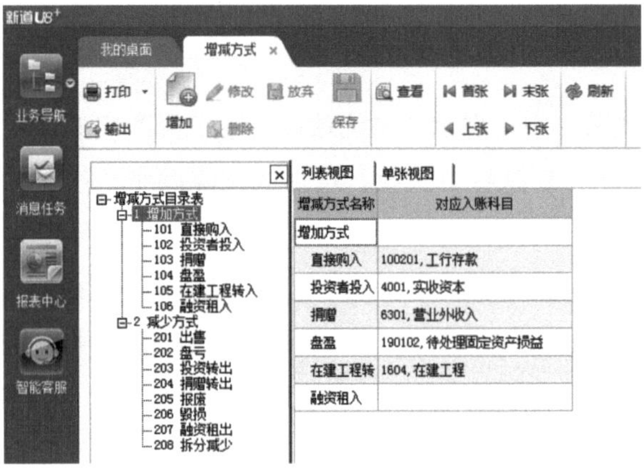

图 5-22　增加方式设置完毕的列表试图界面

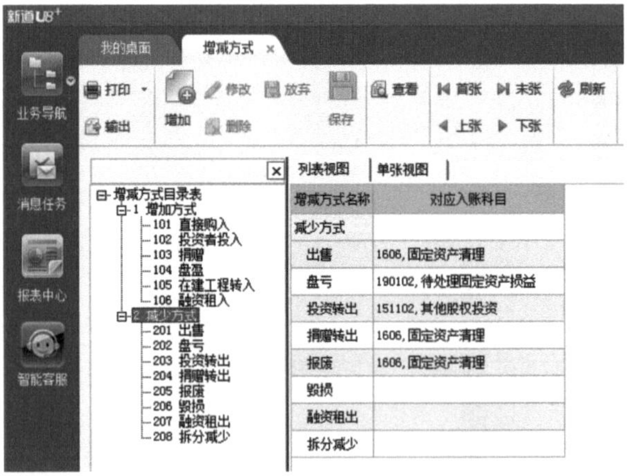

图 5-23　减少方式设置完毕的列表试图界面

若需对选定科目进行更改或移除，单击【修改】或【删除】按钮即可执行相应操作。此外，设定的对应入账科目旨在为凭证生成时提供默认选项。例如，当资产通过购买方式增加时，可将科目设定为“银行存款”；而当资产因投资者投入而增加时，科目则可设为“实收资本”，此科目默认记入贷方。相应地，在资产减少的情况下，可将科目设为“固定资产清理”，其默认记入借方。

在系统预设的增减方式中，“盘盈”“盘亏”“毁损”等项目是不可修改或删除的，因为系统生成的报表中包含了固定资产盘盈和盘亏的详细报告。请注意，非末级明细的增减方式不允许删除，且一旦被使用过的增减方式同样不可移除。在凭证生成过程中，若发现入账科目有变动，可立即进行修改。

6. 卡片项目设置

卡片项目是指在资产卡片上用于详细记录资产相关信息的各个条目，涵盖了诸如原值、资产名称、使用年限、折旧方法等核心要素，这些都是卡片上不可或缺的基础项目。

以下是设置卡片项目的实验步骤。

① 通过执行【固定资产】→【设置】→【卡片项目】的指令，打开【卡片项目定义】对话框。

② 单击【编辑】→【增加】按钮，在【名称】文本框中输入“生成厂商”，将“数据类型”设置为“字符型”，并定义“整数位长”为“20”。

③ 单击【保存】按钮，系统将提示“数据成功保存!”，确认后返回。

④ 若卡片项目出现错误，或不再需要时，可以对卡片项目进行修改或删除。

需要注意的是，对于已经定义的系统项目或自定义项目，数据类型是不可更改的。所有系统项目可以更改名称，相应地卡片上的项目名称也会更新，但项目本身的含义保持不变。已经使用中的系统项目和自定义项目是不允许删除的。

7. 卡片样式设置

实验步骤如下。

①执行【固定资产】→【设置】→【卡片样式】命令，进入【卡片样

式】窗口。在这里可以对卡片样式进行定义、修改或删除操作。请注意，若需新增卡片样式，您可以直接单击工具栏上的【增加】按钮。系统将提示您是否以当前卡片样式为基础来创建新样式。确认后，将显示通用卡片样式，您可以在其基础上进行修改，并保存为新的卡片样式。卡片格式上方会显示卡片名称“通用样式 1”，您也可以对其进行修改。如果工具栏上未显示“格式”栏，您可以将鼠标移至工具栏，单击右键，在弹出的右键菜单中选择【格式】菜单，以显示格式工具栏。在定义卡片样式时，您可以将系统项目或自定义项目移入或移出，调整固定资产卡片内容；您可以调整卡片项目的行高和列宽；您还可以设置卡片上显示文字的字型、字体、格式以及在单元格中的位置。

②完成卡片样式的定义后，单击【保存】按钮或在右键菜单中选择【保存】选项即可。请确保卡片样式上同时包含或不包含“项目”和“对应折旧科目”。如果修改了一个已经使用过的样式，这将影响到所有使用该样式录入的卡片。此外，对于已经使用过的样式（即在类别设置中已被选用，或已用该样式录入卡片的情况），系统将不允许删除。

③卡片模版的定义：单击【卡片模板定义】选项卡，单击【保存】按钮，完成定义。

8. 固定资产原始卡片的录入

在启用固定资产管理子系统进行资产核算之前，除了完成前述的基础准备工作外，还需将建账日期之前的资料准确录入系统，以确保历史数据的连贯性。值得注意的是，原始卡片的录入并不局限于第一个会计期间结账前，实际上，可以在任何时间进行录入。

具体操作步骤如下。

① 执行【固定资产】→【卡片】→【录入原始卡片】指令，打开【固定资产类别档案】对话框（如图 5-24 所示）。勾选“011 办公大楼”前的复选框，单击【确定】按钮或按下 Enter 键，即可进入“固定资产卡片（00001 号卡片）”的录入界面（如图 5-25 所示）。完成卡片上其他选项内容的录入后（如图 5-26 所示），单击【保存】按钮，系统将显示“数据成功保存!”信息提示；随后单击【确定】按钮。

② 在录入第二张期初卡片时，务必选择正确的固定资产类别。例如，

如果第一张卡片是办公楼类别，第二张是厂房类别，由于固定资产编号是固定的，因此类别不同则必须更换，如图 5-27 所示。

③ 依此类推，继续录入第三、四、五张期初卡片的期初数据。录入完成后，执行【固定资产】→【卡片】→【卡片管理】指令，打开【查询条件-卡片管理】对话框，将开始使用日期修改为“2022-01-01”至“2024-01-01”，单击【确定】按钮，即可查看录入的原始卡片在“在役资产”列表中。如图 5-28 所示。

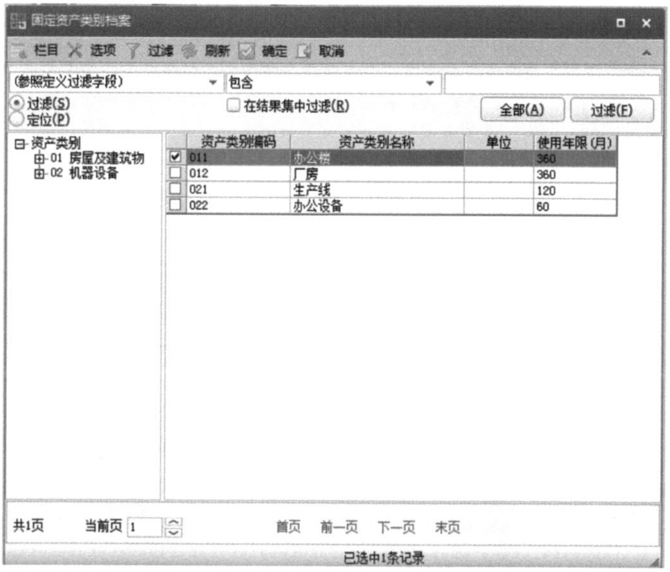

图 5-24　办公楼原始卡片进入界面

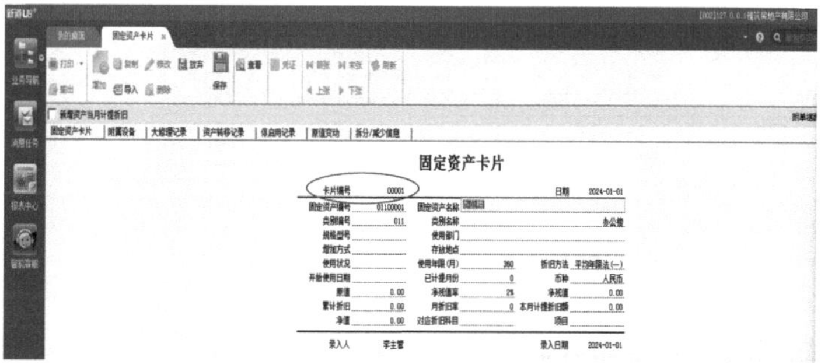

图 5-25　00001 号卡片录入界面

图 5-26　00001 号卡片录入完毕界面

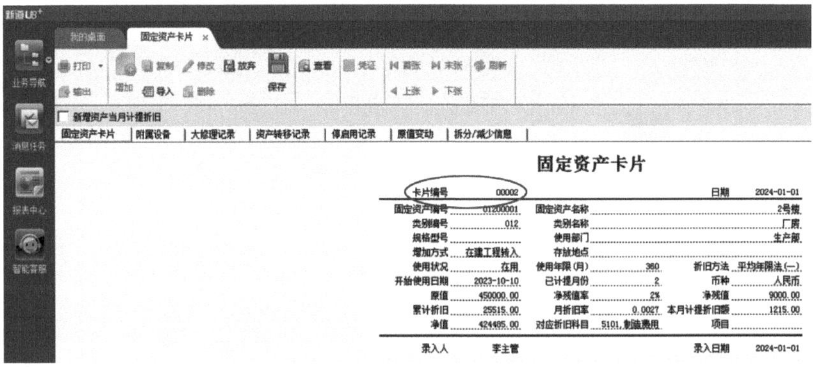

图 5-27　00002 号卡片录入完毕界面

图 5-28　卡片管理列表界面

在使用“固定资产卡片”界面时，请注意以下几点。

① 除了“固定资产卡片”选项卡外，界面上还包含若干附属选项卡。

这些附属选项卡上的信息仅供参考，不参与计算过程，也不会影响历史数据的追溯。

② 在进行原始卡片录入或资产增加操作时，允许为同一资产指定多个使用部门。

③ 当资产被多个部门共同使用时，资产的原值和累计折旧等数据可以根据预设比例在各使用部门间进行分摊。

④ 若一个资产关联多个使用部门，在“对应折旧科目”字段中将无法输入数据，系统将默认采用在选择使用部门时设定的折旧科目。

⑤ 录入数据完成后，可以通过执行【处理】→【对账】命令，来核对固定资产系统中录入的明细资料是否与总账中的固定资产数据保持一致。

第三节 固定资产管理子系统日常业务处理

固定资产管理子系统的日常业务处理涵盖了固定资产的增减变动、资产评估、凭证生成以及账簿管理等多个方面。

一、固定资产增减变动

（一）固定资产增加

固定资产的增加通常指的是企业通过购买或其他方式扩充其固定资产。在资产增加时，需要录入一张新的固定资产卡片，这与期初录入的卡片相对应。

（二）固定资产减少

固定资产减少涉及固定资产在使用过程中因损坏、出售、遗失等原因退出企业运营的情况。减少时，必须记录资产减少的相关信息，并详细说明减少的原因和方式。若固定资产减少操作出现错误，可通过“恢复减少”功能将资产状态恢复至减少前。

二、固定资产变动处理

（一）原值变动

在固定资产的使用过程中，若出现以下情况，则需进行原值变动处理：根据国家规定重新评估固定资产价值；增加或改进设备；拆除固定资产的部分组件；根据实际价值调整原先的估计价值；以及更正固定资产价值记录中的错误。原值变动包括原值的增加和减少两个方面。

（二）部门转移

固定资产在使用过程中因内部调配而发生的部门转移应立即处理，以避免影响部门折旧的计算。

（三）资产使用状况调整

固定资产的使用状况分为在用、未使用、不需用、停用、封存五种。应定期调整固定资产的使用状态，以确保设备折旧计算的准确性。

（四）资产使用年限调整

固定资产在使用过程中，其使用年限可能因重估或大修等原因需要调整。一旦调整，固定资产应从调整当月起按照新的使用年限计提折旧。同时，内部调配导致的部门变动也应迅速处理，以免影响部门折旧的计算。

（五）资产折旧方法调整

固定资产的折旧方法一旦确定，在当年内通常不作调整。若因特殊需要必须调整，应录入折旧方法调整变动单。

（六）变动单管理

变动单管理允许用户对系统生成的变动单进行查询、修改、制单、删除等操作。

三、资产评估处理

该系统的核心功能涉及固定资产评估处理，具体包括：手动输入或利用预设公式导入评估机构提供的数据，依据国家相关要求，手动记录评估结果或运用既定的评估公式来生成结果，以及对评估单进行有效管理。

四、凭证处理

在固定资产管理子系统与账务管理子系统之间，数据实现了自动传输功能。这一功能是通过固定资产管理子系统利用记账凭证向账务管理子系统传递相关数据来实现的。

通常情况下，一旦发生固定资产的增加、原值变动、减少或折旧计提等业务活动，就需要编制转账凭证。在编制转账凭证的过程中，系统会依据固定资产和累计折旧的入账科目设置、增减方式设置、部门对应的折旧科目设置以及业务数据，自动产生转账凭证。对于凭证中未填写完整的部分，用户可以进行手动补充。

五、账簿管理

账表涵盖账簿、折旧表、统计表、分析表四大类别。

（一）账簿

系统能够自动生成以下账簿：固定资产明细表、按部门或类别分类的明细账、固定资产登记簿以及固定资产总账。

（二）折旧表

系统内设有四种折旧表供选择：部门折旧计提汇总表、固定资产折旧计算明细表、固定资产及累计折旧表（一）以及累计折旧表（二）。

（三）统计表

系统提供七种统计表，包括：固定资产原值一览表、固定资产统计表、评估汇总表、评估变动表、盘盈盘亏报告表、逾龄资产统计表和役龄资产统计表。

（四）分析表

分析表旨在通过综合分析固定资产，为管理层提供决策支持。系统内有三种分析表：价值结构分析表、部门构成分析表和类别构成分析表。

（五）自定义报表

若系统提供的报表无法满足企业的特定需求，用户可自行创建一张自定义报表。

第四节　固定资产管理子系统期末处理

固定资产管理子系统的期末处理流程主要包括计提减值准备、计提折旧、对账以及月末结账等关键步骤。

一、计提减值准备

企业应在每个会计期末或至少在每年年度结束时，对固定资产逐一进行评估。若固定资产因市场价格持续下降或技术过时等原因，其可回收金额低于账面价值，企业应将这一差额确认为固定资产减值准备。请注意，固定资产减值准备必须按照单项资产进行计提。

二、计提折旧

系统将按期进行折旧计提，依据录入的资料自动计算每项资产的折旧额，并生成相应的折旧分配表。随后，系统将制作记账凭证，将本期的折旧费用自动入账。影响折旧计提的因素包括资产原值、减值准备、累计折旧、净残值（率）、折旧方法、预计使用年限以及资产的使用状况。

三、对账

只有在初次启动固定资产管理系统并设置参数，或在选项中选择了“与账务系统对账”参数时，才能启用本系统的对账功能。为确保固定资产管理系统的资产价值与账务管理子系统中固定资产科目的数据保持一致，可以随时使用对账功能对两个系统进行核对。系统在执行月末结账时会自动进行一次对账。

四、月末结账

月末结账是将当月的数据结算并转移到下个月的过程，每月执行一次。一旦完成结账，当期数据将无法修改。若发现错误，必须通过系统提供的

"恢复月末结账前状态"功能进行反结账，然后进行必要的更正。由于成本管理子系统每月从本系统提取折旧费用数据，一旦成本管理子系统提取了某期数据，则该期数据将无法进行反结账操作。

第五节 固定资产管理子系统业务处理实验操作

请将系统时间调整为2024年1月31日。

接着，以"002会计"身份登录系统：依次单击【开始】→【所有程序】→【用友新道U8+】→【企业应用平台】。打开【登录】对话框后，输入操作员编号"002"以及对应的账套信息，单击【确定】按钮，即可成功进入企业应用平台。

在企业应用平台界面，单击【业务导航】按钮，在"财务会计"的下拉菜单中选择并执行"固定资产"下的相关命令。

一、修改固定资产卡片信息

在2024年1月31日，需要将卡片编号为00003的固定资产（即A生产线）的使用状态从"在用"更改为"大修理停用"。

操作步骤如下：依次单击【固定资产】→【卡片】→【卡片管理】，直接定位至00003号卡片，进行编辑，将使用状态从"在用"改为"大修理停用"，如图5-29所示；单击【保存】按钮后，系统将显示"数据成功保存!"的提示信息框，随后单击【确定】按钮确认保存。

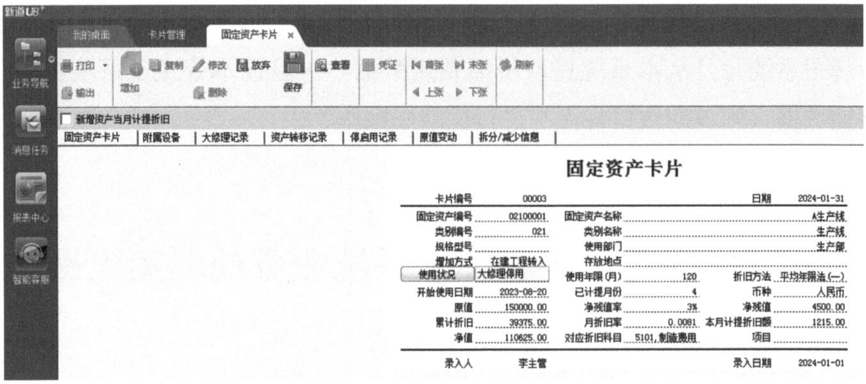

图 5-29 修改固定资产卡片界面

二、资产增加

资产的增加意味着在系统日常操作中，企业可能会通过购买或其他方式获得新的固定资产。这些新增资产通过“资产增加”功能录入系统。只有当固定资产的开始使用日期与录入的会计期间相同时，才能执行“资产增加”操作。

例如，在 2024 年 1 月 31 日，一台办公用电脑被直接购入并交付给销售一科使用。该设备的预计使用年限为 5 年，原价为 12000 元，预计净残值率为 3%，并且采用“年数总和法”进行折旧计算。

以下是执行资产增加的具体步骤。

①通过执行【固定资产】→【卡片】→【资产增加】命令，或单击工具栏上的【资产增加】按钮来开始操作。

②选择要录入的卡片对应的资产类别。如图 5-30 所示，选择“办公设备”。首先选择资产类别是为了确定卡片的格式。如果在查看或刚刚录入一张卡片后，系统将默认使用上次选择的资产类别，除非另外指定。

③输入或选择各项目的内容，如图 5-31 所示。通常需要录入的信息包括固定资产的名称、增加方式、使用状态、开始使用日期、原值、所属部门、预计使用年限、折旧方法以及对应的折旧科目。其他信息根据实际情况录入或省略。累计折旧和净值将在选择折旧方法后由系统自动计算。

④单击【保存】按钮，系统将显示“数据成功保存!”的信息提示框，随后单击【确定】按钮确认保存。

图 5-30　选择要录入的资产类别界面

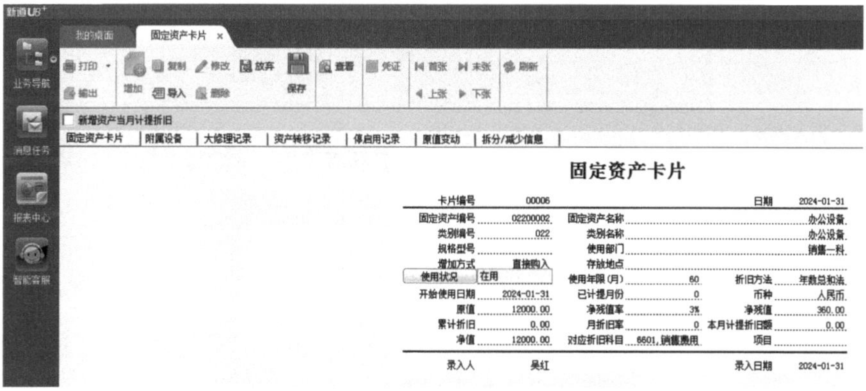

图 5-31　资产增加录入的卡片界面

需要注意的是：新卡片在录入的第一个月内不进行折旧计提，因此折旧额应为空或零；对于已使用过的固定资产，必须记录其已计提折旧的月份，即该资产在其他会计期间已计提的月份数；卡片录入时的原值应为月初的价值，以避免计算错误；如果录入的累计折旧或累计工作量大于零，则表明该资产为旧资产，其累计折旧或累计工作量是在资产进入本企业之前的数值；已计提月份应严格对应该资产在其他单位已计提的实际月份数，不包括任何停用期间等未计提折旧的月份，以确保折旧计算的准确性；只有在资产开始计提折旧后，才能使用资产减少功能，否则，减少资产数量必须通过删除卡片来实现。

三、计提折旧

操作步骤如下。

① 执行【固定资产】→【折旧计提】→【计提本月折旧】命令，系统将弹出【是否要查看折旧清单?】对话框，如图 5-32 所示。单击【是】按钮，系统接着弹出“本操作将计提本月折旧，并花费一定时间，是否要继续?”如图 5-33 所示；单击【是】按钮后，系统将显示【折旧清单】窗口，如图 5-34 所示。

图 5-32 计提折旧界面 1

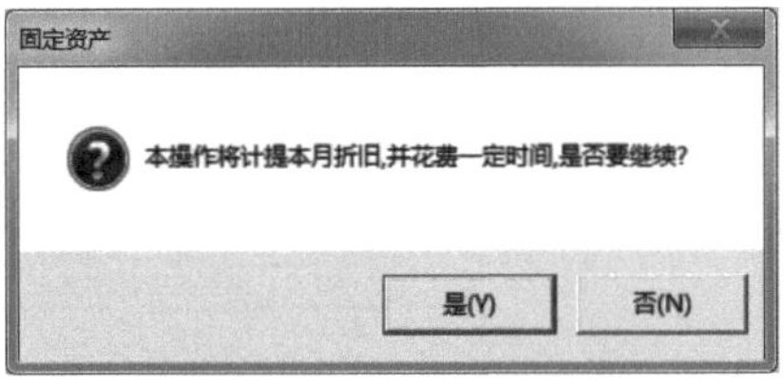

图 5-33 计提折旧界面 2

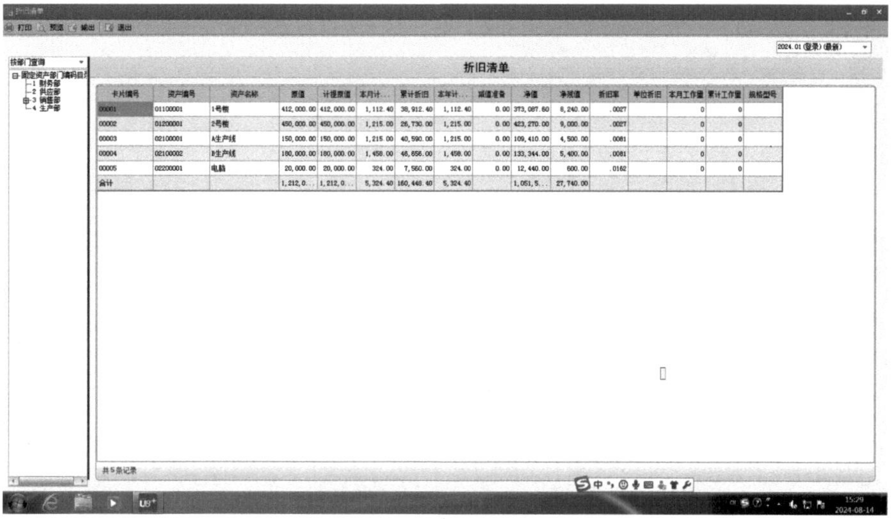

卡片编号	资产编号	资产名称	原值	计提原值	本月计...	累计折旧	本年计...	减值准备	净值	净残值	折旧率	单位折旧	本月工作量	累计工作量	规格型号
00001	01100001	1号楼	412,000.00	412,000.00	1,112.40	38,912.40	1,112.40	0.00	373,087.60	8,240.00	.0027		0	0	
00002	01200001	2号楼	450,000.00	450,000.00	1,215.00	26,730.00	1,215.00	0.00	423,270.00	9,000.00	.0027		0	0	
00003	02100001	A生产线	150,000.00	150,000.00	1,215.00	40,590.00	1,215.00	0.00	109,410.00	4,500.00	.0081		0	0	
00004	02100002	B生产线	180,000.00	180,000.00	1,458.00	46,656.00	1,458.00	0.00	133,344.00	5,400.00	.0081		0	0	
00005	02200001	电脑	20,000.00	20,000.00	324.00	7,560.00	324.00	0.00	12,440.00	600.00	.0162		0	0	
合计			1,212,0...	1,212,0...	5,324.40	160,448.40	5,324.40		1,051,5...	27,740.00					

图 5-34 折旧清单界面

②单击【退出】按钮后，系统将显示“计提折旧完成”的提示信息；随后单击【确定】按钮，将打开【折旧分配表】窗口，如图 5-35 所示。此时，您可以单击【凭证】按钮，创建一张记账凭证，并将凭证类别更改为“转账凭证”。单击【保存】按钮后，凭证左上角将显示“已生成”的标记，这表明凭证已成功传递至账务管理子系统，如图 5-36 所示；或者也可以选择在【批量制单】环节中制作转账凭证。

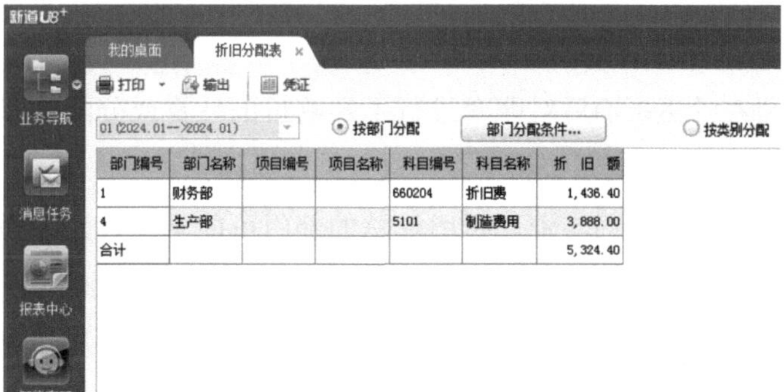

部门编号	部门名称	项目编号	项目名称	科目编号	科目名称	折旧额
1	财务部			660204	折旧费	1,436.40
4	生产部			5101	制造费用	3,888.00
合计						5,324.40

图 5-35 折旧分配表

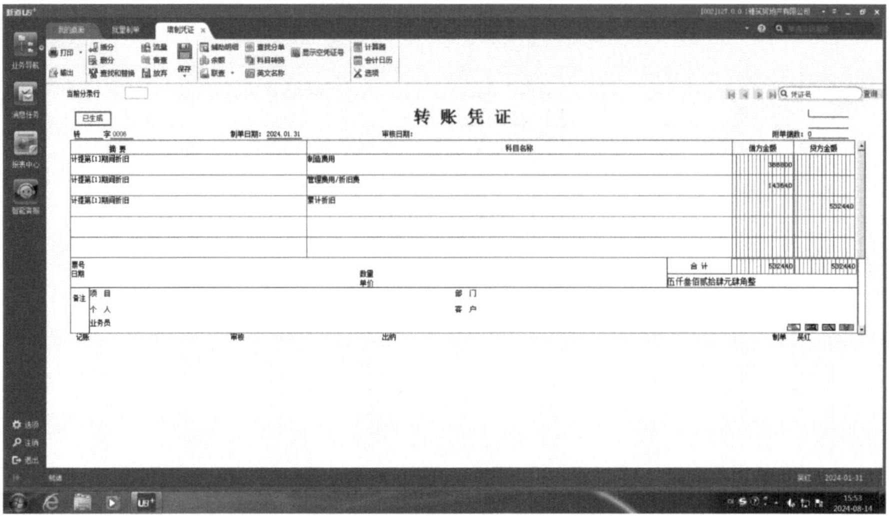

图 5-36　计提折旧转账凭证生成

请注意以下事项。

① 计提折旧功能将对各项资产进行周期性的折旧计提，并自动创建折旧分配表。随后，系统将生成记账凭证，并将当期折旧费用自动入账。

② 对于发生部门转移或类别调整的资产，当月的折旧将分配至变动后的部门和类别。在指定期间内，可以多次进行折旧计提。每次计提后，新增的折旧将累加至月初的累计折旧中，而不会重复计算。

③ 如果之前已经制作了折旧凭证并已传递至总账系统，那么在重新计提折旧之前，必须先删除该凭证。

④ 如果在计提折旧后对账套进行了影响折旧计算或分配的修改，则必须重新计提折旧，否则系统将不允许进行结账操作。

⑤ 资产的使用部门与资产折旧汇总的部门可能不同。为了提升资产管理效率，使用部门必须是明细部门，而折旧分配部门则不必局限于明细部门。不同单位可能有不同的处理方式，因此在计提折旧后及分配折旧费用时，需要做出相应的选择。

⑥ 在折旧费用分配表界面，用户可以选择单击【凭证】按钮直接制单，或者使用“批量制单”功能批量生成凭证。

四、批量制单

批量制单功能允许系统自动生成机制凭证。操作步骤如下。

① 执行【固定资产】→【凭证处理】→【批量制单】命令，打开【查询条件-批量制单】对话框，单击【确定】按钮后，进入【批量制单】窗口。系统将显示两张需要制单的单据，不能同时制单，需依次进行，如图 5-37 所示。双击“选择”栏，选中序号为 1 的制单业务，凭证类别为“付款凭证”，如图 5-38 所示。

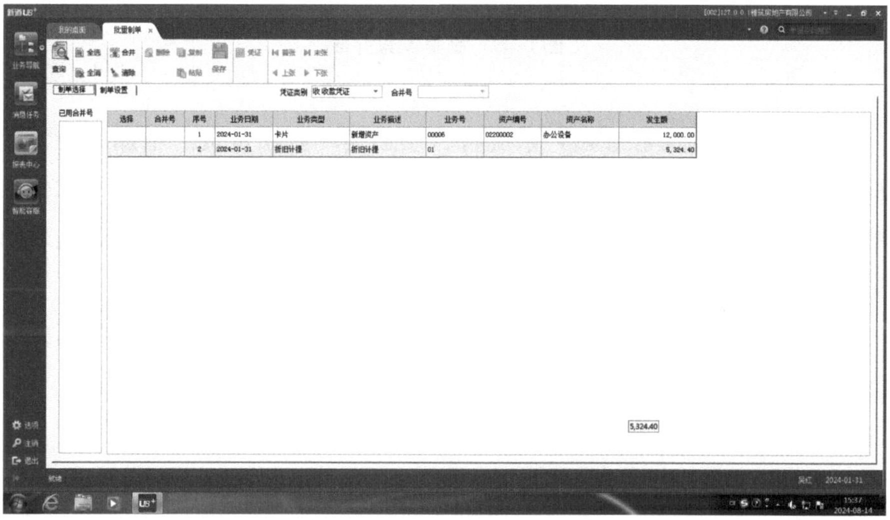

图 5-37　批量制单界面

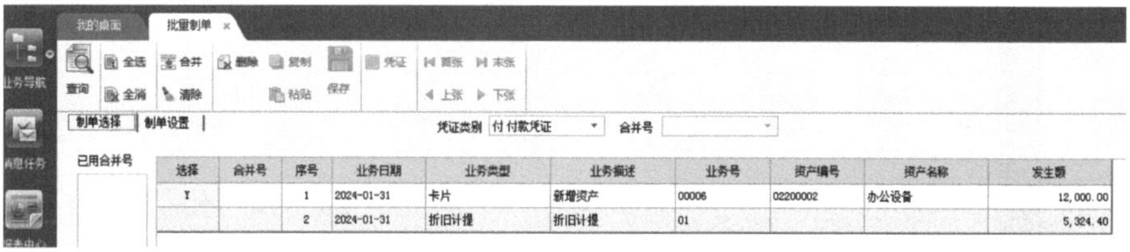

图 5-38　制单选择界面

②单击打开“制单设置”选项卡，进行制单科目设置，如图 5-39 所示。

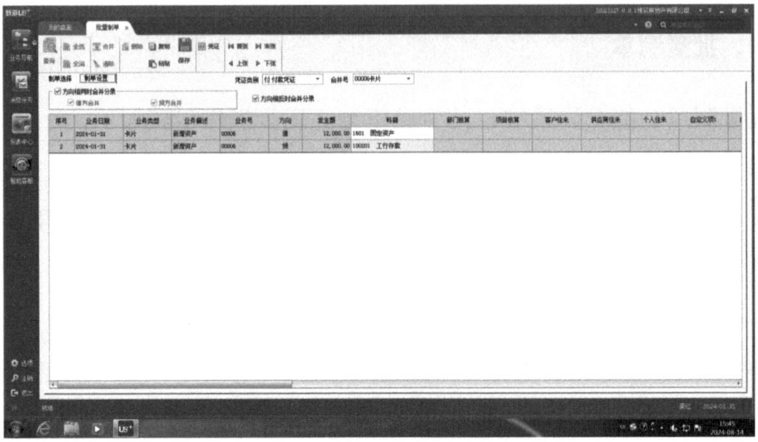

图 5-39　制单设置界面

③单击【凭证】按钮后，系统将自动创建一张固定资产增加的会计凭证，如图 5-40 所示。请务必检查凭证左上角的凭证类型是否标记为“付款凭证”。单击【保存】按钮后，凭证左上角将显示“已生成”字样，这表明凭证已成功传递至账务管理系统。

④按照相同的操作流程，可以设置新增固定资产的折旧计提的第二张会计单据。系统将自动产生折旧计提的会计凭证，如图 5-36 所示。

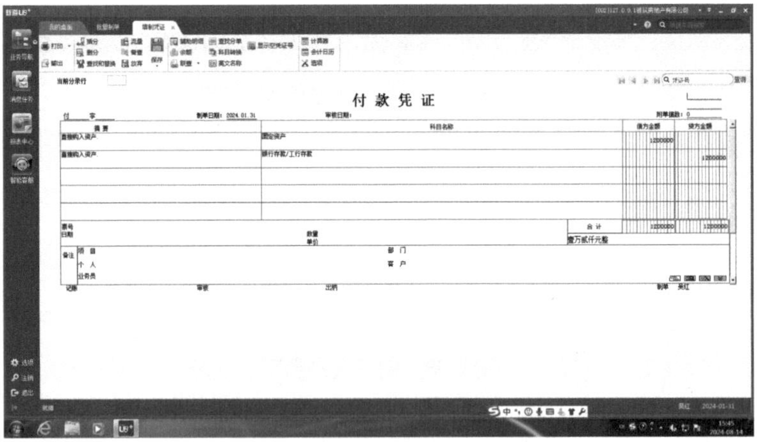

图 5-40　批量制单生成的固定资产增加的记账凭证

五、对账

（一）与账务系统对账

实验步骤如下：首先执行【固定资产】→【资产对账】→【对账】命令，打开【对账条件】对话框。在其中选择需要对账的科目，即“1601 固定资产”和“1602 累计折旧”，如图 5-41 所示。单击【确定】按钮后，将进入【与总账对账结果】对话框，如图 5-42 所示，该对话框会显示与总账对账的结果，其中对账不一致的部分将以黄色显示。首次对账结果出现不平衡，主要由于固定资产子系统自动生成的记账凭证尚未经过审核和记账。

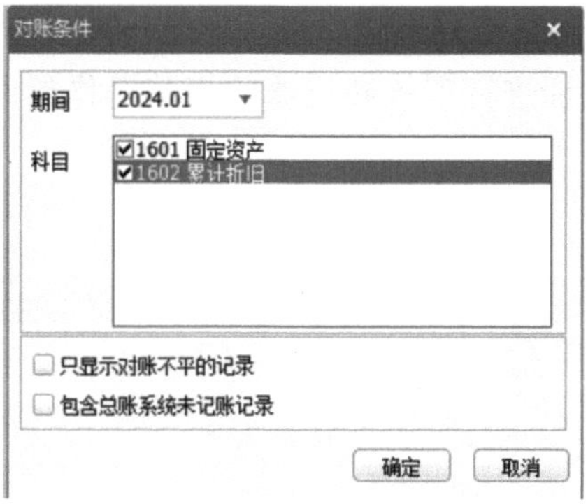

图 5-41　对账条件界面

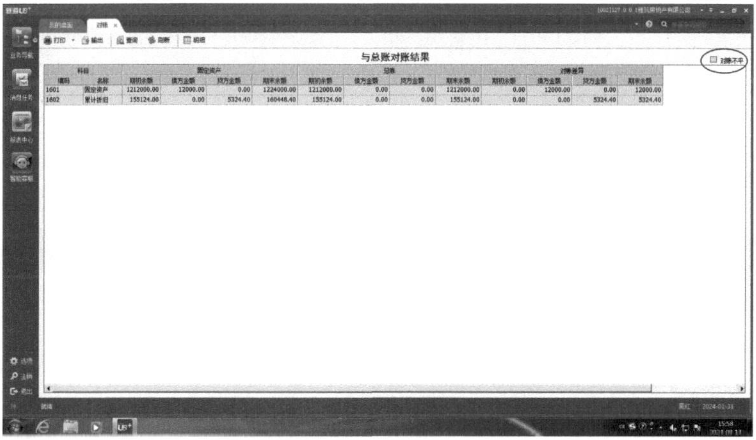

图 5-42　与总账对账结果界面

需要注意的是，只有在设置账套参数时选择了“与账务系统进行对账”，本功能才能被激活。若对账结果不平衡，需根据初始化时是否勾选“在对账不平情况下允许固定资产月末结账”来决定是否可以进行结账处理。由于在固定资产子系统中已计提折旧，但尚未在账务管理子系统中完成记账，因此产生了折旧差额。

（二）在账务管理子系统中审核并记账固定资产管理子系统生成的记账凭证

实验步骤具体如下。

① 由“003 张出纳”登录账务管理子系统（即总账系统），对新增的固定资产管理子系统生成的出纳凭证进行出纳签字，如图 5-43 所示。

② 由“001 李主管”登录账务管理子系统（即总账系统），对固定资产管理子系统生成的凭证进行审核和记账，相关操作界面分别如图 5-44、图 5-45、图 5-46 所示。

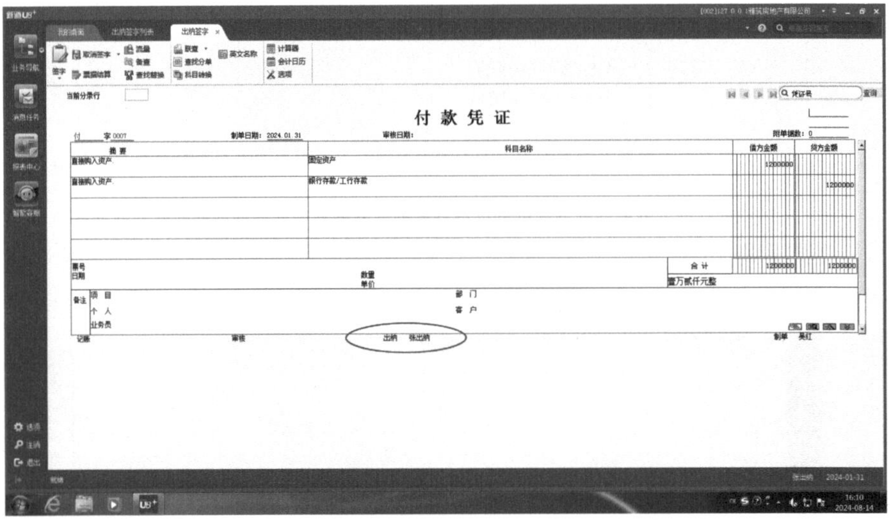

图 5-43　固资系统生成的付款凭证出纳签字界面

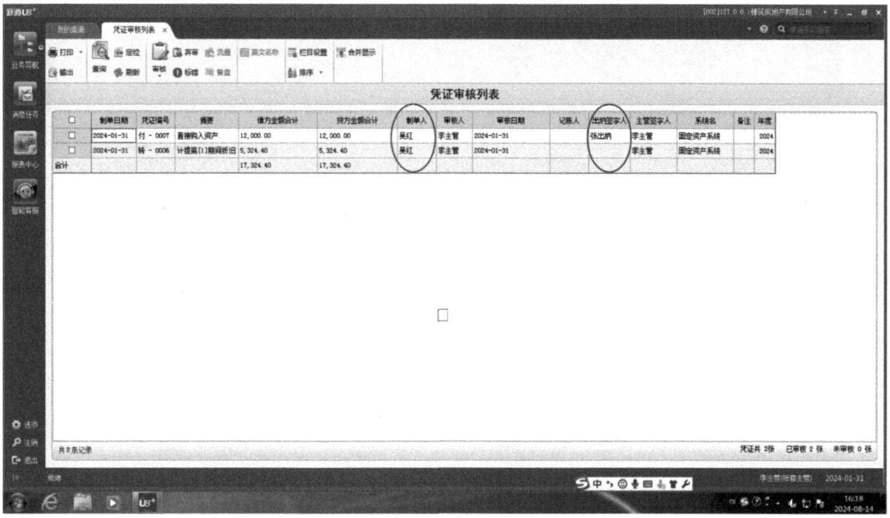

图 5-44　固资系统生成的记账凭证审核列表界面

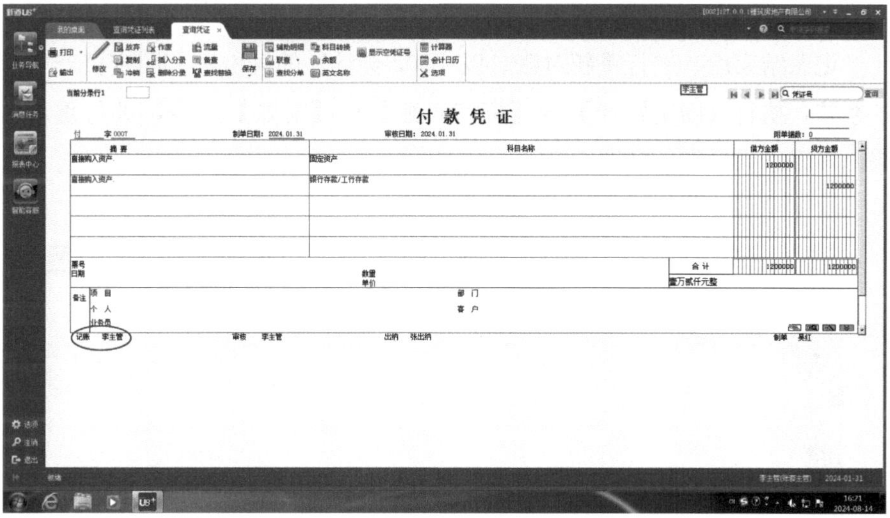

图 5-45　固资系统生成的付款凭证记账完毕界面

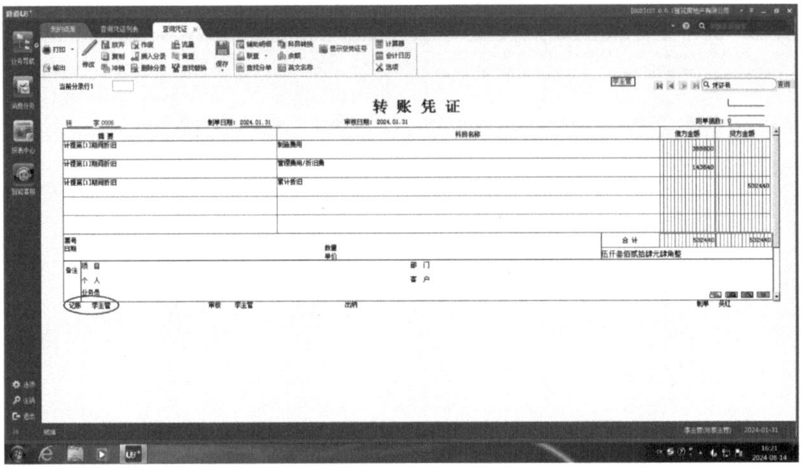

图 5-46　固资系统生成的转账凭证记账完毕界面

（三）重新进行对账

记账结束后，进行重新对账。以“002 会计”的身份进入固定资产管理子系统，执行【固定资产】→【资产对账】→【对账】命令，进行重新对账，对账结果平衡，如图 5-47 所示。

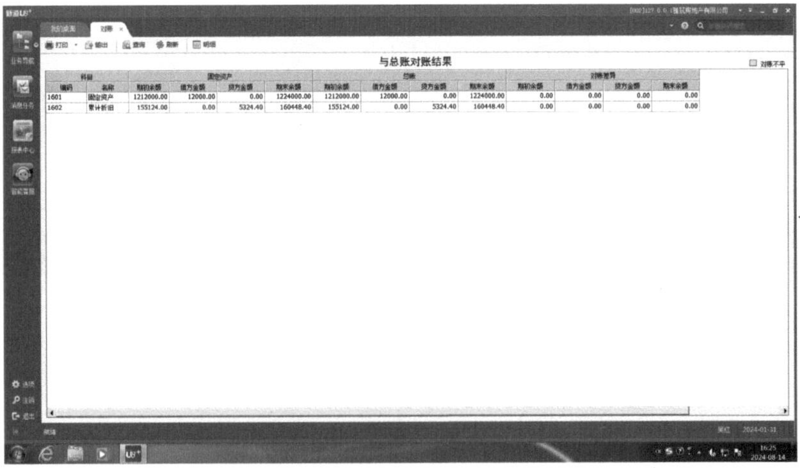

图 5-47　重新对账结果界面

六、月末结账

实验步骤如下。

①执行【固定资产】→【期末处理】→【月末结账】命令，打开【月末结账】对话框，如图 5-48 所示。

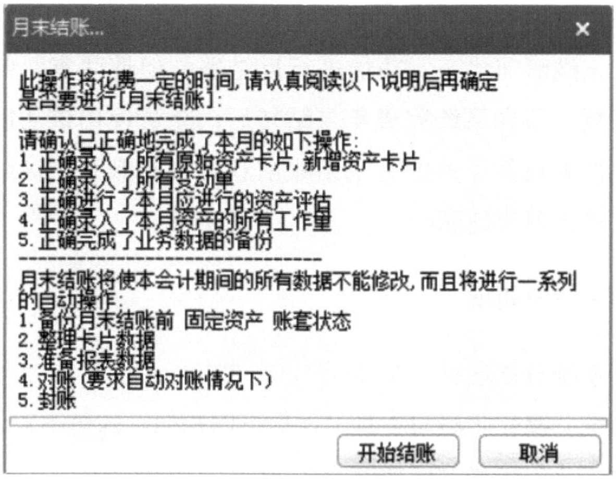

图 5-48　月末结账进入界面

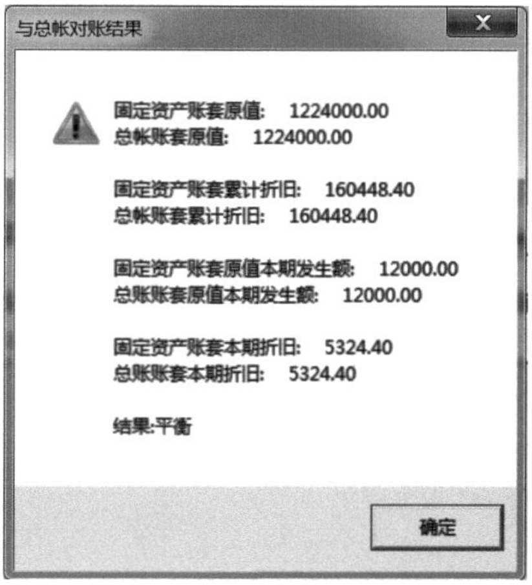

图 5-49　月末结账平衡界面

②单击【开始结账】按钮，系统将弹出“与总账对账结果”信息提示，

如图 5-49 所示；接着单击【确定】按钮，系统将显示【月末结账成功完成!】提示信息，并再次单击【确定】按钮。

在进行月末结账时，请注意以下事项：确保在固定资产管理子系统中完成了本月所有制单业务后，方可执行月末结账；月末结账应每月执行一次，一旦结账完成，当期数据将无法修改；若未完成结账，将无法处理下一期的数据；在结账前务必进行数据备份，以防数据丢失导致无法挽回的后果；若结账后发现有未处理的业务或需要修改的事项，可以使用系统提供的“恢复月末结账前状态”功能进行反结账，但请注意，此功能不支持跨年度数据恢复，即在系统完成年末结转后，无法使用该功能恢复年末结转数据；一旦恢复到某个月的月末结账前状态，本账套在该结账后所做的所有工作均可被无痕迹地删除。

七、计提 2 月份折旧

注意：将系统日期设置为 2024 年 2 月 29 日，并以“002 会计”身份重新注册进入系统。操作步骤与 1 月份计提折旧相似，这里不再详细说明。计提 2 月份折旧生成的转账凭证如图 5-50 所示。

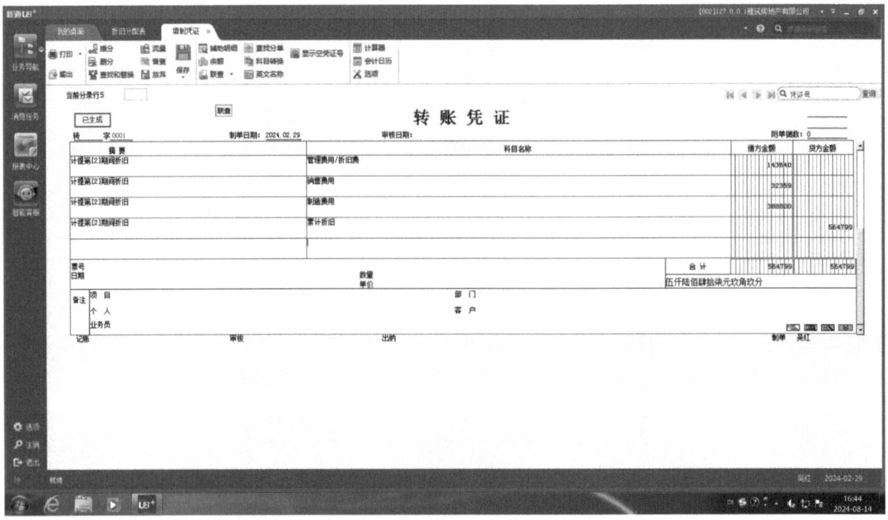

图 5-50　计提 2 月份折旧生成的转账凭证界面

八、资产减少功能

固定资产管理子系统提供了资产减少的批量操作功能，极大地便利了同时处理大量资产的清理工作。例如，在 2024 年 2 月 29 日，我们把编号为“00005”的电脑，一台原本由财务部使用的固定资产，捐赠给了希望工程。

具体操作步骤如下。

① 执行【固定资产】→【资产处置】→【资产减少】命令，以进入【资产减少】窗口。界面如图 5-51 所示。

② 选择需要减少的固定资产。如果待减少的资产数量不多或没有明显的共同特征，可以通过输入资产编号或卡片号，然后单击【增加】按钮，将这些资产添加到资产减少表中。反之，如果需要减少的资产数量较多且具有共同特征，则单击【条件】按钮，此时屏幕上会显示一个与卡片管理中自定义查询的条件查询界面相同的界面。在此输入相应的查询条件，系统将筛选出符合这些条件的资产，以便进行减少操作。

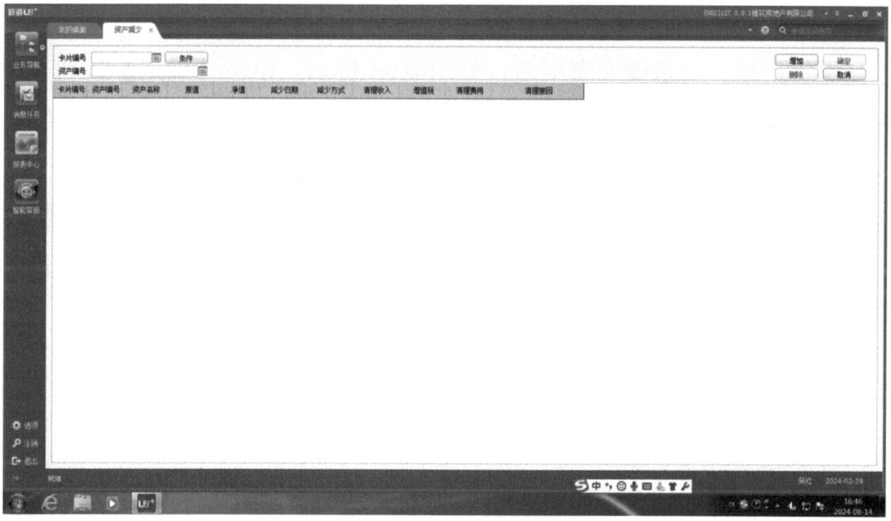

图 5-51　资产减少进入界面

③输入资产减少的信息：减少日期，减少方式，清理收入，清理费用，

清理原因。如果当时清理输入和费用还不知道，可以以后再在该卡片的附表“清理信息”中输入。如图 5-52 所示。

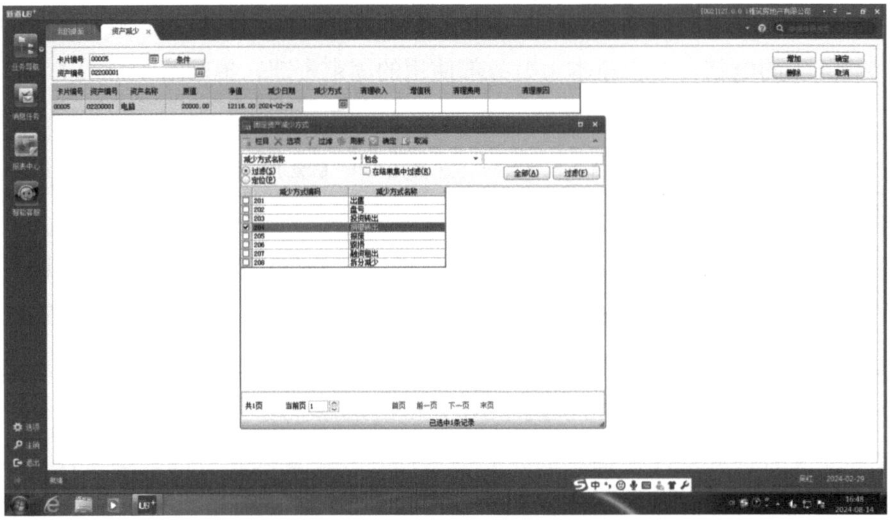

图 5-52　资产减少信息输入界面

④资产减少信息输入完毕后，如图 5-53 所示，单击【确定】按钮，即完成该（批）资产的减少。系统弹出【所选卡片已经减少成功!】提示信息。

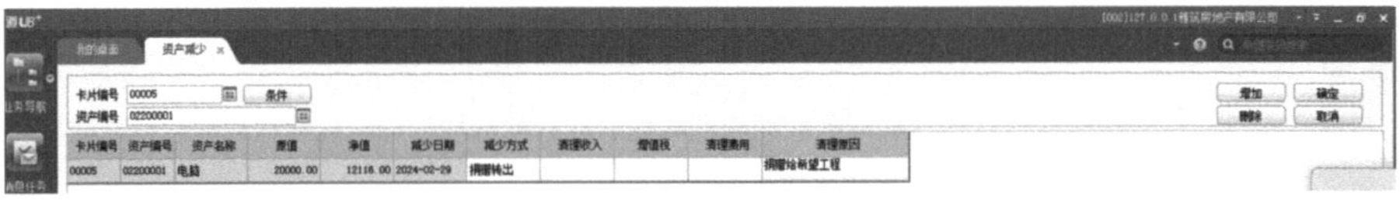

图 5-53　资产减少界面

需要注意以下问题。

①资产的清理信息可通过其附属页签“清理信息”进行查看。若当前账套已启用计提折旧功能，则必须在完成折旧计提后，方可执行资产的减少操作。

②查询已减少的资产：依据会计档案管理的相关规定，原始单据需保

留至指定的查阅期限后方可销毁。本系统允许用户查阅已减少资产的卡片信息，并提供设置系统自动删除这些资料的选项。在卡片管理界面，通过下拉框选择“已减少资产”，即可展示所有已减少资产的列表。单击任一列表项，即可查看该资产的详细卡片信息。

③撤销资产减少操作：资产减少的撤销功能旨在纠正错误。当月内减少的资产可以通过此功能恢复。请注意，只有在资产减少的当月内，方可执行恢复操作。在卡片管理界面，选择“已减少的资产”，勾选需要恢复的资产，然后单击【恢复减少】按钮即可完成操作。若资产减少操作已关联凭证，必须先删除相关凭证，才能进行恢复。

九、资产变动

2024 年 2 月 29 日，根据企业需要，将卡片 00004 号的固定资产（B 生产线）的折旧方法由“平均年限法（一）”更改为“工作量法”。工作总量为 60000 小时，累计工作量为 10000 小时。

实验步骤如下。

①执行【固定资产】→【变动单】→【折旧方法调整】指令，将打开“固定资产变动单”窗口，如图 5-54 所示。

②在“卡片编号”栏输入“00004”，或者单击“卡片编号”栏，选择“00004”；接着单击“变动后折旧方法”栏，再单击“变动后折旧方法”按钮，选择“工作量法”，然后单击【确定】按钮，将出现如图 5-55 所示的【工作量输入】界面。

③完成设置后，单击【确定】按钮。

④在“变动原因”栏输入“企业需要”，然后单击【保存】按钮。系统将显示提示信息框：“上一次计提折旧已制作了凭证，之后系统又发生了影响折旧数据的业务，需重新生成折旧分配表。请先删除此凭证后，才能进行此项操作!”如图 5-56 所示。由于之前已经完成了本月（2 月份）的计提折旧制单操作，并生成了相应的转账凭证（如图 5-50 所示），因此若要变更 2 月份的资产信息，必须先删除该凭证。这意味着 2 月份的折旧将在资产变动信息处理完毕后，需要重新计提。

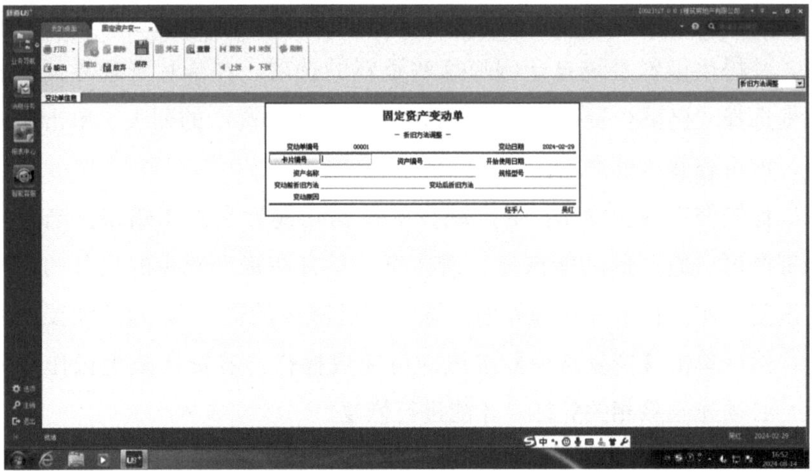

图 5-54　固定资产变动单进入界面

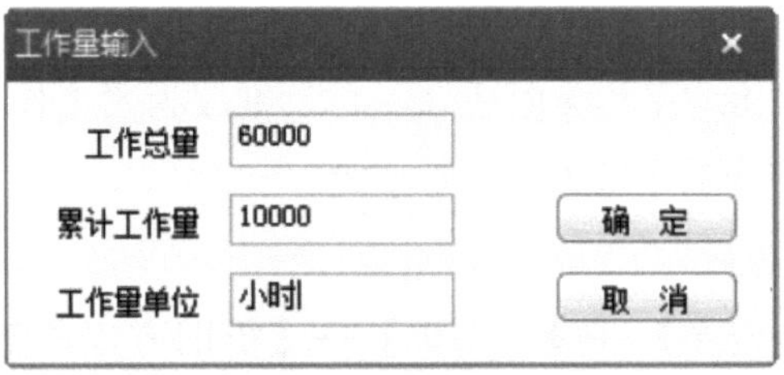

图 5-55　工作量输入界面

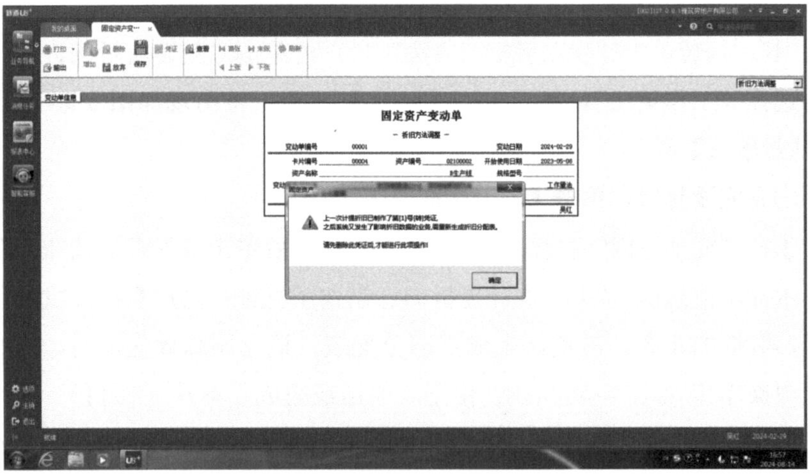

图 5-56　固定资产变动单无法保存的提示信息界面

⑤在删除了2月份已生成的计提折旧转账凭证（删除凭证的具体操作步骤请参见第3章）之后，重复执行上述的①②③步骤。

⑥在“变动原因”栏中输入“企业需要”，单击【保存】按钮，系统将提示“数据成功保存!”，随后单击【确定】按钮，即可完成该变动单的操作。

实验四　固定资产管理子系统

【实验目的】

1. 深入理解固定资产管理子系统的作用及其功能。
2. 熟练掌握系统初始化的流程和操作步骤。
3. 熟悉系统日常业务处理的流程和操作方法。
4. 掌握系统期末处理的流程和操作技巧。

【实验内容】

1. 固定资产管理子系统的参数配置和原始卡片的录入工作。
2. 日常业务处理包括：资产的增加与减少、资产状态的变动、资产评估、凭证的生成以及账表的查询。
3. 月末处理工作涵盖：计提减值准备、计提折旧、对账以及结账操作。

【实验准备】

导入实验二所使用的账套数据。

【实验资料】

1. 固定资产系统初始化

系统启用日期：2024年1月1日。

以“001李主管”的身份登录系统。

(1) 固定资产账套的初始化设置

账套启用时间：2024年1月。

选择“本账套计提折旧”选项。

主要折旧方法：平均年限法（一）。

折旧汇总分配周期：设定为每月一次。

选择“当（月初已计提月份＝可使用月份-1）时，将剩余折旧一次性提足（工作量法除外）”。

资产类别编码规则：采用 2-1-1-2 的结构。

固定资产编码方式：自动编码，采用类别编号＋序号的方式，序号长度为 5。

选择“与财务系统进行对账”功能。

固定资产对账科目：1601，固定资产；累计折旧对账科目：1602，累计折旧。

取消“本期发生额对账不平允许结账”和“期末余额对账不平允许结账”的选项。

（2）选项设置

“固定资产”默认入账科目：1601，固定资产。

“累计折旧”默认入账科目：1602，累计折旧。

确保在月末结账前完成所有制单和登账业务。

（3）基础设置

①部门对应折旧科目。

部门名称	贷方科目
财务部	660204，折旧费
供应部	6601，销售费用
销售部	6601，销售费用
生产部	5101，制造费用

②固定资产类别。

类别编码	类别名称	使用年限	净残值率	计提属性	折旧方法	卡片样式
01	房屋及建筑物	30	2%	正常计提	平均年限法（一）	通用样式
011	办公楼	30	2%	正常计提	平均年限法（一）	通用样式

续表

类别编码	类别名称	使用年限	净残值率	计提属性	折旧方法	卡片样式
012	厂房	30	2%	正常计提	平均年限法（一）	通用样式
02	机器设备			正常计提	平均年限法（一）	通用样式
021	生产线	10	3%	正常计提	平均年限法（一）	通用样式
022	办公设备	5	3%	正常计提	平均年限法（一）	通用样式

③固定资产增减方式。

增加方式	对应入账科目	减少方式	对应入账科目
直接购入	100201	出售	1606
投资者投入	4001	盘亏	190102
捐赠	6301	投资转出	151102
盘盈	190102	捐赠转出	1606
在建工程转入	1604	报废	1606

（4）期初卡片录入

卡片编号	00001	00002	00003	00004	00005
固定资产编号	01100001	01200001	02100001	02100002	02200001
固定资产名称	1 号楼	2 号楼	A 生产线	B 生产线	电脑
类别编号	011	012	021	021	022
类别名称	办公楼	厂房	生产线	生产线	办公设备
部门名称	财务部	生产部	生产部	生产部	财务部
增加方式	在建工程转入	在建工程转入	在建工程转入	在建工程转入	直接购入
使用状况	在用	在用	在用	在用	在用
使用年限	30 年	30 年	10 年	10 年	5 年
折旧方法	平均年限法（一）	平均年限法（一）	平均年限法（一）	平均年限法（一）	平均年限法（一）

续表

卡片编号	00001	00002	00003	00004	00005
开始使用日期	2023-09-08	2023-10-10	2023-08-20	2023-05-08	2022-06-01
币种	人民币	人民币	人民币	人民币	人民币
原值	412000	450000	150000	180000	20000
净残值率	2%	2%	3%	3%	3%
净残值	8240	9000	4500	5400	600
累计折旧	37800	25515	39375	45198	7236
月折旧率	0.0027	0.0027	0.0081	0.0081	0.0162
月折旧额	1112.4	1215	1215	1458	324
净值	374200	424485	110625	134802	12764
对应折旧科目	管理费用-折旧费	制造费用	制造费用	制造费用	管理费用-折旧费

2. 固定资产业务处理流程

系统时间设定为 2024 年 1 月 31 日。

以“002 会计”身份登录系统。

（1）修改固定资产卡片信息

在 2024 年 1 月 31 日，将卡片编号为 00003 的固定资产（A 生产线）的使用状态从“在用”更改为“大修理停用”。

（2）新增固定资产

同日，直接购入并交付销售一科使用的办公设备电脑一台，预计使用年限为 5 年，原价为 12000 元，净残值率为 3%，采用“年数总和法”进行折旧计提。

（3）计提折旧

（4）批量制单操作

（5）对账（发现不平衡）

（6）对之前生成的凭证进行记账处理

（7）重新对账（确保平衡）

（8）完成结账流程

（9）计提 2 月份折旧

将系统日期调整为 2024 年 2 月 29 日，并以“002 会计”身份重新登录系统。

（10）固定资产减少

在 2024 年 2 月 29 日，将财务部使用的电脑（固定资产编号 00005）捐赠给希望工程。

（11）固定资产变动

同日，根据企业需求，将卡片编号 00004 的固定资产（B 生产线）的折旧方法从“平均年限法（一）”变更为“工作量法”。该资产的工作总量设定为 60000 小时，当前累计工作量为 10000 小时。

第六章 应收款管理子系统

学习目标

1. 掌握应收款管理子系统与其他子系统之间的主要联系及其业务处理流程。

2. 熟悉应收管理子系统的初始化设置以及日常业务操作技巧。

3. 重点学习如何配置业务处理参数和核算规则、录入期初未结算的往来业务数据、处理应收单据、收款单、票据管理、转账、坏账处理以及月末结账。

4. 本章节的难点在于配置业务处理参数和核算规则、应收单据处理、收款单处理、坏账处理以及月末结账等方面。

思政素养

1. 阐述应收款管理在企业财务活动中的关键作用，强调诚信经营和规范管理的价值。

2. 通过学习初始化设置，使学生理解规范化在财务管理中的基础性作用，并培养他们严谨和细致的工作习惯。

3. 探讨在日常业务处理中规范性和准确性的必要性，以培养学生的专业道德和诚信观念。

4. 分析期末处理的重要性，以培养学生的责任感和对工作的敬业态度。

第一节 系统概述

本章将探讨一个关键的子系统，它在处理企业往来业务中扮演着至关重要的角色，主要负责核算和管理企业所面临的各种外来应收款数据。应收款管理子系统专注于核算和管理客户之间的财务往来，涵盖了企业因销售产品、材料或提供劳务而产生的应收款项，这些款项包括但不限于销售应收账款、其他应收款以及应收票据等。

一、应收款管理子系统的核心功能

应收款管理子系统的核心功能在于核算和管理客户之间的财务往来，即监控企业在日常运营中产生的各类应收款数据。根据核算和管理应收款项的复杂程度，企业可以选择两种不同的方法来处理客户往来款项：一种是在应收款管理子系统中进行核算，适用于销售业务中应收款项的核算与管理较为复杂，需要追踪每一笔业务的应收款项和收款情况，或者需要将应收款项核算细化到产品级别；另一种是在账务管理子系统中进行核算，适用于销售业务和应收款项相对简单，或者现金销售业务较多的情况，在账务管理子系统中通过辅助核算来完成。这里将重点介绍在应收款管理子系统中核算客户往来款项的系统功能。

应收款管理子系统的功能主要包括以下几个方面。

（一）初始化设置

初始化设置涉及系统参数的配置、基础信息的设定以及期初数据的录入。

（二）日常业务处理

日常业务处理涵盖了应收单据处理、收款单处理、票据管理、转账处理和坏账处理等关键环节。

应收单据处理涉及用户进行单据的录入和管理，通过这些操作可以记录和追踪各种应收业务单据，完成日常的应收业务管理。

收款单处理是指用户对已收到款项的单据进行录入，并进行核销的过程。核销的主要目的是确保收回客户款项、核销客户应收款，并建立收款与应收款之间的核销记录，以监督应收款的及时核销并加强往来款项的管理。

票据管理主要针对银行承兑汇票和商业承兑汇票，提供票据登记簿，记录票据的利息、贴现、背书、结算和转出等详细信息。

转账处理涉及日常业务中常见的应收款项冲销，包括应收冲应付、应收冲应收、预收冲应收以及红票对冲等业务处理。

坏账处理包括计提坏账准备、处理坏账发生以及坏账收回后的相关处理。

（三）信息查询

用户可以基于各种查询结果进行分析。常规查询包括单据查询、凭证查询和账款查询等。统计分析则包括欠款分析、账龄分析、综合分析和收款预测分析等，这些分析有助于用户及时发现潜在问题，并加强对往来款项动态的监督和管理。

（四）期末处理

期末处理包括结算汇兑损益和期末结账。对于有外币往来的公司，在月末需要计算外币单据的汇兑损益并进行相应处理。一旦当月所有业务处理完毕，就需要执行月末结账处理。只有完成月末结账后，企业才能开始下一个月的工作。月末处理主要包括汇兑损益结算和月末结账。

二、应收款管理子系统与其他子系统的主要关系

应收款管理子系统与其他子系统的主要关系如图 6-1 所示。

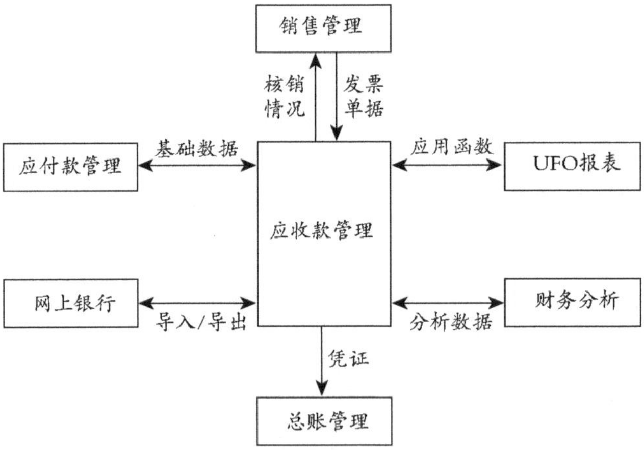

图 6-1　应收款管理子系统与其他子系统的主要关系

（一）与销售管理子系统的关联

销售管理子系统向应收款管理子系统提供经过审核的销售发票、销售调拨单以及代垫费用单。基于这些文档，应收款管理子系统生成相应的会计凭证，并处理发票的收款结算。同时，应收款管理子系统向销售管理子系统反馈销售发票和销售调拨单的收款结算状态，以及代垫费用的核销情况。

（二）与账务管理子系统的关系

应收款管理子系统不仅能够向账务管理子系统（总账管理）传递相关凭证，确保财务数据的连贯性和准确性，而且还具备强大的查询功能。通过这一功能，用户可以轻松检索到由应收款管理子系统产生的所有凭证，无论是发票、收款单还是其他财务文档。这样的设计不仅提高了工作效率，减少了人工核对的时间，还增强了财务透明度，使得每一笔交易都能追溯和审查。

（三）与应付款管理子系统的关系

在现代企业财务管理中，应收款管理子系统与应付款管理子系统之间的无缝对接显得尤为重要。这两个子系统不仅能够执行转账操作，确保资金流动的顺畅，而且在处理应收款项与应付款项的冲抵业务时，它们能够高效地进行匹配和结算。例如，当一家公司收到客户的付款时，应收款管理子系统会记录这一笔收入，并实时更新账户状态。与此同时，应付款管理子系统会监控公司的支付义务，确保及时向供应商或合作伙伴支付款项。

（四）与其他子系统的关系

应收款管理子系统为 UFO 报表提供应用函数支持，确保了财务数据的准确性和报表的高效生成。它不仅与网上银行系统实现了无缝对接，使得付款单的导入导出功能变得异常便捷，极大地提高了工作效率。同时，还向专家财务评估系统提供必要的分析数据，这些数据经过精心筛选和处理，为财务人员提供了深入洞察企业财务状况的有力工具。

三、应收款管理子系统的业务处理流程

应收款管理子系统的业务处理流程如图 6-2 所示。

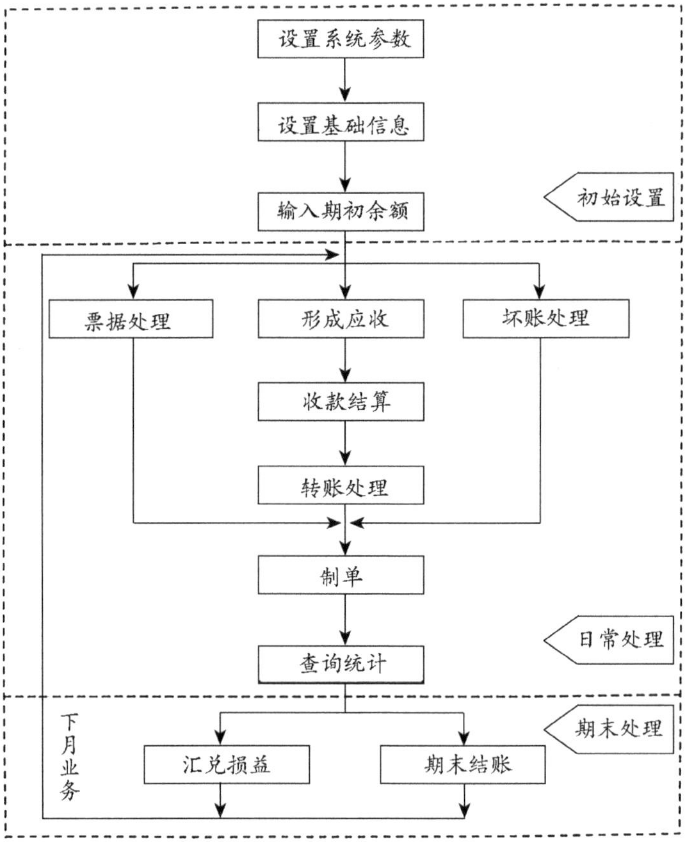

图 6-2 应收款管理子系统的业务处理流程

该流程的详细步骤涵盖以下五个关键方面。

①在启用应收款子系统后，若尚未创建相应的账套，需在系统管理模块中创建一个新的账套。一旦账套在系统管理中建立完成，即可在该子系统内选择并进入相应的账套。

②在首次进入某个账套时，必须进行账套参数的配置。

③在开始日常业务操作之前，应完成一系列初始化设置，并录入期初余额数据。

④日常业务处理涉及多种操作，包括但不限于单据处理、单据核销、票据管理、凭证处理以及坏账处理等。

⑤期末处理则包括汇兑损益的处理和月末结账的处理。

第二节　应收款管理子系统初始化

一、应收款管理子系统控制参数设置

在启动本系统之前，必须设置运行所需的账套参数。以下是应收款管理子系统控制参数的详细说明。

（一）选择应收账款的核销方式

系统提供三种核销方式：按余额、按单据、按存货。不同的核销方式将影响账龄分析的准确性。选择按单据或按存货核销，可实现更精确的账龄分析。

（二）选择设置控制科目的依据

控制科目指的是所有带有客户往来辅助核算的科目。系统提供三种设置依据：按客户分类、按客户、按地区分类。

（三）选择设置存货销售科目的依据

系统提供两种设置存货销售科目的依据：按存货分类设置和按存货设置。

（四）选择预收款的核销方式

系统提供两种预收款的核销方式：按余额、按单据。

（五）选择制单的方式

有三种制单方式：明细到客户、明细到单据、汇总。

（六）选择计算汇总损益的方式

系统提供两种计算汇总损益的方式：外币余额结算时计算、月末计算。

（七）选择坏账处理方式

系统提供两种坏账处理方式：备抵法、直接转销法。在使用过程中，若当年已计提坏账准备，则此参数不得修改，只能在下一年度进行修改。

（八）选择核算代垫费用的单据类型

根据初始设置中的“单据类型设置”，应收单的类型分为多种时，在此选择核算代垫费用单的单据类型。若应收单不分类，则无此选项。

（九）选择是否显示现金折扣

为鼓励客户在信用期内提前付款，采用现金折扣政策。选择显示现金折扣时，系统将在【单据结算】中显示【可享受折扣】和【本次折扣】，并计算可享受的折扣。若选择不显示现金折扣，则系统既不计算也不显示现金折扣。

（十）选择录入发票是否显示信息

若选择显示提示信息，则在录入发票时，系统会显示客户的信用额度余额及最后交易情况，这可能会降低录入速度。反之，选择不显示任何信息。在账套使用过程中，可以修改以上参数。

二、应收款管理子系统的基础信息设置

基础信息涵盖了多个关键设置，包括科目配置、坏账准备设定、账龄区间划分、报警级别设定、存货分类档案建立、单据类型和单据格式的定制等。至于其他公共信息，如会计科目、部门档案、职员档案、外币及汇率、结算方式、付款条件、地区分类、客户分类及档案等，这些已在系统管理和账务管理子系统的初始设置中完成。

（一）未完成的科目设置

若企业的应收业务类型相对稳定，相应的凭证类型也较为固定，为了简化凭证生成流程，建议在此处预先设定各业务类型凭证中常用的科目。

（二）坏账准备的设置

应收款管理子系统能够根据实际发生的应收业务情况，提供自动计提坏账准备的功能。

三、应收款管理子系统的期初数据录入

在首次使用本系统时，一旦完成客户档案的建立，您需要将所有未处理的应收账款、预收账款、应收票据等数据输入应收款管理子系统中，以便于后续的核销操作。进入第二年度后，系统会自动将上一年度未结清的单据转为新年度的期初余额。在新年度的第一个会计期间，您可以对期初余额进行调整。

在应收款管理子系统中，往来款项余额是根据单据进行录入的。例如，应收账款余额是通过发票录入，而预收账款余额则是通过收款单录入。录入完成后，您需要与账务管理子系统中的相应客户往来账户余额进行核对，以确保录入的往来未达账项与相应往来科目余额一致。

此外，发票和应收单的方向可以是正向或负向，类型包括系统预设的类型以及用户自定义的类型。对于预收款和应收票据，无需选择方向，系统默认预收款方向为贷方，应收票据方向为借方。

单据日期必须早于账套启用期间（对于第一年度使用）或会计年度期初（对于后续年度使用）。如果在初始设置的基本科目设置中指定了承兑汇票的入账科目，则可以录入该科目下的期初应收票据；否则，将无法输入期初应收票据。单据中的科目栏目用于输入该笔业务的入账科目，该科目可以留空。建议在输入期初单据时，最好填写科目信息，这样不仅可以执行与总账的对账功能，还能查询到准确的科目明细账和总账。

四、初始化设置的实验操作

（一）引入实验二的账套数据

执行【开始】→【所有程序】→【用友新道 U8＋】→【系统服务】→【系统管理】命令，或者鼠标双击电脑桌面【系统管理】快捷图标，启动系统管理，弹出【用友新道 U8［系统管理］】对话框。选择“系统”下拉框的“注册”，对系统进行注册（系统管理员 admin 的身份注册）。在“系统管理”中选择“账套”下拉框中“引入”，引入实验二中备份的“雅筑房地产有限公司期初余额录入完毕账套”的数据。

（二）应收款管理子系统初始化

根据客户往来款项的核算和管理需求差异，系统提供了两种应收账款核算模型：一种是“详细核算”，另一种是“简单模型”。这两种方案可供用户根据自身情况选择使用。

初始设置的主要目的是建立应收账款管理的基础数据框架，包括选择用于处理应收账款业务的单据类型，设定需要进行账龄分析的账龄区间，以及确定不同业务类型的会计科目。这些功能使得用户能够根据自身需求，使用自定义的单据类型进行录入、处理、统计分析和制单，从而使应收账款业务的管理更加贴合用户的实际需要。

为了模拟操作，请将系统日期调整为 2024 年 1 月 1 日，并以“001 李主管”的身份登录企业应用平台。操作步骤如下：单击【开始】→【所有程序】→【用友新道 U8+】→【企业应用平台】。打开【登录】对话框后，输入操作员编号“001”和所属账套信息，单击【确定】按钮，即可成功进入企业应用平台。

1. 系统参数设置

在启动本系统之前，需要在此环节设置运行所需的账套参数，确保系统能够根据用户设定的选项执行相应的处理。具体操作步骤如下。

①在企业应用平台中，单击【业务导航】按钮，在“财务会计”的下拉菜单中，依次执行【应收款管理】→【设置】→【选项】，以打开【账套参数设置】对话框。

②单击【编辑】按钮，系统将弹出提示框，显示“选项修改需要重新登录才能生效”，如图 6-3 所示；单击【确定】按钮后，根据实验资料对【常规】选项卡中的设置进行调整。在“坏账处理方式”中选择“应收余额百分比法”，然后单击【确定】按钮返回。

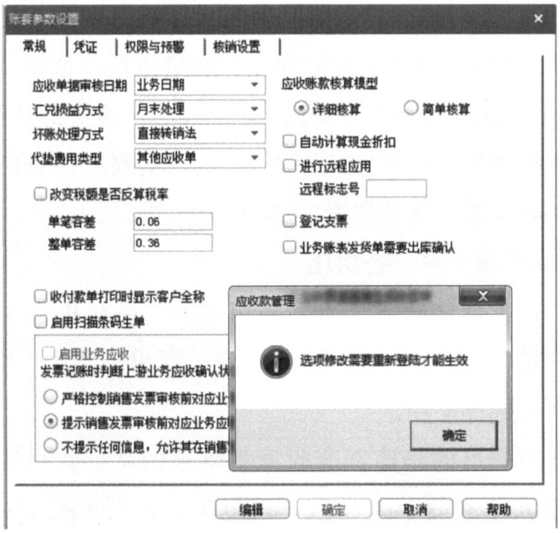

图 6-3 账套参数设置（常规）的界面

在【账套参数设置】选项卡中，用户可以设置如下选项。

a. 应收款核销方式：在下拉菜单中提供了“按单据”和“按产品”两个选项。选择“按单据”时，系统会列出所有符合条件的未结算单据，供用户选择并进行核销；而选择“按产品”时，系统则会根据存货列出符合条件的未结算单据，用户可选择特定存货进行核销。若企业在收款时未指定具体存货，则可采用按单据核销。对于价值较高的产品，企业可采用按产品核销，确保收款明确对应到特定产品。通常情况下，企业使用“按单据”选项进行核销即可。

b. 单据审核日期依据：下拉菜单中包含“单据日期”和“业务日期”两个选项，用于确定单据审核日期的基准。选择“单据日期”，则在单据处理功能中审核单据时，系统会自动将单据的审核日期（即入账日期）记录为该单据的单据日期；选择“业务日期”，则系统会将单据的审核日期记录为当前业务的日期（即登录日期）。

c. 汇总损益方式：系统提供了月末处理和外币结算两种方式。选择“月末处理”，系统将在每月末计算汇总损益，并显示所有外币余额或本币余额不为零的外币单据。选择“外币结算”，则仅在外币余额结算时计算汇总损益，并且只显示外币余额为零而本币余额不为零的外币单据。

d. 坏账处理方式：提供了四种坏账处理方法，包括应收余额百分比法、销售收入百分比法、账龄分析法和直接转销法。前三种方法需要在初始设置中输入坏账准备的期初余额和计提比例，或设定账龄区间，并在后续处理中进行维护。若选择“直接转销法”，只需在下拉菜单中选择该选项，坏账发生时即可直接将应收账款转为费用。在账套使用期间，若已计提坏账准备，则该参数不得修改，只能在下一年度进行年度修改。

e. 代垫费用类型：解决了销售管理系统传递的代垫费用单在应收系统中应使用何种单据类型接收的问题。系统默认为其他应收单，用户也可在单据类型设置中自定义单据类型，并在系统中进行选择。此外，系统还允许设置应收账款核算模型、是否自动计算现金折扣、是否进行远程应用等选项。需要注意的是，应收账款核算模型在系统启用时或未进行任何业务（包括期初数据录入）前，可从简单核算更改为详细核算，但从详细核算更改为简单核算则随时可行。然而，在数据存在的情况下，简单核算不能转换为详细核算。

③单击【编辑】按钮后，参照实验资料，对【权限与预警】选项卡中的设置进行调整，如图 6-4 所示。在“单据报警”选项中选择“信用方式”，并将“提前天数”设置为“7”。然而，您会注意到“控制客户权限”的复选框呈现灰色状态，无法进行勾选。为解决这一问题，请按照接下来的第④步操作。

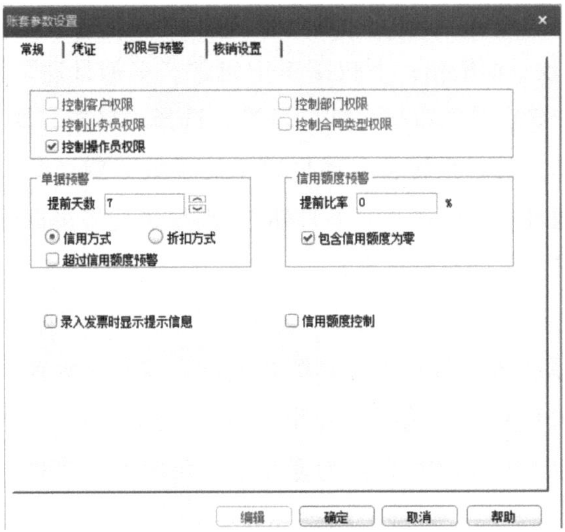

图 6-4　账套参数设置（权限与预警）的界面

④在企业应用平台，单击【业务导航】按钮后，在“系统服务”的下拉菜单中选择【权限】→【数据权限控制设置】命令，以打开【数据权限控制设置】对话框，如图 6-5 所示。接着，在“记录级”选项卡中勾选“客户档案”和“客户权限维度”选项，然后单击【确定】按钮以返回。

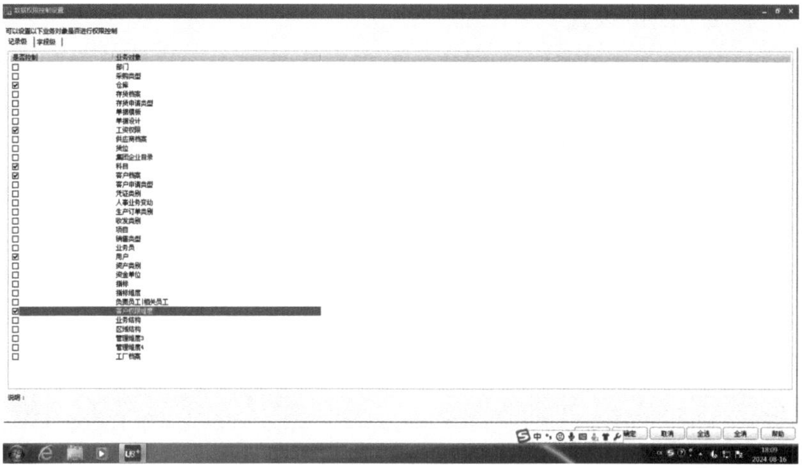

图 6-5　数据权限控制设置的界面

⑤再进行①②③步实验操作，在【账套参数设置】对话框中选中“控制客户权限”复选框，如图 6-6 所示，单击【确定】按钮，完成实验资料的系统参数设置。

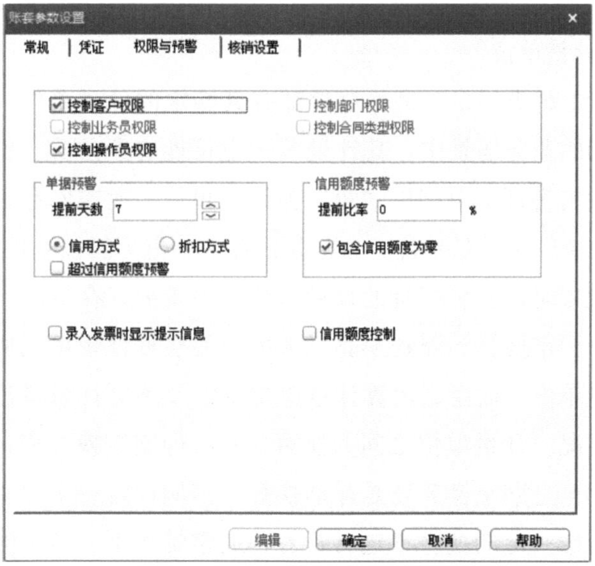

图 6-6　账套参数设置（权限与预警-控制客户权限）的界面

2. 存货分类的设置

在进行存货分类设置时，面对企业存货数量庞大，可以采取特定方法对存货进行有序管理。存货分类依据存货本身的特点或属性，将其细分为不同的类别。具体操作步骤如下：在企业应用平台内，依次单击【基础设置】→【基础档案】→【存货】→【存货分类】，以打开【存货分类】窗口；接着，单击【增加】按钮，根据提供的实验资料，逐项输入存货分类的相关信息，参见图 6-7；最后，单击【保存】按钮完成设置。

图 6-7　存货分类界面

3. 设置计量单位

企业存货的种类很多，每种存货都有其特定的计量单位。即便同一种存货，在不同的业务场景中，其计量单位也可能有所差异。例如，某物品在采购和批发销售环节可能以“箱”为计量单位，而在库存管理和零售环节则可能以“盒”为计量单位。在财务核算中，也可能按单件计价。因此，在进行基础设置时，明确存货的计量单位至关重要。存货的计量单位可以分为无换算、固定换算和浮动换算三大类。无换算计量单位通常指的是物品的自然计量单位，而固定换算计量单位则涉及不同计量单位间具有固定换算比率的情况。计量单位之间的换算关系，即固定换算率，定义了固定换算单位。无论是固定换算还是浮动换算，都应设定一个“主计量单位”，其他单位则依据一定的换算率进行折算。通常情况下，最小的计量单位被设定为主计量单位，而其他计量单位则称为辅计量单位。

以下是实验步骤。

①在企业应用平台中，依次单击【基础设置】→【基础档案】→【存货】→【计量单位】，打开“计量单位”窗口，如图 6-8 所示。

② 单击【分组】按钮或在菜单栏【操作】下拉框中选择“分组”，将弹出如图 6-9 所示的计量单位组对话框；单击【增加】按钮，输入“计量单位组的编码”为 1，“计量单位组名称”为“基本计量单位”，然后单击“计量单位组类别”栏的【下拉】按钮，选择“无换算率”。单击【保存】按钮，随后单击【退出】按钮以退出设置，如图 6-10 所示。

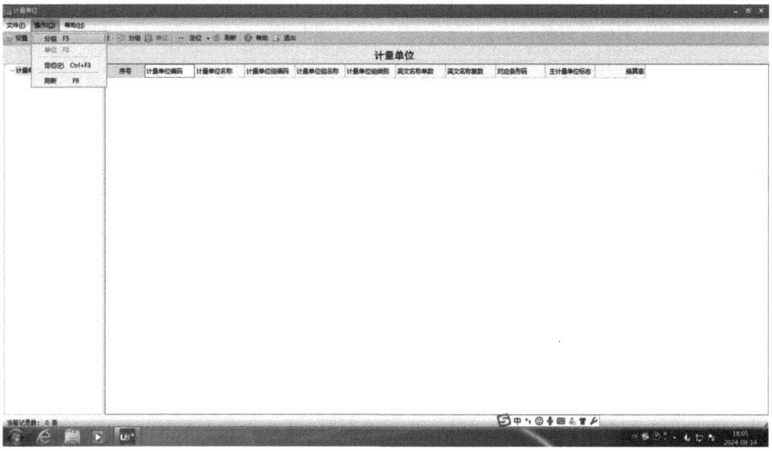

图 6-8　计量单位界面

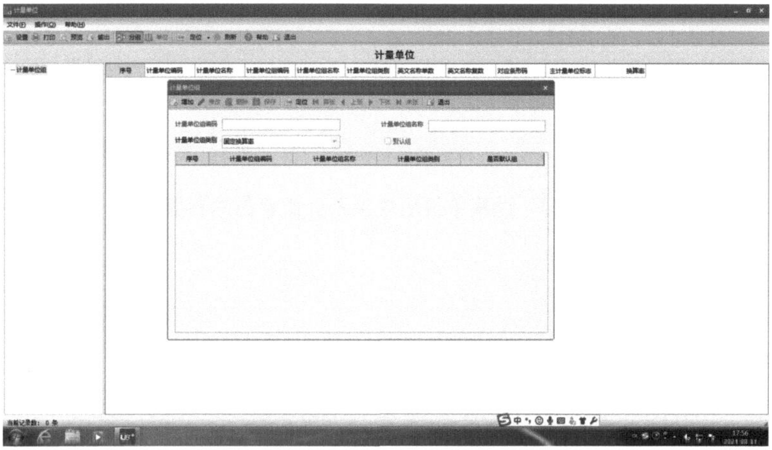

图 6-9　计量单位组进入界面

③增加计量单位组里的计量单位。单击【单位】按钮或者菜单栏【操作】下拉框中的“单位”，弹出【计量单位】对话框，如图 6-11 所示。单击【增加】按钮，根据实验资料逐一录入计量单位组中的计量单位，如图 6-12 所示。

④录入完毕，单击【保存】按钮，进入计量单位列表对话框，如图 6-13 所示。

图 6-10　计量单位组增加成功界面

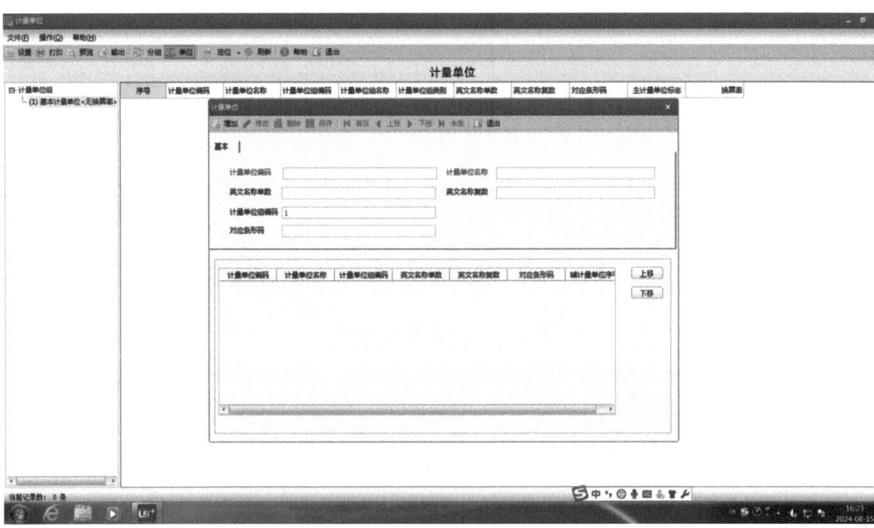

图 6-11　计量单位组中录入计量单位的界面

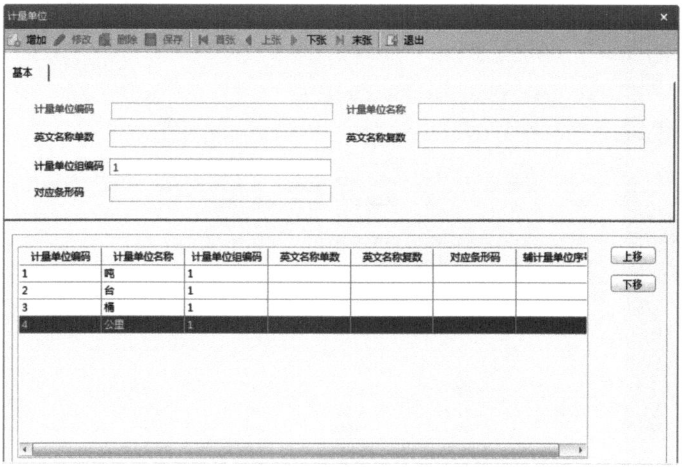

图 6-12　计量单位录入完毕界面

图 6-13　计量单位列表

4. 存货档案的设置

实验步骤如下。

①执行【基础设置】→【基础档案】→【存货】→【存货档案】命令，打开【存货档案】窗口，如图 6-14 所示；选择“存货分类”为“原料及主要材料”，单击【增加】按钮，弹出【增加存货档案】窗口，如图 6-15 所示。

图 6-14　存货档案进入界面

图 6-15　增加存货档案录入界面

②依据实验数据，逐项输入存货档案信息，并单击【保存】按钮。完成“原料及主要材料”存货档案录入后的界面展示，见图 6-16。依此类推，选择“存货分类”为“3”或“4”，继续逐项输入相应的存货档案，并单击【保存】按钮。

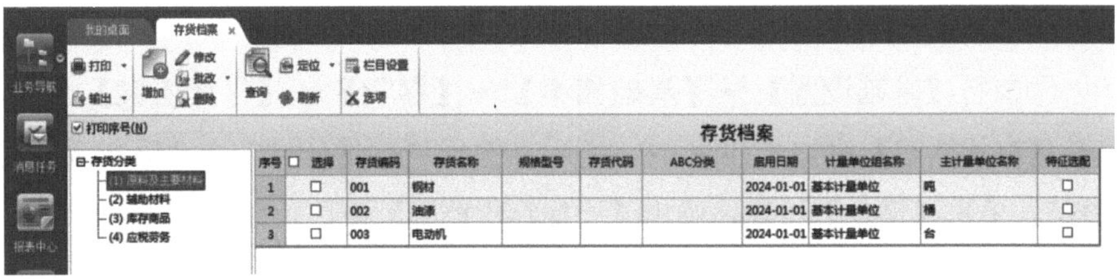

图 6-16　存货档案（原料及主要材料）分类列表

5. 基本科目设置

初始设置与应收业务单据紧密相关，用户可选择自定义设置应收业务单据。基础设置与同级分析相连接，支持对应收款、预收款以及往来业务的账龄分析查询功能。根据用户自定义的科目和不同的业务类型，系统能够生成凭证并自动填充科目信息。

实验步骤如下。

①执行【基础设置】→【基础档案】→【财务】→【会计科目】→【查找】命令，如图 6-17 所示。录入“1121 应收票据”，单击【查找】按钮，弹出如图 6-18 所示找到的 1121 会计科目的对话框。

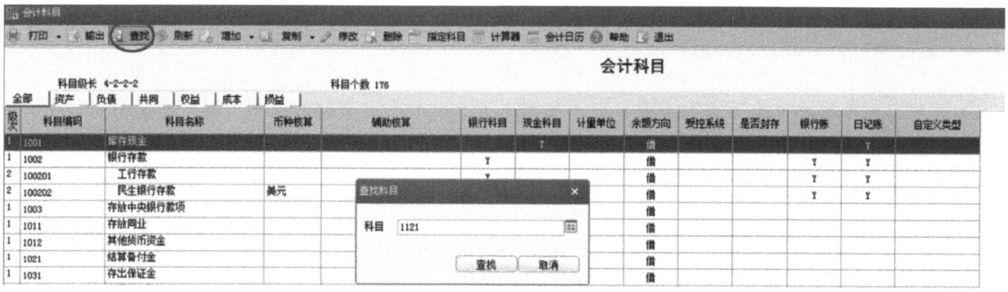

图 6-17　查找科目界面

图 6-18　会计科目列表

②单击【修改】按钮，弹出如图 6-19 所示“1121 应收票据”会计科目的修改界面；单击【修改】按钮，将其受控系统改为“应收系统”，如图 6-20 所示，单击【确定】按钮。

③同理，将会计科目“1122 应收账款”“2203 预收账款”的受控系统改为“应收系统”。

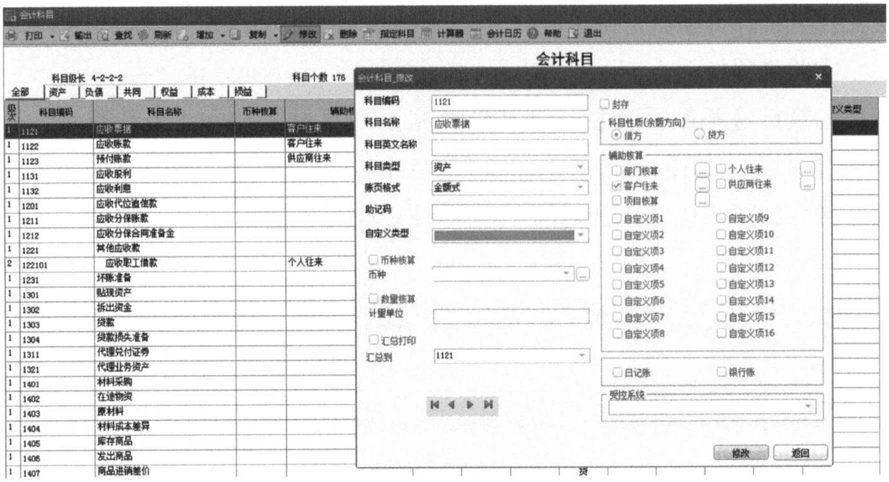

图 6-19　修改会计科目界面 1

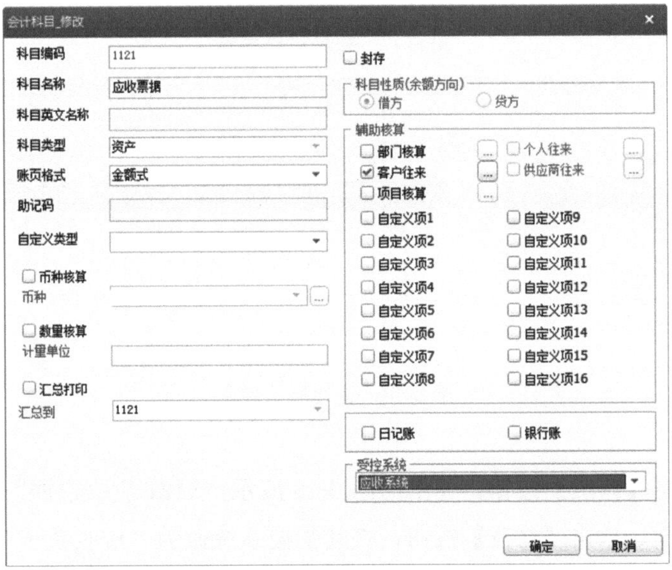

图 6-20　修改会计科目界面 2

④配置应收账款系统的基础科目。在企业应用平台，单击【业务导航】按钮，在【财务会计】的下拉菜单中，依次选择【应收款管理】→【设置】→【科目设置】→【基础科目】选项，打开【应收账款基础科目】窗口，如图 6-21 所示；接着单击【新增】按钮，依据提供的实验数据，配置

应收账款系统的基础科目。配置完成后，界面将呈现如图 6-22 所示，随后单击【关闭】按钮。

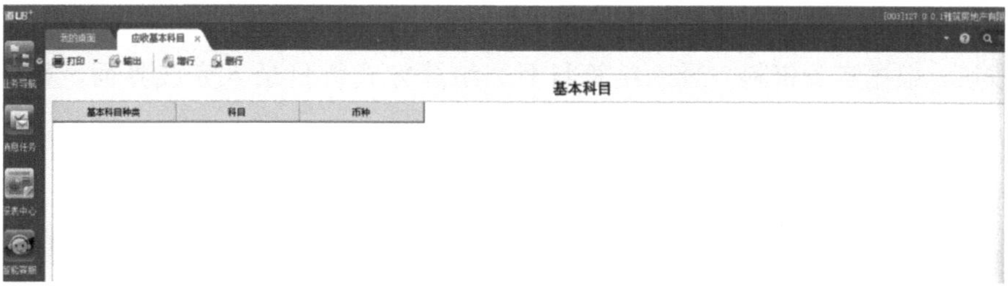

图 6-21　应收基本科目设置进入界面

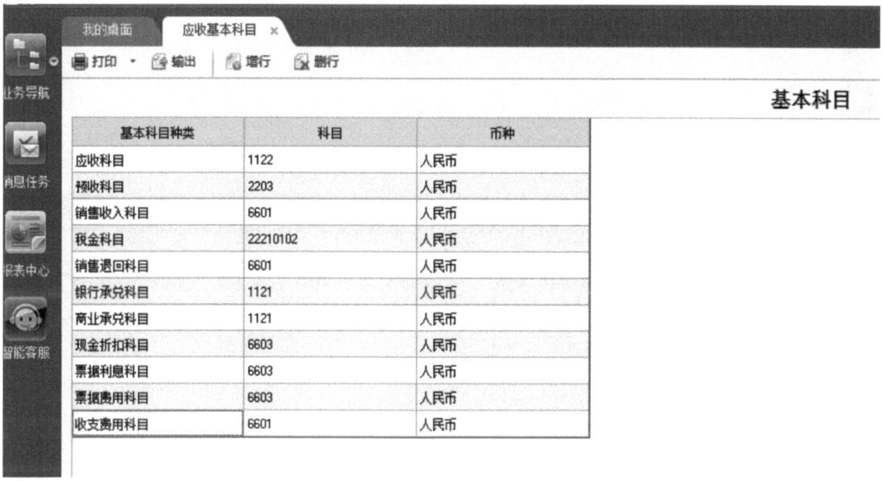

图 6-22　应收基本科目设置完成界面

需要注意的是：在基本科目设置中设置的应收科目“1122 应收账款”、预收科目“2203 预收账款”及“1121 应收票据”，应在账务管理子系统中设置其辅助核算内容为“客户往来”，并且其受控系统为“应收系统”，否则在此不能被选中。只有在此设置了基本科目，在生成凭证时才能直接生成凭证中的会计科目，否则凭证中将没有会计科目，相应的会计科目只能手工再录入。如果应收科目、预收科目按不同的客户或客户分类分别进行设置，则可在“控制科目设置”中进行设置，在此可以不设置。如果针对不同的存货分别设置销售收入核算科目，则在此不用设置，可以在“产品科目设置”中进行设置。

6. 结算方式科目设置

实验步骤为：执行【应收款管理】→【设置】→【科目设置】→【结算科目】命令，进入【结算方式科目】窗口，如图 6-23 所示；单击【增行】按钮，根据实验资料，录入结算科目。结算方式科目录入完成界面，如图 6-24 所示。

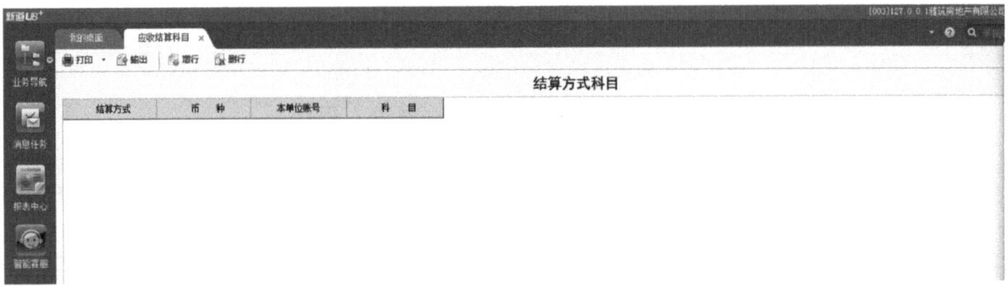

图 6-23　结算方式科目进入界面

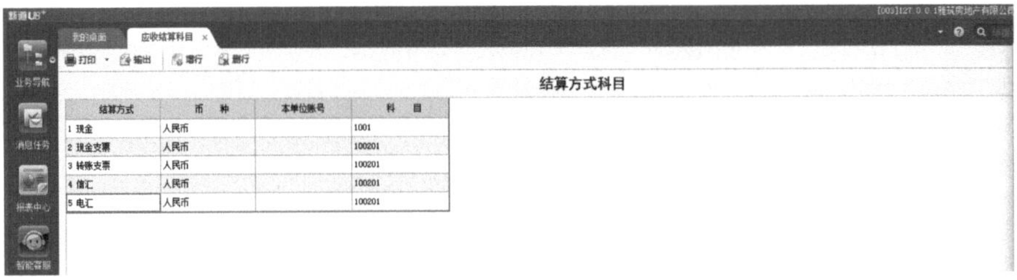

图 6-24　结算方式科目录入完成界面

值得注意的是，结算方式科目设置是基于已经配置的结算方式来指定相应的会计科目。这意味着，在进行收款或付款操作时，只需向系统指示所使用的结算方式，系统便能自动产生与该结算方式相对应的会计科目。

7. 坏账准备设置

坏账准备设置用来解决用户定义计提坏账比率和设置坏账准备的期初余额。

实验步骤为：执行【财务会计】→【应收款管理】→【设置】→【初始设置】命令，打开【初始设置】的窗口；选择“坏账准备设置”，依次录入实验资料中的坏账准备设置的内容，如图 6-25 所示；单击【确定】按钮，系统弹出“储存完毕”提示信息，再单击【确定】按钮。

需要注意的是，坏账准备的设定与先前确定的坏账处理方法紧密相关。在首次使用该账套的应收款处理系统时，可以直接输入坏账准备的期初余额。随后，系统将能够自动计算生成后续年份的坏账准备。一旦在本年度已经计提了坏账准备，那么在当前年度内不允许进行修改。只有在进入下一年度之后，方可对坏账准备进行调整。

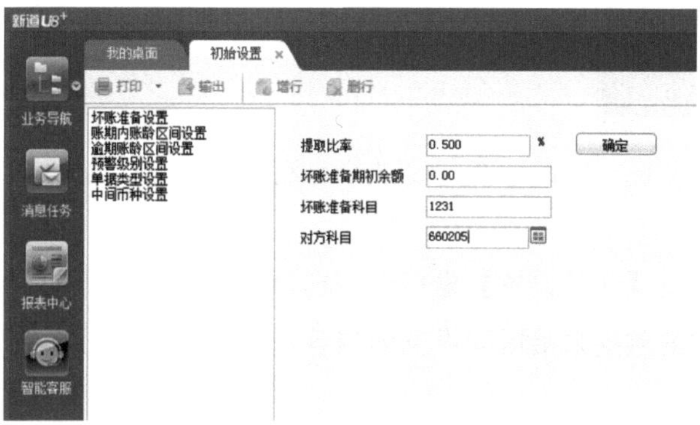

图 6-25　坏账准备设置进入界面

8. 账龄区间设置

实验步骤如下。

①在【初始设置】窗口中，选择“账期内账龄区间设置”，系统弹出“是否保存已修改的设置?”提示信息，单击【否】按钮；在“总天数”栏录入“10”，按 Enter 键或者菜单栏【增行】按钮，再在“总天数”栏录入“30”后，按 Enter 键或者菜单栏【增行】按钮。以此方法继续录入其他的总天数，如图 6-26 所示。

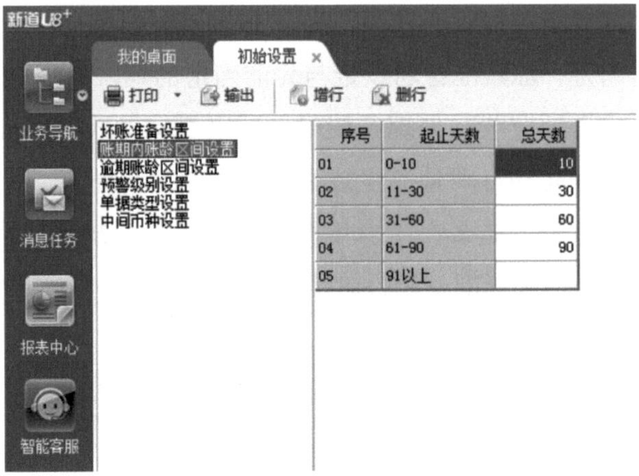

图 6-26　账期内账龄区间设置界面

②同理，在【初始设置】窗口中，选择“逾期账龄区间设置”，依次录入实验资料中的逾期账龄区间设置的内容，如图 6-27 所示。

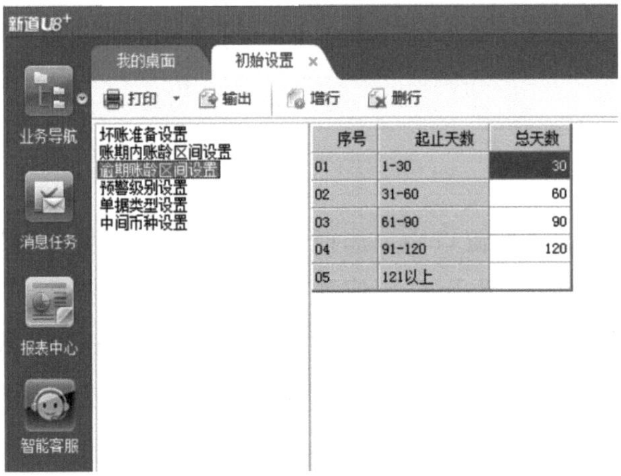

图 6-27　逾期账龄区间设置界面

需要注意的是：序号由系统自动生成，不能修改和删除；总天数直接输入截至该区间的账龄总天数；最后一个区间不能修改和删除。

9. 预警级别设置

可通过对报警级别设置，将客户按照欠款余额与其信用额度的比例分为不同的类型，以便于掌握各个客户的信用情况。

实验步骤为：在【初始设置】窗口中，选择“预警级别设置”，依次录入实验资料中预警级别设置的内容，如图 6-28 所示。

请注意以下事项：序号是系统自动生成的，不允许修改或删除；您应直接输入该区间的最大比率和级别名称；系统将根据您输入的比率自动创建相应的区间；单击【增行】按钮，可以在当前级别之前添加一个新的级别，添加后，该级别之后的所有级别的比率将自动进行调整；删除一个级别后，该级别之后的所有级别比率也会自动调整；由于最后一个级别是基于某一比率之上的，因此在“总比率”栏中不能输入比率，否则将无法退出；最后一个比率是不能被删除的，如果输入错误，您需要先删除上一级的比率，然后才能修改最后一级的比率。

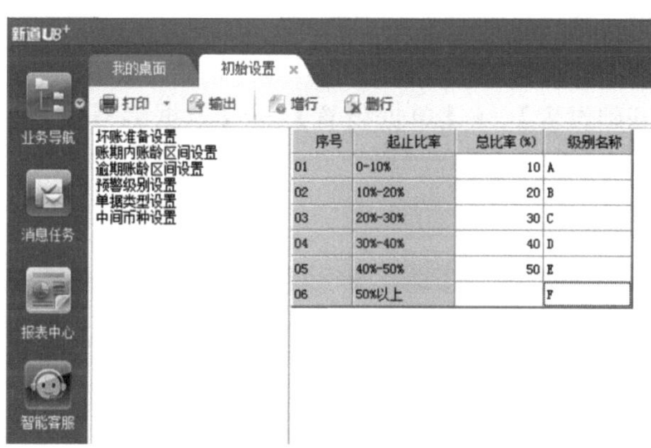

图 6-28　预警级别设置界面

10. 单据格式设置

操作步骤如下：执行【基础设置】→【单据设置】→【单据格式设置】命令，进入【单据格式设置】窗口；在左侧的 U8 单据目录分类中，依次展开供应链→销售管理→销售专用发票→显示→销售专用发票显示模板，在右侧窗口中选中表头项目“销售类型”，如图 6-29 所示，然后单击【删除】按钮，系统会弹出“是否删除当前选择项目”的提示信息；单击【是】按钮，接着单击【保存】按钮。同样的方法，删除销售普通发票的该表头项目。

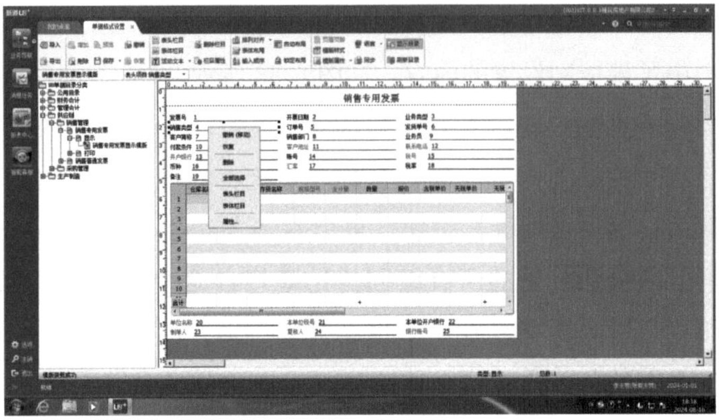

图 6-29　单击格式设置中删除项目“销售类型”界面

11. 单据编号设置

实验步骤为如下。

①执行【基础设置】→【单据设置】→【单据编号设置】命令，如图 6-30 所示。

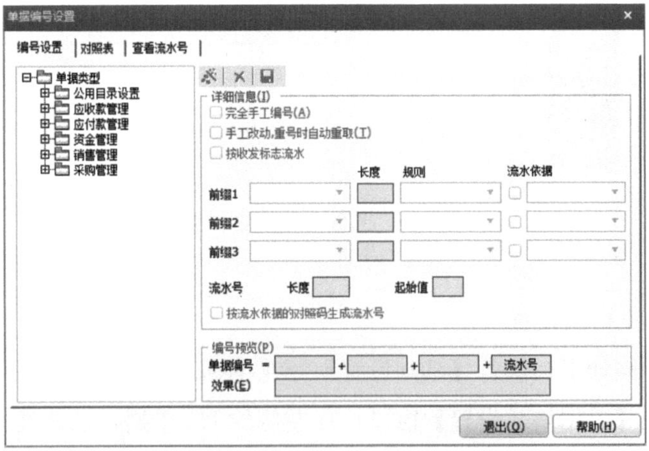

图 6-30　单据编号设置进入界面

②单击【单据类型】→【销售管理】→【销售专用发票】选项，如图 6-31 所示。单击【】按钮，选中“手工改动，重号时自动重取”，单击【保存】按钮。

图 6-31 单据编号（销售专用发票）设置界面

③同理，在【单据类型】中【应收款管理-其他应收单】【应收款管理-收款单】选项，选中“手工改动，重号时自动重取”，单击【保存】按钮。

12. 开户银行设置

实验步骤如下。

①执行【基础设置】→【基础档案】→【收付结算】→【本单位开户银行】命令，打开【本单位开户银行】对话框，如图 6-32 所示。

图 6-32 开户银行设置进入界面

②单击【增加】按钮，弹出【增加本单位开户银行】对话框，如图 6-33 所示，录入实验资料数据，单击【保存】按钮，开户银行设置完毕，如图 6-34 所示。

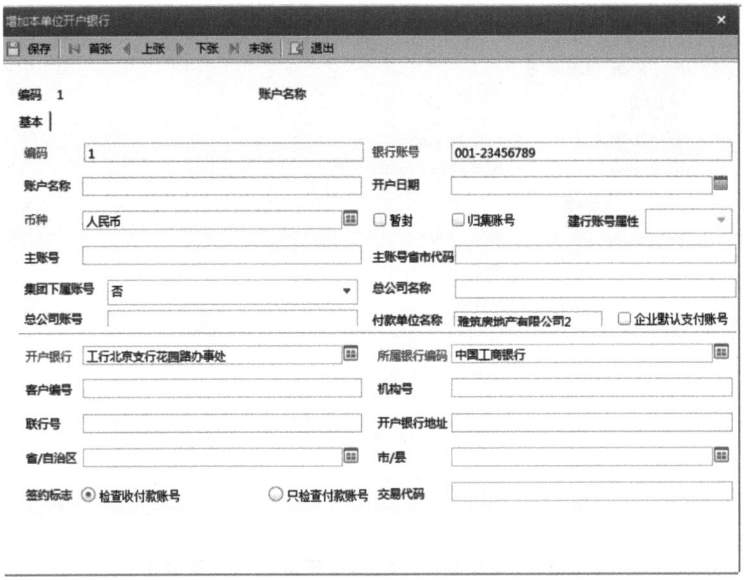

图 6-33　增加本单位开户银行录入界面

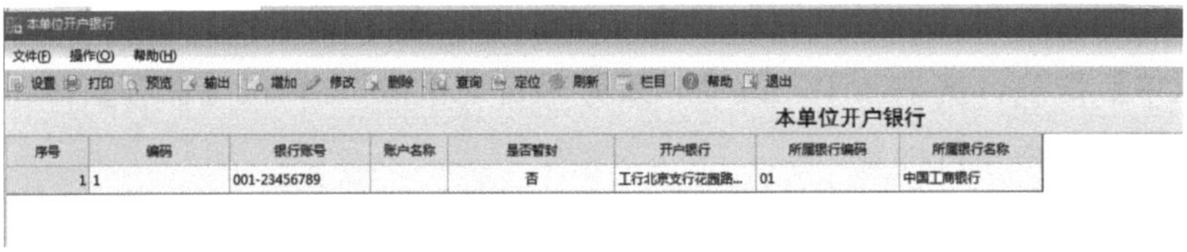

图 6-34　本单位开户银行设置完毕界面

13. 增加结算方式设置

实验步骤为如下。

执行【基础设置】→【基础档案】→【收付结算】→【结算方式】命令，打开【结算方式】对话框，如图 6-35 所示，单击【增加】按钮，根据实验资料，输入“商业承兑汇票”的编码和名称，单击【保存】按钮。

图 6-35　增加结算方式界面（商业承兑汇票）

14. 期初销售发票、期初其他应收单、预收账单的录入

实验步骤为如下。

①在企业应用平台中，单击【业务导航】按钮，在“财务会计”下拉菜单中，执行【应收款管理】→【期初余额】→【期初余额】命令，打开“期初余额—查询”对话框；单击【确定】按钮，进入“期初余额明细表”窗口，如图 6-36 所示。

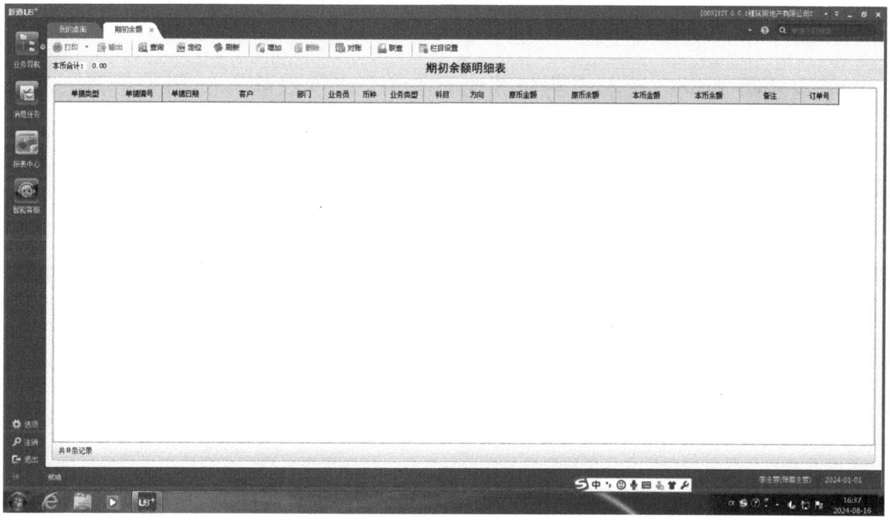

图 6-36　期初余额明细表进入界面

②单击【增加】按钮，打开“单据类别”对话框；选择单据名称“销

售发票”，单据类型“销售专用发票”，方向“正向”；单击【确定】按钮，进入【销售发票】窗口，如图 6-37 所示；单击【增加】按钮，根据实验资料，录入销售发票的相关信息，单击【保存】按钮。

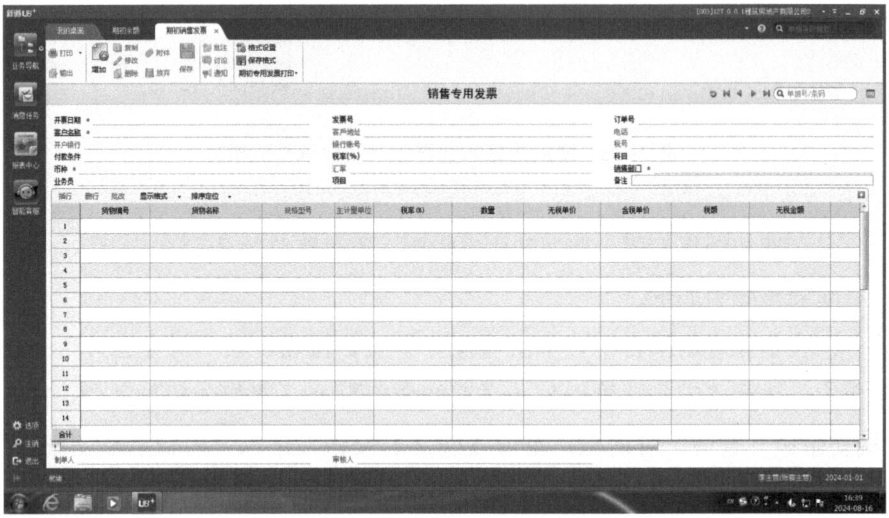

图 6-37　销售专用发票期初余额录入界面

③重复第②步，录入“期初其他应收单”“预收款”的相关信息，单击【保存】按钮。期初销售发票、期初其他应收单、预收账单全部录入完成界面如图 6-38 所示。

本币合计：贷 14,290.00　期初余额明细表

单据类型	单据编号	单据日期	客户	部门	业务员	币种	业务类型	科目	方向	原币金额	原币余额	本币金额	本币余额	备注	订单号
其他应收单	0000000001	2023-11-22	明兴公司	销售一科	刘红	人民币		1122	借	500.00	500.00	500.00	500.00	代垫运费	
收款单	0000000001	2023-11-26	伟达公司	销售二科	韩乐乐	人民币		2203	贷	30,000.00	30,000.00	30,000.00	30,000.00	预收货款	
销售专用发票	0000078987	2023-11-12	天益公司	销售一科	刘红	人民币		1122	借	7,020.00	7,020.00	7,020.00	7,020.00		
销售专用发票	0000078988	2023-11-18	明兴公司	销售一科	刘红	人民币		1122	借	7,020.00	7,020.00	7,020.00	7,020.00		
销售专用发票	0000078989	2023-11-22	大地公司	销售一科	刘红	人民币		1121	借	1,170.00	1,170.00	1,170.00	1,170.00		

图 6-38　期初余额明细全部录入完成界面

需要注意以下问题。

①在首次启用应收款系统时，必须将所有未结清的客户应收账款、预

收账款、应收票据等数据输入该系统。进入第二年度后，系统会自动将上一年度未结清的单据转为新年度的期初余额。在新年度的第一个会计期间，用户可以对期初余额进行调整。

②若在录入期初余额后退出，并且在“期初余额明细表”窗口中未显示新录入的期初余额，单击“刷新”按钮即可显示所有期初余额的详细信息。

③若未配置系统以允许修改销售专用发票的编号，则在制作销售专用发票时将无法更改其编号。对于其他单据，系统默认设置为不允许修改编号。

④在录入应收单据时，只需填写表格的上半部分，表格下半部分的内容将由系统自动完成。

⑤录入预收款时，单据类型应保持为“收款单”，但款项类型应选择为“预收款”。

⑥在录入期初余额时，务必确保会计科目的准确性。应收款系统的期初余额必须与总账进行核对，任何科目错误都可能导致对账不准确。

15. 应收款系统与总账系统对账

实验步骤为：在“期初余额明细表”窗口，如图 6-38 所示，单击【对账】按钮，进入【期初对账】窗口，如图 6-39 所示。查看应收款系统与总账管理系统的期初余额是否平衡，关闭“期初对账”，返回【期初余额明细表】窗口。

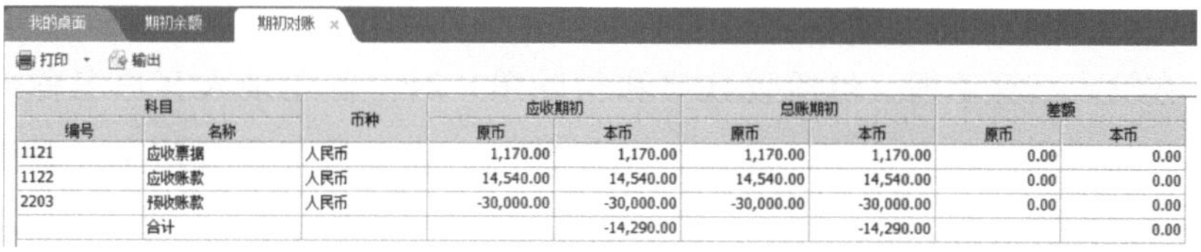

科目		币种	应收期初		总账期初		差额	
编号	名称		原币	本币	原币	本币	原币	本币
1121	应收票据	人民币	1,170.00	1,170.00	1,170.00	1,170.00	0.00	0.00
1122	应收账款	人民币	14,540.00	14,540.00	14,540.00	14,540.00	0.00	0.00
2203	预收账款	人民币	-30,000.00	-30,000.00	-30,000.00	-30,000.00	0.00	0.00
	合计			-14,290.00		-14,290.00		0.00

图 6-39 期初对账界面（平衡）

需要注意以下问题：应收款系统与总账管理系统的期初余额的差额应为零，即两个系统的客户往来科目的期初余额应完全一致；第一个会计期已结账后，期初余额只能查询不能修改。

第三节　应收款管理子系统的日常业务处理

完成初始化工作后，就能在新系统中开展日常业务处理，这是应收款管理子系统的核心部分。日常业务处理涉及一系列常规的应收业务，包括但不限于应收单据处理、收款单处理、票据管理、转账处理、坏账处理、制单处理以及查询统计等。

一、应收单据处理

应收单据处理是应收款管理子系统的起始环节。在此环节中，可以录入销售业务产生的各类发票以及销售业务以外的应收单据。通过单击输入，单据管理功能允许我们查询各种应收业务单据，从而完成日常的应收业务管理工作。其基本操作流程包括：单据输入→单据审核→单据制单→单据查询。

二、收款单处理

收款单是企业用来记录收到客户款项的财务文件，涉及款项性质如应收账款、预收款项以及其他费用等。特别是应收账款和预收款项的收款单，需要与发票、应收账款单、付款单等进行核销操作。

（一）结算单据的输入

在输入结算单据（包括收款单和付款单）时，首先录入客户名称或其代码，随后输入结算方式、金额、所属部门、业务员等相关信息。系统将自动完成结算过程。

（二）单据核销

单据核销是指对已经结算的账目进行删除，表明相关业务已经结清。在确认收款单与原始发票之间的对应关系后，系统会自动进行冲销。单据核销的主要目的是处理收回的客户款项，核销客户应收账款，建立收款与应收账款的核销记录，并监督应收账款的及时核销，以加强往来款项的管理。明确核销关系后，可以进行精确的账龄分析，从而更有效地管理应收账款。

如果结算金额与上期余额相等，则销账后的余额为零；若结算金额小于上期金额，则余额为销账后的余额。单据核销可以由计算机自动完成，也可以手工操作。

由于计算机处理时会建立往来辅助账以管理往来业务，为了避免辅助账过于庞大而影响计算机运行效率，对于已核销的业务记录应当删除。通常，删除工作在年底结账时进行。

会计人员在准备核销往来账时，应在确认往来账目已结清后，才能执行核销操作，删除已结清的账目。为防止误操作导致记录被不当删除，会计信息系统软件通常会提供放弃核销或核销前做两清标记的功能。例如，某些财务软件设有往来账两清功能，即在已结清的账项上标记，待核实后执行核销；而有些软件则提供放弃核销功能，一旦发现操作错误，可以通过此功能恢复被误删除的数据。

三、票据管理

应收款子系统能够对各类应收票据执行全面的管理操作，涵盖以下功能：录入应收票据、计算票据利息、处理票据贴现、票据转让、票据结算以及票据背书等。为了有效地进行票据管理，必须将应收票据科目配置为与客户往来相关的辅助核算科目。

当用户接收到银行承兑汇票或商业承兑汇票时，应将这些汇票信息录入应收款子系统的票据管理模块。系统将自动依据票据信息生成相应的收款单据，用户可以对这些收款单据进行查询，并且可以将其与应收单据进行核销勾对，从而减少客户的应收账款。

四、转账处理

（一）应收与应付的冲销

应收与应付的冲销是指利用特定客户的应收账款来抵销对某供应商的应付款项。通过这一功能，系统能够在客户与供应商之间转账应收款业务，从而调整应收账款，并解决应收账款与应付账款之间的抵销问题。

（二）应收账款的内部转移

应收账款的内部转移涉及将一个客户的应收款转移到另一个客户账户中。通过应收账款内部转移功能，应收款业务可以在不同客户之间进行转账，实现应收账款的调整，从而解决因错误记账或账户合并导致的应收账款问题。

（三）预收款项与应收账款的核销

预收款项与应收账款的核销是指处理客户预收款项与该客户应收账款之间的转账核销业务。具体来说，当客户拥有预收款项时，可以使用其中一笔预收款来冲抵相应的应收账款。

（四）红字发票的对冲处理

红字发票的对冲处理允许对某客户的红字应收账款单与蓝字应收账款单、收款单与付款单进行相互抵销。这在发生退款时尤其有用。

五、坏账处理

所谓的“坏账”指的是由于购货方因特定原因无法支付款项，导致无法回收货款的信用风险。处理坏账涉及的措施主要包括计提坏账准备、处理坏账发生、回收坏账以及生成并发送催款单等步骤。

（一）坏账准备的计提

计提方法主要包括以下几种。

1. 销售收入百分比法（赊销百分比法）

系统会自动计算出当年的销售收入总额，并依据既定的计提比率来确定本次应计提的金额。在初次计提时，若未预先设定，需先进行初始设置。设置内容涵盖提取比率和坏账准备的期初余额。销售总额默认值为本会计年度的发票总额，企业可根据实际情况进行调整。然而，计提比率的修改必须在初始设置中进行，而不能在此处更改。

2. 应收账款余额百分比法

系统同样会自动计算出当年的应收账款余额，并依据计提比率来确定本次应计提的金额。在初次计提时，若未预先设定，需先进行初始设置。设置内容包括提取比率和坏账准备的期初余额。应收账款余额的默认值为本会计年度最后一天所有未结算发票和应收单据余额之和减去预收款数额的差值。若存在外币账户，则使用其本位币余额。企业可以基于实际情况对默认值进行调整。需要注意的是，计提比率的修改必须在初始设置中完成，而不能在此处进行。

3. 账龄分析法

账龄分析法是一种依据应收账款的入账时间长度来评估潜在坏账损失的技术。它是企业强化应收账款回收和管理的关键手段之一。通常情况下，账款逾期时间越长，出现坏账的风险相应增加。

系统能够自动计算出各个账龄区间的应收账款余额，并依据既定的计提比率来确定本次应计提的金额。在初次进行计提操作时，若未预先设定相关参数，则需先进行初始配置。系统会自动生成各账龄区间的余额数据（即本会计年度最后一天所有未结清发票和应收账款余额的总和，减去预收款项后的差额），企业亦可根据具体状况对这些数据进行调整。然而，计提比率的修改必须在初始设置中进行，而不能在日常计提过程中直接更改。

（二）坏账发生

发生坏账损失业务时，一般需输入以下内容：客户名称、日期（指发生坏账日期，该日期应该大于已经记账的日期，小于当前业务日期）、业务员编号或名称）及部门（部门编号或名称，如果不输入部门，表示选择所有的部门）等。

（三）坏账收回

处理坏账收回业务时，一般需输入以下内容：客户名称、收回坏账日期（如果不输入日期，系统默认为当前业务日期。输入的日期应该大于已经记账日期，小于当前业务日期）、收回的金额、业务员编号或名称、部门编号或名称、选择所需要的币种、结算单号（系统将调出该客户所有未经过处理的并且金额等于收回金额的收款单，可以选择此次收回业务所形成的收款单）。

（四）生成输出催款单

催款单是对客户或对本单位职工的欠款催还的管理方式。用于设置有辅助核算的应收账款和其他应收款的科目中。

六、制单处理

制单处理分为即时制单和批量制单两种方式。即时制单涉及在单据处理、转账处理、票据处理以及坏账处理等操作中，系统会多次提示是否进行即时制单。一旦用户单击确认按钮，系统将立即生成相应的会计凭证。相比之下，批量制单则是在所有相关业务活动完成后，通过制单功能一次性处理，从而高效地批量生成会计凭证。

（一）制单日期

制单日期系统默认设置为当前业务日期。该日期必须大于或等于所选单据中的最大日期，并且不得晚于当前业务日期。

（二）凭证类别

在制单时，需选择相应的凭证类别，例如记账凭证或各类收、付、转凭证。

（三）选择制单单据类型

制单类型涵盖多种，包括但不限于应收单据制单、结算单制单、坏账制单、转账制单以及汇兑损益制单等。

（四）凭证界面的进入与凭证编制

在选定需制单的单据后，通过制单功能可进入凭证界面进行凭证编制。在此过程中生成的凭证为派生凭证。这些凭证在经过必要的检查和验证后，将被存入记账凭证文件，即传递至账务管理子系统，并且还需进行审核和记账处理。

七、查询统计

应收款管理系统的查询统计功能主要有单据查询、业务账表查询、业务分析和科目账表查询。

（一）单据查询

单据查询包括发票、应收单、结算单和凭证的查询。可以查询已经审核的各类型应收单据的收款、结余情况；也可以查询结算单的使用情况；还可以查询本系统所生成的凭证，并且对其进行修改、删除、冲销等操作。

（二）业务账表查询

业务账表查询可以进行总账、明细账、余额表和对账单的查询，并可以实现总账、明细账、单据之间的联查。

（三）业务分析

业务分析功能包括应收账龄分析、收款账龄分析和欠款分析。

（四）科目账表查询

科目账表查询包括科目余额表查询和科目明细表查询，并且可以通过“总账/明细”切换按钮进行联查，实现总账、明细账、凭证的联查。

八、应收款管理子系统日常业务处理实验操作

（一）应收单据处理

1. 填制单据

实验步骤为如下。

①在企业应用平台中，单击【业务导航】按钮，在【财务会计】下拉菜单中，执行【应收款管理】→【应收处理】→【销售发票】→【销售专用发票录入】命令，进入【销售专用发票】窗口；单击【增加】按钮，根据实验资料，输入“开票日期”为2024-01-16，选择“客户简称”为“邦立公司”等发票相关信息，如图6-40所示，单击【保存】按钮。

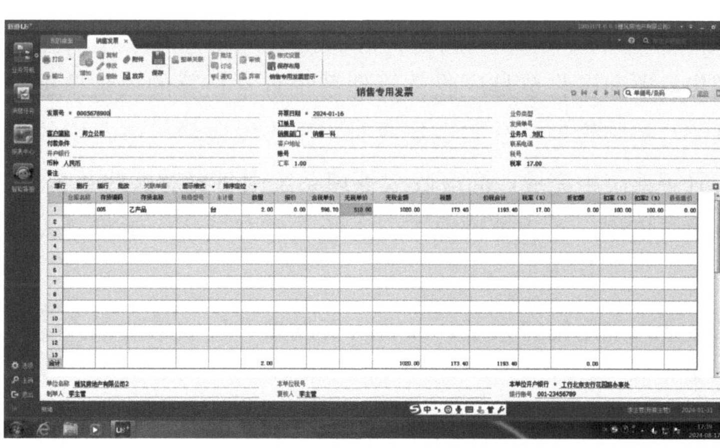

图6-40 销售专用发票填制界面

②执行【应收款管理】→【应收处理】→【应收单】→【应收单录入】命令，进入【应收单】窗口；单击【增加】按钮，根据实验资料，输入“开票日期”为 2024-01-16，选择“客户简称”为“邦立公司”等发票相关信息，如图 6-41 所示，单击【保存】按钮。

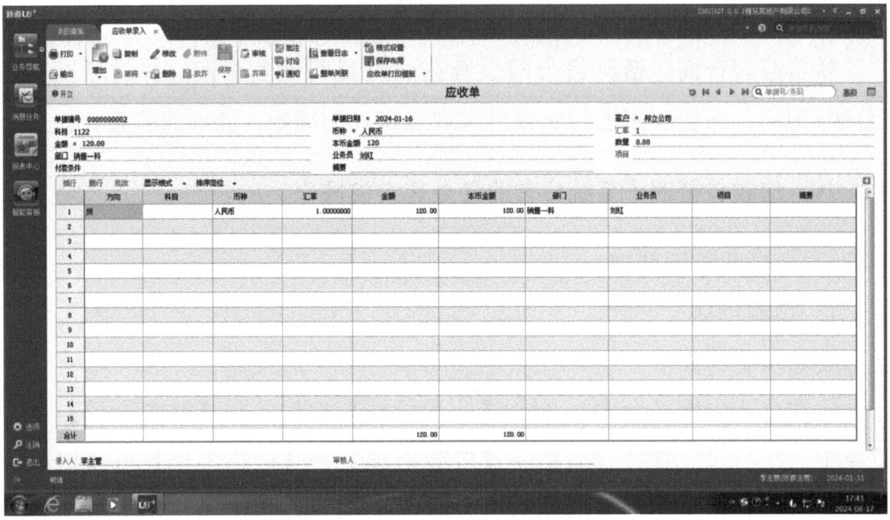

图 6-41　应收单填制界面

③重复第①②步，同理录入实验资料中第 2 笔应收单据的业务。

需要注意以下问题。

①销售发票和应收单是应收款管理系统日常核算的关键单据。当应收款管理系统与销售管理系统实现集成时，销售发票和代垫费用的录入工作将在销售管理系统中完成，而应收款管理系统则负责对这些单据进行查询、核销和制单等操作。在这种情况下，应收款管理系统中需要录入的仅限于应收单。

②若企业未采用销售系统，那么所有发票和应收单的录入工作均需在应收系统中完成。

③在未启用供应链模块的情况下，应收款系统仅能对销售业务的资金流进行会计核算，包括对应收款、已收款及收入实现情况进行核算；而物

流的核算，即存货出库成本的核算，则需要在总账系统中手动进行结转。

④在填写应收单时，仅需录入上半部分内容，下半部分除对方科目外将由系统自动填充。若未录入对方科目，可以在生成凭证后手动添加。

⑤应收单和销售发票均可在保存后直接进行审核，或者通过“应收单据审核”功能进行审核。若选择直接审核，系统会询问是否立即制单；若在审核功能中审核，则必须前往制单功能中进行制单。

2. 修改单据或删除单据

修改单据和删除单据的实验操作，选择要修改或删除的单据，单击菜单栏【修改】或【删除】按钮，即可进行操作。功能按钮如图 6-42 所示圈起来的部分。

图 6-42　销售发票修改或删除功能界面

3. 审核单据

实验步骤为如下。

①执行【应收款管理】→【应收处理】→【销售发票】→【销售发票审核】命令，进入【销售发票列表】窗口；单击【查询】按钮，再单击【确定】按钮，选中要审核的销售发票，如图 6-43 所示；单击【审核】按钮，系统提示“本次审核成功单据 2 张”；单击【确定】按钮，再单击【关闭】按钮退出。

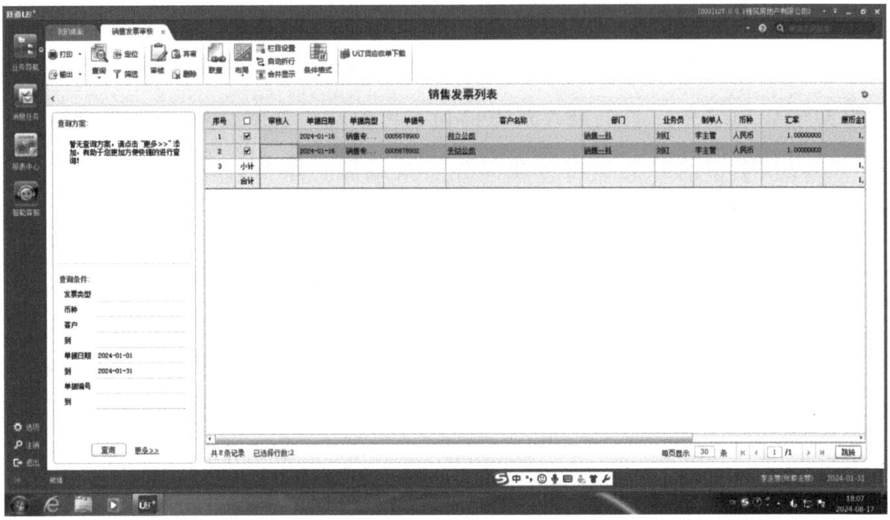

图 6-43　销售发票审核进入界面

②同理，执行【应收款管理】→【应收处理】→【应收单】→【应收单审核】命令，进入【应收单列表】窗口，对两张应收单进行审核。已审核完毕的应收单界面，如图 6-44 所示。

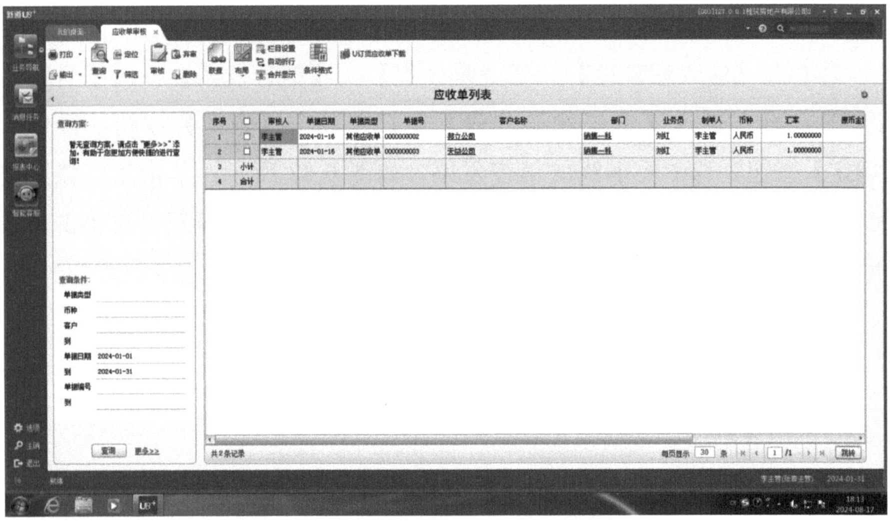

图 6-44　应收单据审核完毕界面

4. 制单

实验步骤为：①在企业应用平台中，单击【业务导航】按钮，在“财务会计”下拉菜单中，执行【应收款管理】→【凭证处理】→【生成凭证】命令，打开【制单查询】对话框；选中“发票”和“应收单”复选框，如图 6-45 所示；单击【确定】按钮，进入“生成凭证”窗口。

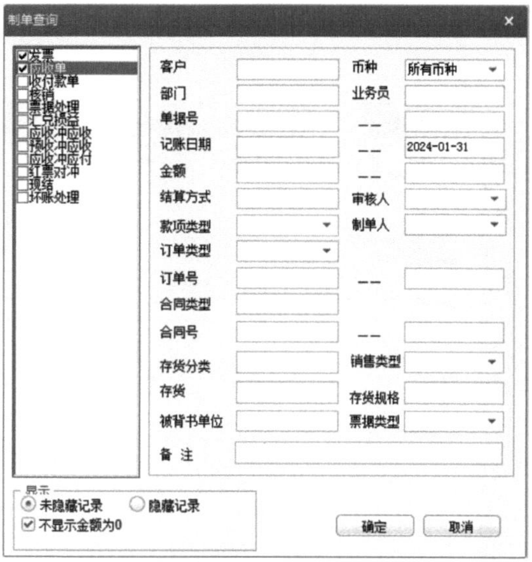

图 6-45　制单查询界面

②单击【全选】按钮，再单击“凭证类别”栏的下三角按钮，选择“转账凭证”，如图 6-46 所示。

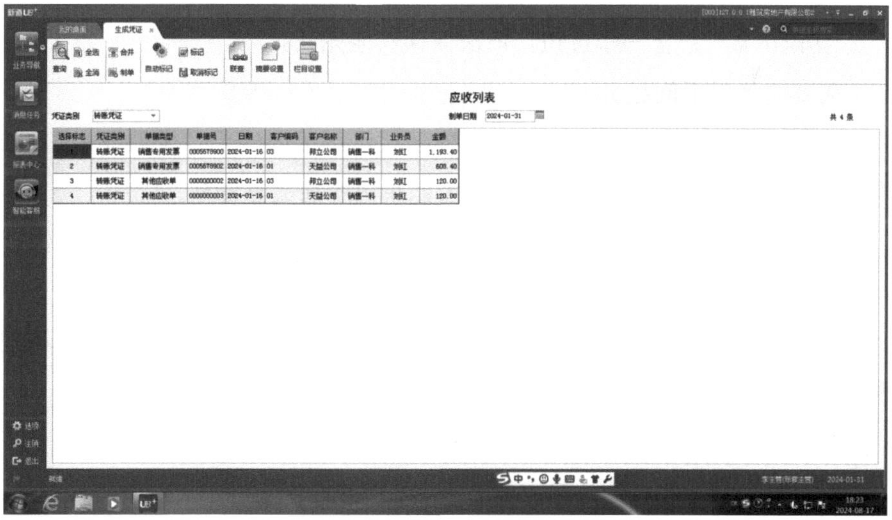

图 6-46　单据制单进入界面

③单击【制单】按钮，生成第 1 张转账凭证，修改相关信息（主要是修改会计科目）后，单击【保存】按钮，如图 6-47 所示。

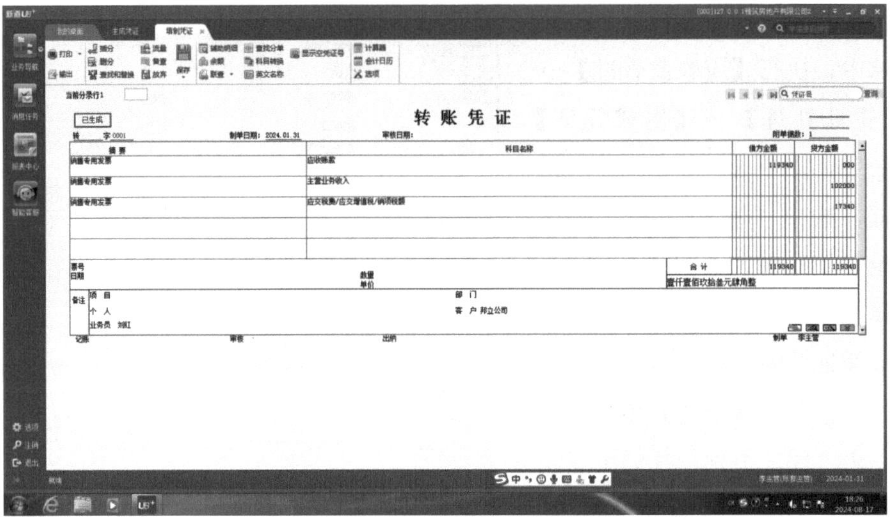

图 6-47 销售专用发票生成凭证

④单击【】下一张按钮，依次保存其他凭证。

需要注意以下问题。

①在“制单查询”对话框中，系统已默认制单内容为“发票制单”，如果需要选中其他内容制单，可以选中要制单内容前的复选框。

②在以上例子中，由应收单生成的凭证，其贷方是“现金”或“银行存款”，则应修改凭证类别为：“付款凭证”，否则系统将不予保存。

③凭证一经保存就传递到总账系统，再在总账系统中进行审核和记账等。

（二）收款单据处理

1. 填制收款单

实验步骤如下：在企业应用平台中，单击【业务导航】按钮，在【财务会计】下拉菜单中，执行【应收款管理】→【收款处理】→【收款单据录入】命令，进入【收款单据录入】窗口；单击【增加】按钮，根据实验资料录入收款单信息，如图 6-48 所示，单击【保存】按钮。

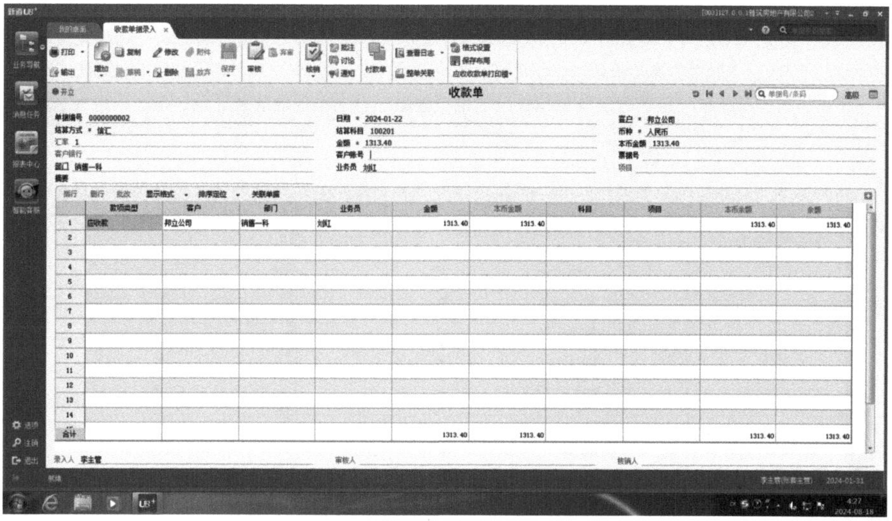

图 6-48　收款单录入界面

2. 修改收款单或删除收款单

执行修改或删除收款单的操作时，先选择您需要更改或移除的收款单条目。随后，单击相应的【修改】或【删除】按钮，即可完成所选操作。相关功能按钮在图 6-49 中已用圆圈标出。

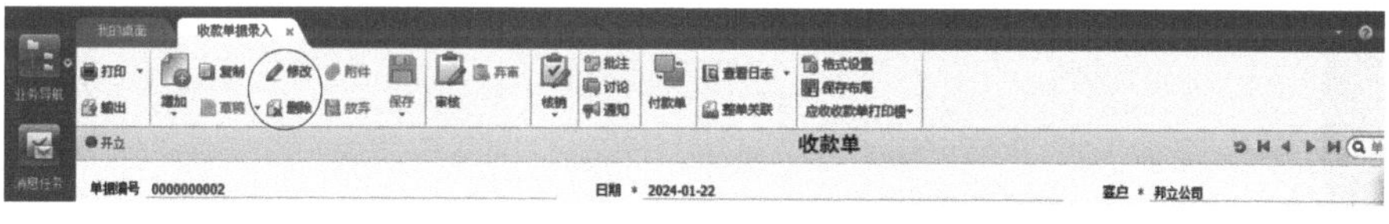

图 6-49　收款单修改或删除功能界面

3. 审核收款单

实验步骤为：执行【应收款管理】→【收款处理】→【收款单据审核】命令，进入【收付款单列表】窗口，单击【查询】按钮，系统弹出【查询条件-收付款单过滤】对话框，如图 6-50 所示；单击【确定】按钮，选中要审核的收款单复选框，单击【审核】按钮，系统弹出“本次审核成功单据 1 张”提示信息，如图 6-51 所示；单击【确定】按钮，收款单审核完毕，如图 6-52 所示。

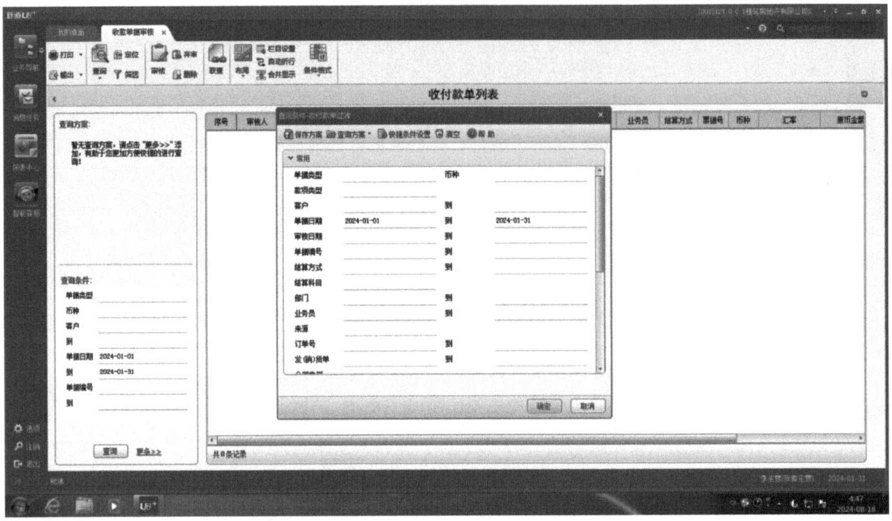

图 6-50　收款单查询界面

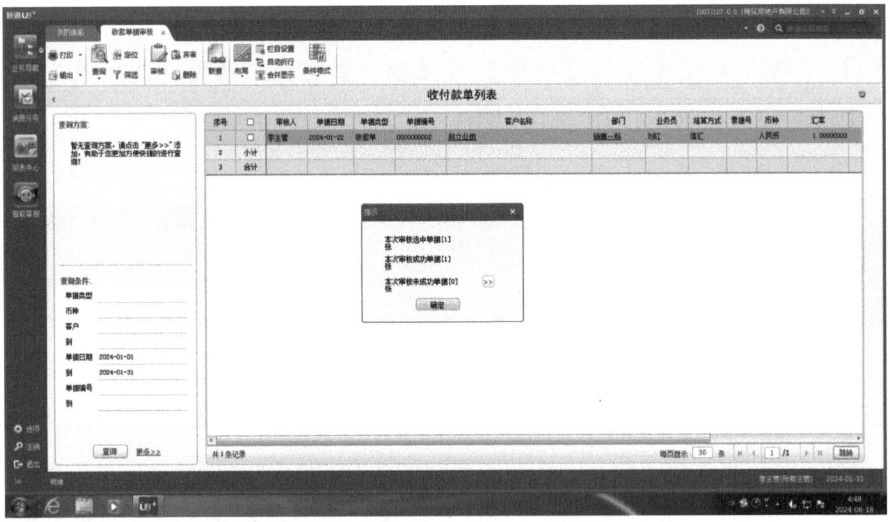

图 6-51　收款单据审核提示界面

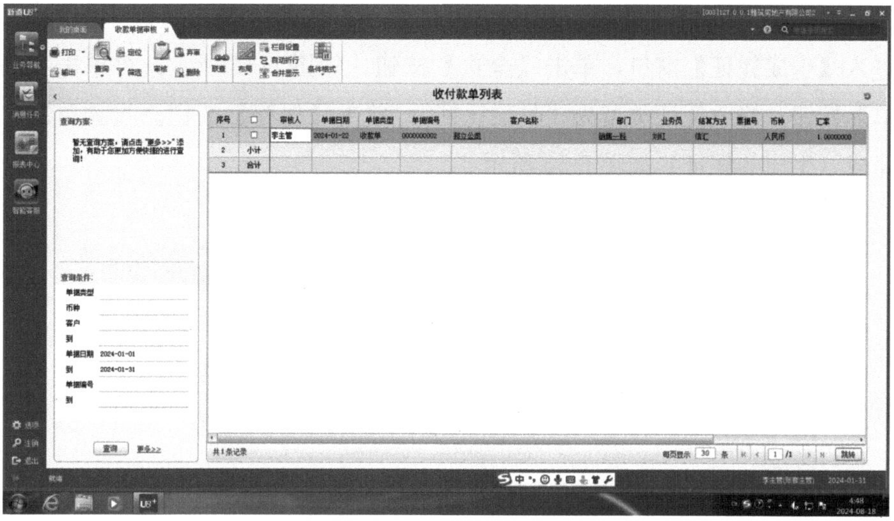

图 6-52　收款单审核完毕界面

4. 制单

实验步骤如下。

①执行【应收款管理】→【凭证处理】→【生成凭证】命令，打开【制单查询】对话框，如图 6-53 所示。

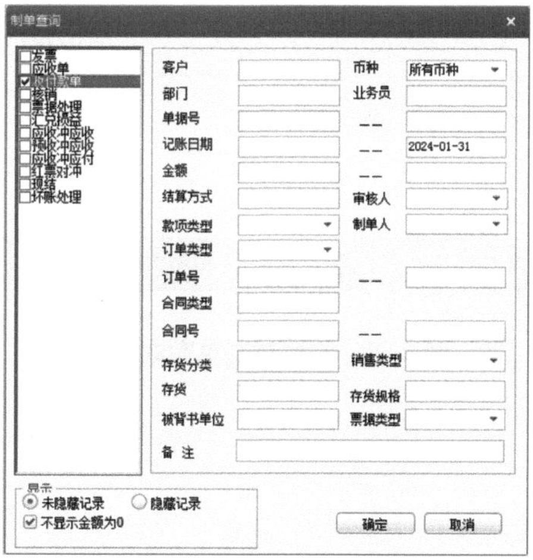

图 6-53　收款单制单查询界面

②取消“发票”选项，选中“收付款单”选项，单击【确定】按钮，进入【生成凭证】窗口，单击【全选】按钮，如图 6-54 所示；再单击【制单】按钮，修改凭证类型为“收款凭证”，单击【保存】按钮。收款单制单完成（生成的凭证）如图 6-55 所示。

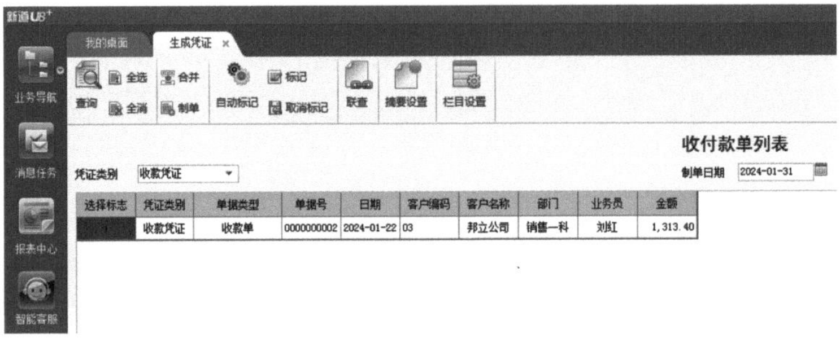

图 6-54　收款单制单进入界面

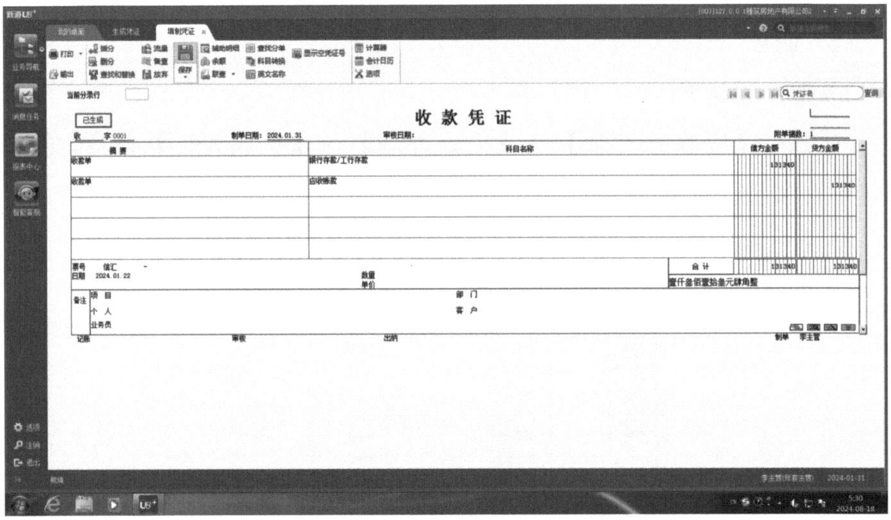

图 6-55　收款单制单完成界面

5. 核销收款单

手工核销的实验步骤如下。

①执行【应收款管理】→【核销处理】→【手工核销】命令，打开“核销条件”对话框，选择客户“03”，单击【确定】按钮，进入“手工核

销”窗口，如图 6-56 所示。

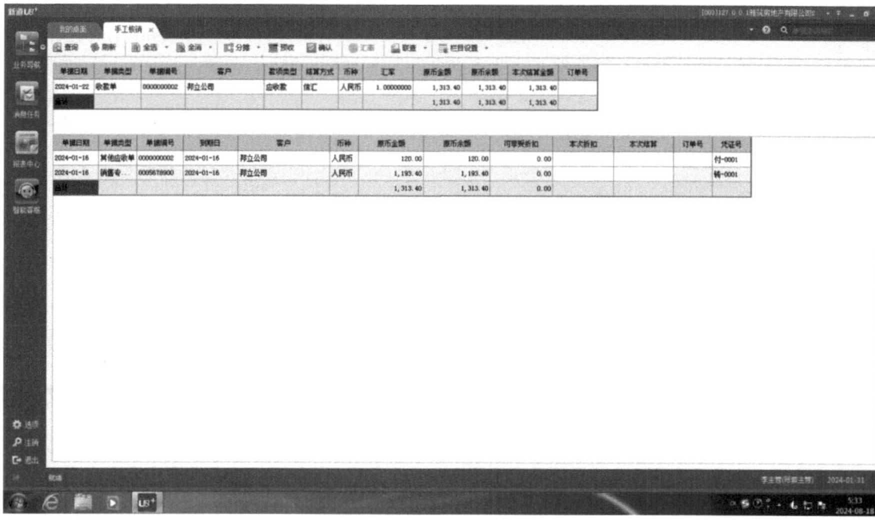

图 6-56　手工核销进入界面

②分别单击菜单栏【全选】下拉菜单中“收付款单”和“单据”完成应收款的核销，如图 6-57 所示；或者将窗口上方款项类型为“应收款”的收款单“本次结算金额”栏的数据修改为“1313.40”，在窗口下方的“本次结算”栏的第 1 行录入“120”，在第 2 行录入“1193.40”，也可以分别双击单据类型下的收款单和其他应收单、销售专用发票，如图 6-58 所示，单击【确认】按钮，完成本次应收款的结算核销。

图 6-57　手工核销条件对话框

图 6-58　单据手工核销完成界面

自动核销的实验步骤为：执行【应收款管理】→【核销处理】→【自动核销】命令，打开【核销条件】对话框；选择客户“03”，单击【确定】按钮，系统弹出“是否进行自动核销”提示，如图 6-59 所示；单击【是】按钮，进入【自动核销报告】窗口，如图 6-60 所示；单击【保存】按钮，系统弹出“另存为”提示，指定自动核销报告要另外保存的路径后，单击【保存】按钮即可。

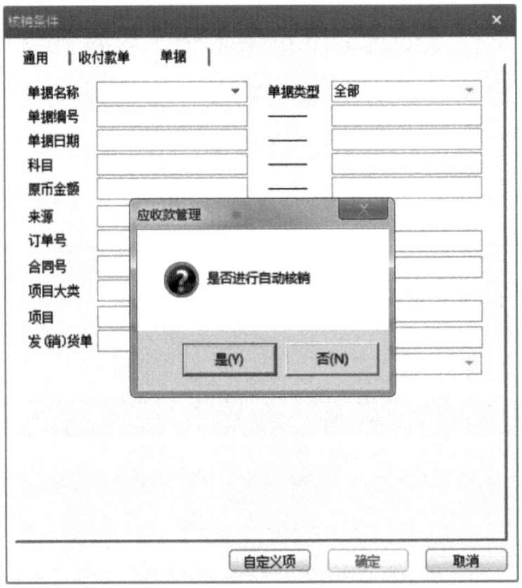

图 6-59　单据自动核销提示界面

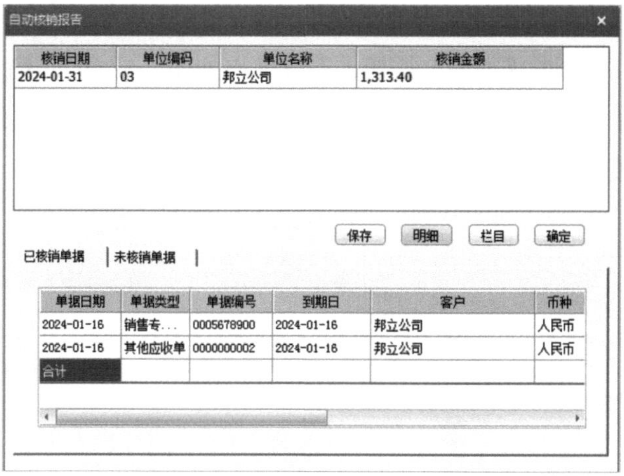

图 6-60　单据自动核销报告界面

（三）票据管理

1. 填制商业承兑汇票

实验步骤为：执行【应收款管理】→【票据管理】→【票据录入】命令，进入【应收票据录入】窗口，单击【增加】按钮，录入实验资料信息，单击【保存】按钮，如图 6-61 所示。同理，录入第 2 笔业务的商业承兑汇票。

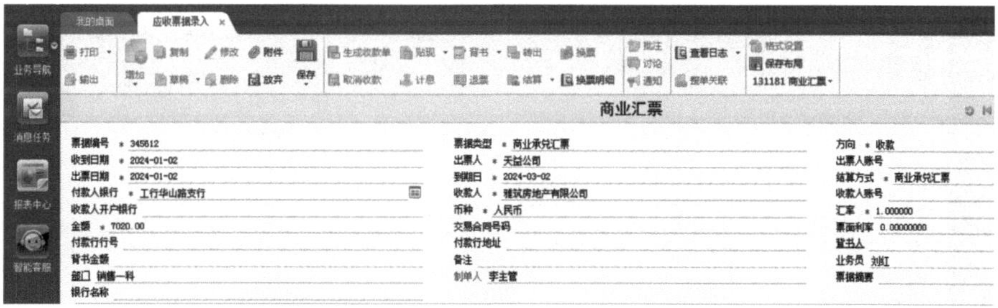

图 6-61　商业汇票填制界面

需要注意的是：商业汇票保存后自动生成一张收款单。

2. 商业承兑汇票贴现

实验步骤如下。

①执行【应收款管理】→【票据管理】→【票据列表】命令，进入【票据列表】窗口；单击【查询】按钮，系统弹出如图 6-62 所示【查询条件】窗口；单击【确定】按钮打开已查询到的票据列表，如图 6-63 所示；选中 1 号票据，单击【贴现】按钮，打开【票据贴现】窗口，如图 6-64 所示。

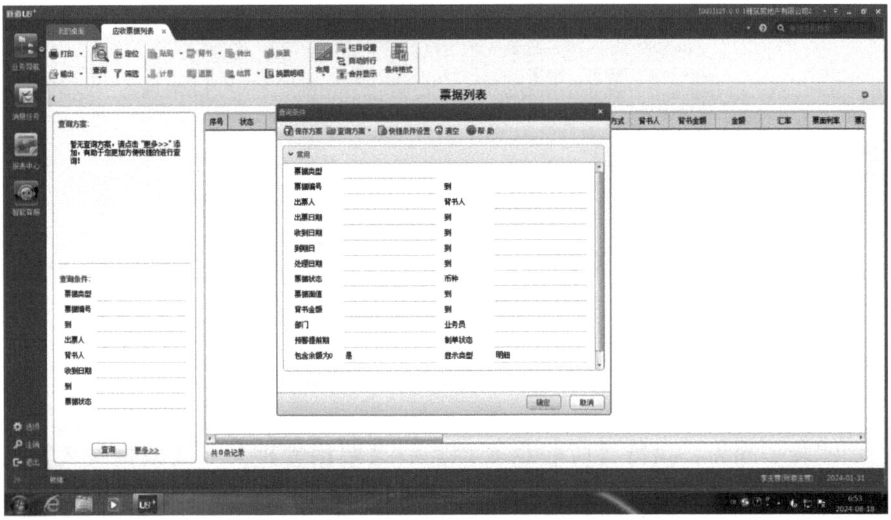

图 6-62　票据列表查询界面

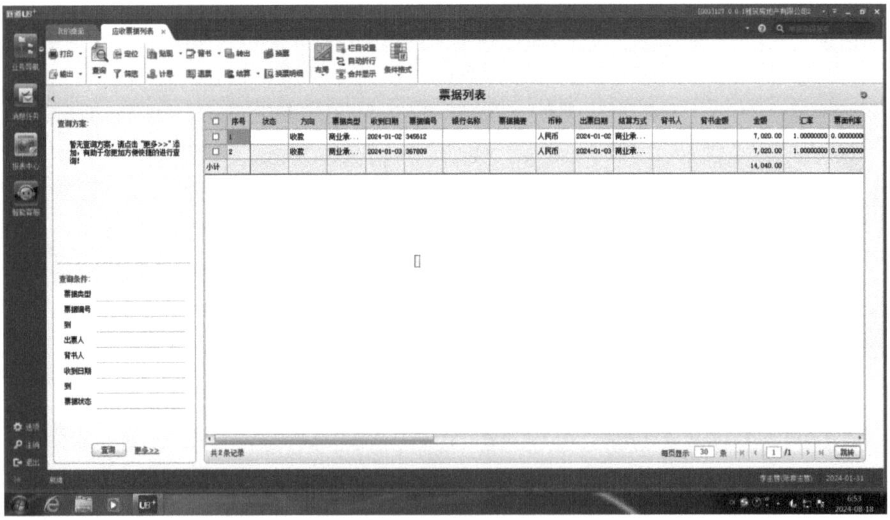

图 6-63　查询到的票据列表界面

图 6-64　票据贴现录入界面

②录入实验资料中商业承兑汇票贴现信息，单击【确定】按钮，系统弹出“是否立即制单?”信息提示，单击【是】按钮，生成贴现的记账凭证，单击【保存】按钮，如图 6-65 所示。

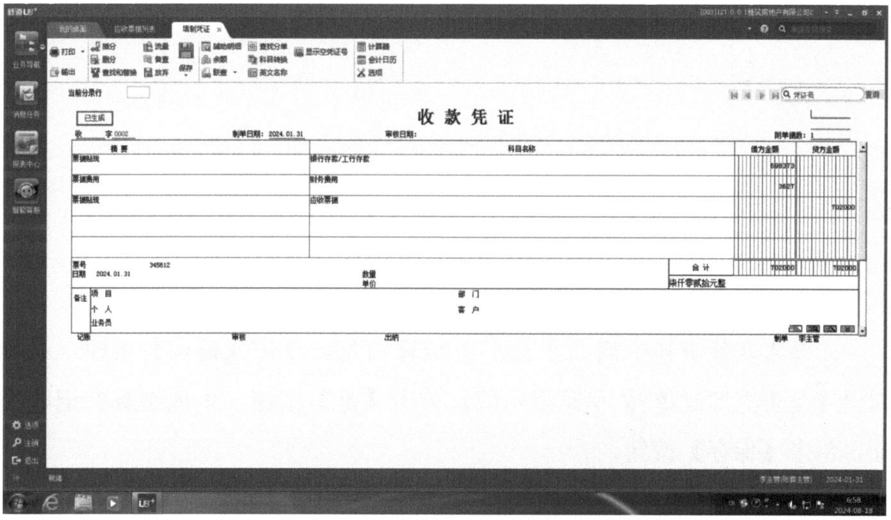

图 6-65　票据贴现生成的凭证界面

请注意：当贴现净额超过余额时，系统将自动把差额计入利息，此部分无法进行修改；反之，若贴现净额低于票据余额，系统则会自动将差额视为费用，同样不允许修改。一旦票据完成贴现，便无法对其执行其他操作。

3. 商业承兑汇票结算

实验步骤如下。

①执行【应收款管理】→【票据管理】→【票据列表】命令，进入【票据列表】窗口；在打开的如图 6-63 所示的票据列表，选中 2 号票据，单击【结算】按钮，打开【票据结算】窗口，如图 6-66 所示。

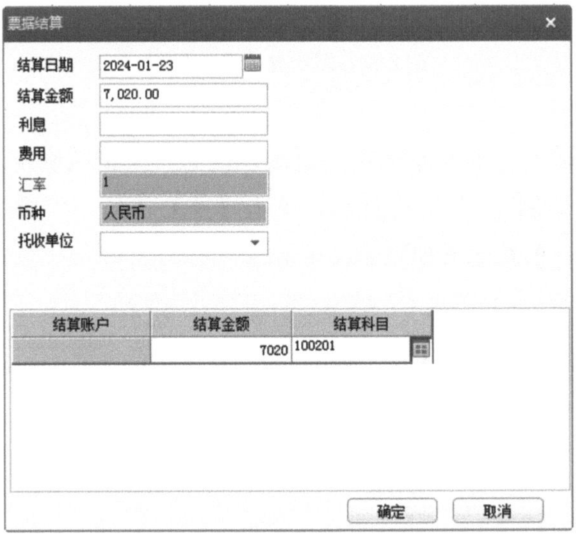

图 6-66 票据结算录入界面

②录入实验资料中商业承兑汇票结算信息，单击【确定】按钮，系统弹出【是否立即制单?】信息提示框，单击【是】按钮，生成结算的记账凭证，单击【保存】按钮。

4. 审核收款单

实验步骤为：执行【应收款管理】→【收款处理】→【收款单据审核】命令，打开“收款单据审核”窗口。单击【查询】按钮，打开【查询条件-收付款单过滤】窗口，单击【确定】按钮，选中要审核的收款单复选框，单击【审核】按钮，系统弹出“本次审核成功单据 1 张”提示信息；单击【确定】按钮，收款单审核完毕。

5. 制单

实验步骤如下。

①执行【应收款管理】→【凭证处理】→【生成凭证】命令，打开【制单查询】对话框。

②取消“发票”选项，选中“收付款单”选项，单击【确定】按钮，进入【生成凭证】窗口，单击【全选】按钮；再单击【制单】按钮，修改凭证类型为“转账凭证”，单击【保存】按钮。收款单制单（生成凭证）完成。

（四）转账处理

1. 应收冲应收

实验步骤为：执行【应收款管理】→【转账】→【应收冲应收】命令，进入“应收冲应收”窗口；选择转出客户为“天益公司”，转入客户为“明兴公司”，单击“查询”按钮，系统列出转出客户“天益公司”未核销的应收款，如图 6-67 所示；在日期为 2024 年 1 月 16 日的“销售专用发票”单据行和“其他应收单”单据行的最后一栏“并账金额”中分别输入 608.40 和 120，单击【确认】按钮，系统弹出“是否立即制单?”信息提示框；单击【是】按钮，生成转账凭证（注意修改凭证类别为“转账凭证”），单击【保存】按钮，如图 6-68 所示。

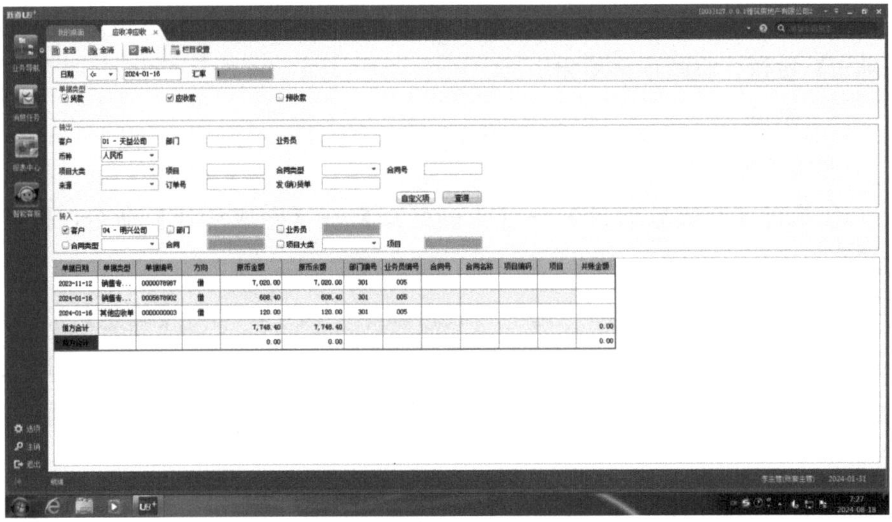

图 6-67　应收冲应收录入界面

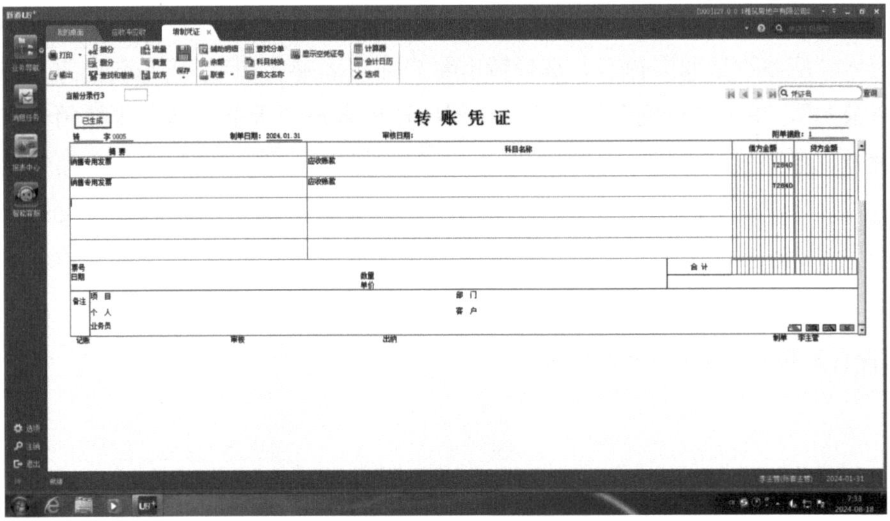

图 6-68　应收冲应收生成凭证

需要说明的是：如果取消已生成的应收冲应收的转账凭证，即反向操作，亦即取消应收冲应收，先查询找到凭证，删除凭证后，再执行【应收款管理】→【其他处理】→【取消操作】命令，进入窗口操作。

2. 预收冲应收

实验步骤为：执行【应收款管理】→【转账】→【预收冲应收】命令，进入【预收冲应收】窗口，进入【预收冲应收】对话框；在“预收款”选项卡中，选择已预收款的客户，单击【过滤】按钮，系统列出该客户的预收款，输入“转账金额”；单击打开【应收款】选项卡，单击【过滤】按钮，系统列出该客户的应收款；在相应的单据上，输入“转账金额”；单击【确定】按钮，系统弹出“是否立即制单?”信息提示；单击【是】按钮即生成转账凭证，若单击【否】按钮，后面可批量制单再生成（执行【应收款管理】→【凭证处理】→【生成凭证】命令去制单）。

（五）坏账处理

1. 发生坏账

实验步骤为：执行【应收款管理】→【坏账处理】→【坏账发生】命令，打开【坏账发生】对话框；选择客户“明兴公司”，单击【确定】按钮，进入【坏账发生单据明细】窗口，根据实验资料，在“本次发生坏账金额”栏中输入相应的坏账金额，如图 6-69 所示；单击【确认】按钮，系统弹出“是否立即制单?”提示信息，单击【是】按钮，生成凭证，如图 6-70 所示。

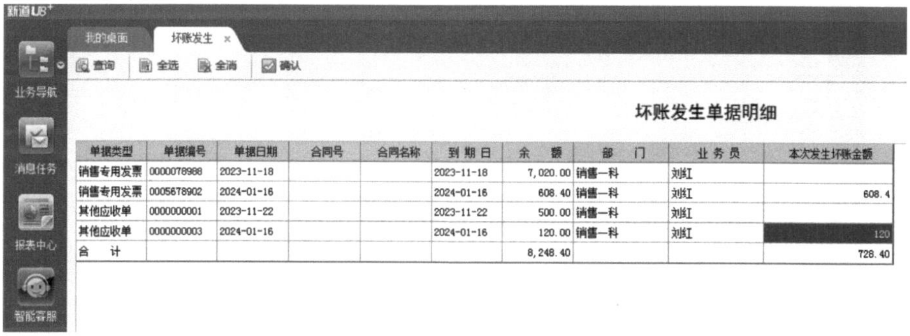

单据类型	单据编号	单据日期	合同号	合同名称	到期日	余额	部门	业务员	本次发生坏账金额
销售专用发票	0000078988	2023-11-18			2023-11-18	7,020.00	销售一科	刘红	
销售专用发票	0005678902	2024-01-16			2024-01-16	608.40	销售一科	刘红	608.4
其他应收单	0000000001	2023-11-22			2023-11-22	500.00	销售一科	刘红	
其他应收单	0000000003	2024-01-16			2024-01-16	120.00	销售一科	刘红	120
合计						8,248.40			728.40

图 6-69　坏账发生金额录入界面

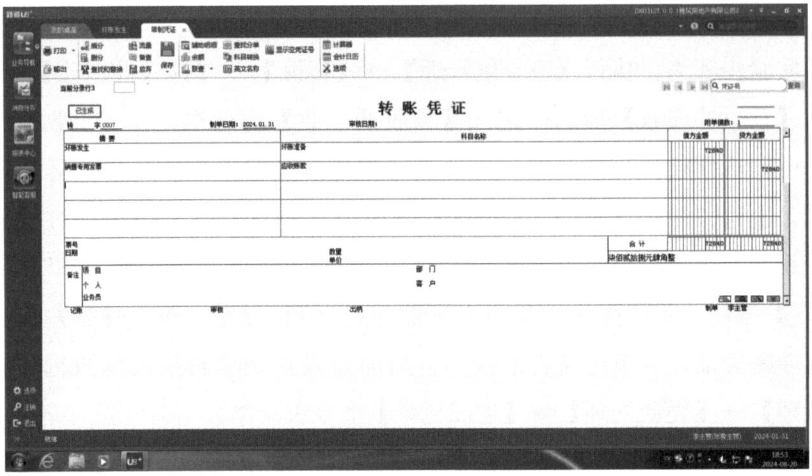

图 6-70　发生坏账生成凭证界面

2. 填收款单

实验步骤为：执行【应收款管理】→【收款处理】→【收款单录入】命令，进入【收款单据录入】窗口；单击【增加】按钮，根据实验资料录入收回的已作坏账处理的收款单，单击【保存】按钮，如图 6-71 所示。

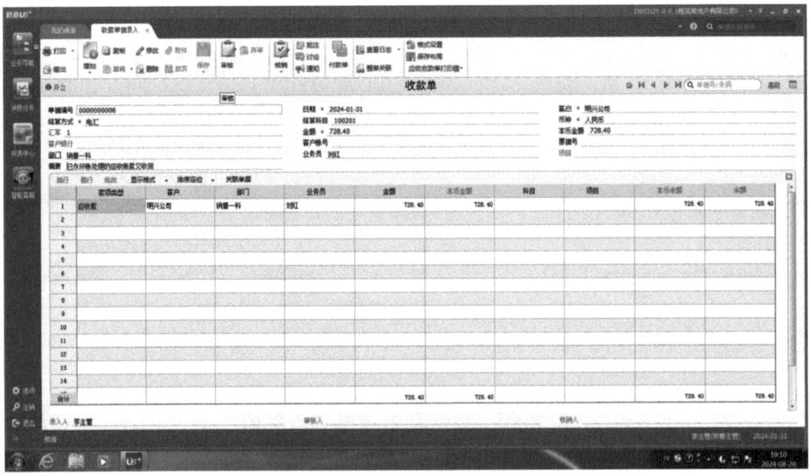

图 6-71　已作坏账处理的收款单录入完毕界面

3. 坏账收回

实验步骤为：执行【应收款管理】→【坏账处理】→【坏账收回】命令，系统弹出【坏账收回】对话框；根据实验资料录入已收回的坏账收款单信息，单击【确定】按钮，系统弹出“是否立即制单?”提示信息，单击【是】按钮，生成凭证，如图 6-72 所示。

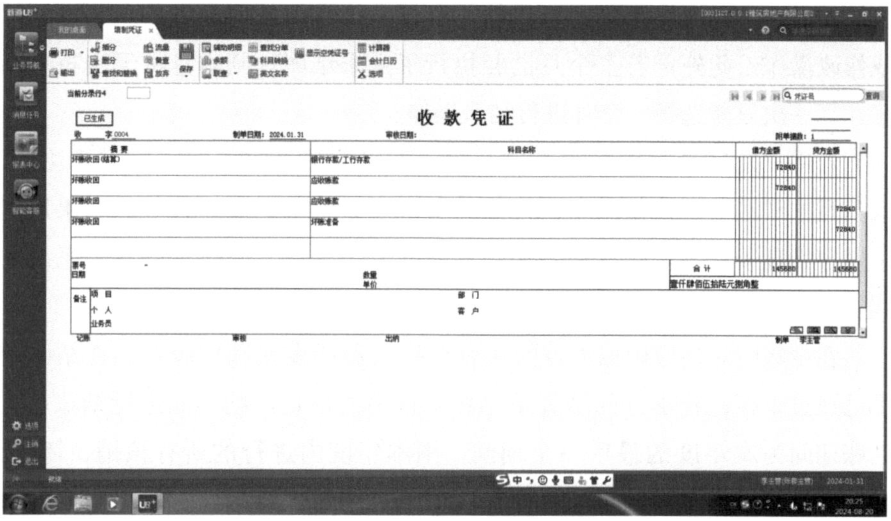

图 6-72　坏账收回制单界面

第四节　应收款管理子系统的期末处理

一、期末处理工作

应收款管理子系统的期末处理工作主要包括计算汇总损益和月末结账。

(一) 汇兑损益

当客户往来涉及外币核算，并且在应收款管理子系统中对客户往来款项进行核算时，月末时需计算外币单据的汇兑损益，并执行相应的处理措施。在进行汇兑损益计算之前，应先在系统初始设置中选定汇兑损益的处理方式。系统通常提供两种处理方式：一是在月末计算汇兑损益，二是在单据结清时计算汇兑损益。

（二）月末结账

一旦确认本月的所有处理工作已经完成，可以执行月末结账功能。完成结账后，本月内将无法进行单据、票据、转账等任何业务的新增、删除或修改操作。此外，若上个月已经执行了月末结账，则本月将无法再次结账，且一次只能选择一个月进行结账操作。

若用户发现某月的月末结账有误，可以取消月末结账。但需要注意，取消月末结账的操作仅限于该月账务管理子系统未结账时进行。如果启用了销售管理子系统，只有在销售子系统完成结账后，应收款管理子系统才能执行结账。

在结账时，还应确保本月的所有单据（包括发票和应收单）在结账前都已通过审核；若本月的结算单存在未核销的项目，则不能进行结账；若结账期间为本年度的最后一个期间，则本年度内进行的所有核销、坏账、转账等操作必须完成制单，否则无法向下一个年度结转。对于本年度外币余额为零的单据，必须将本币余额结转为零，即必须执行汇总损益。

二、期末处理实验操作

（一）结账前所有制单生成的凭证进行各种签字和审核

1. 出纳签字

需要注意的是：以出纳的身份注册进入企业应用平台进行签字。

2. 主管签字、审核、记账所有凭证

需要注意的是：制单人与签字、审核、记账人不能同一个人。

（二）月末结账

实验步骤为：在企业应用平台中，单击【业务导航】按钮，在【财务会计】下拉菜单中，执行【应收款管理】→【期末处理】→【月末结账】命令，打开【月末处理】对话框；双击一月份的“结账标志”栏，如图 6-73 所示；单击【下一步】按钮，显示各处理类型的处理情况；在处理情况都是“是”的情况下，单击【完成】按钮，结账后，系统弹出【一月份结账成功!】信息提示框；单击【确定】按钮，系统自动在对应的结账月份的“结账标志”栏中显示“已结账”字样。

图 6-73 月末处理一月份结账标志界面

如果在“月末处理”对话框显示出各处理类型的处理情况中，只要有存在“否”的情况，单击【完成】按钮，系统无法结账。此时可以通过修改初始设置里选项中的取消“月结前全部生成凭证”参数，完成实验的结账工作。实验步骤为：执行【应收款管理】→【设置】→【选项】命令，打开【账套参数设置】窗口，单击“凭证”选项卡，单击【编辑】按钮，取消勾选“月结前全部生成凭证”参数；单击【确定】按钮，退出选项设置界面。再执行【月末结账】命令，就可以实现 1 月份结账工作。

（三）取消结账

实验步骤为：在企业应用平台中，单击【业务导航】按钮，在【财务会计】下拉菜单中，执行【应收款管理】→【期末处理】→【取消月结】命令，打开【取消结账】对话框；选择“一月份已结账”记录，单击【确定】按钮，当月结账标志被取消。

实验五　应收款管理子系统

【实验目的】

1. 理解应收款管理子系统的作用及功能。
2. 掌握该系统初始化的内容及操作。
3. 掌握该系统日常业务处理的内容及操作。
4. 掌握该系统期末处理的内容及操作。

【实验内容】

1. 系统初始化，包括参数设置、基础信息设置、期初数据录入。
2. 日常业务处理：应收账款发生、应收账款收回、坏账发生处理。
3. 期末处理：月末结账。

【实验准备】

引入实验二中备份的“雅筑房地产有限公司期初余额录入完毕账套”的数据。

【实验资料】

1. 应收款管理子系统初始化

系统日期：2024 年 1 月 31 日；以“001 李主管”的身份进入系统。

（1）设置系统参数

①“常规”选项卡。

“坏账处理方式”选择“应收余额百分比法”；“应收单据审核日期”选择“单据日期”。

②“权限与预警”选项卡。

选中“控制客户权限”；“单据报警”选择“信用方式”，“提前天数”为“7 天”。

（2）设置存货分类

存货分类编码	存货分类名称
1	原料及主要材料
2	辅助材料
3	库存商品
4	应税劳务

（3）设置计量单位

①增加一个计量单位组。

②增加该计量单位组里的计量单位。

计量单位组	计量单位
1 基本计量单位（无换算率）	1 吨
	2 台
	3 桶
	4 千米

（4）设置存货档案

存货编码	存货名称	所属分类码	计量单位	税率	存货属性
001	钢材	1	吨	17	采购、生产耗用
002	油漆	1	桶	17	采购、生产耗用
003	电动机	1	台	17	采购、生产耗用
004	甲产品	3	台	17	自制、内销、外销
005	乙产品	3	台	17	自制、内销、外销
006	运输费	4	千米	7	采购、销售、应税劳务

（5）设置基本科目

①在“基础设置”中，将“1121 应收票据”“1122 应收账款”“2203 预收账款”的受控系统改为“应收系统”。

②设置应收系统基本科目。

应收科目—1122；预收科目—2203；销售收入—6601；税金科目—22210102；销售退回科目—6601；银行承兑科目—1121；商业承兑科目—1121；现金折扣科目—6603；票据利息科目—6603；票据费用科目—6603；收支费用科目—6601。

（6）结算方式科目

结算方式	币种	科目
1 现金	人民币	1001
2 现金支票	人民币	100201
3 转账支票	人民币	100201
4 信汇	人民币	100201
5 电汇	人民币	100201

（7）设置坏账准备

提取比例：0.500%；坏账准备期初余额：0.00；坏账准备科目：1231；坏账准备对方科目：660205。

（8）设置账龄区间

账期内账龄区间设置总天数为 10 天、30 天、60 天、90 天；逾期账龄区间设置总天数为 30 天、60 天、90 天、120 天。

（9）设置预警级别

序号	起止比率	总比率	级别名称
01	0—10%	10	A
02	10%—20%	20	B
03	20%—30%	30	C
04	30%—40%	40	D
05	40%—50%	50	E
06	50%以上		F

（10）单据格式设置

删除“销售专用发票”和“销售普通发票”单据格式中的“销售类型”。

（11）单据编号设置

企业应用平台中分别执行【基础设置】→【单据设置】→【单据编号设置】【单据类型】→【销售管理】→【销售专用发票】【单据类型】→【应收款管理】→【其他应收单】【单据类型】→【应收款管理】→【收款单】命令，选中“手工改动，重号时自动重取”。

（12）设置开户银行

在企业应用平台中执行【基础档案】→【收付结算】→【本单位开户银行】命令

编码：1；银行账号：001-23456789；币种：人民币；开户银行：工行北京支行花园路办事处；所属银行编码：中国工商银行。

（13）增加结算方式

在企业应用平台中执行【基础设置】→【基础档案】→【收付结算】→【结算方式】命令，增加“商业承兑汇票”结算方式。

（14）录入期初销售发票、期初其他应收单、预收账单

①录入期初销售发票。

单击【增加】选择“单据类别”；单据名称：销售发票；单据类型：销售专用发票；方向：正向。

开票日期	发票号	客户名称	货物编号	数量	无税单价	会计科目
2023-11-12	78987	01	004	3	2000	应收账款
2023-11-18	78988	04	004	3	2000	应收账款
2023-11-22	78989	02	005	2	500	应收票据

②录入其他应收单。

单击【增加】选择【单据类别】；单据名称：应收单；单据类型：其他应收单；方向：正向。

单据日期	客户	金额	摘要
2023-11-22	04	500	代垫运费

③录入预收单。

单击【增加】选择“单据类别”；单据名称：预收款；单据类型：收款单；方向：正向。

单据日期	客户	结算方式	金额	摘要
2023-11-26	06	5	30000	预收货款

（15）应收款系统与总账系统对账

在期初余额明细表中进行对账。

2. 单据处理

（1）应收单据处理

①填制单据。

第1笔业务：2024年1月16日，向上海邦立公司销售乙产品2台，无税单价为510元，票号5678900。以现金代垫运费120元。

第2笔业务：2024年1月16日，向天益公司销售乙产品1台，无税单价为520元，票号5678902。以现金代垫运费120元。

填制“销售专用发票”“应收单”。

②审核单据。

③制单。

（2）收款单据处理

①填制收款单。

业务：2024年1月22日，收到上海邦立公司以信汇方式支付购买乙产品2台的货款及代垫运费款1313．40元。

②审核收款单。

③制单。

④核销收款单。

核销处理选择“自动核销”；“通用”卡片，客户：03

币种	原币金额	原币余额	可享受折扣	本次折扣	本次结算
人民币	120.00	120.00	0.00	0.00	120.00
人民币	1193.40	1193.40	0.00	0.00	1193.40
合计	1313.40	1313.40	0.00		1313.40

3. 票据管理

（1）填制商业承兑汇票

第1笔业务：2024年1月2日，收到北京天益公司签发并承兑的商业承兑汇票一张，票号345612，面值为7020元，到期日为2024年3月2日，付款人银行是工行华山路支行。

第2笔业务：2024年1月3日，收到明兴公司签发并承兑的商业承兑汇票一张，票号367809，面值为7020元，到期日为2024年1月23日，付款人银行是工行亦庄支行。

（2）商业承兑汇票贴现

①选中1号票据进行贴现；贴现率：6%；结算科目：100201。

②制单。

（3）商业承兑汇票结算

①选中2号票据进行结算；结算日期：2024年1月23日；结算金额：7020；结算科目：100201。

②制单。

（4）审核收款单

（5）制单

4. 转账处理

（1）应收冲应收

①冲账业务：2024年1月31日，经三方同意，将1月16日形成的应向“北京天益公司”收取的账款及代垫费用款728.40元转为向“明兴公司”的应收账款（转出户：天益公司；转入户：明兴公司）。

②暂不制单。如果制单了，则取消制单操作。

（2）预收冲应收

（3）制单

凭证处理中进行“并账制单”“转账制单”。

5. 坏账处理

（1）发生坏账

①业务：2024年1月24日，将1月16日形成的向明兴公司收取的应收账款728.40元（其中货款608.40元，代垫运费120元）转为坏账。即本次发生坏账金额分别为608.40元和120.00元。

②制单。

（2）填收款单

业务：2024年1月31日，收到银行通知（电汇），收回以作为坏账处理的应向明兴公司收取的应收款728.40元。摘要：已作坏账处理的应收账款又收回。

（3）坏账收回

①坏账收回处理。

②制单。

（4）审核签字、记账

6. 结账

第七章　薪资管理子系统

学习目标

1. 理解薪资管理子系统的功能结构。

2. 重点掌握系统的初始设置、日常业务处理、薪资凭证处理以及薪资月末处理。

3. 难点是薪资项目设置和公式设置、工资变动处理、凭证处理等。

思政素养

1. 强调薪资管理子系统在企业人力资源管理中的重要性，培养学生的全局观和责任感，认识到个人工作与企业发展、社会和谐之间的紧密联系。

2. 在初始化设置过程中，强调细致入微、严谨求实的工作态度，追求精益求精的职业精神，培养学生的法律意识和社会责任感。

3. 在系统日常业务处理中，强调诚信为本的职业操守，避免引发信任危机，培养学生的同理心和公平正义观。

4. 在系统期末处理中，强调规范操作、合规管理的重要性，培养学生的风险意识和法律意识、创新思维和可持续发展观念。

第一节　薪资管理子系统概述

在用友 U8 管理系统中，薪资管理子系统不属于财务管理中的组成部分，而是人力资源管理的一个子系统。但人力资源的核算和管理是企业管理的重要组成部分，其中对于企业员工的业绩考评和薪酬确定，更是关系到企业每一个职工的切身利益，对于调动每一个职工的工作积极性、正确处理企业与员工之间的经济关系具有重要意义。

薪资即工资，是根据有关法规、合同，以法定的方式，在一定时间内因使用职工的知识、技能、时间和精力而支付给本单位职工的劳动报酬，是企业计提有关费用的依据。薪资核算是每个企事业单位财务部门最基本的任务之一，其不仅关系到每个职工的切身利益，也直接影响到产品成本核算的质量。但是手工核算薪资通常占用财务人员大量的时间和精力，出错率也比较高，而采用计算机核算薪资可以有效提高核算的准确和及时性。

一、薪资核算业务概述

（一）职工薪酬的构成

依据最新实施的会计准则，职工薪酬涵盖了在职及离职员工所获得的所有形式的薪酬，无论是货币性的还是非货币性的。这不仅包括直接支付给员工本人的薪酬，还包括提供给其配偶、子女或其他受赡养人的福利。具体而言，职工薪酬包括工资、奖金、津贴、职工福利费、社会保险费用、住房公积金、工会经费、职工教育经费、非货币性福利、辞退福利以及其他与薪酬相关的支出。

薪资核算的核心任务如下。

①制作职工工资单：详细记录每位员工的工资明细。

②制作工资汇总表：根据员工的工作岗位和性质进行数据汇总。

③编制记账凭证：执行账务处理和成本核算工作。

二、薪资管理子系统的构成模式和任务

（一）薪资管理子系统的构成模式

①该系统将人力资源管理和工资管理相结合，形成了一个综合的人力资源管理子系统。

②在全面完成工资核算的基础上，系统增加了对职工个人基本档案资料的记录功能，以便根据人员管理的需求，提供各种详尽的分析和统计资料。

（二）薪资管理子系统的任务

①负责输入与职工工资相关的原始数据，并据此计算职工的工资。这

些原始数据涵盖了各部门提供的职工劳动的数量、质量和考勤情况。

②负责汇总分配工资费用，并计提职工福利费、劳动保险费等，同时生成相应的记账凭证。

③提供相关的工资统计分析数据。

④及时处理职工调入、调出、内部调动以及工资调整的数据。

三、薪资管理子系统功能概述

（一）薪酬类别管理

薪酬管理系统适用多种薪酬类别。对于每周或每月多次支付薪酬的企业，或者拥有不同类别（例如不同部门）员工的企业，薪酬发放项目和计算公式会有所不同。为了实现统一的薪酬核算管理，薪酬管理子系统需要建立多个薪酬类别。

（二）员工档案管理

薪酬管理子系统能够设置员工的基本信息，并对员工变动进行调整。此外，系统还提供了设置员工附加信息的功能。

（三）薪酬数据管理

薪酬数据管理模块可以根据不同企业的具体需求设计薪酬项目和计算公式；管理所有员工的薪酬数据，并对日常发生的薪酬变动进行调整；自动计算个人所得税，并根据薪酬发放方式执行扣零处理或向代发薪酬的银行传输薪酬数据；自动计算、汇总薪酬数据；自动完成薪酬分摊、计提、转账业务。

（四）薪酬报表管理

薪酬报表管理提供了一个多层级、多维度的薪酬数据查询服务。

四、薪资管理子系统与其他子系统的主要关系

薪资管理子系统与其他子系统的关系如图 7-1 所示。

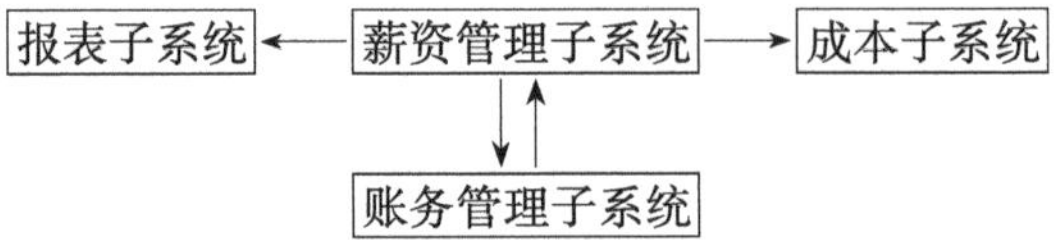

图 7-1　薪资管理子系统与其他子系统的关系

（一）薪资管理子系统与账务管理子系统之间的联系

薪资管理系统主要通过转账凭证向账务管理子系统传递数据。具体而言，薪资管理子系统负责计算和分摊工资、福利费、工会经费、养老保险金等，并生成相应的转账凭证，这些凭证随后被传递至账务管理子系统以供进一步处理。此外，薪资管理子系统亦能利用特定的函数和公式从账务管理子系统中获取工资、福利费等相关科目的数据。

（二）薪资管理子系统与成本子系统之间的联系

薪资管理子系统为成本子系统提供必要的工资和福利费用数据，这些数据是进行成本核算的基础之一。

（三）薪资管理子系统与报表子系统之间的联系

薪资管理子系统将计算结果和各类统计分析数据传递给报表子系统，以便后者能够据此定义和生成相应的报表。

五、薪资管理子系统的业务处理流程

（一）新用户的操作流程

采用多工资类别核算的企业，第一次启用薪资管理子系统，业务操作流程如图 7-2 所示。

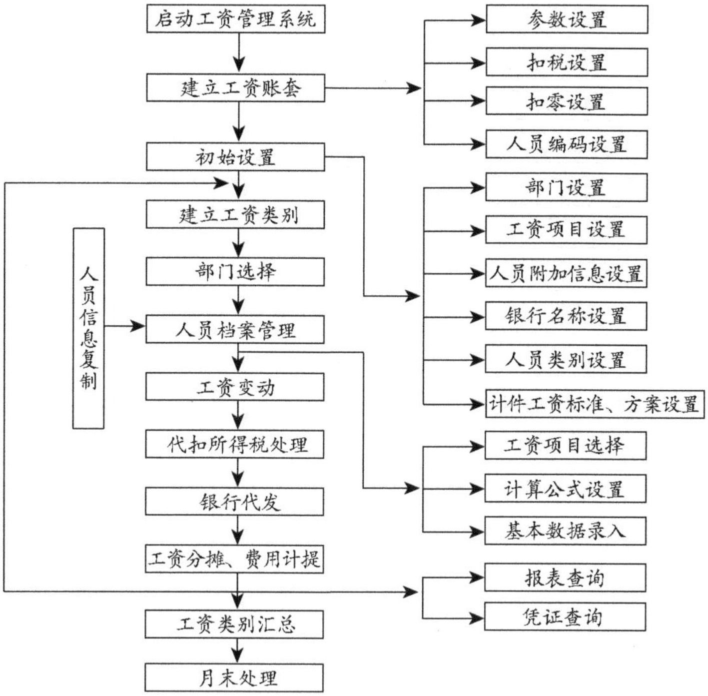

图 7-2　新用户启用多工资类别核算的业务处理流程

（二）老用户的操作流程

若已经采用薪资管理系统，年末时应执行数据结转操作，以便顺利开展新一年度的相关工作。在新会计年度启动之际，可以在【设置】菜单中选择需要调整的选项，包括但不限于员工附加信息、员工类别、薪酬项目以及部门信息等。请注意，这些设置的修改仅能在新会计年度的第一个月内，在删除相关工资数据和员工档案之后方可进行。

第二节　薪资管理子系统初始化设置

在首次使用薪资系统前，应通过“系统管理”建立账套并输入有关信息。只有建立账套后，在企业门户中已经进行了启用薪资管理子系统的操作后，才可以启动薪资管理子系统。

启用薪资管理子系统的实验步骤为：执行【开始】→【所有程序】→【用友新道 U8+】→【企业应用平台】命令，打开【登录】对话框；输入操作员的编号（001 李主管）及选择所属的账套，单击【登录】按钮，即可进入企业应用平台窗口。单击【业务导航】按钮，在下拉菜单左下角执行【基础设置】→【基本信息】→【系统启用】命令，打开【系统启用】对话框。选中“薪资管理”复选框，进行相关设置，如图 7-3 所示。

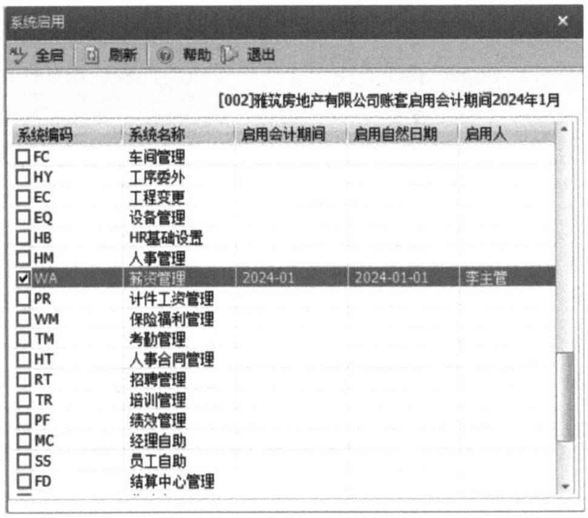

图 7-3　薪资管理子系统启用界面

计算机处理工资程序基本类似于手工操作，只不过用户要做一次性初始设置，如部门、人员类别、工资项目、计算公式、个人工资、个人所得税设置，银行代发设置，以及各种表样的定义等。每月只需对有变动的地方进行修改，系统自动进行计算，汇总生成各种报表。薪资管理子系统初始设置包括建立工资账套和基础信息设置两部分。

一、建立工资账套

工资账套与系统管理中的账套是不同的概念，系统管理中的账套是针对整个核算系统，而工资账套是针对薪资管理子系统。建立工资账套的前提是，在系统管理中建立本单位的核算账套。建立工资账套时可以根据建账向导分四步进行，即参数设置、扣税设置、扣零设置、人员编码。

（一）参数设置

选择本账套处理的工资类别个数：单个或多个。当核算单位工资按周发放或一个月多次发放，或单位中有多种类别（部门）的人员，工资发放项目不尽相同，计算公式也不尽相同，但因为要进行统一工资核算管理，所以应选择“多个”工资类别，如图 7-4 所示。

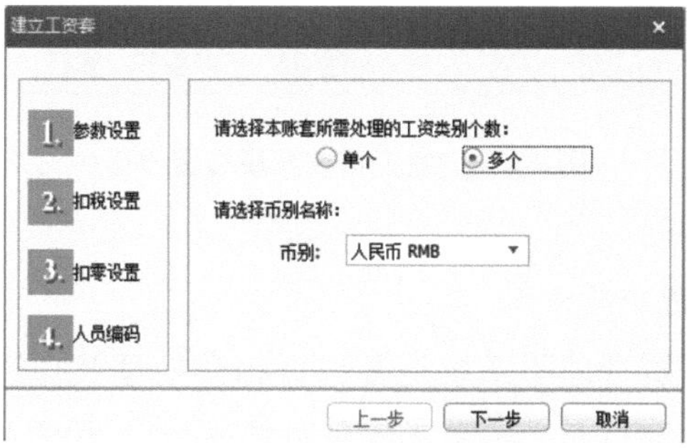

图 7-4　建立工资套参数设置界面

选择该账套工资的核算币种（币别）：人民币 RMB。系统提供币别参照供用户选择，若选择账套本位币以外其他币别，则还须在工资类别参数维护中设置汇率。

需要注意以下问题。

①当使用薪资管理子系统时，如果所选择的账套为初次使用，系统将自动进入建账向导。

②如果企业有按计件支付劳动报酬的情况，可以启用“计件工资管理”子系统，如图 7-3 所示界面中要勾选“计件工资管理”复选框；然后在该界面（如图 7-4 所示）中会出现“是否核算计件工资”复选框。若选中该项，则系统在工资项目设置中显示“计件工资”项目；在人员档案中“核算计件工资”项目可选。

（二）扣税设置

扣税设置是指选择“是否从工资中代扣个人所得税”。选择此项，工资核算时系统将自动生成工资项目“代扣税”，并在工资计算的同时自动进行代扣个人所得税的计算。如图 7-5 所示。

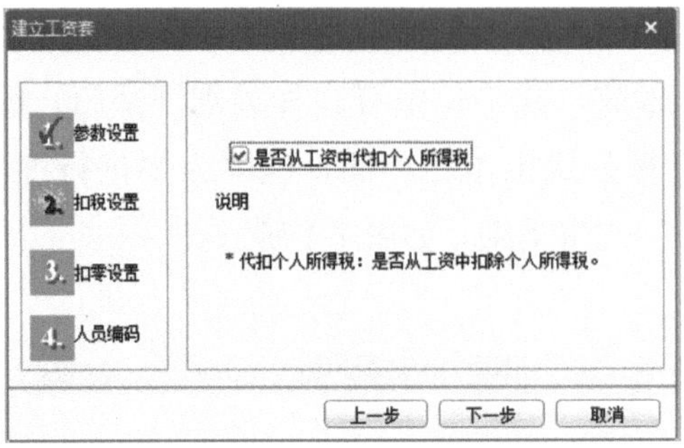

图 7-5　建立工资套扣税设置界面

（三）扣零设置

扣零设置指薪资管理子系统是否进行扣零处理及在进行扣零处理时依据的扣零类型（扣零至元、扣零至角和扣零至分）。扣零是将本月工资中的尾数留待下月合并处理。选择该项，系统自动在固定工资项目中设置有关扣零处理的计算公式，“应发合计”中不用包括“上月扣零”，“扣款合计”中不用包括“本月扣零”，如图 7-6 所示。因为目前企业大多采用银行代发方式，所以扣零功能失去了原来设计的意义。

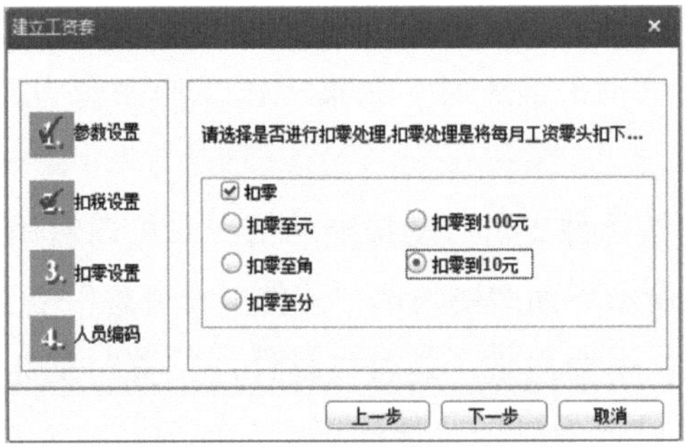

图 7-6　建立工资套扣零设置界面

（四）人员编码

人员编码，即单位人员的唯一标识符，采用数字形式表示。该编码的设定应综合考虑企业部门结构及员工总数，并确保其长度不超过 10 位字符。本系统规定用户必须为单位内的每位人员分配一个统一的编号，且此编号需与企业门户系统中的人员编码保持一致，具体示例如图 7-7 所示。

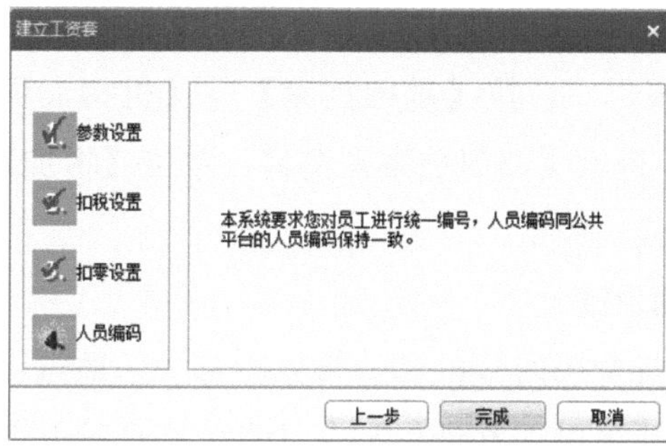

图 7-7　建立工资套人员编码界面

需要注意以下问题。

①工资账套和企业账套概念有所不同，企业核算账套在系统管理中建立，是针对用友 ERP 系统，但工资账套只针对用友 ERP 系统中的薪资管理子系统，是企业核算账套的一个组成部分。

②如果单位有多种不同类别的人员，薪资发放项目不同，计算公式也大不相同，但需要进行统一薪资核算管理，应选择多个薪资类别。如果单位中所有人员薪资标准按统一进行管理，而人员薪资项目和薪资计算公式全部相同，那么就选择单个薪资类别。

③在建立人员档案后，人员编码的长度将无法更改。因此，在确定人员编码长度时，一定要考虑到未来可能增加的员工数量。

④建账完毕后，部分建账参数可以通过执行【设置】→【选项】命令进行修改。

二、基础信息设置

建立工资账套后，要对整个系统运行所需的一些基础信息进行设置，包括以下几项。

（一）部门档案设置

设置部门档案是设置人员工资信息的基础，其所提供的部门核算资料有利于各类人员工资的核算。部门档案与其他部门是共享的，可以在企业门户中的基础信息里对其进行设置，也可以在各个子系统中设置。

实验操作步骤为：在企业应用平台中，单击【业务导航】按钮，在【基础设置】下拉菜单中，执【基础档案】→【机构人员】→【机构】→【部门档案】命令，进入【部门档案】窗口，单击【增加】【修改】和【删除】按钮，进行相应地操作。

（二）人员类别设置

人员类别与工资费用的分配和分摊紧密相关。通过设定不同的人员类别，企业能够更便捷地对工资进行汇总计算，并在统一的账套中跨部门按人员类别进行详细的综合汇总。

实验操作步骤为：在企业应用平台中，单击【业务导航】按钮，在【基础设置】下拉菜单中，执【基础档案】→【机构人员】→【人员】→【人员类别】命令，进入【人员类别】窗口，如图 7-8 所示，可单击【增加】【修改】和【删除】按钮，根据实验资料进行相应地操作。

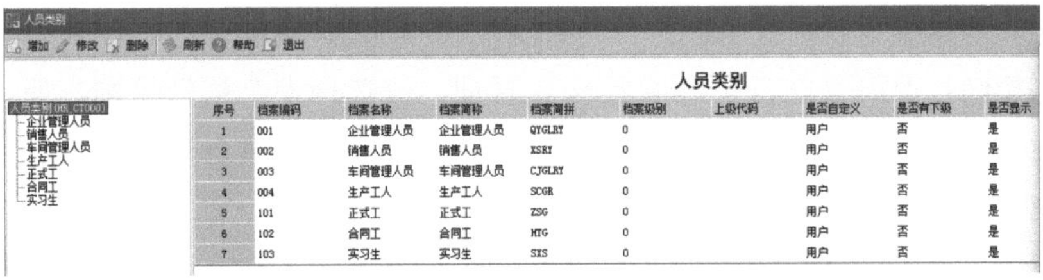

图 7-8　人员类别界面

（三）人员档案设置

人员档案的建立旨在记录工资发放对象的详细信息，包括姓名、员工编号、所属部门以及人员类别等。此外，员工的入职与离职变动也必须通过此功能进行管理。实验操作的步骤与人员类别的设置相同。

只有在人员档案设置完成后，才能进一步定义工资项目和计算公式。图 7-9 呈现的是完成人员档案添加后的人员列表界面。

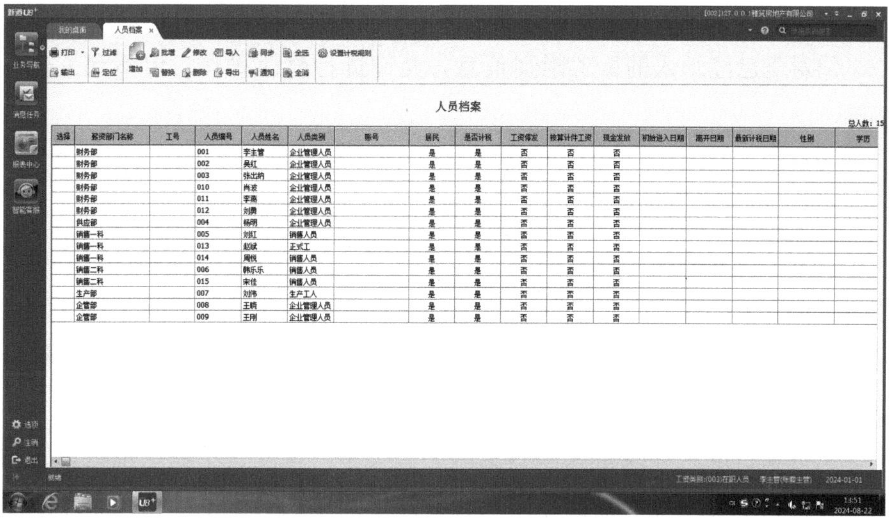

图 7-9　人员档案设置完毕人员列表界面

（四）人员附加信息设置

该设置旨在扩充人员信息，充实人员档案的细节，以便更高效地管理员工。除了包含员工编号、姓名、所属部门和类别等基础资料外，还应纳入辅助管理信息，例如员工的性别、民族、婚姻状况和教育背景等。

实验操作步骤为：在企业应用平台中，单击【业务导航】按钮，在【业务工作】下拉菜单中，执行【人力资源】→【薪资管理】→【设置】→【人员附加信息设置】按钮，打开【人员附加信息设置】对话框。单击【增加】按钮，在【信息名称】文本框中输入人员附加信息的名称，或从“栏目参照”下拉列表框中选择相应项目，如图 7-10 所示。单击【确定】按钮退出。

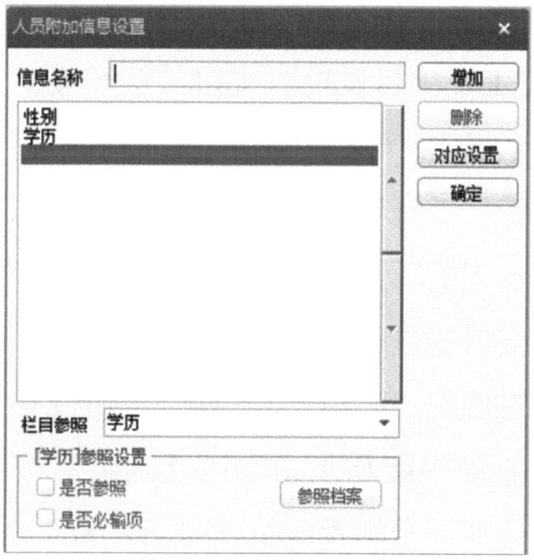

图 7-10　人员附加信息设置界面

需要注意以下问题。

①若工资管理系统所提供的员工基本信息无法满足实际需求，可依据需求设定额外的员工资料字段。

②对于已经录入的员工附加信息，允许进行修改操作，但不允许进行删除。

③员工附加信息字段不得进行数据处理操作，例如设置计算公式等。

（五）工资项目设置

工资项目的设定与构建构成了工资核算子系统运作的基础，同时也是展现管理者对工资信息需求的关键途径。不同企业能够依据其工资核算的特定需求，灵活地设定工资项目，并执行工资数据的汇总、查询与统计工作。

工资项目设定涉及定义项目的名称、类型、宽度、小数点位数以及增减项等要素，用户可依据自身需求自由配置这些项目。系统内预设了一些不可或缺的固定项目，如“应发合计”“扣款合计”“实发合计”，这些项目是工资账目中必须保留的，不允许删除或更改其名称；而其他项目则可根据具体情形进行定义或参考现有项目进行添加，例如“基本工资”“奖励工资”“请假天数”等。所设定的工资项目适用于所有工资类别的综合工资项目。

实验操作步骤为：在企业应用平台中，单击【业务导航】按钮，在【业务工作】下拉菜单中，执行【人力资源】→【薪资管理】→【设置】→【工资项目设置】按钮，打开【工资项目设置】对话框，工资项目列表中显示了14个系统自动生成的工资项目，这些项目不能删除；单击【增加】按钮，工资项目列表中增加一空行；从“名称参照”栏下拉列表中选择“基本工资”选项，默认其他项目，如果需要修改某栏目，只需要双击该栏目，按需要进行修改即可；单击【增加】按钮，增加其他工资项目；可以利用右侧的“上移”“下移”按钮调整工资项目的位置；完成后的工资项目设置如图7-11所示；单击【确定】按钮，系统弹出“工资项目已经改变，请确认各工资类别的公式是否正确”提示信息，单击【确定】按钮。

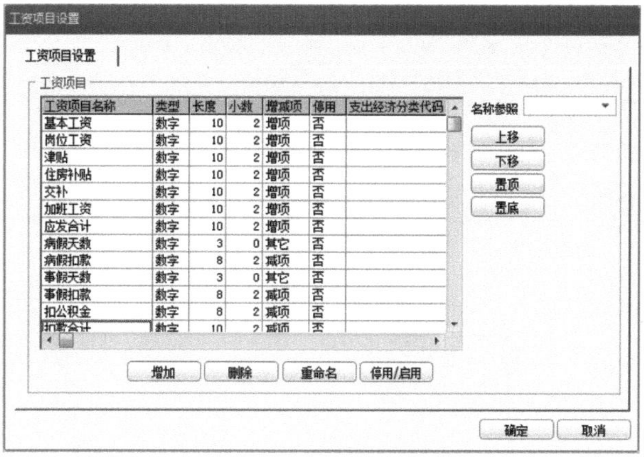

图 7-11　工资项目设置界面

需要注意以下问题。

①系统提供若干常用工资项目供参考，可选择输入。对于参照中未提供的工资项目，可以通过双击“工资项目名称”栏直接输入，或者先从“名称参照”栏中选择一个项目，然后单击【重命名】按钮，将其修改为需要的项目。

②在未进入任何一个工资类别时设置的工资项目，应包括本工资账套中所有工资类别要使用的工资项目。

③系统提供的固定工资项目不能修改、删除。

（六）银行档案设置

银行档案的配置涉及设定用于发放工资的银行信息。企业可以根据需求配置多个银行账户，而银行名称的设置适用于所有工资类别。在采用银行代发工资的方式时，必须明确银行名称以及账号的位数。系统预设的银行账号长度为 11 位，如图 7-12 所示。

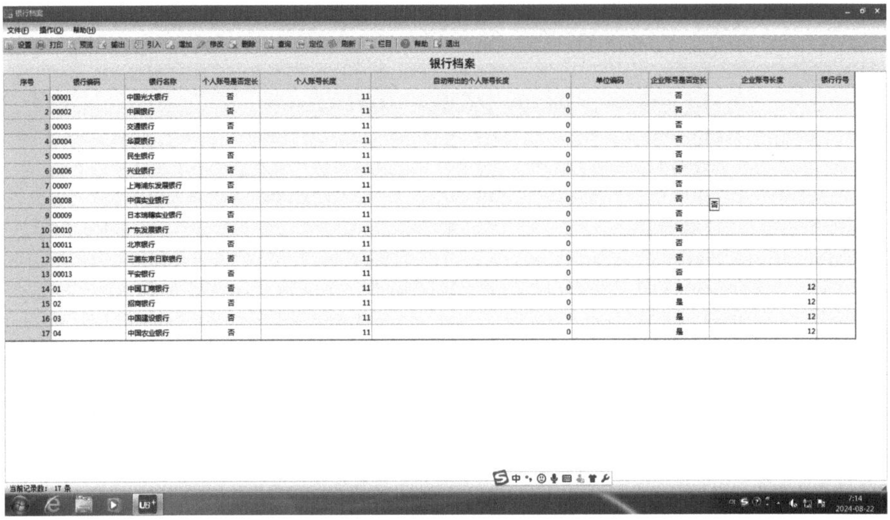

银行档案

序号	银行编码	银行名称	个人账号是否定长	个人账号长度	自动带出的个人账号长度	单位编码	企业账号是否定长	企业账号长度	银行行号
1	00001	中国光大银行	否	11	0		否		
2	00002	中国银行	否	11	0		否		
3	00003	交通银行	否	11	0		否		
4	00004	华夏银行	否	11	0		否		
5	00005	民生银行	否	11	0		否		
6	00006	兴业银行	否	11	0		否		
7	00007	上海浦东发展银行	否	11	0		否		
8	00008	中信实业银行	否	11	0		否		
9	00009	日本瑞穗实业银行	否	11	0		否		
10	00010	广东发展银行	否	11	0		否		
11	00011	北京银行	否	11	0		否		
12	00012	三菱东京日联银行	否	11	0		否		
13	00013	平安银行	否	11	0		否		
14	01	中国工商银行	否	11	0		是	12	
15	02	招商银行	否	11	0		是	12	
16	03	中国建设银行	否	11	0		是	12	
17	04	中国农业银行	否	11	0		是	12	

图 7-12　银行档案

实验操作步骤为：在企业应用平台中，单击【业务导航】按钮，在【基础设置】下拉菜单中，执【基础档案】→【收付结算】→【银行档案】命令，进入【银行档案】窗口，可以进行相关【增加】【修改】【删除】等功能操作。

三、工资类别初始化设置

薪资管理系统依据不同的工资类别进行处理。每个工资类别下包含职工档案、工资变动记录、工资数据、报税处理以及银行代发工资等功能。工资类别的维护工作涵盖了创建、开启、删除、关闭以及汇总各类别工资的操作。

（一）工资类别的建立、打开、关闭及删除

实验操作步骤如下。

①如果在建立薪资账套进行参数设置或修改参数设置页签时，选择了处理多个工资类别，则在【业务工作】窗口中，执行【人力资源】→【薪资管理】→【工资类别】→【新建工资类别】命令，打开【新建工资类别】对话框，在文本框中输入新建工资类别的名称“管理人员”；单击【下一步】按钮，然后单击【选定全部部门】按钮或逐个单击需要选择新建工资

类别所包含的部门，如图 7-13 所示，最后单击【完成】按钮，系统弹出“是否以 2024-01-01 为当前工资类别的启用日期?”提示信息，单击【是】按钮返回，完成新建工资类别操作（注意：新建工资类别之后，系统自动进入新建的工资类别状态）。

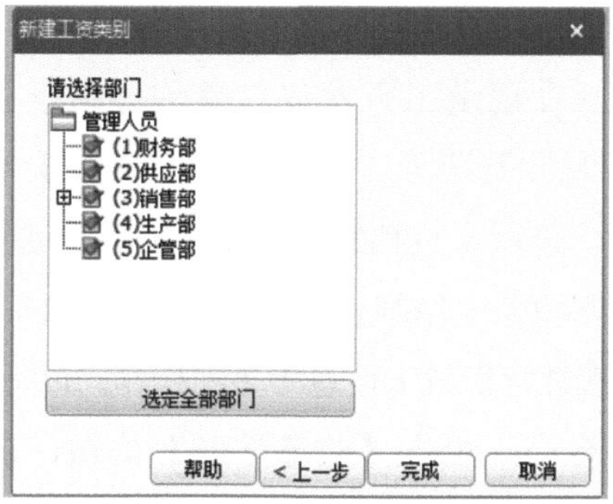

图 7-13　新建工资类别-管理人员界面

②在【业务工作】窗口中，执行【人力资源】→【薪资管理】→【工资类别】→【打开工资类别】命令，从中选择要打开的工资类别，如图 7-14 所示，单击【确定】按钮，即可打开所需工资类别。执行【工资类别】→【关闭工资类别】命令，即可关闭已打开的工资类别。

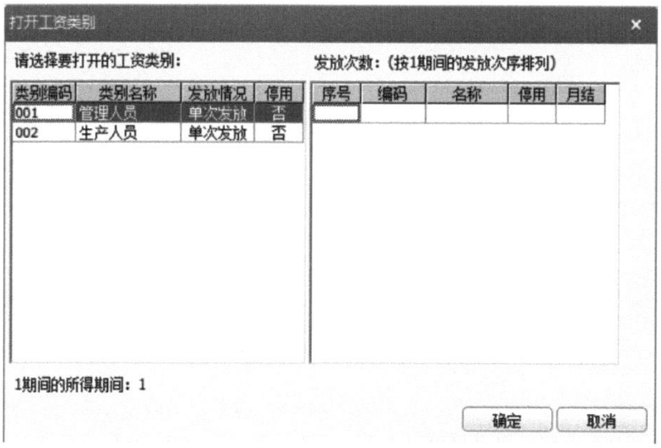

图 7-14　打开工资类别界面

③如果不需要某种工资类别，且以后不想再恢复，则可在关闭工资类别的情况下，执行【人力资源】→【薪资管理】→【工资类别】→【删除工资类别】命令，然后单击【确定】按钮，即可通过反结账操作完成。

注意：只有账套主管才能删除工资类别，且工资类别在删除后数据将不可恢复。

（二）设置人员档案

人员档案的建立旨在记录工资发放对象的详细信息，包括姓名、员工编号、所属部门以及人员类别等。同时，员工的入职与离职变动也应在本功能模块中进行管理。进行人员档案操作前，必须先选择相应的工资类别。

人员档案管理功能涵盖了增加、编辑、删除人员档案记录，处理人员调动或停薪事宜，以及搜索特定员工信息等多项操作。以下是具体的操作步骤。

①在企业应用平台中，单击【业务导航】按钮，在“人力资源”下拉菜单中，执行【薪资管理】→【设置】→【人员档案】命令，进入【人员档案】窗口；单击【批增】或者【增加】按钮，打开【人员批量增加】对话框，如图 7-15 所示；单击【查询】按钮，系统显示在企业应用平台中已经增加的人员档案，并且默认是选中状态；单击【确定】按钮，返回【人员档案】窗口，如图 7-16 所示。

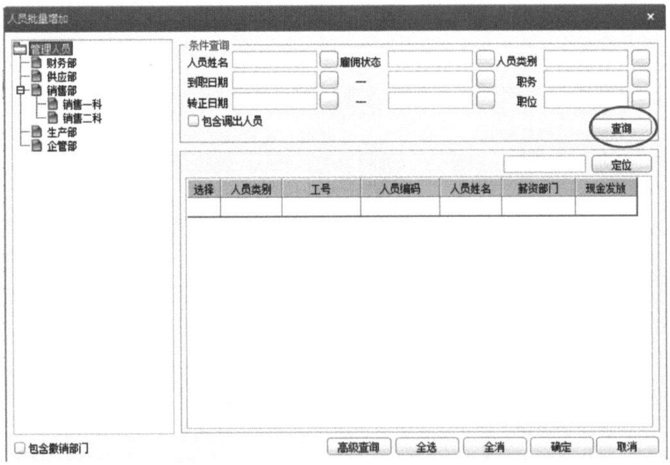

图 7-15　人员批量增加界面

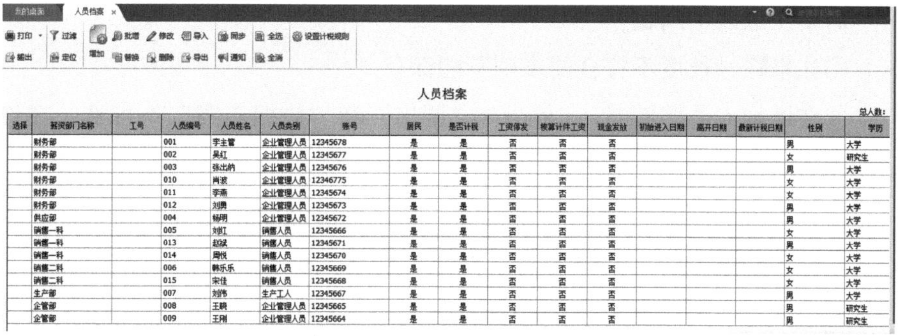

打印 过滤 增加 批增 修改 导入 同步 全选 设置计税规则
输出 定位 替换 删除 导出 通知 全消

人员档案

总人数:

选择	薪资部门名称	工号	人员编号	人员姓名	人员类别	账号	居民	是否计税	工资停发	核算计件工资	现金发放	初始进入日期	离开日期	最新计税日期	性别	学历
	财务部		001	李主管	企业管理人员	12345678	是	是	否	否	否				男	大学
	财务部		002	吴红	企业管理人员	12345677	是	是	否	否	否				女	研究生
	财务部		003	张出纳	企业管理人员	12345676	是	是	否	否	否				男	大学
	财务部		010	肖波	企业管理人员	12346775	是	是	否	否	否				女	大学
	财务部		011	李燕	企业管理人员	12345674	是	是	否	否	否				女	大学
	财务部		012	刘勇	企业管理人员	12345673	是	是	否	否	否				男	大学
	供应部		004	杨明	企业管理人员	12345672	是	是	否	否	否				男	大学
	销售一科		005	刘红	销售人员	12345666	是	是	否	否	否				女	大学
	销售一科		013	赵斌	销售人员	12345671	是	是	否	否	否				男	大学
	销售一科		014	周悦	销售人员	12345670	是	是	否	否	否				女	大学
	销售二科		006	韩乐乐	销售人员	12345669	是	是	否	否	否				女	大学
	销售二科		015	宋佳	销售人员	12345668	是	是	否	否	否				女	大学
	生产部		007	刘伟	生产工人	12345667	是	是	否	否	否				男	大学
	企管部		008	王晓	企业管理人员	12345665	是	是	否	否	否				男	研究生
	企管部		009	王刚	企业管理人员	12345664	是	是	否	否	否				男	研究生

图 7-16　人员档案界面

②在人员档案界面，单击【修改】按钮，打开【人员档案明细】对话框，如图 7-17 所示；在选项卡【基本信息】和【附加信息】中，根据实验资料录入相关信息；单击【确定】按钮，系统弹出“写入该人员档案信息吗?”提示信息，单击【确定】按钮；同理，继续修改其他人员信息。完成后，单击【取消】按钮，返回【人员档案】窗口。

图 7-17　人员档案明细界面

需要注意以下问题。

①如果账号长度不符合要求则不能保存。

②在增加人员档案时，“停发”“调出”和“数据档案”不可选，在修改状态下才能编辑。

③在“人员档案明细”对话框中，可以单击【数据档案】按钮，录入薪资数据。如果个别人员档案需要修改，在【人员档案】对话框中可以直接修改。如果一批人员的某个薪资项目同时需要修改，可以利用数据替换功能，将符合条件人员的某个薪资项目的内容统一替换为某个数据。若进行替换的薪资项目已设置了计算公式，则在重新计算时以计算公式为准。

（三）选择工资项目

在系统初始化阶段，我们配置了涵盖本单位所有工资类别所需全部工资项目的设置。鉴于工资类别之间的差异，每个类别的工资发放项目和计算公式也各不相同。因此，我们必须针对特定工资类别设定其所需的工资项目，并明确该类别的工资数据计算公式。

在选择建立工资类别时，我们仅限于从系统初始化时设定的工资项目中进行选择，不允许自行添加新的项目。此外，工资项目的类型、长度、小数位数以及增减项等参数是固定不变的。

实验操作步骤为：执行【薪资管理】→【设置】→【工资项目设置】命令，打开【工资项目设置】对话框；在“工资项目设置”选项卡中，单击【增加】按钮，“工资项目”列表中增加了一空行；从“名称参照”栏下拉列表中选择“基本工资”选项，工资项目名称、类型、长度、小数、增减项都自动带出，不能修改；单击【增加】按钮，增加其他工资项目；所有项目增加完成后，利用【工资项目设置】对话框中的“上移”和“下移”按钮，可按照实验资料所给顺序调整工资项目的排列位置，完成后如图 7-18 所示。

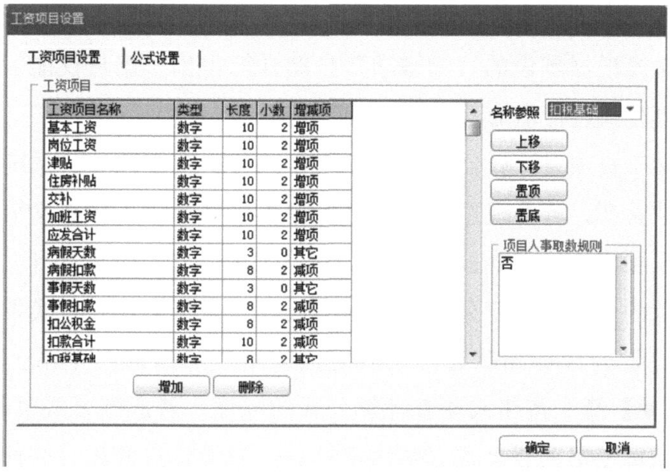

图 7-18　工资项目设置界面

请注意以下几点。

①工资项目不得重复选取。未配置的工资项目不得出现在计算公式中。

②已录入数据的工资项目以及已设定计算公式的工资项目不得被删除。

③若计税工资不等同于应发总额或实发总额，需在工资项目中新增“计税工资”项，并为其设定相应的计算公式。同时，在“扣税设置”中指定扣税项目为“计税工资”。

④在未激活任何工资账套之前，可以配置所有工资项目；一旦激活特定工资账套，可根据该账套需求选择已配置的工资项目，并将其调整至适当位置。

⑤若所需工资项目不存在，应先关闭当前工资类别，创建新的工资项目后，再重新打开该工资类别进行选择。

（四）设置计算公式

设定工资计算公式涉及明确特定工资项目的计算规则以及这些项目间的运算关系。例如，缺勤扣款的计算方式为：缺勤扣款＝（基本工资/月工作日）×缺勤天数。通过应用这些公式，我们可以清晰地展示工资项目的实际计算步骤，并且能够灵活地处理工资计算。公式定义是通过选择工资项目、运算符、关系符、函数等元素的组合来完成的。

系统内置的工资项目，如“应发合计”“扣款合计”“实发合计”，其计算公式由系统根据预设的“增减项”自动计算得出。用户仅能对其他工资项目的计算公式进行增加、修改或删除操作。

在定义工资项目计算公式时，必须确保其逻辑正确性。系统会对公式进行合法性验证，若发现逻辑错误，将提供错误提示。在定义公式时，还需注意计算顺序，确保先获得的数据先被赋予公式。应发合计、扣款合计和实发合计的公式应位于公式定义框的最后三个位置，并且实发合计的公式必须在应发合计和扣款合计公式之后。用户可以通过单击公式框中的【▲】或【▼】箭头按钮来调整计算公式的顺序。若遇到公式过长的问题，可以通过缩短工资项目名称（减少字符数）或设置过渡项目来解决。在定义公式时，还可以利用函数公式向导来辅助输入。

1. 进入公式设置界面

进入公式设置界面的实验操作步骤如下。

①在【业务工作】窗口中，执行【人力资源】→【薪资管理】→【工资类别】→【打开工资类别】命令，从中选择要打开的工资类别，单击【确定】按钮，即打开需要设置公式的工资类别。

②执行【薪资管理】→【设置】→【工资项目设置】命令，打开【工资项目设置】对话框，单击“公式设置”选项卡，如图 7-19 所示，单击【增加】按钮，增加实验资料中需要的工资项目，并进行相关工资项目的公式设置。

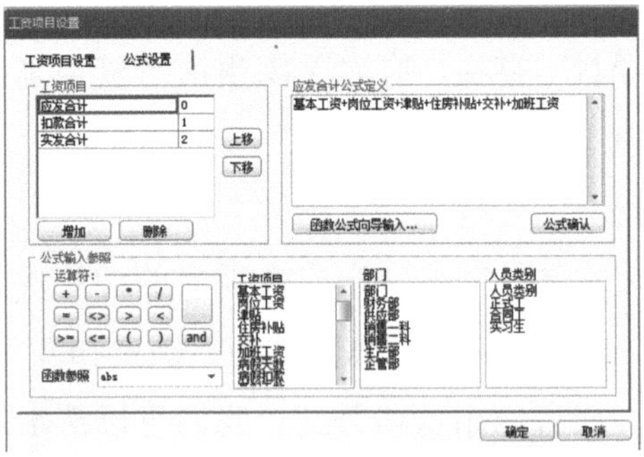

图 7-19　工资项目对应的公式设置界面

2. 设置基本工资的计算公式

设置公式“基本工资＝iff(人员类别＝“企业管理人员” or 人员类别＝“销售人员”,3000,2000)”的实验步骤如下。

①在【公式设置】选项卡中，单击【增加】按钮，在“工资项目”列表中增加一空行，从下拉列表中选择“基本工资”；单击【基本工资定义】文本框，单击【函数公式向导输入】按钮，打开【函数向导—步骤之 1】对话框；从“函数名”列表中选择“iff”，如图 7-20 所示。

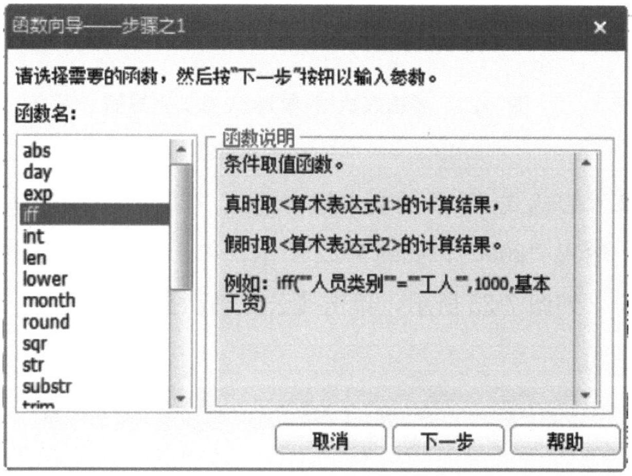

图 7-20　选择 iff 函数界面

②单击【下一步】按钮，打开【函数向导—步骤之 2】对话框；单击【逻辑表达式】后的【参照】按钮，打开【参照】对话框，在“参照列表”的下拉列表中选择“人员类别”选项，然后从下面的列表中选择“企业管理人员”，如图 7-21 所示，单击【确定】按钮；在【逻辑表达式】文本框中的公式后输入“or”，注意前后必须空格；再次单击“逻辑表达式”后的【参照】按钮，出现【参照】对话框，在“参照列表”的下拉列表中选择“人员类别”选项，然后从下面的列表中选择“销售人员”，单击【确定】按钮；返回【函数向导—步骤 2】对话框。

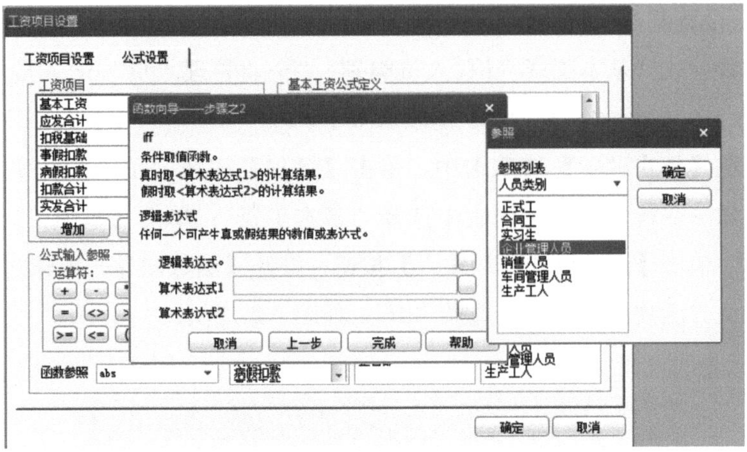

图 7-21　逻辑表达式-参照-人员类别界面

③在“算术表达式 1”后的文本框中输入“3000”，在“算术表达式 2”后的文本框中输入“2000”，如图 7-22 所示；单击【完成】按钮，返回【公式设置】窗口，如图 7-23 所示，单击【公式确认】按钮。

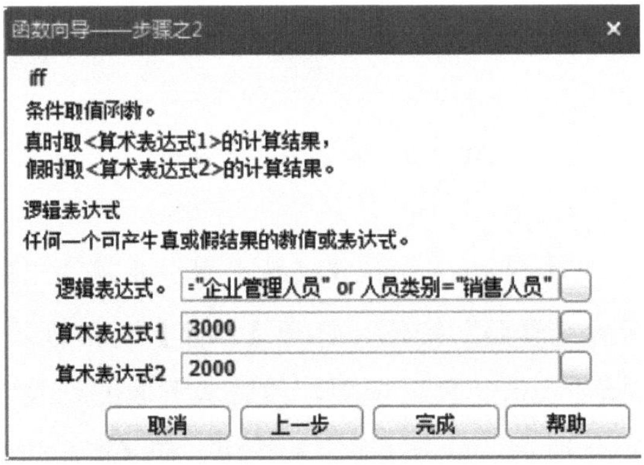

图 7-22　函数向导-步骤之 2 设置完成界面

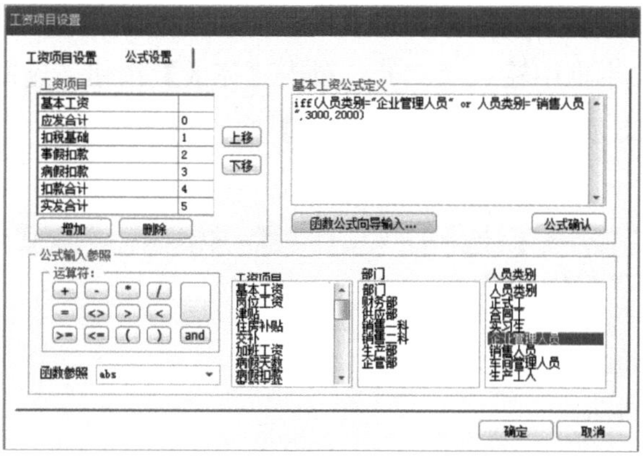

图 7-23　工资项目-基本工资公式设置完成界面

设置公式“岗位工资＝iff(人员类别＝‘企业管理人员’ or 人员类别＝‘销售人员’,2000,3000)”“住房补贴”和“交补”实验操作步骤同理“基本工资的计算公式设置”的步骤，在此不再赘述。

3. 设置津贴的计算公式

设置公式“津贴＝abs(300)”的实验步骤如下。

①在【公式设置】选项卡中，单击【增加】按钮，在“工资项目”列表中增加一空行，从下拉列表中选择“津贴”；单击【津贴公式定义】文本框，单击【函数公式向导输入】按钮，打开【函数向导—步骤之 1】对话框；从“函数名”列表中选择“abs”，如图 7-24 所示。

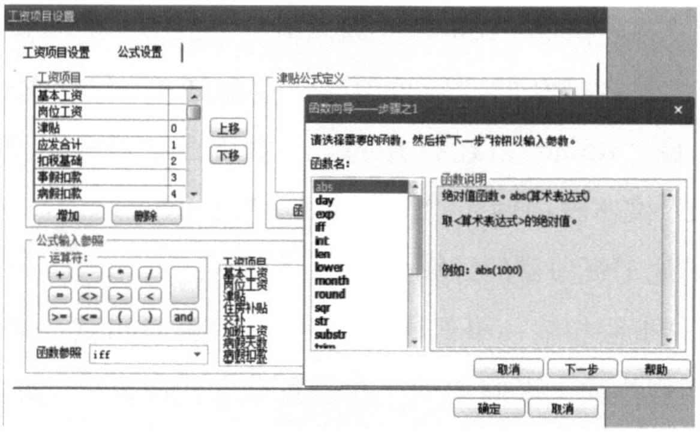

图 7-24　工资项目-津贴公式设置界面

②单击【下一步】按钮，打开【函数向导—步骤之2】对话框；在【算术表达式1】文本框中输入“300”；单击【完成】按钮，返回【公式设置】窗口，如图7-25所示，单击【公式确认】按钮。

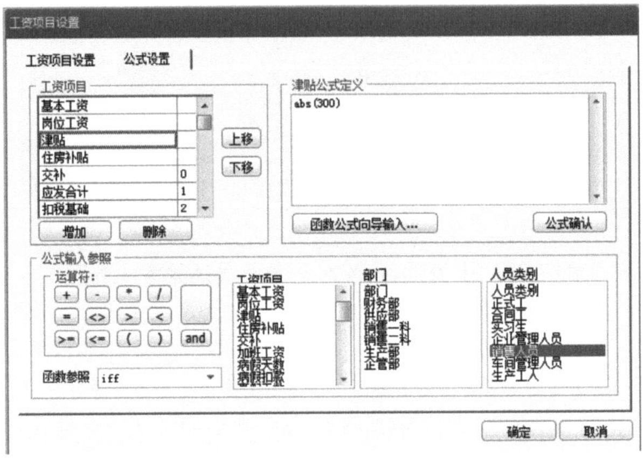

图7-25　工资项目-津贴公式设置完成界面

4. 设置应发合计、扣税基础和扣公积金的计算公式

设置公式“应发合计＝基本工资＋岗位工资＋津贴＋住房补贴＋交通补贴＋加班工资”和“扣税基础＝基本工资＋岗位工资＋津贴＋住房补贴＋加班工资”的实验操作步骤与“设置津贴的计算公式”类似，注意不同的是在公式定义文本框中选择相应的“工资项目”和“运算符＋”。

设置公式“扣公积金＝round(扣税基础×0.1,2)”的实验操作步骤也类似，注意不同的是在打开的“函数向导—步骤之1”对话框中，从“函数名”列表中选择“round”；在打开的“函数向导—步骤之2”对话框中，“算术表达式1”文本框中输入“扣税基础×0.1,2”。

5. 设置其他工资项目的计算公式

设置公式“事假扣款＝事假天数×100”“病假扣款＝病假天数×50”“扣款合计＝病假扣款＋事假扣款＋扣公积金＋代扣税”“实发合计＝应发合计－扣款合计”的实验操作步骤与前面类似，此处不再赘述。

需要说明以下问题。

①在设置计算公式时，必须遵循一定的顺序。具体来说，工资项目公式中所涉及的项目应先定义其公式，然后才能定义当前工资项目的公式。

②个人所得税的扣缴应当在“工资变动”功能中完成。然而，如果个人所得税的计提基数与系统预设的基数存在差异，应首先核对并调整个人所得税的计提基数。若在调整计提基数之前就执行了工资变动处理，那么在修改计提基数之后，必须重新进行一次工资变动处理，以确保工资数据的准确性。

③执行个人所得税代扣的工资设置实验操作步骤如下：依次单击【薪资管理】→【设置】→【选项】，以打开【选项】对话框。接着单击【编辑】按钮，在“扣税设置”选项卡中进行相应的配置。

④系统默认以“实发合计”作为扣税的基数。若需以其他工资项目作为扣税依据，应在定义工资项目时，为应扣税所得专门设置一个工资项目。

⑤在“工资变动”环节，系统同样默认以“实发合计”作为扣税基数。因此，在计算个人所得税后，必须进入“工资变动”环节执行“计算”和“汇总”操作，确保“代扣税”工资项目准确显示企业实际代扣的个人所得税金额。

第三节　薪资管理子系统日常业务处理

一、薪资日常业务工作

工资核算的日常处理主要涉及对员工薪资数据的计算与调整。在这一过程中，某些数据项仅需一次性输入，而其他数据则需每月更新，还有些数据可以通过预设的计算公式自动得出。

（一）工资变动管理

初次启用薪资管理系统时，必须将所有员工的基本工资信息输入计算机。在随后的月份中，任何工资数据的变动都应在此系统中进行相应的调整。为了确保工资数据的快速且准确录入，系统设计了以下功能。

1. 筛选和定位

当需要修改人员工资信息中的一个或多个特定项目时，建议使用数据过滤技术。首先，通过过滤条件将需要修改的工资项目筛选出来，然后对这些项目进行数据更新。完成修改后，应执行“重新计算”和“汇总”操作。

实验操作步骤如下。

①执行【薪资管理】→【业务处理】→【工资变动】命令，进入【工资变动】窗口；在【过滤器】下拉列表中选择“过滤设置”，如图 7-26 所示；打开“项目过滤”对话框；选择“工资项目”列表中的“人员编号”，单击【 > 】按钮；同理，选择“姓名”“事假天数”“病假天数”，如图 7-27 所示。

②单击【确定】按钮，返回【工资变动】窗口，此时每个职工的工资项目只显示人员编号、姓名、事假天数和病假天数四项，如图 7-28 所示；如果要显示所有项目，则在【过滤器】下拉列表中选择“所有项目”。

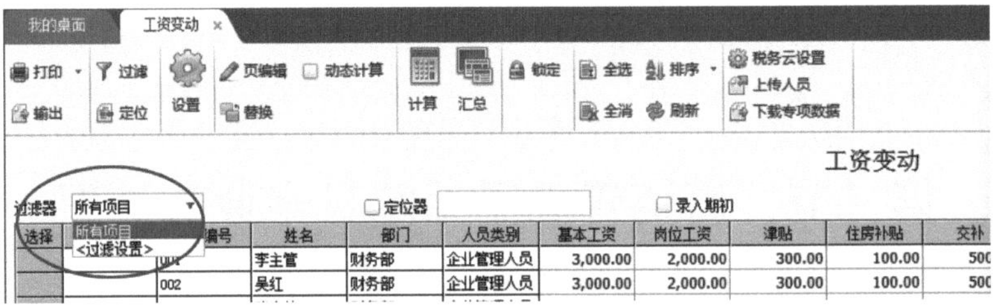

图 7-26　工资变动-过滤器设置界面

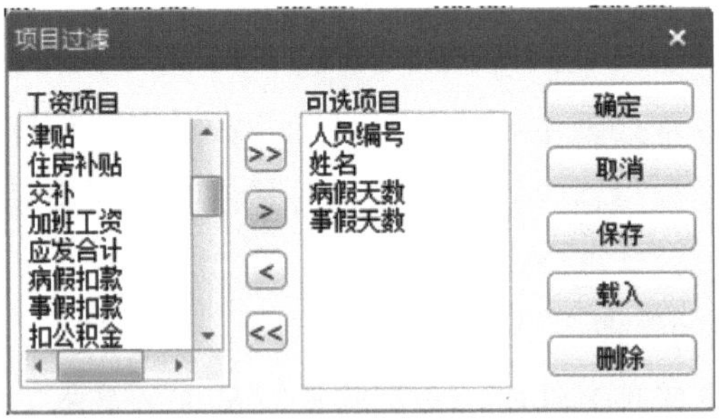

图 7-27　工资变动-项目过滤器设置界面

选择	人员编号	姓名	病假天数	事假天数
	001	李主管		1
	002	吴红		
	003	张出纳		
	010	肖波	2	
	011	李燕		
	012	刘勇		
	004	杨明		
	005	刘红	3	
	013	赵斌		
	014	周悦		2
	006	韩乐乐		
	015	宋佳		
	007	刘伟		
	008	王晓		
	009	王刚		
合计			5	3

图 7-28　工资变动-项目过滤后的界面

③选中对应的职工“病假天数”或“事假天数”单元格，输入要修改的天数数字；单击菜单栏【计算】按钮，即完成工资变动数据的计算。

④单击【关闭】按钮退出，系统弹出“数据发生变动后尚未进行汇总，是否进行汇总?”提示信息，单击【是】按钮退出。

2. 页编辑

在工资变动窗口菜单栏提供了【编辑】按钮，可以对选定的个人进行快速录入。单击【上一人】或【下一人】按钮可变更人员，录入或修改其他人员的工资数据。

3. 替换

将符合条件的人员的某个工资项目的数据统一替换成某个数据，例如，将企业管理人员的津贴上调 100 元。

实验操作步骤为：在【工资变动】窗口中，单击【全选】按钮，人员前面的“选择”栏出现选中标记“Y”；单击【替换】按钮，打开【工资项数据替换】对话框，在“将工资项目”下拉列表中选择“津贴”，在【替换成】文本框中输入“津贴＋100”，在替换条件处分别选择“人员类别”“＝”“企业管理人员”，如图 7-29 所示；单击【确定】按钮，系统弹出“数据替换后将不可恢复，是否继续?”提示信息；单击【是】按钮，系统弹出“9条记录被替换，是否重新计算?”提示信息，单击【是】按钮，系统自动完成工资计算。

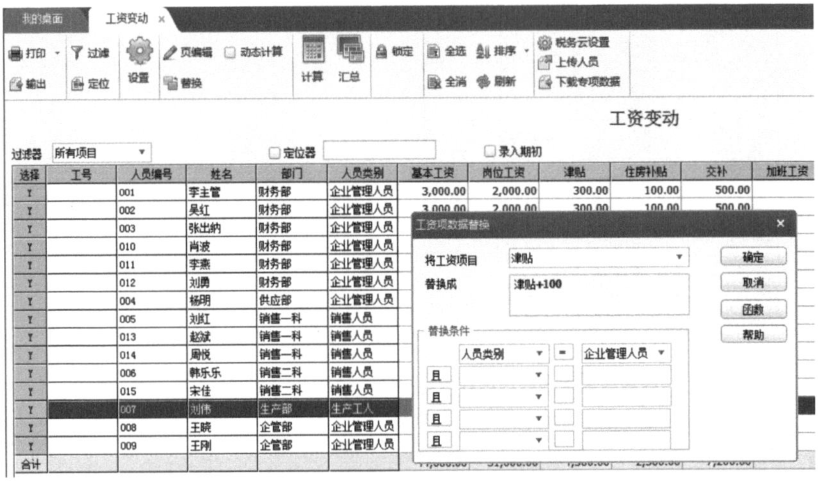

图 7-29 工资变动-替换界面

4. 过滤器

若需对特定员工群体的薪资构成中的一个或多个项目进行调整，可以筛选出需要修改的项目。例如，仅对“企业管理人员”群体的“住房补贴”薪资项目进行数据筛选。

实验操作步骤为：执行【薪资管理】→【业务处理】→【工资变动】命令，进入【工资变动】窗口；单击菜单栏【过滤】按钮，系统弹出【数据过滤】窗口，按如图 7-30 所示的项目内容进行设置，再单击【确定】按钮，系统【工资变动】窗口弹出过滤的对应人员类别的数据，如图 7-31 所示。

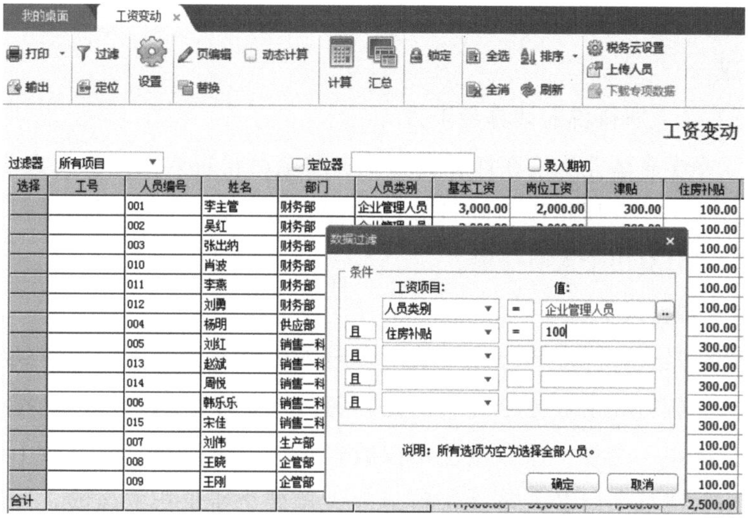

图 7-30　工资变动-数据过滤设置界面

图 7-31　工资变动-数据过滤完毕界面

（二）工资分钱清单

工资分钱清单适用于实施现金发放工资的单位，它是一份根据单位需求计算的工资发放明细表，列出了不同面额的票券数量。会计人员依据此表从银行提取现金，并分发给各个部门。系统配备了灵活的票面额设置功能，允许用户根据单位的具体需求自由设定，系统将自动根据实际发放的工资项目，分别计算出按部门、按个人、按企业所需的各种面额的票券数量。

工资分钱清单由部门分钱清单、个人分钱清单和工资发放取款单三个部分组成。

（三）个人所得税的计算与申报

鉴于众多企事业单位在计算员工工资薪金所得税方面面临较大工作量，本系统提供了个人所得税自动计算的功能。用户只需设定所得税税率，系统便能自动计算出个人所得税。

（四）银行代发

在当前社会，许多单位在发放工资时采用员工凭工资信用卡到银行取款的方式。银行代发业务处理指的是，每月末企业需向银行提供符合银行指定格式的电子文件。这一做法不仅减轻了财务部门在工资发放上的繁重工作，有效降低了财务人员去银行提取大额现金所承担的风险，同时也提升了员工个人工资信息的保密性。

（五）工资分摊

工资作为人工费用中最重要的部分，需要进行工资总额的计提计算、分配以及各种经费的计提，并编制转账会计凭证，以便进行账务处理。

二、薪资凭证生成

生成凭证就是将工资分配及附加费用分摊的结果，通过凭证的形式传递到总账系统，避免在总账系统中进行二次录入。

（一）工资分摊类型设置

实验操作步骤如下。

①执行【薪资管理】→【设置】→【分摊类型设置】命令，打开【分摊类型设置】选项卡；单击【增加】按钮，进入【分摊类型设置】窗口；输入分摊类型名称为“应付工资”，分摊比例为“100%”，凭证类别字选择“转账凭证”；双击“部门名称”栏，单击“部门名称”栏后的【参照】按钮，根据实验资料内容进行设置，设置完成后，单击【保存】按钮。

②继续设置住房公积金分摊计提项目。

（二）工资分摊

实验操作步骤如下。

①执行【薪资管理】→【业务处理】→【工资分摊】命令，打开【工

资分摊】对话框；选择需要分摊的计提费用类型，确定分摊计提的月份为“2024-01”；选择参与核算的部门；选中“明细到工资项目”复选框，单击【确定】按钮，打开【应付工资一览表】窗口；选中“合并科目相同、辅助项相同的分录”复选框，单击【制单】按钮；单击凭证左上角的“字”处，选择“转账凭证”，输入附单据数，单击【保存】按钮，凭证左上角出现“已生成”标志，代表该凭证已传递到总账系统中。

②从【应付工资一览表】窗口的“类型”下拉表中选择“住房公积金”，生成住房公积金凭证。

需要注意以下问题：在薪资管理子系统中生成的凭证可以进行查询、删除、冲销等操作。传递到总账后需要在总账中进行审核、记账。

三、汇总工资类别

汇总工资类别功能仅在关闭所有工资类别后方可使用。选定的工资类别必须包含有汇总月份的工资数据。如果是首次执行工资类别汇总，必须在汇总工资类别中配置工资项目的计算公式。若后续每次汇总的工资类别保持不变，则无需重新配置公式。若与上一次汇总时选择的工资类别不同，则必须重新配置计算公式。此外，汇总工资类别不支持进行月末结算和年末结算。

实验操作步骤为：执行【薪资管理】→【工资类别】→【关闭工资类别】命令。执行【薪资管理】→【维护】→【工资类别汇总】命令，打开【工资类别汇总】对话框；选择要汇总的工资类别，单击【确定】按钮，完成工资类别汇总。执行【薪资管理】→【工资类别】→【打开工资类别】命令，打开【打开工资类别】对话框，选择“汇总工资类别”，单击【确定】按钮，打开汇总后的工资类别。对工资进行计算和汇总后，可以查看工资类别汇总后的各项数据。

第四节 薪资管理子系统期末处理

一、期末处理

在会计期末，用户必须对工资核算进行适当的处理，将本期的工资数据经过处理后结转至下一会计期，并自动产生下一期间的工资明细表。若需管理多个工资类别，必须逐一打开这些类别，并执行期末处理；若本期工资数据尚未汇总，系统将阻止进行期末处理。此外，一旦完成期末处理，当月的工资数据将被锁定，不得再做更改。期末处理包括月末结转和年末结转。

（一）月末结转

月末处理涉及将当月的数据进行整理并结转至下一个月。完成每月工资数据的处理后，即可执行月末结转。鉴于工资项目中包含变动项，即每月数据均有所差异，在处理每月工资时，必须将这些变动项目的数值重置为零，然后输入新的当月数据。这些需要清零的项目被称为清零项目。若未执行清零操作，下月的相应项目将会直接继承当月的数据。

由于月末处理功能仅限于账套主管人员操作，因此必须以主管身份登录系统进行。月末结转仅在会计年度的 1 月至 11 月期间进行，并且只有在当月工资数据完全处理完毕后方可执行。

实验操作步骤如下。

①执行【薪资管理】→【工资类别】→【打开工资类别】命令，打开【打开工资类别】对话框，选择要打开的“管理人员”工资类别，单击【确定】按钮。

②执行【薪资管理】→【业务处理】→【月末处理】命令，打开【月末处理】对话框；单击【确定】按钮，系统弹出“月末处理之后，本月工资将不许变动，继续月末处理吗?”提示信息，单击【是】按钮。系统弹出“是否选择清零项?”提示信息，单击【是】按钮，打开【选择清零项目】

对话框。

③在“请选择清零项目”列表中，选择“事假天数”“病假天数”，单击【>】按钮，将所选项目移动到右侧的列表框中，单击【确定】按钮，系统弹出“月末处理完毕!”提示信息，单击【确定】按钮返回。

④同理完成其他类工资类别的月末处理。

（二）年末结转

年末结转涉及将经过处理的工资数据转移到下一年度。完成年末结转后，新年度的账目将自动创建。只有在处理完所有工资类别数据，或者关闭所有工资类别后，系统管理界面才会允许选择“年度账”菜单，以执行上一年度数据的结转。其他操作流程与月末处理相似。

需要注意的是，年末结转必须在当月工资数据完全处理完毕后才能执行。如果当月工资数据尚未汇总，系统将阻止进行年末结转。一旦完成年末结转，本年度的各月数据将被锁定，无法更改。如果用户尝试在跨月的情况下执行年末结转，系统将发出警告。此外，年末处理功能仅限系统主管人员操作。

二、薪资报表处理

（一）工资报表数据生成

在完成工资业务处理后，相应的工资报表数据会即时生成。薪资管理子系统提供了多种格式的报表，以反映工资核算的结果。这些报表的格式由系统预设，但若系统默认的固定格式不能满足用户需求，用户可以通过“修改表”和“新建表”功能来自定义设计。

1. 我的账表

我的账表功能主要负责管理工资系统中所有报表，包括工资表和工资分析表两种类型。

2. 工资表

工资表功能用于处理本月工资的发放和统计。它主要负责查询和打印各种工资表。系统提供的原始工资表包括工资发放签名表、工资发放条、工资卡、部门工资汇总表、人员类别工资汇总表、条件汇总表、条件统计表、条件明细表、工资变动明细表、工资变动汇总表等。用户可以对工资表进行修改和重建。

（二）工资分析表

工资分析表基于工资数据，对部门和人员类别的工资数据进行分析和比较，生成各种分析表，以供决策人员参考。工资分析表包括分部门各月工资构成分析表、分类统计表（按部门、按项目、按月）、工资项目分析（按部门）、工资增长情况、部门工资项目构成分析表、员工工资汇总表、员工工资项目统计表等。

实验六　薪资管理子系统

【实验目的】

1. 掌握薪资管理子系统的相关内容。

2. 掌握薪资管理子系统初始化、日常业务处理、工资分摊及月末处理的操作。

【实验内容】

1. 系统初始设置。

2. 日常业务处理。

3. 期末处理。

【实验资料】

1. 应用方式一：薪资管理子系统单独用一个账套处理

初始化工作：进行操作员管理和账套管理。

①增加操作员：以 Admin 身份注册后，执行【系统管理】→【权限】→【用户】命令，增加操作员“008 王晓”。

②建立账套：先前已建立了账套的，学生可自己另建一个账套，账套相关参数由自己确定。

③进行该账套的各模块的启用设置。

④设置权限：检查“008 王晓”是否是该账套的主管；以 Admin 身份

注册后，执行【系统管理】→【权限】→【权限】命令，在菜单中选择相关账套、选择用户王晓，设置王晓为账套主管（只有 Admin 才能设置账套主管）。

⑤检查备份计划，确定该账套是否设置了备份计划，或被列入备份计划中。

2. 应用方式二：薪资管理子系统同总账共用一个账套

引入实验二中备份的“雅筑房地产有限公司期初余额录入完毕账套”的数据。

初始化工作：薪资管理子系统的启用设置。

①在系统管理中，增加操作员：以 Admin 身份注册后，执行【系统管理】→【权限】→【用户】命令，增加操作员“008 王晓”（该账套工资系统的操作人员）。

②设置权限：以 Admin 身份注册后，执行【系统管理】→【权限】→【权限】命令，在菜单中选择相关账套并选择用户王晓；设置王晓“人力资源”模块所有权限。

③只有以账套主管“001 李主管”的身份注册，在企业应用平台的【基础设置】中启用薪资管理模块，启用日期为“2024-01-01”。

3. 工资初始设置

（1）建立工资账套

工资类别为“多个”；工资核算本位币为“人民币”；不核算计件工资；自动代扣个人所得税；不进行扣零设置。

（2）工资账套基础信息设置

①增加人员类别。

表 7-1 企业在职人员类别

人员类别编码	人员类别
001	企业管理人员
002	销售人员
003	车间管理人员
004	生产工人

②修改和新增人员档案。

表 7-2　企业在职人员档案

人员编码	人员姓名	性别	行政部门	人员类别	银行账号	是否计税	核算计件工资
001	李主管	男	财务部	001	12345678	是	否
002	王会计（学生自己姓名）	女	财务部	001	12345677	是	否
003	张出纳	男	财务部	001	12345676	是	否
004	杨明	男	供应部	001	12345672	是	否
005	刘红	女	销售一科	002	12345666	是	否
006	韩乐乐	女	销售二科	002	12345669	是	否
007	刘伟	男	生产部	004	12345667	是	否
008	王晓	男	企管部	001	12345665	是	否
009	王刚	男	企管部	001	12345664	是	否
010	肖波	女	财务部	001	12345675	是	否
011	李燕	女	财务部	001	12345674	是	否
012	刘勇	男	财务部	001	12345673	是	否
013	赵斌	男	销售一科	002	12345671	是	否
014	周悦	女	销售一科	002	12345670	是	否
0	宋佳	女	销售二科	002	12345668	是	否

③人员附加信息设置。

增加人员附加信息“性别”和“学历”。

④工资项目。

表 7-3　工资项目

工资项目名称	类型	长度	小数	增减项
基本工资	数字	10	2	增项
岗位工资	数字	10	2	增项

续表

工资项目名称	类型	长度	小数	增减项
津贴	数字	10	2	增项
住房补贴	数字	8	2	增项
交补	数字	8	2	增项
加班工资	数字	8	2	增项
应发合计	数字	10	2	增项
病假天数	数字	3		其他
病假扣款	数字	8	2	减项
事假天数	数字	3		其他
事假扣款	数字	8	2	减项
扣公积金	数字	8	2	减项
扣款合计	数字	8	2	减项
扣税基础	数字	8	2	其他
实发合计	数字	10	2	增项

⑤银行档案设置。银行编码：01；银行名称："中国工商银行"；个人账号规则：定长、账号长度 11 位、自动带出账号长度 8 位；为 19 位；企业账号规则：定长、账号长度 12 位。

（3）在职人员工资类别初始化设置

①新建工资类别。新建管理人员类别，所属部门为所有部门，启用日期为"2024 年 1 月 1 日"。新建生产人员类别，所属部门为销售一科、销售二科，启用日期为"2024 年 1 月 1 日"（以上日期可以根据实际情况调整）。

②工资类别为"管理人员"的基础档案设置。

第一，设置工资项目。

增加选择工资账套中的所有工资项目，并按照基本工资、岗位工资、津贴、住房补贴、交补、加班工资、应发合计、扣税基础、扣公积金、事假天数、事假扣款、病假天数、病假扣款、扣款合计、实发合计排序。

第二，定义计算公式，主要如下。

基本工资：企业管理人员和销售人员的基本工资是 3000 元，其他人员的基本工资是2000元；公式为iff（人员类别＝“企业管理人员”or 人员类别＝“销售人员”，3000，2000）。

岗位工资：企业管理人员和销售人员的岗位工资是2000元，其他人员的岗位工资是3000元；公式为iff（人员类别＝“企业管理人员”or 人员类别＝“销售人员”，2000，3000）。

津贴：所有人员津贴为300元；公式为abs（300）。

住房补贴：企业管理人员和生产工人的住房补贴是100元，其他人员的住房补贴是300元；公式为iff（人员类别＝“企业管理人员”or 人员类别＝“生产工人”，100，300）。

交通补贴：销售人员和企业管理人员的交补是500元，其他人员的交补是200元；公式为iff（人员类别＝“销售人员”or 人员类别＝“企业管理人员”，500，200）。

应发合计公式定义：基本工资＋岗位工资＋津贴＋住房补贴＋交补＋加班工资。

扣税基础公式定义：基本工资＋岗位工资＋津贴＋住房补贴＋加班工资。

扣公积金：round（扣税基础×0.1，2）。

事假扣款公式定义：事假天数×100。

病假扣款公式定义：病假天数×50。

扣款合计公式定义：病假扣款＋事假扣款＋扣公积金＋代扣税。

实发合计公式定义：应发合计－扣款合计。

第三，管理人员工资数据录入。在【工资变动】列表中录入本月变动数据：001李主管事假天数1；005刘红病假天数3；010肖波病假天数2；014周悦事假天数2。其他未列出工资项目为自动计算出来，无需输入。执行【计算】和【汇总】功能，生成本月此类别的工资列表。

③工资类别为“生产人员”的基础档案设置。

第一，执行【薪资管理】→【工资类别】→【打开工资类别】命令，选择【生产人员】；执行【基础设置】→【机构人员】→【人员】→【人员档案】命令，增加人员档案，如表 7-4 所示。

表 7-4 人员档案

人员编码	人员姓名	性别	行政部门	人员类别	银行账号	是否计税	核算计件工资
016	吴燕	女	销售一科	003	12345663	是	是
017	杨新	男	销售一科	003	12345662	是	是
018	周冰	女	销售二科	003	12345661	是	是
019	赵亮	男	销售二科	003	12345660	是	是

第二，设置工资项目及公式定义。增加选择工资账套中的所有工资项目，并按照基本工资、岗位工资、计件工资、津贴、住房补贴、交补、应发合计、扣税基础、扣公积金、事假天数、事假扣款、病假天数、病假扣款、扣款合计、实发合计排序

公式定义：扣税基础＝基本工资＋岗位工资＋津贴＋住房补贴＋计件工资

第三，生产人员工资数据录入。在【工资变动】列表中录入本月变动数据，其他未列出工资项目为自动计算出来，无需输入。

4. 日常业务（以介绍流程为主）

①人员的变动。

②工资数据的变动。

③重新计算与汇总。

④查询与打印。

5. 月末处理

(1) 计算个人所得税（进入具体工资类别）

①执行【薪资管理】→【设置】→【选项】命令，打开【选项】对话框，单击【编辑】按钮，在“扣税设置”选项卡中税率设置的基数改为 5000 元，附加费用改为 2000 元。

②计算个人所得税，然后到“工资变动”列表中重新计算工资项目。

(2) 汇总工资类别

选择“管理人员”“生产人员”两种工资类型汇总生成汇总工资类别。

(3) 工资相关凭证的制作

按应发合计数的14%计提福利费，进行工资分摊，并生成相关凭证。

(4) 月末结账

将“病假天数”“事假天数”“病假扣款”“事假扣款”“计件工资”设为清零项，其他项目保持不变。

参考文献

［1］吴红，张菊．会计电算化理论与实验（用友 ERP-U872 版本）［M］．上海：上海财经大学出版社，2014.

［2］金阳，杨阳，马雪．会计信息系统应用（用友 ERP-U8 V15.0 微课版）［M］．北京：人民邮电出版社，2024.

［3］胡海华，易烨，刘迅．会计信息系统［M］．重庆：重庆大学出版社，2024.

［4］李爱红，金颖颖．会计信息系统——基于用友新道 U8＋V15.0 版［M］．北京：中国人民大学出版社，2024.

［5］宋红尔．会计信息系统：业财融合篇——基于用友新道 U8＋V15.0 版［M］．北京：中国人民大学出版社，2023.

［6］王新玲，汪刚．会计信息系统实验教程（用友新道 U8＋V15.0 微课版）［M］．北京：清华大学出版社，2022.

［7］钟爱军，刘慧，罗姣．会计信息系统——基于用友 ERP-U8＋V15.0［M］．北京：经济科学出版社，2022.

［8］毛华扬，张砾，田甜．用友 ERP 业财一体化应用（新道 U8＋V15.0 版）［M］．北京：人民邮电出版社，2022.

［9］王新玲．用友 ERP 财务管理系统实验教程（用友新道 U8＋V15.0 微课版）［M］．北京：清华大学出版社，2022.

［10］张瑞君，殷建红，蒋砚章．会计信息系统——基于用友新道 U8＋V15.0：立体化数字教材版［M］．北京：中国人民大学出版社，2021.